東部ユーラシアのソグド人
—ソグド人漢文墓誌の研究—

福島　恵　著

汲古叢書140

汲古書院

i　目　次

目　次

第二部　植民聚落のソグド人

凡　例

・本書では、基本的に常用漢字を使用した。ただし、墓誌の録文及び訓読と語釈見出しの字体は、極力テキストを忠実に写し、一部異体字は本字に改めた。改行・空格もテキスト通りとし、便宜上、句読点を付した。また、テキストが不明瞭で読解ができない部分を□と記した。訓読中の（　）内の文字は異体字を正したものである。なお、現代かなづかいとした。

・墓誌の拓本や録文などの所在は、梶山［二〇一三］・氣賀澤［二〇〇九］に掲載される整理番号を「梶山№.　」「氣賀澤№.　」として記した。そこに未収録の墓誌や特別に利用した墓誌集成本は、本書末の石刻資料目録に掲載した。

東部ユーラシアのソグド人

――ソグド人漢文墓誌の研究――

序　文

ユーラシアの東西を結ぶ古代の交易路である「シルクロード」。四～八世紀、中国[1]の歴代王朝で言えば魏晋～唐にかけて、このシルクロード交易で最も活躍したのは「ソグド人」である。一般に唐という時代は、中国の歴代王朝の中でも国際性に富み、華やかで煌びやかだというイメージを持たれるが、それは、唐それも特に王都の長安や副都の洛陽にモノ・知識・技術・情報などが集積し、それを目的に周辺諸国から多くの使節や留学生・商人が唐を往来したことに由来すると言える。とすると、それらの多種多様なモノや情報をシルクロードを通じて唐に齎した「ソグド人」が果たした役割は大きい。

「ソグド人」は、現在のウズベキスタンとタジキスタンの一部、アム＝ダリアとシル＝ダリアとの間のソグディアナ地方と呼ばれるオアシスに住んでいたイラン系の人々である。彼らは、シルクロード交易の中心を担った商人として有名である。ソグディアナの主要都市の一つである、サマルカンド（康国）の習俗について、『旧唐書』巻一九八、西戎伝、康国の条［五三一〇頁］は次のように伝えている。

康国……生子必以石蜜納口中、明膠置掌内、欲其成長口常甘言、掌持銭如膠之黏物。俗習胡書。善商賈、争分銖之利。男子年二十、即遠之旁国、来適中夏、利之所在、無所不到。

康国……生るる子必ず石蜜を以て口中に納め、明膠を掌内に置くは、其の成長するに口は常に甘言し、掌は銭を膠の黏物の如く持つを欲すればなり。俗は胡書を習う。商賈を善くし、分銖の利を争う。男子年二十にして、即ち遠く旁国に之き、来たりて中夏に適い、利の在る所、到らざる所無し。

このように「商業の民」であったソグド人は、中国にも遅くとも後漢時代には訪れるようになり、以後ユーラシア大陸を股にかけて活躍した。その後、八世紀中ごろにソグディアナ本土がイスラム化し、シルクロード交易をウイグル商人に取って代わられる中でソグド人はユーラシア諸民族の中に埋没し姿を消すこととなった。したがって、ソグド人の活動を明らかにすることは、中国史においてはもちろんのこと、ユーラシア史における民族の混交と交流の諸相を描き出すことになるのである。

現在までに、ソグド人の研究の多くは、シルクロード研究の一部分として行われてきた(2)。欧米では、Pelliot, P.［1912：報告1911］に始まるとされ、ほぼ同時期の日本においても、特にシルクロード東部、主に中国におけるソグド人の研究が、白鳥庫吉［一九一一］・羽田亨［一九二三］・藤田豊八［一九二五］・桑原隲藏［一九二六］などによって切り開かれた。その後も本分野の研究は世界的に最も先進的なレベルで継承され、戦後から現在にかけて代表的なものをあげれば、ソグド人の東方進出と商業先端基地であるソグド聚落の形成と統率［池田一九六五、羽田一九七一］、国際的な商業活動における交易システム［荒川一九九七・二〇一〇］、北方勢力とソグド人との関係［小野川一九四二、護一九六五・一九七六、森安一九九七］という観点から、正史などの文献資料と敦煌文書・トゥルファン文書といった出土文書などを利用して研究されてきた。また近年は、森部［一九九八・二〇〇四］や山下［二〇〇四・二〇〇五］が中国出土の墓誌史料を積極的に利用し、中田［二〇〇七・二〇一一］は仏教との関係から以下に記すようにソグド人研究を牽引している。さらに、歴史分野以外でも、ソグド語［吉田一九八八］、ソグド美術［影山二〇〇四］といった研究が進められている。これらの成果は論文としてだけでなく、近年続々と刊行されており、書籍だけを挙げても、森安［二〇〇七

a・二〇一五］、石見［二〇〇九］、森部［二〇一〇・二〇一三］、荒川［二〇一〇］、曾布川・吉田（編）［二〇一一］、森安（編）［二〇一一］、森部（編）［二〇一四］、石見（編著）［二〇一六］と続々と刊行されている。また、日本国外のソグド研究者としては、中国では、歴史学の分野では向達に続き、姜伯勤・栄新江・張広達・畢波などが、考古学の立場からは斉東方・林梅村・羅豊などが、欧米では、イギリスのSims-Williams, N.やフランスのGrenet, F.・De La Vaissière, É.といった学者たちが、歴史・言語・美術・考古などの分野から研究を進めている。

このようなソグド人の研究は、近年これまでにも増して、世界的な盛り上がりを見せている。ソグド研究者が一同に会する国際学会が二〇〇四年には北京で「Les Sogdiens en Chine 粟特人在中国——歴史、考古、語言的新探索学術研討会」と題して、二〇一四年には銀川で「粟特人在中国——考古発現与出土文献的新印証」と題して開催された。それは、固原のソグド墓群の発掘（一九八七年〜）や安伽墓の着色石屛風・墓誌の発掘（二〇〇〇年）・史君墓のソグド語・漢語併記墓誌の発見（二〇〇三年）により、ソグド人に関する史資料が増加したために研究が一気に進展したためである。

また、このようなソグド人の研究の中でも、特に歴史分野は新たな局面を迎えている。中国内で活動したソグド人について、ユーラシア史を意識して北方遊牧社会との関係を重視しつつ、新たに発掘された墓誌史料などを利用して、中国で武人化して唐代社会により深く入り込んでいたその活動の様子が徐々に解明されつつあるのである［森部二〇一〇・二〇一三、山下二〇〇四・二〇〇五・二〇〇八、蘇航二〇〇五、中田二〇〇七・二〇一一、ソグド人墓誌研究ゼミナール（石見清裕）二〇〇四〜二〇一二、De La Vaissière, É. 2005］。

以上のようにソグド人の研究が進展する中で、特に中国へ東方移住したソグド人の動向をさらに探るために、本書では漢文墓誌を基礎史料として利用するものである。

「墓誌」は、墓主の功績を石材に刻み、墓中に埋めたもので、その多くは数百ほどの文字に、姓・諱・字・官職などが讃辞とともに記されたものである。墓誌は正確には「墓誌銘」と言う。この「銘」とは、『釈名』巻四、釈言語（四葉）に「銘名也、記名其功也（銘は名なり、名と其の功を記すなり）」とあるように、人の功績などを述べた文章のことを指す。すなわち、墓誌銘は墓主の功績を記したものである。墓誌の始まりには諸説あるが、一般的には曹操が漢末の建安一〇年（二〇五）に日常生活における質素倹約を奨励し、派手な葬儀や墓碑の建立を禁止したことで(3)、地上に墓碑を立てることが困難となったために、墓碑よりも小型の墓誌を作り墓壙の中に埋めたことであると考えられている。また、『文選』巻五九「劉先生夫人墓誌一首」の墓誌についての李善注では、墓誌の起源は南朝宋の元嘉年間（四二四～四五三年）に顔延之が王琳のために石誌を作ったのに始まるともしている(4)。いずれにせよ、その後一貫して墓誌の作成は引き継がれ、南北朝期には、石が方形で蓋と誌とのセットとなる形式や文章構造がほぼ画一化された［黄永年一九八九～九五、中田一九七五］。

本来、墓誌史料は拓本で取引されるものであったが、印刷技術の進歩によって次第に安価で美しい拓本集が作られるようになり、特に文化大革命後の一九八〇年代になると相次いで拓本が整理されて、影印本が出版されるようになった。こうして、日本の研究者でも大量の墓誌の利用が可能となったのである。現在、魏晋南北朝隋唐史の研究において文献史料を補い、新事実を知ることのできる史料として欠かすことのできないものとなっている。ただ、墓誌は、一件であっても、記載内容が多岐にわたり、多くの情報を読みとることができる史料であるために、今まで、墓誌史料を利用した研究は、限られた少数の墓誌を利用して行われることが多かった。このことは、ソグド人についての研究でも例外ではない。そこで、本研究では、ソグド人が活動し、中国で盛んに墓誌が作成された魏晋～北宋（二二〇

～一一二七年）の墓誌を数量的に多く取り扱って、ソグド人の墓誌とはどのようなものなのかを探り、さらに、ソグド人がシルクロード交易に現れ、ほぼ独占状態から、一〇世紀以降民族と民族との間に消えていったという活動の盛衰の様子を明らかにすることを目的とする。

本研究で論じる内容を略記すれば以下のようになる。

第一部　墓誌から見たソグド人では、本研究の基礎的作業として、ソグド姓墓誌をどのように扱うかという問題を中心に論じる。**第一章　ソグド姓墓誌の基礎的考察**では、まず、ソグド姓（安・康・米・石・史・何・曹・翟）を有する墓誌を網羅的に収集した結果を示す。さらに、いかなるものをソグド人の墓誌であると捉えるべきなのかという基礎的な問題点を扱う。**第二章　ソグド人墓誌の時代層**では、第一章の結果をうけて、ソグド人として扱える墓誌のうち、さらに生年の判明する男性九六名に限定して分析を進め、ソグド人が六五〇年代生まれを境として、それ以前の「前期ソグド人」とそれ以後の「後期ソグド人」とに分かれることを論じる。

第二部　植民聚落のソグド人では、植民聚落を拠点に活動したソグド人について個別に考察した。**第一章　長安・洛陽のソグド人**では、主に墓誌史料からソグド人の居住地を割り出して、大都市におけるソグド人聚落のあり方に迫った。**第二章　武威安氏「安元寿墓誌」**（唐・光宅元年（六八四））では、「前期ソグド人」の中で最も名族である武威の安氏出身である安元寿の墓誌を訳注し、ソグド人である彼がどのように唐王朝に関わったのかを明らかにした。**第三章・第四章**では、墓誌の解読から「前期ソグド人」と「後期ソグド人」との間にはどのような関係があったのかを見ることができる二つの事例を考察した。**第三章　唐の中央アジア進出とソグド系武人**で用いた「史多墓誌」（七一九年埋葬）、**第四章　青海シルクロードのソグド人**で用いた「康令惲墓誌」（七四五年埋葬）は、それぞれが伊州伊吾と鄯州西平というソグド人の伝統的な植民聚落を拠点とするものの、唐後半期に活躍するいわゆる「ソグド系突厥」と同様に武官を得て活動した者の墓誌である。

第三部　東西交流中のソグド人では、これまで論じてきたソグド人たちの具体的な東西交流の様相を中国地域に限定せず、ユーラシア全体の視点から論じた。第一章　罽賓李氏一族攷では、二〇〇五年に西安のソグド人墓と同地域から発見された北周罽賓人李誕墓誌をめぐる問題について論じる。李誕の出身である罽賓の所在を明らかとすると共に、さらに李誕の子・孫にあたる李陀と李吁の墓誌という新史料の発見によって、罽賓人李氏一族とソグド人との関係を解明するものである。第二章　唐代における景教徒墓誌では、近年洛陽から出土した「花献墓誌」を中心に景教徒の墓誌（全六件）と「大秦景教流行中国碑」や「洛陽景教経幢」など景教の石刻史料を残した景教徒について、唐代景教史及び東西交渉史の展開中に位置づけを明らかにした。第三章　東アジアの海を渡る唐代のソグド人では、唐代のソグド人の東アジア海域での活動に焦点をあてた。

注

（1）本書で用いる「中華」・「中国」とは、主に中原地域を中心に成立した歴代王朝とその王朝が支配した地域（主に河西を挟んでそれより東方に広がる地域）を指すこととする。

（2）ソグド研究の回顧と最新の動向については、森安［二〇〇七a・二〇一一］Moriyasu［2008］に詳しく、森部［二〇一四a］・石見［二〇一六：序文］でも多くの研究成果が紹介されている。

（3）『宋書』巻一五、礼志二［四〇七頁］。

（4）『文選』巻五九「劉先生夫人墓誌一首」李善注［上海古籍：二五六八頁］「呉均斉春秋、王倹曰、石誌不出礼典、起宋元嘉顔延之為王琳石誌」。

第一部　墓誌から見たソグド人

第一章　ソグド姓墓誌の基礎的考察

はじめに

中国の長い歴史の中でも、唐代は、国際色が極めて豊かであったという特徴がしばしば強調される。その理由の一つは、唐代中国に多くの非漢族が渡来したためであるが、そうした唐在住外国人のなかでも、一般的に最も国際的な雰囲気として意識されるのは、イラン系ソグド人であろう。

ソグド人は、現在のウズベキスタンとタジキスタンの一部のソグディアナ地方と呼ばれるオアシスに住んでいたイラン系の人々で、遅くとも後漢時代には頻繁に中国に交易に訪れるようになり、以後八世紀中ごろにソグディアナ本土がイスラム化し、シルクロード交易をウイグル商人に取って代わられるまでの約七五〇年間、交易の中心を担う人々であった。序章でも記したように、ソグド人に関する研究は、一九〇六年の敦煌文書の発見に始まり、幾多の碩学の研究を経て、近年では固原のソグド墓群（一九八七年～）・安伽墓の彩色石屏風・墓誌（二〇〇〇年）・史君墓の石室とソグド語・漢語併記墓誌（二〇〇三年）などの新発掘が再び拍車をかけ、現在世界各国で歴史・言語・美術など各分野において盛んに行われるようになってきた。近年では、このように「商業の民」としてのイメージの強いソグド人たちが、武人化し、中華社会に深く入り込んでいたことが明らかにされ［森部一九九八・二〇〇四・二〇一〇、山下二〇〇四・二〇〇五・二〇〇八］、ソグド研究は新たな局面を迎えている。

このソグド研究の進展は、近年中国より出土した遺物、特に墓誌史料によるところが大きい。墓誌は、墓主の姓名や功績を讃辞とともに数百ほどの文字にして石材に刻み、墓中に埋めたものである。その作成は魏晋南北朝時代から始まり、唐代に最も盛んとなり、その後も続いている。現在知られる墓誌史料の数は、唐代のものだけでも氣賀澤［二〇〇九］によれば、八一八〇点（蓋を除く）にも上る。もちろんその多くは、漢族の墓誌であるが、非漢族のものも少なくはなく、中でもいわゆるソグド姓（安・康・米・石・史・何・曹・翟など）を持つものも多く含まれている。ただし、墓誌という史料は、一点であっても多くの情報が読み取ることができるので、これまではそうした情報を検出し、それによって得られる新知見にもとづいて分析しようとする研究が多かった。確かに、それは決して誤った方法ではないが、一方ではそのために、ソグド人の墓誌全体がどのような在り方を示すのかという、総体的な傾向を解明する視点が薄れがちであった。さらには、以下で詳述するように、中国に移住したソグド人が名乗るとされる「ソグド姓」の中には、ソグド人でない人々が名乗る姓も含まれているので、ソグド人の墓誌を分析するにあたっては、一体どこまでをソグド人と認めることができるのかという問題が、依然として不明瞭なまま残されている。

そこで本章では、そのソグド姓を有する墓誌を網羅的に収集・分析し、ソグド姓墓誌のうち、どこまでをソグド人と捉えて間違いないのか、その判断方法を提示し、それによって得られる結果を述べたい。

一、ソグド姓

中国に在住したソグド人の足跡をたどる際に、まず手がかりとなるのは、いわゆる「ソグド姓」をたどることである。『旧唐書』巻一〇四、哥舒翰伝［三二一一頁］には、「蕃人多以部落称姓、因以為氏（蕃人の多くは部落を以て姓を称し、因りて以て氏と為す）」とあるように、中国に入った異民族は出身国名を姓とすることが多く、ソグド人もその例外ではなかった。ソグディアナ地方には康国・安国・曹国・石国などのオアシス都市が点在しており、それぞれが緩やかな同盟関係にあったとされる。[1]『新唐書』巻二二一下、西域伝や玄奘の『大唐西域記』にはこれらの都市が列記されており、現在以下のように比定されている［羽田一九七一・桑原一九二六・池田一九六五：二三七頁、【図表1】］。

安：布豁・捕喝：ブハラ（Bukhara）

康：薩末鞬・颯秣建：サマルカンド（Samarkand）

【図表1】　ソグディアナ地図

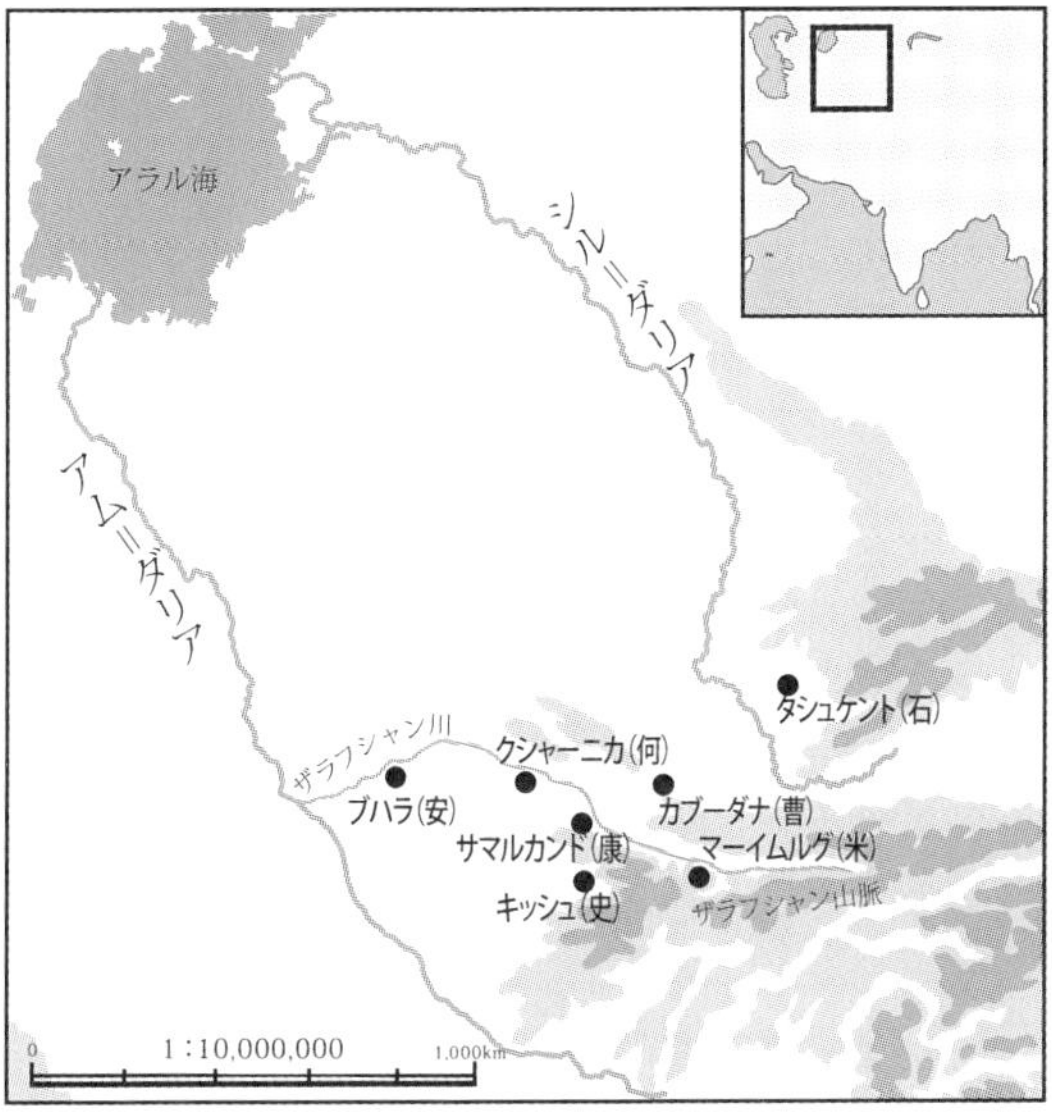

松田寿男・森鹿三編［1966：pp.94-95・102-103］をもとに著者作成

米：彌末・弭秣賀：マーイムルグ（Maimurg）

石：柘支・柘折・赭時：タシュケント（Tashkent）

史：佉沙・羯霜那：カシャーナ・キッシュ（Kish）

何：屈霜祢迦・貴霜匿：クシャーニャ（Kushanika）

曹：卒都沙那・蘇対沙那・劫布呾那・蘇都識匿：
　カブーダナ（Kaboudhan）

現に、「安氏妻康氏墓誌」（T-095 六九七）には、「夫人康国大首領之女也。以本国為氏（夫人は康国大首領の女なり。本国を以て氏と為す）」という記載が見られ、それぞれの出身都市名を姓としたという従来の見解は墓誌からも確認できる。また、翟という国は、未だどのオアシスを指すか比定されてはいないが、翟を名乗る者に確実にソグド人とみられる者が確認されている。そこで、本研究では、安・康・米・石・史・何・曹・翟の八姓を分析対象とする。(2) なお、本研究では、その祖先がソグディアナ地方を出身地とし、かつ中国地域への移住後にソグド姓を名乗った者、またその姓を受け継いでいる人々を、「ソグド人」と呼ぶこととする。

二、ソグド姓墓誌の分類

（一）収　集

まず、八つのソグド姓（安・康・米・石・史・何・曹・翟）であり、魏晋南北朝～北宋期（二二〇～一一二七年）に埋葬された現在公表されている墓誌を網羅的に収集した。(3) その結果、全三九九件、合葬されている場合など配偶者で姓名の他に情報が得られる者を含めると合計五二五名分の情報を確認することができた。収集した「ソグド姓墓誌」の一覧が【図表2】である。(4)

この収集したソグド姓墓誌数が、これまで知られているソグド姓墓誌以外の墓誌を含めた総数に対して、どのような割合であるのかを知るために比較したのが、【図表3】である。墓誌の総数を知るには、統一された目録がないので、最も収録数の多いと思われる梶山［二〇一三］・氣賀澤［二〇〇九］・高橋［二〇〇〇］・『全宋文』を利用して統計をとった。なお、これらの目録などは埋葬年月日で整理されているため、ここでも埋葬年月日を使用した。その結果、墓誌総数と今回収集したソグド姓墓誌数との比率は、ほぼ同じ数量的変遷にあり、ソグド姓墓誌が中国における墓誌作成の動向に準じたものであることが分かった。

【図表２】 ソグド姓墓誌所在目録

西晋（略号Ｊ）

No.	判定	墓誌銘	葬年	姓	性	北図	検要	彙編	集釈	その他
001	③	石定墓誌	308	石	男	2-72	19	17	16	石文1-418
002	③	石尠墓誌	308	石	男	2-73	19	15	15	石文1-417

北朝（北魏・北斉・北周（含高昌））（略号Ｂ）

No.	判定	墓誌銘	葬年	姓	性	北朝隋代所在目録	北斉北周補遺	その他
001	③	曹永康墓磚	386-557	曹	男	1173		
002	③	王源妻曹氏墓磚	437	曹	女	9		
003	③	史小磁妻□氏墓銘	484	史	男	16		
004	③	趙阿猛妻石定姫墓磚	495	石	女	29		
005	③	曹永墓誌	500	曹	男	45		
006	③	石婉墓誌	508	石	女	91		
007a	③	石育及妻戴氏墓誌	533	石	男	542		石文1-423
007b	④			戴	女			
008	①	安威墓誌	538	安	男	590		
009	③	何琛墓誌	543	何	男	633		
010	①	翟育墓誌	544	翟	男			趙超2016
011	④	石紹妻王阿妃墓磚	550	王	女	694		
012	③	翟煞鬼墓誌	556	翟	女	759	北斉69	
013	③	石信墓誌	561	石	男	809	北斉81	
014	③	何思栄墓誌	563	何	男			秦晋豫続1-134
015	③	史彦墓誌	563	史	男			秦晋豫続1-135
016	②	石輔益墓誌	565	石	男	1043		
017a	③	曹仁秀妻張氏墓表	565	曹	男		後周126	吐魯番37
017b	④			張	女			
018	③	史祐孝墓表	565	史	男		後周127	隋唐五代新疆32・高昌磚集17・吐魯番40・彙編497・故宮017
019	③	曹孟祐墓表	567	曹	男		後周127	高昌磚集18・吐魯番43・彙編497・故宮018
020	③	張武儁妻翟氏墓表	568	翟	女		後周128	文物1972-1
021	①	康業墓誌	571	康	男	1077	後周26	
022	③	何□宗洛墓磚	572	何	男	1092	後周28	
023a	②	康虜奴及妻堡氏墓誌	574	康	男			考古2006-12
023b	④			堡				
024	③	索顕忠妻曹氏墓表	576	曹	女		後周130	隋唐五代新疆45・高昌磚集27・吐魯番54・彙編499・故宮027
025	③	曹阿檜墓表	576	曹	男		後周131	隋唐五代新疆46・吐魯番59
026	①	翟曹明墓誌	579	翟	男	1129		
027	①	安伽墓誌	579	安	男	1130	後周43	
028	③	石難陀墓磚	580	石	男	1150		
029	①	史□墓誌	580	史	男		後周47	

隋（含高昌）（略号 Su）

No.	判定	墓誌銘	葬年	姓	性	北朝隋代所在目録	隋彙考	その他
001	①	安備墓誌	589	安	男	1330		
002	①	康□鉢墓表	590	康	男		6-236	考古2006-12
003	②	康密乃墓表	593	康	男		6-236	考古2006-12
004	②	康衆僧墓表	595	康	男		6-236	考古2006-12
005	③	何雄墓誌	596	何	男	1425	2-209	
006	③	曹智茂墓表	597	曹	男		6-237	高昌磚集55・吐魯番107・故宮055
007	②	史崇基墓誌	603	史	男			秦晋豫続1-185
008a	④	李静及妻曹氏墓誌	604	李	男	1541	3-110	
008b	③			曹	女			
009	③	曹君墓塼	606	曹	男	1565	6-129	
010a	④	成洪顗及妻曹氏墓誌	607	成洪	男	1612	3-297	
010b	③			曹	女			
011a	③	翟仲品及妻高氏墓誌	607	翟	男	1615	3-319	
011b	④			高	女			
012a	②	康宝足及妻翟氏墓誌	607	康	男			秦晋豫続1-190
012b	②			翟	女			
013	①	史射勿墓誌	610	史	男	1650	4-38	
014	③	宮人何氏墓誌	612	何	女	1704	4-212	
015	①	翟突娑墓誌	615	翟	男	1798	5-100	
016	③	曹海凝墓誌	615	曹	男	1819	5-195	
017a	④	程諧及妻石氏墓誌	615	程	男	1826	5-242	
017b	③			石	女			
018a	④	李陁及妻安氏墓誌	616	李	男	1851	5-307	
018b	②			安	女			

唐（含高昌）（略号 T）

No.	判定	墓誌銘	葬年	姓	性	唐所在目録	その他
001	③	王遵妻史氏墓表	618	史	女	1	隋彙考6-239・高昌磚集74・故宮074
002	②	康浮面墓誌	630	康	男		考古2006-12
003	④	曹氏妻蘇氏墓表	631	蘇	女	71	高昌磚集65・故宮082
004	③	史伯悦墓誌	631	史	男	87	高昌磚集66・故宮084
005	③	何氏墓誌	631(卒)	何		72	西安碑林彙編017
006	②	曹慶珍墓誌	631	曹	男	10011	
007	③	曹武宣墓誌	632	曹	男	96	高昌磚集68・故宮089
008a	④	唐氏妻曹令姝墓誌	633	唐	男		西安碑林続編18・秦晋豫続1-222
008b	③			曹	女		
009	②	翟天徳墓誌	634	翟	男		書法2015-4・平田・山下2016
010	②	康業相墓表	640	康	男		考古2006-12
011	③	曹氏墓表	642	曹		206	
012	③	史善応墓誌	643	史	男		唐研究2013・中国国家図書館館刊2014-4
013a	③	何相及妻尹氏墓誌	645	何	男	252	
013b	④			尹	女		

014	①	康婆墓誌	647	康	男	299	
015	③	曹因墓誌	627-649	曹	男	369・1644	石文2-27
016	①	康阿達墓誌	627-649	康	男	368	石文4-995
017a	②	曹諒及妻安氏墓誌	650	曹	男	380	
017b	②			安	女		
018	④	支茂墓誌	651	支	男	387	
019a	②	安延及妻劉氏墓誌	653	安	男	467	石文2-330
019b	④			劉	女		
020	④	史氏妻田氏墓誌	653	田	女	479	
021	③	曹氏墓誌	653	曹	女	480	石文2-332
022	①	何盛墓誌	653	何	男	481	
023	④	史伯悦妻麹氏墓誌	654	麹	女	503	高昌磚集71・故宮102
024	①	安萬通墓誌	655	安	男	524	
025	①	曹怡墓誌	655	曹	男		汾陽2
026	①	康子相墓誌	657	康	男		中原2010-6
027	②	安静墓誌	657	安	男	656	
028	①	史索巖墓誌	658	史	男	712	固原43
029a	①	史道洛墓誌	658	史	男		勉誠
029b	②			康	女		
030	④	曹氏妻慕容麗墓誌	658	慕容	女	664	
031	②	史陁墓誌	659	史	男	737	
032	②	安度墓誌	659	安	男	744	
033a	③	史参及妻梁氏墓誌	660	史	男		秦晋豫続2-284
033b	④			梁	女		
034	③	翟恵隠墓誌	660	翟	男	753	
035	③	曹顕墓誌	661	曹	男	10085	
036	②	康氏妻史氏墓誌	661	史	女	816	
037	③	史行簡墓誌	661	史	男	850	
038	③	何光墓誌	661	何	男	849	
039	②	康ム墓誌	662	康	男		考古2006-12
040a	②	安師墓誌	663	安	男	930	石文2-350
040b	②			康	女		
041	③	何剛墓誌	664	何	男	965	
042	②	康波密提墓誌	664	康	男	972	高昌磚集74・故宮109
043	①	史索巖妻安娘墓誌	664	安	女	991	固原43
044a	②	安氏妻康勝墓誌	665	安	男		洛陽流散012・秦晋豫続2-305
044b	②			康	女		
045	②	史信墓誌	665	史	男	1025	石文2-359
046	③	史伯龍墓誌	666	史	男	1079	
047	②	曹欽墓誌	667	曹	男	1125	
048	②	康達墓誌	669	康	男	1189	
049a	③	曹徳及妻淳于氏墓誌	669	曹	男	1190	
049b	④			淳于	女		
050	①	康敬本墓誌	670	康	男	1256	
051	③	史崇礼墓誌	670	史	男		秦晋豫続2-330
052a	③	翟雅墓誌	670	翟	男		秦晋豫2-332
052b	④			鍾	女		
053a	①	史訶耽墓誌	670	史	男	1251	固原67
053b	②			康	女		
053c	④			張	女		
054	①	史鉄棒墓誌	670	史	男	1253	固原82
055	③	史尹□墓誌	671	史	男	10146	釈録330

056a	①	康武通及妻唐氏墓誌	672	康	男	1287	
056b	④			唐	女		
057	③	何禕墓誌	672	何	男	1296	
058	②	史住墓誌	673	史	男	1316	
059	④	史氏妻王氏墓誌	673	王	女	1329	
060	①	康元敬墓誌	673	康	男	1332	
061	③	曹澄墓誌	673	曹	男	1336	
062a	③	何誂及妻陳氏墓誌	673	何	男	10155	
062b	④			陳	女		
063	④	曹懐明妻索氏墓誌	674	索	女	1361	高昌磚集75・故宮112
064	③	史氏墓誌	674	史	女	1360	石文2-366
065	②	曹氏妻何氏墓誌	674	何	女	1363	石文2-261
066	④	史氏妻趙氏墓誌	676	趙	女	1416	石文2-294
067a	③	翟瓚及妻劉氏墓誌	676	翟	男	1445	
067b	④			劉	女		
068	③	史融墓誌	676	史	男		西安新獲72
069a	④	王氏妻康氏墓誌	677	王	男		大唐西市94
069b	③→②			康	女		
070	②	康氏妻曹氏墓誌	677	曹	女	1477	
071	①	史道徳墓誌	678	史	男	1504	固原93
072	①	康続墓誌	679	康	男	1538	
073a	③	曹宮墓誌	679	曹	男	1540	
073b	④			張	女		
074a	④	羅甑生及妻康氏墓誌	679	羅	男	1549	
074b	②			康	女		
075	②	安神儼墓誌	680	安	男	1557	石文2-295
076	②	何摩訶墓誌	680	何	男	1558	
077a	②	康杦及妻曹氏墓誌	681	康	男	1587	石文2-374
077b	②			曹	女		
078	②	康留買墓誌	682	康	男	1614	石文2-262
079	②	康摩伽墓誌	682	康	男	1613	石文2-262
080	①	安元寿墓誌	684	安	男	1673	
081a	③	曹綱及妻張氏墓誌	687	曹	男	10247	
081b	④			張	女		
082	①	康老師墓誌	687	康	男	10249	
083a	②	安氏妻康敦墓誌	687	安	男		中原2009-6・大唐西市118・洛陽流散037・秦晋豫1-269
083b	①			康	女		
084a	④	呂衆及妻曹氏墓誌	688	呂	男	1761	隋彙考6-254
084b	③			曹	女		
085a	④	任智才及妻史氏墓誌	689	任	男	1823	
085b	③			史	女		
086	③→②	安範墓誌	691	安	男	1827	
087	①	康宜徳墓誌	692	康	男	1899	
088a	②	安懐及妻史氏墓誌	693	安	男	1931	
088b	②			史	女		
089a	③	史明及妻王氏墓誌	694	史	男	10305	西安碑林彙編087
089b	④			王	女		
090a	③→②	康智及妻支氏墓誌	694	康	男	1952	
090b	④			支	女		
091a	③	史愛及妻田氏墓誌	694	史	男	1979	石文2-331
091b	④			田	女		

092	②	翟氏妻康氏墓誌	695	康	女	1991	
093	④	康君妻王氏墓誌	695	王	女	10320	
094	③	馬氏妻石二娘墓誌	696	石	女	2019	
095	①	安氏妻康氏墓誌	697	康	女	2058	
096	③→②	康文通墓誌	697	康	男	10343	文物04-1
097	②	安旻墓誌	697	安	男	10340	
098a	③	史氏妻顔氏墓誌	697	史	男		考古与文物2007-1
098b	④			顔	女		
099a	③	曹玄機及妻陳氏墓誌	697	曹	男	2085	
099b	④			陳	女		
100	①	何□墓誌	700	何	男	2183	
101a	②	史懐訓及妻李氏墓誌	702	史	男	2233	西安碑林彙編103
101b	④			李	女		
102	③	曹洛墓誌	703	曹	男		秦晋豫続2-465
103a	②	史善法及妻康氏墓誌	703	史	男	2280	西安碑林彙編105
103b	②			康	女		
104	②	康郎墓誌	703	康	男	2281	
105	①	安令節墓誌	705	安	男	2341	石文1-306
106	②	康富多妻康氏墓表	705	康	女	2358	高昌磚集79・故宮118
107	②	康悊墓誌	705	康	男	2363	
108	③	翟奴子墓誌	705	翟	男		洛陽流散066・秦晋豫2-377
109	③	何彦則墓誌	709	何	男		洛陽鴛鴦9-1
110a	①	安菩及妻何氏墓誌	709	安	男	2484	
110b	②			何	女		
111	③	何氏墓誌	712	何	男	2561	
112	②	安思節墓誌	716	安	男	2648	
113	①	史多墓誌	719	史	男		湖南30-11・洛陽流散094・秦晋豫2-465
114	①	史諾匹延墓誌	721	史	男		釈録337
115a	②	史氏妻契苾氏墓誌	721	史	男	2767	
115b	④			契苾	女		
116a	③	何智及妻范氏墓誌	721	何	男		洛陽流散098・秦晋豫続2-546
116b	④			范	女		
117a	③→②	康固及妻趙氏墓誌	721	康	男	2780	
117b	④			趙	女		
118a	②	康遠及妻曹氏墓誌	721	康	男	10581	
118b	②			曹	女		
119	③	曹氏墓誌	722	曹	男	2825	
120a	③→②	康威及妻韓氏墓誌	723	康	男	2836	石文2-401・故宮081
120b	④			韓	女		
121a	③	石道墓誌	723	石	男		秦晋豫2-487
121b	④			常	女		
122	③	折氏妻曹明照墓誌	723	曹	女	2868	石文4-363
123a	③	石暎及妻孫氏墓誌	724	石	男	2881	石文4-262・496
123b	④			孫	女		
124a	④	独孤氏妻康淑墓誌	726	独孤	男		洛陽流散110
124b	③→②			康	女		
125a	②	翟舎集及妻安氏墓誌	726	翟	男	10627	
125b	①			安	女		
126	②	安元寿妻翟六娘墓誌	727	翟	女	2964	
127	③	曹元則墓磚	727	曹	男		磚刻1180

128a	④	薛莫及妻史氏墓誌	728	薛	男	3007	
128b	②			史	女		
129a	③	曹惲及妻賈氏墓誌	728	曹	男	10652	
129b	④			賈			
130	③	翟徳墓誌	728	翟	男	10655	西安碑林彙編145
131a	③	石奨及妻李氏墓誌	729	石	男		洛陽流散117・秦晋豫2-525
131b	④			李	女		
132a	③	史待賓及妻邵氏墓誌	730	史	男	3045	
132b	④			邵	女		
133	③	胡明期母曹氏墓誌	731	曹	女	3078	
134	②	安孝臣母米氏墓誌	732	米	女		故宮085
135a	③→②	安祥墓誌	733	安	男		京大人文研
135b	④			続	女		
136a	④	阿史那懐道妻安氏墓誌	733	阿史那	男		
136b	①			安	女		渭城252
137	②	安孝臣墓誌	734	安	男	3192	
138a	②	翟銑及妻李氏墓誌	734	翟	男	3196	
138b	④			李	女		
139	②	妻曹氏墓誌	736	曹	女		秦晋豫続3-650
140	③	何最墓誌	738	何	男	3298	
141	③	石惀墓誌	714or 726or 738	石	男	3430	
142	②	康庭蘭墓誌	740	康	男	3382	
143	③	何簡墓誌	742	何	男	3447	石文2-224
144	③	史曜墓誌	743	史	男	3486	
145	①	米薩宝墓誌	744	米	男		北平図書館6-2
146a	④	李氏妻何氏墓誌	744	李	男		長安新出168
146b	③			何	女		
147	②	史思礼墓誌	744	史	男	3514	
148a	③	史子進妻馬氏墓誌	744	史	男	10885	
148b	④			馬	女		
149	③	曹冲進墓誌	745	曹	男		秦晋豫3-657
150	③→②	康令惲墓誌	745	康	男		唐研究6
151a	③	何知猛及妻王氏墓誌	748	何	男	3614	石文1-699
151b	④			王	女		
152	③	石巖墓誌	748	石	男	10941	新出唐百種194
153a	③	何氏妻崔氏墓誌	748	何	男	10945	
153b	④			崔	女		
154	③	史庭墓誌	748	史	男	3642	
155a	③	史瓘及妻薛氏墓誌	748	史	男		文博2006-2・釈録345・洛陽鴛鴦26-1・秦晋豫3-696
155b	④			薛	女		
156	②	康氏妻翟氏墓誌	749	翟	女	3656	
157	③	康怡墓誌	749	康	男	3663	
158	②	康仙昂墓誌	750	康	男	10967	中原2009-6・大唐西市261
159a	④	焦礼及妻曹氏墓誌	751	焦	男	3704	
159b	③			曹	女		
160a	②	安思温及妻史氏墓誌	751	安	男	10985	
160b	②			史	女		

161a	③	康詔及妻趙氏墓誌		康	男	11001	
161b	④		752(卒)	趙	女		
162	③	曹仁墓誌	754	曹	男	11029	新出唐百種210
163	②	何徳墓誌	754	何	男	3822	
164	③→②	輔氏妻米氏墓誌	755	米	女		文博2015-4
165a	②	曹氏及妻康氏墓誌	757	曹	男	3948	
165b	①			康	女		
166a	②	曹曄及石氏墓誌	759	曹	男		洛陽流散199・秦晋豫続3-844
166b	②			石	女		
167	③	曹懐直墓誌	759	曹	男		大唐西市275・秦晋豫3-755
168	②	康氏妻康氏墓誌	760	康	女	3912	
169a	③	翟洪景及妻申氏墓誌	761	翟	男	11062	西安碑林彙編200
169b	④			申	女		
170	③→②	康暉墓誌	765	康	男	3978	
171a	④	王氏及妻何氏墓誌	766(卒)	王	男	3992	
171b	③			何	女		
172	③	何伯逑墓誌	771	何	男	11108	
173a	③	何伯遇妻盧氏墓誌	773	何	男	11113	
173b	④			盧	女		
174a	④	梁氏妻翟氏墓誌	775	梁	男		大唐西市289
174b	③			翟	女		
175	②	曹閏国墓誌	775	曹	男	4100	石文4-711
176	③	何模墓誌	775	何	男		隋唐五代河南84・唐補遺5-31・唐彙編続大暦036
177	②	曹恵琳墓誌	779	曹	男	4170	
178	③	何邕墓誌	780	何	男		秦晋豫続4-907
179	②	安文光妻康氏墓誌	782	康	女	4210	
180	②	曹景林墓誌	782	曹	男	4213	
181a	③	何玉妻沈氏墓誌	783	何	男	11169	
181b	④			沈	女		
182a	③	何氏妻盧氏墓誌		何	男	4235	
182b	④		784(卒)	盧	女		
183a	③	何氏妻韋氏墓誌	788	何	男	11193	
183b	④			韋	女		
184	③	常承妻河南史氏墓誌	795	史	女	4386	
185	①	石崇俊墓誌	797	石	男	4429	
186	③	史承式墓誌	798	史	男	11256	文博2006-6・西安碑林彙編225
187a	④	魏庭暉及妻史氏墓誌	801	魏	男		西安碑林続編140
187b	③			史	女		
188	③→②	安嵩墓誌	801	安	男		秦晋豫続4-986
189a	③	史好直墓誌	802	史	男		西安碑林続編141
189b	④			崔	女		
189c	④			韋	女		
190	②	何澄墓誌	802	何	男		中原2009-6・洛陽鴛鴦41-1・秦晋豫3-855
191a	④	孫希進及妻史氏墓誌	802	孫	男		西安新獲172
191b	③			史	女		
192	③	曹曇墓誌	804	曹	男		洛陽流散244・秦晋豫続4-998

193a	④	王興滿及妻何氏墓誌	805	王	男	11307	
193b	③			何	女		
194a	③	翟□晋妻蕭氏墓誌	805	翟	男	4598	
194b	④			蕭	女		
195a	③	曹備及妻段氏墓誌	805	曹	男		秦晋豫続4-1013
195b	④			段	女		
196	①	米継芬墓誌	805	米	男	4599	
197	③	曹乂墓誌	807	曹	男	4650	
198a	④	王弥及妻河（何）氏墓誌	807	王	男		大唐西市345
198b	③			河(何)	女		
199a	③	史光及妻孫氏墓誌	808	史	男	4658	
199b	④			孫	女		
200	③	石解墓誌	808	石	男		考古与文物2010-2・大唐西市349・秦晋豫3-865
201	③	何載墓誌	809	何	男	4695	石文4-716
202a	④	張清源妻何氏墓磚	810	張	男		磚刻1201
202b	③			何	女		
203	③	史然墓誌	811	史	男	11346	
204	③	史夫人墓誌	812	史	女		
205a	③	何氏妻邊氏墓誌	812	何	男	4771	
205b	④			邊	女		
206	②	石神福墓誌	813	石	男	4800	石文4-851
207	②	史惟清墓誌	813	史	男		洛陽鴛鴦46-1
208a	④	李欒妻何氏墓誌	813	李	男	4788	
208b	③			何	女		
209a	④	田鸞及妻史氏墓誌	814	田	男	4818	
209b	③			史	女		
210	②	史惟清妻翟氏墓誌	814	翟	女		洛陽鴛鴦46-2
211a	④	李恒湊墓誌	814	李	男		西安碑林続編152
211b	③			曹	女		
212a	④	臧昌裔墓誌	815	臧	男	4843	
212b	③			曹	女		
213	③→②	康昭墓誌	816	康	男		洛陽流散260・秦晋豫3-892
214	③→②	安義墓誌	816	安	男		秦晋豫続4-1061
215	②	石默啜墓誌	817	石	男	4862	石文4-613・故宮133
216	③	李氏妻石氏墓誌	817	石	女	4892	
217	②	安玉墓誌	819	安	男		洛陽流散262・秦晋豫続4-1068
218	②	曹琳墓誌	820	曹	男	4952	
219	②	康志達墓誌	821	康	男	4977	
220	②	花献妻安氏墓誌	821	安	女		洛陽鴛鴦53-2・洛陽流散266・秦晋豫続4-1085
221a	③	何暉及妻王氏墓誌	821	何	男		秦晋豫続4-1087
221b	④			王	女		
222a	③	曹萬題妻張氏墓誌	822	曹	男		洛陽流散267・秦晋豫4-906
222b	④			張	女		
223	③	何撫墓誌	824	何	男	11431	
224	③	王氏妻曹氏墓誌	824	曹	女	5050	
225	②	石忠政墓誌	825	石	男	5067	石文1-596・故宮144

226	③	何洪墓誌	826	何	男	5083	
227	③	何允墓誌	827	何	男	5098	石文4-620
228a	②	曹朝憲妻陶氏墓誌	827	曹	男	5104	
228b	④			陶	女		
229a	③	曹氏妻陳氏墓誌	828	曹	男	5124	
229b	④			陳	女		
230	③	曹辿墓誌	829	曹	男		邙洛250
231	④	楊旻（妻石氏）墓誌	829	楊	男	5143	
232a	④	崔周輔妻何氏墓誌	829	崔	男		秦晋豫4-932
232b	③			何	女		
233a	③	何氏妻崔氏墓誌	830	何	男	11477	
233b	④			崔	女		
234	③	王稷妻史氏墓誌	830	史	女		洛陽流散274・秦晋豫続4-1124
235a	①	何文哲及妻康氏墓誌	830	何	男	5160	
235b	②			康	女		
235c	②			康	女		
236	③	李有裕妻曹氏墓誌	833(卒)	曹	女		西安碑林続編173・秦晋豫続4-1136
237	④	安氏妻呉氏墓誌	835	呉	女	5261	石文2-53
238	③	史喬如墓誌	837	史	男	5297	
239	③	何植墓誌	837(卒)	何	男		長安新出274
240a	④	李少贇及妻康氏墓誌	838	李	男		碑林集刊11・大唐西市405
240b	②			康	女		
241a	③	史孝章墓誌	839	史	男		辺疆史07-4・新出唐百種280・秦晋豫4-974
241b	④			王	女		
242	③	史従及墓誌	842	史	男		西安碑林続編182・秦晋豫続5-1188
243	①	曹太聡墓誌	843	曹	男		趙振華2016
244	③	陸氏妻何氏墓誌	845	何	女	5468	石文2-56
245	③→②	米九娘墓誌	846	米	女	5471	石文1-552
246	③	張鋒妻史氏墓誌	847	史	女	5499	
247	③	史堵穎墓誌	847	史	男	5498	
248	②	曹慶墓誌	847	曹	男	5505	
249	③	契苾氏妻何氏墓誌	847	何	女	5510	石文4-631・故宮164
250a	③	曹氏及妻張氏墓誌	847	曹	男	5514	
250b	④			張	女		
251a	②	米文辯及妻馬氏墓誌	849	米	男	11616	文物04-2
251b	④			馬	女		
252a	③	翟氏妻高婉墓誌	850	翟	男	5568	故宮167
252b	④			高	女		
253a	②	安珍及妻費氏墓誌	850	安	男	5573	石文2-21
253b	④			費	女		
254	③	何溢墓誌	850	何	男	5580	
255a	④	魏氏及妻曹氏墓誌	850	魏	男	5581	
255b	③			曹	女		
256	③	史従慶墓誌	850	史	男	5583	石文2-22
257	②	李氏妻安氏墓誌	851	安	女		西安碑林彙編294
258a	④	閻叔汶及妻米氏墓誌	851	閻	男		西安碑林彙編295
258b	②			米	女		
259a	③	曹氏妻張氏墓誌	852	曹	男	5620	
259b	④			張	女		

260	③→②	康氏墓誌	853	康	男		石文4-975
261	③	何貞裕墓誌	854	何	男		秦晋豫4-1017
262	②	張懐清妻石氏墓誌	855	石	女	5662	
263	③	何少直墓誌	855	何	男	5671	
264a	③→②	康叔卿妻傅氏墓誌	856	康	男	5712	石文1-802
264b	④			傅	女		
265a	③	史興及妻張氏梁氏墓誌	857	史	男	5735	
265b	④			張	女		
265c	④			梁	女		
266	④	曹氏妻鄭氏墓誌	858	鄭	女	5754	
267	③	翟慶全墓誌	865	翟	男	5871	
268	②	何弘敬墓誌	865	何	男	5880	
269a	③	曹惟政及妻張氏墓誌	865	曹	男	5891	
269b	④			張	女		
270	③	曹周仁墓誌	866	曹	女		西安新獲232
271	②	安士和墓誌	866	安		11753	西安碑林彙編321
272	③	何俛墓誌	866	何	男	5903	石文2-62
273	③	何遂墓誌	867	何	男	5915	
274	③	何楚章墓誌	867	何	男	5924	
275a	③	曹汾妻趙善心墓誌	868	曹	男	11771	
275b	④			趙	女		
276	③	曹謙墓誌	871	曹	男	5998	
277	②	曹弘立墓誌	871	曹	男	6001	石文4-725
278	③	曹用之墓誌	872	曹		11800	
279	③→②	康氏墓誌	872	康	男	6030	
280	③	曹氏墓誌	873	曹	男	11802	
281a	③	翟君妻陳氏墓誌	873	翟	男	6046	
281b	④			陳	女		
282a	③	翟怡妻厳氏墓誌	873	翟	男	6045	
282b	④			厳	女		
283a	③	何樫妻王桂華墓誌	875	何	男	6077	長安新出-310
283b	④			王	女		
284	②	安玄朗墓誌	875	安	男	6085	石文4-791
285a	④	李栄益及妻史氏墓誌	876	李	男		西安碑林彙編341
285b	③			史	女		
286a	③	曹潤興及妻程氏墓誌	879	曹	男		秦晋豫4-1080
286b	④			程	女		
287a	④	李淑沙及妻安氏墓誌	882	李	男	11851	
287b	③→②			安	女		
288a	②	石善達及妻安氏墓誌	901	石	男		唐研究12
288b	②			安	女		
289a	③	史建洛妻馬氏墓誌	唐	史	男	6366	故宮121
289b	④			馬	女		
290a	④	□君及妻何氏墓誌	唐	□	男	6333	石文4-710
290b	③			何	女		
291a	③	何叔平妻劉氏墓誌	唐	何	男	4970	石文4-618
291b	④			劉	女		
292	③	曹建達墓誌	唐	曹	男	6450	
293	①	安修仁墓誌	唐	安	男		文館詞林455・隋彙考6-10
294a	③→②	康珽妻許氏墓誌	唐	康	男	11894	
294b	④			許	女		

五代（略号 W）

王朝	no.	判定	墓誌銘	葬年	姓	性	五代所在目録	唐新編	その他
後梁	001	③	石彦辞墓誌	910	石	男	118		唐補遺7-170文博1997-5
後唐	002a	④	呉氏妻曹氏墓誌	925	呉	男	121	15-10645	
	002b	③			曹	女			
	003	③→②	康賛羨墓誌	926	康	男	121	15-10672	
後晋	004	②	安万金墓誌	937	安	男	123	16-10721	
	005	②	安万金妻何氏墓誌	939	何	女	123	22-15542	
	006a	②	何君政及妻安氏墓誌	939	何	男	123	22-15536	唐補遺7-439
	006b	②			安	女			
	007	②	何徳璘墓誌	943	何	男			楡林249
後周	008	②	安重遇墓誌	954	安	男	127	16-10821	
	009a	②	石金俊妻元氏墓誌	955	石	男	127	16-10685	
	009b	④			元	女			

北宋（略号 So）

no.	判定	墓誌銘	葬年	姓	性	北図	千誌	全宋文	その他
001	③→②	康成此墓誌	966	康	男				楡林253
002	③	何氏墓誌	969	何	男				楡林254
003	②	安崇礼墓誌	971	安	男	37-29	1246	2-113	
004	③	史珪墓誌	975	史	男				新獲132
005	②	石熙載墓誌	987	石	男	37-185		3-321	
006	②	石継遠墓誌	964	石	男	37-203	1254		
007	②	安守忠墓誌	1000	安	男	38-4		7-277	碑林94-4553
008a	③	史壺墓誌	1024	史	男			9-343	
008b	④			夏	女				
009	②	曹瑋墓誌	1030	曹	男			11-32	
010	④	石氏妻劉氏墓誌	1038	劉	女				江西9
011	③	石氏墓表	1041	石	男				石文3-614
012	③	何君墓誌	1042	何	男			14-453	
013	②	曹脩睦墓誌	1046	曹	男			24-241	
014	②	石居簡墓誌	1049	石	男				秦晋豫4-1115
015	②	石従簡墓誌	1049	石	男				河洛490
016	③	夫人米氏墓誌	1060	米	女			18-394	
017	④	安氏妻趙氏墓誌	1062	趙	女			34-164	
018	③	安氏墓誌	1065	安	女			19-578	
019	④	史琳妻舒氏墓誌	1065	舒	女				江西11
020	③	姚奭氏妻米氏墓誌	1066	米	女	39-60	1278	22-340	
021	③	何令孫墓誌	1066	何	男	39-12	1274	22-341	
022	③	石君瑜墓誌	1068	石	男			26-146	
023	③	康氏墓誌	1069	康	女			33-240	
024	③	姚氏妻米氏墓誌	1072	米	女	39-11	1273	40-558	
025	③	何氏墓誌	1077	何	女			26-187	
026	③	石子倩墓誌	1078(卒)	石	男			50-240	
027	③	石祖方墓誌	1080	石	男	39-134	1285	48-65	
028	③	石氏墓誌	1081	石	女				新中国河南1-377
029	③	何君平墓誌	1082	何	男			35-241	
030	③	石介墓誌	1087	石	男			18-358	
031	③	宋君夫人史氏墓誌	1089	史	女			49-2	

032	④	何君妻柴氏墓誌	1089	柴	女	40-45	1290	41-604	
033	③	史子永墓誌	1090	史	男	40-61			
034	③	石洵直墓誌	1093	石	男			37-445	
035	③	石輅墓誌	1093	石	男	40-91		40-147	石文2-634
036	③	妻史氏墓誌	1094	史	女			46-69	
037	③	妻安氏墓誌	1094	安	女			49-74 49-103	
038	③	石氏墓誌	1094	石	女			49-81	
039	③	石氏墓誌	1094	石	女			19-92	
040	②	妻曹氏墓誌	1094	曹	女			49-96	
041	③	安氏墓誌	1094	安	女			49-103	
042	③	趙仲瞞妻康氏墓誌	1094	康	女			49-109	秦晋豫続5-1399
043	③	曹氏墓誌	1094	曹	男			49-138	
044	③	石奉議墓誌	1095	石	男			41-126	
045	③	何中行墓誌	1095	何	男		1299		
046	②	史氏墓誌	1100	史	女			41-124	
047	③	李曦妻曹氏墓誌	1121	曹	女				秦晋豫続5-1420

※調査対象は、各時代の所在目録を基とした。また、墓誌目録のない北宋代は主に『全宋文』を用いた。1996年（『唐代墓誌彙編続集』の収録年限）から2016年３月までは、主に『文物』・『考古』・『考古与文物』・『文博』・『唐研究』の５雑誌で調査した。

※各時代の各所在目録は次のとおり。

北朝・隋：梶山智史［2013］／唐：氣賀澤保規［2009］／五代：高橋継男［2000］

※ここでは、各所在目録との重複は避け、未掲載のデータのみを略称を用いて掲載した。略称は以下のとおり。

〔石刻関係文献〕吐魯番＝『吐魯番出土磚誌集注』／彙編＝『漢魏南北朝墓誌彙編』／石文＝魏晋南北朝：『先秦秦漢魏晋南北朝石刻文献全編』・隋唐五代：『隋唐五代石刻文献全編』・宋：『宋代石刻文献全編』／高昌磚集＝『高昌磚集』／汾陽＝『汾陽市博物館蔵墓誌選編』／固原＝『固原南郊隋唐墓地』／勉誠＝『唐史道洛墓』／釈録＝『洛陽新出墓誌釈録』／渭城＝『渭城文物志』／文館詞林＝『影弘仁本文館詞林』／唐新編＝『全唐文新編』／新獲＝『洛陽新獲墓誌』／楡林＝『楡林碑石』／邙洛＝『邙洛碑誌三百種』／全宋文＝『全宋文』／碑林＝『西安碑林全集』／新中国＝『新中国出土墓誌』河南（壱・弐）／河洛＝『河洛墓刻拾零』／隋唐五代＝『隋唐五代墓誌彙編』／唐補遺＝『全唐文補遺』／唐彙編＝『唐代墓誌彙編』／江西＝『江西出土墓志選編』／北斉北周補遺＝『全北斉北周文補遺』／千誌＝『千唐誌斎蔵誌』／故宮＝『故宮博物院藏歴代墓誌彙編』／新出唐百種＝『新出唐墓誌百種』／西安碑林彙編＝『西安碑林博物館新蔵墓誌彙編』／西安碑林続編＝『西安碑林博物館新蔵墓誌続編』／長安新出＝『長安新出墓誌』／洛陽鴛鴦＝『洛陽出土鴛鴦誌輯録』／洛陽流散＝『洛陽流散唐代墓誌彙編』／大唐西市＝『大唐西市博物館蔵墓誌』／秦晋豫＝『秦晋豫新出墓誌蒐佚』／秦晋豫続＝『秦晋豫新出墓誌蒐佚続編』／磚刻＝『中国古代磚刻銘文集』／西安新獲＝『西安新獲墓誌集萃』

〔定期刊行物など〕文物＝『文物』／考古＝『考古』／文博＝『文博』／中原＝『中原文物』／考古与文物＝『考古与文物』／唐研究＝『唐研究』／北平図書館＝『国立北平図書館館刊』／辺疆史＝『辺疆史地研究』／湖南＝『湖南科技学院学報』／碑林集刊＝『碑林集刊』／書法＝『書法叢刊』／京大人文研＝京都大学人文科学研究所蔵石刻拓本資料／HP：http：//kanji.zinbun.kyoto-u.ac.jp/db-machine/imgsrv/takuhon/

【図表３】 ソグド姓墓誌と墓誌総数の埋葬年による変化

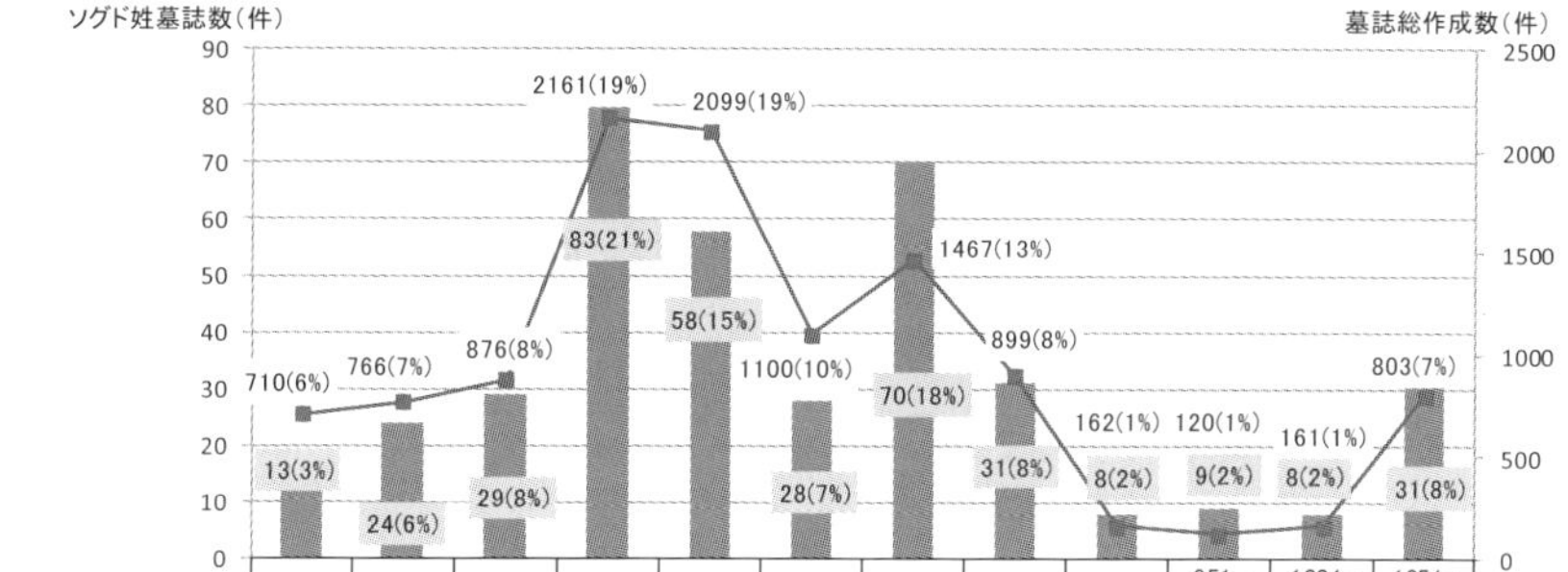

	-550	551-600	601-650	651-700	701-750	751-800	801-850	851-900	901-950	951-1000	1001-1050	1051-1100
ソグド姓墓誌数	13	24	29	83	58	28	70	31	8	9	8	31
墓誌総作成数	710	766	876	2161	2099	1100	1467	899	162	120	161	803

（二）　判定と分類

収集した墓誌を使用するにあたって、いずれがソグド人の墓誌であるかを見極めるために、その記載内容に応じて以下の四つに分類した。(5)

① ソグド人であるもの：合計四五件【図表4】

以下の三つの条件を設け、いずれかを満たしている場合に①と判定した。

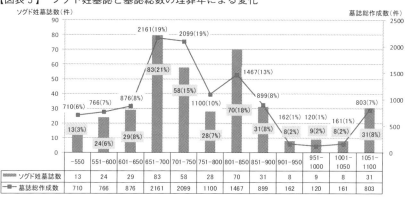

第一は、例えば「其先安国大酋領」・「康国人」などのソグディアナ地方出身であると分かる直接的な表現があること。

第二は、先祖がソグド人聚落を統括していたという「薩宝」の位に就いていること。(6) ソグド人たちは、キャラバンルートの拠点や貿易の目的地に前進基地として数々の植民聚落を形成した。(7) 薩宝は中国内地におけるソグド人植民聚落のリーダーに、中国側から与えられた官名である。この薩宝については、既に多くの研究がある。藤田［一九二五：三〇〇頁］は「通商の目的を以て支那に旅居せる Iran 系の所謂賈胡若しくは商胡には、自らその間に商主があり、政府はそをして賈胡即ち商胡を統制せしめ、商主の外国名なる薩宝を以てその官名としたのであろう」と指摘し、護［一九七六：一八五頁］はソグドの植民聚落に対して、「植民聚落では社会構成においても、行政機構においても、大筋では本国のそれらを模倣する」というソ連のクリャシュトルヌィの説に依拠し、中国においても本国の制が行われていたものとした。さらに羽田［一九七一：四二六～四二七頁］は「薩宝の統治下に、ソグド人の隊商や在留者は広州の在留のイスラム教徒と同じように、自治を許されていたのだろう」と推測した。また、言語学の見地から、吉田［一九八八：一六八～一七一頁］は薩宝（漢字の中古音は sâtpâu）が「キャラバン隊のリーダー」を意味するソグド語の sārtpāw の漢字音写であることを明らかにし、これにより、薩宝がソグド人特有の官職であるとする。さらに荒川［一九九八・一九九九］は、墓誌資料を使い、北朝隋唐時代に置かれた薩宝の役割を、北魏から隋にかけては「領内に居留するソグド人の聚落を統括させるための」自治的聚落の統治者であったが、唐ではソグド人の多くが信仰していた祆教（ゾロアスター教）の「祠およびそこに集う祆教徒の管理を管掌する官」と職務に変化が見られることを指摘する。これらの研究より、薩宝という官職がソグド人にのみ与えられた特殊なものであることから、薩宝に就任していればソグド人であるとした。

第三は、血のつながりのある家族が上記の条件によりソグド人であると確定している場合とした。

②　ソグド人である可能性が高いもの：合計一二一件【図表5】

墓誌に直接的な表現はないが、ソグド人だと推測できるものを、以下三つの基準を設け、②と判定した。

第一は、ソグド姓どうしで婚姻関係が結ばれている場合である。[8] ソグド人が聚落を形成していたことからも推測できるように、彼らはソグド姓どうしで婚姻を行っていた。これは既にいくつかの墓誌から確認され、報告されており、以下に一例をあげる。固原南郊墓地は現在の寧夏回族自治区の固原で一九八一年から発掘された墓地群である。ここからシルクロード貿易の様子を伝える「人物文水差（鎏金銀壺）」[9]や、「東ローマ金貨」などが出土し、六基の隋唐代の墓からは史氏一族の墓誌か確認され、「史訶耽墓誌」（T-053 六七〇）のように「史国王之苗裔」と名乗っている［羅豊一九九六・ソグド人墓誌研究ゼミナール二〇〇五］。そのうち、「史索巖墓誌」（T-028 六五八）の妻「史索巖妻安娘墓誌」

【図表4】　判定①

No.		墓誌銘	葬年	姓	諱	字	性	卒年月日	生年	没年齢	判定の根拠
B-008	①	安威墓誌	538元象1.8.22	安	威	似虎	男	538元象1.3.13	465	74	西域安徳国人
B-010	①	翟育墓誌	544武定1.11.23	翟	育	門生	男	538元象1.1.11			本国薩甫・(翟国東天竺)
B-021	①	康業墓誌	571天和6	康	業	元基	男	571天和6.6.5	512	60	康居国王・西域胡
B-026	①	翟曹明墓誌	579大象1.3.4	翟	曹明		男	5.3		9□	西国・大天主
B-027	①	安伽墓誌	579大象1.10	安	伽	大伽	男	579大象1.5	518	62	薩保
B-029	①	史□墓誌	580大象2.1	史			男	579大象1.7	494	86	史国人・薩保
Su-001	①	安備墓誌	589開皇9.10.24	安	備	五相	男			34	安居耶尼国
Su-002	①	康□鉢墓表	590高昌延昌30.12	康	□鉢		男			54	領兵胡将
Su-013	①	史射勿墓誌	610大業6.1	史	射勿	盤陀	男	610大業5.3.24	545	66	先出自西国・薩宝
Su-015	①	翟突娑墓誌	615大業11.1	翟	突娑	薄賀比多	男	615大業11.1.18	546	70	薩宝
T-014	①	康婆墓誌	647貞観21.9.1	康	婆	季大	男	647貞観21.8.14	573	75	康国王之裔
T-016	①	康阿達墓誌	627-649貞観間	康	阿達		男				康国人・薩宝
T-022	①	何盛墓誌	653永徽4.8.23	何	盛	多子	男	653永徽4.7.19	574	80	大夏之後
T-024	①	安萬通墓誌	654永徽5.12.1	安		万通	男			69	西域安息国・摩訶薩宝
T-025	①	曹怡墓誌	655永徽6.10.1	曹	怡	願憹	男	655永徽6.6	581	75	薩宝府
T-026	①	康子相墓誌	657顕慶2.3.14	康	子相		男	657顕慶2.2.18	592	66	先出自康居
T-028	①	史索巖墓誌	658顕慶3.12	史	索巖	元貞	男	656顕慶1.5.13	579	78	建康飛橋人・固原
T-029a	①	史道洛墓誌	658顕慶3.12.24	史	道洛		男	655永徽6.1.28	591	65	固原
T-043	①	史索巖妻安娘墓誌	664麟徳1.11.16	安	娘	白	女	661龍朔1.1.12	589	72	安息王之苗裔
T-050	①	康敬本墓誌	670咸亨1.□.14	康	敬本	延宗	男				康居　T-051a康武通の叔父
T-053a	①	史訶耽墓誌	670咸亨1.11.27	史	訶耽	説	男	669総章2.9.23	584	86	史国王之苗裔
T-054	①	史鉄棒墓誌	670咸亨1.12.13	史	鐵棒	善集	男	666乾封1.8.13	623	44	固原
T-056a	①	康武通及妻唐氏墓誌	672咸亨3.2.22	康	武通	宏達	男	649貞観23.5.19	585	65	T-047康敬本の父方の甥
T-060	①	康元敬墓誌	673咸亨4.5.29	康	元敬	留師	男	5.7		66	薩宝
T-071	①	史道徳墓誌	678儀鳳3.11.8	史	道徳	万安	男	678儀鳳3.3.19	613	66	其先建康飛橋人事・固原
T-072	①	康続墓誌	679調露1.10.8	康	続	善	男	678儀鳳2.12.12	624	55	康国人
T-080	①	安元寿墓誌	684光宅1.10.24	安	元寿	茂齢	男	683永淳2.8.4	607	77	嬀水
T-082	①	康老師墓誌	687垂拱3.2.10	康	老師		男	686垂拱2.7.16	613	74	康国人
T-083b	①	安氏妻康敦墓誌	687垂拱3.2.15	康	敦		女	686垂拱2.6.5			康居国
T-087	①	康宜徳墓誌	690天授3.4.1	康	宜徳	有鄰	男	692天授3.3.17	627	66	西域康居
T-095	①	安氏妻康氏墓誌	697万載通天2.4.29	康			女	697万歳通天2.4.16			康国大首領之女　以本国為姓
T-100	①	何□墓誌	700久視1.9.28	何	□□	□□	男	700久視1.9.7	616	85	大夏月氏

T-105	①	安令節墓誌	705神龍1.3.5	安	令節	令節	男	704長安4.11.23	645	60	出自安息国
T-110a	①	安菩及妻何氏墓誌	709景龍3.10.26	安	菩	薩	男	664麟徳1.11.7	601	64	其先安国大首領
T-113	①	史多墓誌	719開元7.4.15	史	多	北勒	男	718開元6.10.26	618	101	西域人
T-114	①	史諾匹延墓誌	721開元9.1.8	史	諾□延	義本	男	719開元7	662	58	西蕃史国人
T-125b	①	翟舎集及妻安氏墓誌	726開元14	安			女	726開元14.8.28	651	76	安興貴の孫
T-136b	①	阿史那懐道妻安氏墓誌	733開元21.8.8	安			女	733開元5.9	675	59	鎮彼西土、因名為姓
T-145	①	米薩宝墓誌	744天宝3.1.26	米	薩宝		男	742天宝1.2.11	678	65	米国人
T-165b	①	曹氏及妻康氏墓誌	757聖武2.閏8.9	康			女	757聖武2.7.14	687	71	康居之裔
T-185	①	石崇俊墓誌	797貞元13.8.19	石	崇俊	考徳	男	797貞元13.2.20	717	81	墓誌蓋に石国
T-196	①	米継芬墓誌	805永貞1.12.19	米	継芬	継芬	男	805永貞1.9.21	714	92	其先西域米国人也
T-235a	①	何文哲妻康氏墓誌	830太和4.10	何	文哲	子洪	男	830太和4.4.1	764	67	公本何国王丞之五代孫
T-243	①	曹太聡墓誌	843会昌3.2.20	曹	太聡		男	842会昌2.12.25	772	71	蕃族衣冠
T-293	①	安修仁墓誌	唐	安	修仁		男	唐			薩宝

【図表5】　判定②

No.		墓誌銘	葬年	姓	諱	字	性	卒年月日	生年	没年齢	判定の根拠
B-016	②	石輔益墓誌	565保定5.3	石	輔益	思輔	男	564保定4	505	60	武威人・曾祖武威太守
B-023a	②	康虜奴及妻竺氏墓誌	574高昌延昌14.2.23	康	虜奴		男				吐魯番康氏家族墓出土
Su-003	②	康密乃墓表	593高昌延昌33.3	康	密乃		男			82	康氏家族墓
Su-004	②	康衆僧墓表	595高昌延昌35.3	康	衆僧		男			39	康氏家族墓
Su-007	②	史崇基墓誌	603仁寿3.12.28	史	崇基	洪業	男	602仁寿2	576	27	祖父史寧＝『周書』史寧伝「建康表氏人」
Su-012a	②	康宝足及妻翟氏墓誌	607大業3.8.8	康	宝足	金藏	男	580大象2	520	61	康－翟
Su-012b	②	康宝足及妻翟氏墓誌	607大業3.8.8	翟			女	602仁寿2	531	72	康－翟
Su-018b	②	李陀及妻安氏墓誌	616大業12.5.5	安			女	597開皇17.2.23	549	49	夫李氏はバクトリア人←「李誕墓誌」(564年)
T-002	②	康浮面墓誌	630高昌延寿7.12.24	康	浮面		男	630高昌延寿7.12.24			吐魯番康氏家族墓出土
T-006	②	曹慶珍墓誌	631貞観5.2.6	曹	慶珍	光瑒	男	630貞観4.11.10	558	73	涼州
T-009	②	翟天徳墓誌	634貞観8.12.20	翟	天徳	抱義	男	634貞観8.7.25	557	78	原州・涼州
T-010	②	康業相墓表	640貞観14.11.16	康	業相		男			82	吐魯番康氏家族墓出土
T-017a	②	曹諒及妻安氏墓誌	650永徽1.7.9	曹	諒	叔子	男	614大業10.7.2			曹－安
T-017b	②	曹諒及妻安氏墓誌	650永徽1.7.9	安			女	650永徽1.6.1	564	86	曹－安
T-019a	②	安延及妻劉氏墓誌	653永徽4.3.28	安	延	貴薩	男	642貞観16.7.20	558	84	酋郷・玉関・武威人

T-027	②	安静墓誌	657顕慶2.12.19	安	静	處沖	男	657顕慶2.11.22	595	62	朔北・蒲海・葱河
T-029b	②	史道洛墓誌	658顕慶3.12.24	康			女	646貞観20.2.12	592	55	固原・史－康
T-031	②	史陁墓誌	659顕慶4.8.16	史	陁	景	男	633貞観7.3.27	555	79	T-088b安懐夫人史氏の父
T-032	②	安度墓誌	659顕慶4.11.7	安	度	善通	男	659顕慶4.10	582	78	父名：陀・西域
T-036	②	康氏妻史氏墓誌	661顕慶6.3.7	史			女	661顕慶6.2.23	626	36	康－史
T-039	②	康厶墓誌	662龍朔2.1.16	康	厶	延愿	男	662龍朔2.1.16	587	76	吐魯番康氏家族墓出土
T-040a	②	安師墓誌	663龍朔3.9.20	安	師	文則	男	657顕慶2.1.10	601	57	安－康・T-048康達とほぼ同文
T-040b	②	安師墓誌	663龍朔3.9.20	康			女	663龍朔3.8.21	610	54	安－康
T-042	②	康波密提墓誌	664麟徳1.4.30	康	波密提		男				翟－康
T-044a	②	安氏妻康勝墓誌	665麟徳2.4.8	安			男				安－康
T-044b	②	安氏妻康勝墓誌	665麟徳2.4.8	康	勝	法因	女	665麟徳2.閏3.25	597	69	安－康・康達の姉
T-045	②	史信墓誌	665麟徳2.7.12	史	信	安期	男	665麟徳2.6.25	600	66	建康史氏
T-047	②	曹欽墓誌	667乾封2.11.15	曹	欽	毛良	男	667乾封2.4.10	594	74	金方・辺境の地名
T-048	②	康達墓誌	669総章2.7.8	康	達	文則	男	669総章2.6.2□	608	62	T-044b安氏妻康勝の弟・T-040安師とほぼ同文
T-053b	②	史訶耽墓誌	670咸亨1.11.27	康			女	630貞観4.9.10	611	20	固原・史－康
T-058	②	史住墓誌	673咸亨4.2.16	史	住		男	673咸亨4.2.16	597	77	西州高昌
T-065	②	曹氏妻何氏墓誌	674咸亨5.4.6	何			女	674咸亨5.3.25	625	50	曹－何
T-070	②	康氏妻曹氏墓誌	677儀鳳2.11.26	曹			女	677儀鳳2.10.5	593	85	康－曹
T-074b	②	羅甑生及妻康氏墓誌	679調露1.10.23	康			女	677儀鳳2.2	609	69	羅－康
T-075	②	安神儼墓誌	680調露2.2.28	安	神儼		男	680調露2.1.26	623	58	安－史・武威姑蔵
T-076	②	何摩訶墓誌	680調露2.2.28	何	摩訶	迦	男	680調露2.2.16	630	51	姑蔵
T-077a	②	康杴及妻曹氏墓誌	681永隆2.8.6	康	杴	仁徳	男	656顕慶1.2.18	592	65	康－曹
T-077b	②	康杴及妻曹氏墓誌	681永隆2.8.6	曹			女	681永隆2.6.1	607	75	康－曹
T-078	②	康留買墓誌	682永淳1.10.14	康	留買		男	682永淳1.7.17			西海
T-079	②	康摩伽墓誌	682永淳1.10	康	摩伽		男	682永淳1.4.3			西海
T-083a	②	安氏妻康敦墓誌	687垂拱3.2.15	安			男	678儀鳳3.8.25			安－康
T-088a	②	安懐及妻史氏墓誌	693長寿2.8.3	安	懐	道	男	683永淳2.8.12	631	53	安－史・張掖
T-088b	②	安懐及妻史氏墓誌	693長寿2.8.3	史			女	693長寿2.1.2	630	64	安－史
T-092	②	翟氏妻康氏墓誌	695証聖1.3.23	康			女				翟－康
T-097	②	安旻墓誌	697神功1.10.7	安	旻	敬愛	男	697万歳天通2.8.15	642	56	西涼大族
T-101a	②	史懐訓及妻李氏墓誌	702長安2.5.30	史	懐訓	中晦	男	662龍朔2.6.10		□	原州・六州
T-103a	②	史善法及妻康氏墓誌	703長安3.4.18	史	善法	醜仁	男	702長安2.11.3	628	75	史－康
T-103b	②	史善法及妻康氏墓誌	703長安3.4.18	康			女			63	史－康
T-104	②	康郎墓誌	703長安3.4.23	康	郎	善慶	男	702長安2.4.29	660	43	西域の地名多し

T-106	②	康富多妻康氏墓表	705神龍1.10.30	康			女	705神龍1.10.24			康－康
T-107	②	康悊墓誌	705神龍1.11.26	康	哲	慧哲	男	705神龍1.6.4			出身敦煌
T-110b	②	安菩及妻何氏墓誌	709景龍3.10.26	何			女	704長安4.1.20	622	83	安－何
T-112	②	安思節墓誌	716開元4.5.27	安	思節		男	716開元4.4.11	659	58	西土→東周
T-115a	②	史氏妻契苾氏墓誌	721開元9.2.25	史			男				史－契苾・涼州
T-118a	②	康遠及妻曹氏墓誌	721開元9.10.11	康	遠	遷迪	男	692長寿1.12.8	631	62	康－曹
T-118b	②	康遠及妻曹氏墓誌	721開元9.10.11	曹			女	707神龍3.4.25	629	79	康－曹
T-125a	②	翟舍集及妻安氏墓誌	726開元14.寅子月.11	翟	舎集		男	700久視1.5.8	637	64	翟－安
T-126	②	安元寿妻翟六娘墓誌	727開元15.2.29	翟	六娘	六娘	女	698聖暦1.10.16	610	89	安－翟
T-128b	②	薛莫及妻史氏墓誌	728開元16.4	史			女	724開元12.16.4			涼州
T-134	②	安孝臣母米氏墓誌	732開元20.2.11	米			女	722開元19.10.22	669	54	安－米
T-137	②	安孝臣墓誌	734開元22.4.9	安	孝臣		男	734開元22.3.8	699	36	T-134米氏の息子
T-138a	②	翟銑及妻李氏墓誌	734開元22.7.14	翟	銑		男	734開元22.3.18	678	57	幽州・新安府（易州）・遼西（営州）
T-139	②	妻曹氏墓誌	736開元24.5.17	曹			女	715開元3.7.2	635	81	金山郡・番禾県（涼州）
T-142	②	康庭蘭墓誌	740開元28.10.17	康	庭蘭		男	740開元28.9.□	676	65	父名：煩陀
T-147	②	史思礼墓誌	744天宝3.11.23	史	思禮	伯珪	男	744天宝3.8.20	668	77	武威
T-156	②	康氏妻翟氏墓誌	749天宝8.8.10	翟			女	749天宝8.6.9	672	78	康－翟
T-158	②	康仙昂墓誌	750天宝9.2.13	康	仙昂	昂	男	749天宝8.12.8	702	48	酒泉・霊武・范陽
T-160a	②	安思温及妻史氏墓誌	751天宝10.4.8	安	思温		男	721開元9			安－史
T-160b	②	安思温及妻史氏墓誌	751天宝10.4.8	史			女	748天宝8.6.27			安－史
T-163	②	何徳墓誌	754天宝13.10.23	何	徳	伏徳	男	754天宝13.7.23	684	71	太夫人：酒泉安氏
T-165a	②	曹氏及妻康氏墓誌	757聖武2.閏8.9	曹	嵩		男	756聖武1.8.26	671	86	曹－康
T-166a	②	曹曄及石氏墓誌	759乾元2.2.9	曹	曄		男	758乾元1.11.18	685	74	曹－石
T-166b	②	曹曄及石氏墓誌	759乾元2.2.9	石			女	夫より先に死去			曹－石
T-168	②	康氏妻康氏墓誌	760乾元3.2.22	康			女	758乾元1.2.25	702	57	康－康・会稽
T-175	②	曹閏国墓誌	775大暦10.8.6	曹		閏国	男	775大暦10.6.19	729	47	曹－石・成徳
T-177	②	曹恵琳墓誌	779大暦14.4.27	曹	恵琳		男			54	本望燉煌康氏也・T-180曹景林の血縁
T-179	②	安文光妻康氏墓誌	782建中3.4.20	康			女	782建中3.2.22	706	77	安－康・甘粛の地名多し
T-180	②	曹景林墓誌	782建中3.9	曹	景林		男	782建中3.7.	730	53	T-177曹恵琳と血縁関係
T-190	②	何澄墓誌	802貞元18.10.2	何	澄		男	802貞元18.3.9	738	65	「何澄妻墓誌」（813年）より息子が康氏と婚姻
T-206	②	石神福墓誌	813元和8.2.18	石	神福	忠良	男	813元和8.1.17	759	55	成徳
T-207	②	史惟清墓誌	813元和8.2.13	史	惟清	文演	男	812元和7.10.6	752	61	史－翟

T-210	②	史惟清妻翟氏墓誌	814元和9.10.23	翟			女	814元和9.10.23	760	55	史－翟
T-215	②	石默啜墓誌	817元和12.8.24	石	默啜	默啜	男	817元和12.3.13	745	73	石－康
T-217	②	安玉墓誌	819元和14.2.24	安	玉	珍	男	818元和13.2.5	743	76	武威郡
T-218	②	曹琳墓誌	820元和15.7.9	曹	琳	琳	男	820元和15.1.24	742	79	高平人・T-248曹慶の父
T-219	②	康志達墓誌	821長慶1.5.25	康	志達	志達	男	821長慶1.5.10	768	54	康日知の息子
T-220	②	花献妻安氏墓誌	821長慶1.10.22	安			女	821長慶1.4.5	764	58	「花献墓誌」（828年）が景教徒
T-225	②	石忠政墓誌	825宝暦1.8.21	石	忠政	不邪	男	長□2.7.10		82	石－何
T-228a	②	曹朝憲妻陶氏墓誌	827太和1.10.3	曹	朝憲		男				盧龍
T-235b	②	何文哲妻康氏墓誌	830太和4.10	康			女	797貞元13.6.19			何－康
T-235c	②	何文哲妻康氏墓誌	830太和4.10	康			女	824長慶4.12	779	46	何－康
T-240b	②	李少贇及妻康氏墓誌	838開成3.5.28	康			女	837開成2.7.7	779	59	康日知の娘
T-248	②	曹慶墓誌	847大中1.7.21	曹	慶	宗禮	男	847会昌6.12.15	799	49	T-218曹琳の息子
T-251a	②	米文辯及妻馬氏墓誌	849大中3.2	米	文辯		男	848大中2.2.22	794	55	魏博
T-253a	②	安珍及妻費氏墓誌	850大中4.10.5	安	珍		男	850大中4.5.5	767	84	先祖安
T-257	②	李氏妻安氏墓誌	851大中5.4.19	安			女	852大中5.2.24	801	52	武威
T-258b	②	閻叔汶及妻米氏墓誌	851大中5.12.29	米			女	851大中5.12.6	802	50	金城
T-262	②	張懐清妻石氏墓誌	855大中9.2.23	石			女	853大中7.8.5	774	80	辺境を示す語・武威
T-268	②	何弘敬墓誌	865咸通6.8	何	弘敬	子肅	男	865咸通6	806	60	何－安・魏博
T-271	②	安士和墓誌	866咸通7.8.22	安	士和		男	866咸通7.8.22	794	73	武威
T-277	②	曹弘立墓誌	871咸通12.7.11	曹	弘立	弘立	男	864咸通5.4.1	806	59	曹－石
T-284	②	安玄朗墓誌	875乾符2.11.23	安	玄朗	子遠	男	875乾符2.8.23	829	47	其先武威人也・曾祖：菩
T-288a	②	石善達及妻安氏墓誌	901天復1.□.19	石	善達		男	899光化2.12.15	832	68	石－安・何・康・史　本自涼州武威郡・朔州
T-288b	②	石善達及妻安氏墓誌	901天復1.□.19	安			女	889龍紀1.5.□			石－安・何・康・史　本自涼州武威郡・朔州
W-004	②	安万金墓誌	937天福2.11.17	安	万金	宝山	男	937天福2.10	862	76	安－何・曹・米
W-005	②	安万金妻何氏墓誌	939天福4.8.4	何			女	939天福4.6.25	875	65	安－何・曹・米
W-006a	②	何君政及妻安氏墓誌	939天福4.11.17	何	君政		男	932長興3.12.01			何－安
W-006b	②	何君政及妻安氏墓誌	939天福4.11.17	安			女	天祐年4.19			何－安
W-007	②	何徳璘墓誌	943顕徳1.11.8	何	徳璘	光隠	男	943天福8.2.24	888	56	祖の妻曹氏　朔州・夏州・銀州・宥州
W-008	②	安重遇墓誌	954顕徳1.11.8	安	重遇	継栄	男	951広順1.9.4	891	61	雁門　娘が康・羅氏と婚姻　So-003安崇礼の父
W-009b	②	石金俊妻元氏墓誌	955顕徳2.3.3	石	金俊		男	936長興7.6.21	879	58	朔州
So-003	②	安崇礼墓誌	971開宝4.10.23	安	崇礼	同節	男	971開宝4.1.10	915	57	雁門　W-008安重遇の子

So-005	②	石熙載墓誌	987太平興国9.4.5	石	熙載	口績	男	987太平興国9.1	937	51	盧龍軍　So-006石継遠の子
So-006	②	石継遠墓誌	964淳化5.7.11	石	継遠	孝	男	964乾徳2.4.26	904	61	燕人・幽州　So-005石熙載の父
So-007	②	安守忠墓誌	1000咸平3.10.30	安	守忠	信臣	男				母：曹氏、祖父・父の列伝
So-009	②	曹瑋墓誌	1030天聖8.10	曹	瑋	宝臣	男	1030天聖8.1	973	58	『宋史』巻258曹彬伝
So-013	②	曹脩睦墓誌	1046慶暦6.8	曹	脩睦	某	男	1046慶暦6.2	987	60	娘が何氏と婚姻
So-014	②	石居簡墓誌	1049皇祐1.12.1	石	居簡	易従	男	1049皇祐1.8.25	1012	38	So-005・006・015の親族
So-015	②	石従簡墓誌	1049皇祐1.12.1	石	従簡	易之	男	1049皇祐1.10	1003	47	So-005・006・014の親族
So-040	②	妻曹氏墓誌	1094元祐9.2	曹			女	1090元祐5.1	1054	37	長女が何氏に嫁ぐ
So-046	②	史氏墓誌	1100元符3.10	史			女	1100元符3.4.8	1018	83	石-史

(T-043 六六四) には「安息王之苗裔」と記されており、ソグド姓どうしで婚姻がされていることが分かる。また栄新江〔二〇〇一：一三二～一三五頁〕は墓誌や文献資料から、安史の乱以前はソグド姓どうしの婚姻が普遍的で、聚落内部で行われていたが、安史の乱以降はソグド姓どうしの婚姻が急激に減り、漢人との婚姻が明らかに増えたと指摘する。森部〔二〇〇二〕は沙陀王朝下のソグド人の夫妻の墓誌を取り上げ、ソグド姓どうしの婚姻が後晋まで続いていたことを確認している。ここから、ソグドどうしの婚姻は、時代によって増減があったものの、唐以前から、後晋までは続いていた事がわかる。

第二は、名前がソグド語で解読されていることである。先述したように、薩宝がソグド語の sārtpāw の漢字音写であることと同様に、その名前にもソグド語の要素が認められるのである。例えば、安史の乱の首謀者である安禄山はその姓から安国出身のソグド人の子孫であるとされるが、禄山の当時の発音は luksan であり、ソグド語の roxs(a)n =「明るい」を音写したものと考えられている〔吉田一九八九：六八～六九頁〕。また、池田〔一九六五〕は、敦煌文書(P.3559(c))の差科簿にあるソグド人聚落「従化郷」を分析し、二三六人の人名を胡風名・漢風名・孰れとも判断しがたいという三つのグループに分類して、ソグド語名から漢風名への世代間での変化を分析した。これら池田温氏・

吉田豊氏などの研究をもとに、墓主や先祖の名前がソグド語で解読されているものを②と判定した。例えば、「安懐及妻史氏墓誌」（T-088 六九三）の夫人史氏の父の名の「盤陀」は、中古音では b'un^{1}d'a^{1} であり［池田一九六五：二三三頁］、吉田［一九八九］は、「下僕」の意であるとする。また、固原南郊隋唐墓出土の「史射勿墓誌」（Su-013 六一〇）の墓主は、諱が射勿、字は槃陀である。吉田［Yoshida1994］によると、「射勿」（*dźja mjuət）はソグド語の第一一の月の女神 jymtyc に由来するソグド人名 jymt と同様であるとされるので、諱と字を合わせた「射勿槃陀」は、「女神 jymtyc の僕」の意味であると考えられる。

第三は、ソグド人と関係が深い地名があるものを②と判定した。例えばソグド人聚落の確認されている敦煌や、交易活動が盛んに行われた武威姑臧・酒泉など河西の地名や、安禄山の支配した営州・薊州・幽州・易州など州、多くのソグド系武人がいたことが確認されている盧龍・成徳・魏博の藩鎮名や［森部一九九八］、特に五胡期にソグド人が確認される代北地域の地名である雲州・蔚州・代州・朔州・雁門［森部二〇〇四・二〇一〇：一八四〜一八九頁］であり、また地名として顕著に記されていないにしても、「崑崙山」や「玉関」などの地名や、五行で西を指す「金方」など西域を暗示する言葉が明らかに多くある場合である。

③　ソグドであるかは不明なもの：合計二三六件⑽

上記の①②に該当せず、またソグド人でないと考えられるものを③と判定した。例えば、「石暎及妻孫氏墓誌」（T-123 七二四）には「晋将軍苞之慶胄、衛純臣碏礼苗（晋の将軍苞の慶胄にして、衛の純臣碏の礼苗なり）」と記されている。後述するように、渤海の石氏は春秋期の石碏・苞の裔であるとされており、さらに、墓誌には上記の①や②の条件に該当するような表現はなく、ソグド人であることを示す要素は見出せない。

④　ソグド姓を配偶者に持つ非ソグド姓：合計一一三件

今回収集した墓誌で、墓主はソグド姓と婚姻関係をもつが、非ソグド姓である場合を④と判定した。このようなケースは、夫が漢人姓、妻がソグド姓の例もあり、またその逆も見られる。

（三）　判定・分類の結果

上記の条件で分類した結果は、①四五件、②一二一件、③二三六件で、①②③の墓誌数を姓ごとに示したものが【図表6】である。以下では、①と②に該当した一六六人の墓誌を「ソグド姓墓誌」と区別して、特に「ソグド人墓誌」として扱うこととする。ソグド人墓誌の最も早い事例は「安威墓誌」（B-008 東魏五三八：判定①）で、最も遅い事例は「史氏墓誌」（So-046 北宋一一〇〇：判定②）であり、ソグド人墓誌は、東魏～北宋の期間に見られる。

この①②③の墓誌数について、埋葬年代ごとの割合を示したものが【図表7】である。判定①②の割合は、総じて北朝から時代が降るにつれて、②の割合が増えていく傾向にあり、唐末の八五一年以降は、①は皆無となる。これは、ソグド人が、積極的にソグディアナ地方出身であることを墓誌に記さなくなったことを示している。ただし、九〇〇年代、すなわち唐が滅亡して五代に入ると、②に分類されるソグド人の墓誌が増加する傾向が見て取れ、ソグド人と

【図表6】　ソグド姓墓誌の判定

	安	康	米	石	史	何	曹	翟	計
①	11	14	2	1	9	3	2	3	45
②	26	31	3	12	14	9	19	7	121
③	8	19	5	28	46	57	58	15	236
計	45	64	10	41	69	69	79	25	402

【図表7】　判定①②③の年代比（埋葬年による）

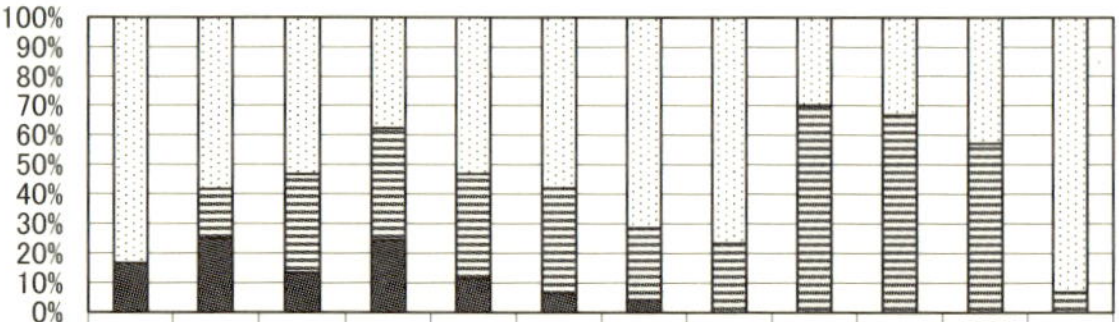

	-550	551-600	601-650	651-700	701-750	751-800	801-850	851-900	901-950	951-1000	1001-1050	1051-
□③	10	14	16	31	33	18	50	23	3	3	3	27
⊟②	0	4	10	31	22	11	17	7	7	6	4	2
■①	2	6	4	20	7	2	3	0	0	0	0	0

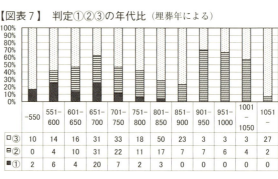

しての活動が高まったとみられる。その後、一〇世紀末から北宋になると、墓誌からソグド人らしい要素を見るのは困難となる。

三、ソグド姓とソグド人墓誌

ソグド姓は出身国の名に由来するものであるという一方で、上記の八姓を名乗る者がそのまますべてソグド人ではなく、漢人や非漢人にもこれらの姓を名乗る者がいた。

桑原隲藏氏は論文「隋唐時代に支那に来住した西域人に就いて」〔桑原一九二六〕で、西域出身と見られる人物を個別検証するにあたって、姓の分析を行った。本章の対象である八つのソグド姓について、以下のような見解を示している。安・康・米の三姓に関しては、「安姓は大体に於て西域の胡人、若くば《ママ》その裔と認めて差し支えない〔三一九頁〕」「この（隋唐）時代に現はれる康姓は、殆ど外国人に限る。たとひ支那人に康姓があっても、それは当時頗る微弱に相違ない〔三二五頁〕」、「米姓は唐の中世から始めて支那の記録中に現はれて来て、それは西域の胡人に限った〔三三六頁〕」と記すように、この三姓を有す場合には、おおむねソグド人であると見ている。

石・曹・史の三姓に関しては、「石・曹・史の姓は、古く支那人の間にも存在し、又石・史の姓は、塞北諸族出身者の間にも存在する。単に石姓・曹姓・史姓の故を以て、その人を西域出身と速断出来ぬこと申す迄もない〔三三五頁〕」と記し、残る何・翟の二姓に関しては、特に言及していない。「記録の上に西域胡人たることが明記されてあるか、然らずとも四周の事情から、その人の西域出身たることが略推測される場合の外は、軽々しい断定をさけねばならぬ〔三三五頁〕」とした。

桑原氏の指摘の一方で、現在のソグド研究において、ソグド姓を有す者を無批判にソグド人として扱う傾向が全く見られない訳ではない。以下では、安・康・米の三姓に関しては、上記のソグド墓誌の分類結果を本とした考察を記し、石・史・何・曹・翟の五姓に関しては、墓誌の分類結果を考慮しつつ、改めてそれぞれの姓について検証することとする。

（一）安

収集した墓誌中で、安姓を有するものは、全部で四五件あり、ソグド人として扱える①②の合計は三七件で全体の約八二％を占め、唐代だけに限ると全三三件中二八件（八五％）である。この数値からも、安姓を持つ者はほぼソグド人であると言えるであろう。(11) なお、安姓を持つソグド人は、安伽（B-027 五七九）に見るように、墓誌史料では、北周期には見られるようになるので、安姓は後述のソグド姓と比べて早い時期から使用されているソグド姓であると言える。

安姓について、『新唐書』には、巻七五下、宰相世系表五下、李氏、武威李氏の条［三四四五〜三三四六頁］に次のようにある。

武威李氏、本安氏、出自姫姓。黄帝生昌意、昌意次子安、居于西方、自号安息国。後漢末、遣子世高入朝、因居洛陽。晋・魏間、家于安定、後徙遼左、以避乱又徙武威。後魏有難陀孫婆羅、周・隋間、居涼州武威為薩宝。生興貴・修仁。至抱玉賜姓李。

武威李氏、本は安氏、姫姓自り出ず。黄帝は昌意を生み、昌意の次子の安、西方に居り、自ら安息国と号す。後漢末、子の世高を遣して入朝し、因りて洛陽に居す。晋・魏の間、安定に家し、後に遼左に徙り、以て乱を避け又た武威に徙る。後魏に難陀・孫の婆羅有りて、周・隋の間、涼州武威に居り薩宝と為る。興貴・修仁を生む。抱玉に至り姓の李を賜わる。

涼州武威姑臧の李氏は、もとは安姓であり、そもそも西方の安息国に居住したがその後に涼州武威に住むようになり、北周・隋代には当地で薩宝を務めた。唐が成立して間もない武徳三年（六一九）には、安興貴・修仁兄弟が河西の群雄である李軌を倒して唐に帰順した[12]。また、安史の乱の際には南陽を守った功により、李姓を賜った安抱玉を輩出している。この一家は西域から遷ってきた人々であるとともに、ソグド聚落を取り仕切っていた薩宝の位にも就任していることから、ソグド人であったと考えられる[13]。収集した墓誌の中には、安興貴の息子であり、やはり姑臧を本貫とする「安元寿墓誌」（T-080 六八四）が含まれており[14]、そこには墓主の血統について、次のように記す。

君諱元寿、字茂齢、涼州姑臧人也。川横玉塞、人多剛悍之風、地枕金方、俗負堅貞之気。関西騎士、武賢之代習兵符、隴右良家、充国之門伝剣術。曾祖弼、周朝服侯。……祖羅、周開府儀同三司・隋石州刺史・貴郷県開国公。……父興貴、皇朝右驍衛将軍・左武衛将軍・冠軍将軍・上柱国・涼公、別食綿・帰二州、実封六百戸。

君、諱は元寿、字は茂齢、涼州姑臧の人なり。川は玉塞に横たえ、人は剛悍の風多く、地は金方に枕み、俗は堅貞の気を負う。関西の騎士、武賢の代に兵符を習い、隴右の良家、充国の門に剣術を伝う。曾祖の弼、周朝の侯を服す。……祖の羅、周の開府儀同三司・隋の石州刺史・貴郷県開国公なり。……父の興貴、皇朝の右驍衛将軍・左武衛将軍・冠軍将軍・上柱国・涼公、別に綿・帰二州を食み、実封は六百戸たり。

ここには、ソグド人であるという直接的表現はないが、武威姑臧の名家として曾祖父・祖父・父が北周・隋・唐の歴代王朝に仕えていた様子が記されている〔本書第二部第二章参照〕。

・涼州武威姑臧

武威姑臧は、『後漢書』巻三一、孔奮伝［一〇九八頁］によれば、後漢の時代にはすでに日に四度も市が立つほどであり、いわばシルクロードの中国側の港として発達していた。上記の安氏が当地の薩宝に就任していることからも分かるようにソグド聚落が形成されていたと考えられている。『新唐書』や『元和姓纂』には、武威に安氏以外のソグド姓の記載は見られないが、ソグド姓墓誌中で「武威」や「姑臧」が官職名・本貫・祖先の出身などとして記されているものは、安氏に限られてはおらず、米姓以外の七つのソグド姓（安・康・石・史・何・曹・翟）で見られ、ソグド姓と婚姻関係のある非ソグド姓の人もあわせると計三三件が確認でき、そのほとんどは①②に分類される（【図表8】）。このことによって、漢代から隊商貿易で繁栄した涼州武威姑臧が、北周から宋にかけてソグド人たちの拠り所となっていたことが確認できる。

（二）　康[15]

ソグド姓墓誌中における、康氏の墓誌は全部で六四件あり、約七〇%にあたる四五件が①②のいずれかに分類された。つまり、墓誌史料からみて、康を姓に持つ者は、安姓と同様にほぼソグド人であると言えるであろう。最も早期の康氏墓誌は、北周期の康業（B-021 五七一）であって、康姓は安氏と並び早い時期から使用されたソグド姓であると言える。

・会稽の康氏

【図表9】は、ソグド姓墓誌中で「会稽」という地名が記されたものである。八件中五件が①②であるので、ソグド人と会稽は何らかの関係を持っていることが伺われる。会稽と関係を持つソグド姓墓誌全八件中、康氏は五件で半数以上を占めている。この五件のうち四件は、安史の乱の発生の七五五年以後に限定されている。会稽と言えば、第

【図表８】　涼州武威姑臧

		墓誌銘	葬年	姓	諱	字	性	涼州武威姑臧
B-016	②	石輔益墓誌	565保定5.3	石	輔益	思輔	男	武威人也
B-027	①	安伽墓誌	579大象1.10	安	伽	大伽	男	姑臧昌人　涼州薩保
T-006	②	曹慶珍墓誌	631貞観5.2.6	曹	慶珍	光場	男	因居涼州姑臧県焉、君其后也
T-016	①	康阿達墓誌	627-649貞観間	康	阿達		男	詔贈武威太守
T-019a	②	安延及妻劉氏墓誌	653永徽4.3.28	安	延	貴薩	男	河西武威人也
T-072	①	康続墓誌	679調露1.10	康	続	善	男	曾祖徳、斉任涼州都督
T-075	②	安神儼墓誌	680調露2.2.28	安	神儼		男	肇跡姑臧
T-076	②	何摩訶墓誌	680調露2.2.	何	摩訶	迦	男	因官遂居姑臧太平之郷
T-078	②	康留買墓誌	682永淳1.10	康	留買		男	曾祖感、涼州刺史
T-079	②	康摩伽墓誌	682永淳1.	康	摩伽		男	曾祖感、涼州刺史
T-080	①	安元寿墓誌	684光宅1.10.24	安	元寿	茂齢	男	涼州姑臧之人
T-105	①	安令節墓誌	705神龍1.3.5	安	令節	令節	男	先武威姑臧人
T-115b	④	史氏妻契苾氏墓誌	721開元9.2.25	契苾			女	今為涼州姑臧人也
T-125a	②	翟舍集及妻安氏墓誌	726開元14.寅子月.11	翟	舍集		男	姑臧人也
T-125b	①	翟舍集及妻安氏墓誌	726開元14.寅子月.11	安			女	涼国公之孫也……因授姑臧県太守
T-126	②	安元寿妻翟六娘墓誌	727開元15.2.29	翟	六娘	六娘	女	安元寿の妻　武威安公……夫人翟氏
T-128a	④	薛莫及妻史氏墓誌	728開元16.4	薛	莫	強	男	隋末喪乱、徙居涼州
T-144	③	史曜墓誌	743天宝2.12.23	史	曜	慕伶	男	祖思荘……涼州刺史
T-147	②	史思礼墓誌	744天宝3.11.23	史	思礼	伯珪	男	武威人也
T-166b	②	曹曄及妻石氏墓誌	759乾元2.2.9	石			女	武威郡石氏
T-167	③	曹懐直墓誌	759乾元2.11	曹	懐直	元秀	男	武威太守
T-217	②	安玉墓誌	819元和14.2.24	安	玉	珍	男	武威郡人也
T-257	②	李氏妻安氏墓誌	851大中5.4.19	安			女	本望武威
T-262	②	張懐清妻石氏墓誌	855大中9.2.23	石			女	清河郡張府君夫人武威郡石氏
T-268	②	何弘敬墓誌	865咸通6.8	何	弘敬	子肅	男	公娶武威安氏
T-271	②	安士和墓誌	866咸通7.8.22	安	士和		男	武威安公
T-277	②	曹弘立墓誌	871咸通12.7.11	曹	弘立	弘立	男	夫人武威石氏
T-284	②	安玄朗墓誌	875乾符2.11.23	安	玄朗	子遠	男	其先武威人也
T-288a	②	石善達及妻安氏墓誌	901天復1.□.19	石	善達		男	高皇本自涼州武威郡人也
W-001	③	石彦辞墓誌	910開平4.9.4	石	彦辞	匡臣	男	武威県開国男
W-008	②	安重遇墓誌	954顕徳1.11.8	安	重遇	継栄	男	武威県開国男
So-004	③	史珪墓誌	975開宝8.1.23	史	珪	奉珪	男	墓誌蓋に、武威公
So-009	②	曹瑋墓誌	1030天聖8.10	曹	瑋	宝臣	男	武威開国公

【図表９】　会稽

		墓誌銘	葬年	姓	諱	字	性	会稽
T-031	②	史陀墓誌	659顕慶4.8.16	史	陀	景	男	□□会稽人□
T-124b	③→②	独孤氏妻康淑墓誌	726開元14.11.8	康	淑	貞姿	女	呉郡会稽人也
T-129a	③	曹惲及妻賈氏墓誌	728開元16.7.21	曹	惲	徳惲	男	祖祥……会稽都尉
T-168	②	康氏妻康氏墓誌	760乾元3.2.22	康			女	会稽人也
T-179	②	安文光妻康氏墓誌	782建中3.4.20	康			女	其先会稽人也
T-219	②	康志達墓誌	821長慶1.5.25	康	志達	志達	男	本会稽人也
T-235a	①	何文哲墓誌	830太和4.10	何	文哲	子洪	男	夫人従公之爵、封於会稽、為郡夫人焉
T-280	③→②	康氏墓誌	872咸通13.9	康			男	会稽人

一に現在の浙江省会稽が想起されるが、栄新江[16]〔一九九九：六〇〜六二・九〇〜九一頁〕は、『晋書』地理志、涼州の条、『通典』瓜州の記載に会稽があることから、ソグド人が多く本貫とする会稽は唐代の瓜州に属すと考えた。また、会稽出身とする康氏は安史の乱以降に現れ、安史の乱以前は常楽を本貫としていたと考えた。

会稽が記されている康氏の墓誌のうち三墓誌は、配偶者がソグド姓であることや、墓誌に甘粛方面の地名が多くあることから、ソグド人のものであると考えられる。しかしながら、康氏の本貫であったとされる「常楽」や常楽県の所属する「瓜州」と記された墓誌は見られず、栄氏の主張する安史の乱と康氏の本貫の変更については、墓誌史料から伺い知ることはできなかった。

（三）米[17]

米氏の墓誌は、唐代に限定すれば全部で七件（「安孝臣母米氏墓誌」（T-134七三二）・「米薩宝墓誌」（T-145七四四）・「輔氏妻米氏墓誌」（T-164七五五）・「米継芬墓誌」（T-196八〇五）・「米九娘墓誌」（T-245八四六）・「米文辯及妻馬氏墓誌」（T-251八四九）・「閻叔汶及妻米氏墓誌」（T-258八五一））のみである。このうち、「輔氏妻米氏墓誌」（T-164）・「米九娘墓誌」（T-245）以外は判定①②である。「米薩宝墓誌」（T-145）は字が前述の「薩宝」であるし、「米継芬墓誌」（T-196）には「其先西域米国人也」とソグド人であることが明記されており、「米文辯及妻馬氏墓誌」（T-251）はソグド人が多く存在していた魏博節度使下にいたことから、ソグド人である可能性が高い。つまり、墓誌から見て唐代の米氏が、即ちソグド人であるという可能性は高いと考えられる。

桑原［一九二六：三三六頁］は、「米姓は唐の中世から始めて支那の記録中に現れて来て、それは西域の胡人に限った」とした。それを証明するかのように、本研究で収集した米氏の墓誌七件は、すべて埋葬されたのが唐の中期の七三二年以降に限られていた。

（四）石

ソグド姓墓誌中の石氏の墓誌は、全四〇件で、その内訳は①一件、②一二件、③二七件であった。そのうち唐代だけを見ると、全部で一五件とそれほど多くなく、その内訳は①一件・②六件・③八件と①②の合計は半数にわずかに及ばない。この①②に分類される石姓は、「曹曄及石氏墓誌」（T-166 七五九）以降に見え[18]、墓誌の作成時期は米姓の場合に似て唐の後半期以降に限られる。

『元和姓纂』巻一〇［第二冊、一五九五～一五九六頁］に石氏の記載はあるものの、西域人の石氏の記載はなく、まとめると次のような記載があるのみである。

衛大夫石碏之後……周石速。漢石商・石奮。奮生建・慶、号「万石君」。

【渤海】奮裔孫苞……

【平原】厭次人、奮後……

【上党】晋石勒、上党武郷羯胡也……

【河南】後魏官氏志、烏石蘭氏改姓石……[19]

この記載によると、石氏は三つの系統から成っている。第一は衛大夫石碏・漢の石奮を祖とする渤海・平原の石氏、第二は羯族の石勒を祖とする上党の石氏、第三は烏石蘭氏が改姓した河南の石氏である。『新唐書』石洪伝には、石洪はもともと烏石蘭という姓であったという記載があるが、(20)烏石蘭姓をもつ人がどのような人々であったのかということは、この他にほとんど記載がないためによくわかっていない。しかしながら、その姓が複姓であることから漢人ではないと考えられている。(21)

以上のように『元和姓纂』には西域人の石氏は記されていない。また『新唐書』宰相世系には石氏の記載そのものが見えない。しかし『新唐書』巻一九三、忠義伝下、石演芬の条［五五五五頁］の冒頭には「石演芬者、本西域胡人」とあり、石演芬は西域出身であると分かることから、唐代の石姓に石国出身者が存在していたことは確かである。ちなみに、南宋に記された『古今姓氏書辯証』になると、巻三九、石氏の条［三七二頁］に「唐西域石国王姓石」と記されるようになる。また、姚薇元氏の『北朝胡姓考』［一四三〜一四四・三五五〜三五八・三八八〜三八九頁］に掲載する非漢族の石氏の構成は、烏石蘭・羯胡・石国の石氏であり、『元和姓纂』・『古今姓氏書辯証』の記載に倣っている。(22)

なお、③に分類したもののうち、「石暎及妻孫氏墓誌」（T-123 七一四）と「石倚墓誌」（T-141 七一四あるいは七二六あるいは七三八）などにはそれぞれ、その祖を春秋期石碏・苞の裔としたり、或いは「渤海」という語を記しており、上記『元和姓纂』で記されていた渤海の石氏であると考えられる。墓誌中には烏石蘭・羯胡の石氏は見られなかった。

（五）史

史氏は、全部で六五件であり、その内訳は、①九件・②一四件・③四二件であった。唐以前の墓誌中にも判定①にあたる墓誌は、「史□墓誌」（B-029 五八〇）・「史射勿墓誌」（Su-13 六一〇）が見られ、康・安とともに早い時期から史姓を名乗るソグド人が中国にいたことが分かる。ただし、史姓はソグド人だけが名乗った姓ではない。史姓に関する史書の記載は、『新唐書』(23)よりも『元和姓纂』の方がより詳細であるが、その『元和姓纂』巻六の史氏の記載〔第二冊、八二一～八二六頁〕を略記すれば、次のようになる。

周太史史佚之後……

【建康史氏】今隷酒泉郡。史丹裔孫後漢帰義侯苞之後……

【宣城】丹孫均。均子崇、自杜陵受封溧陽侯、遂為郡人。崇裔孫宋楽郷令瓌……

【高密】史丹之後、有史曇。曇曾孫節、唐礼部侍郎。

【京兆】丹裔孫璝、留長安……

【陳留考城】今隷曹州。……今無聞。

【河南】本姓阿史那、突厥科羅次汗子……(24)

建康・宣城・高密・京兆の史氏はいずれも史丹を祖とするが、この中でも史氏の墓誌に頻見されるのが「建康」である。例えば、固原南郊隋唐ソグド人墓群出土の「史道徳墓誌」〔T-071 六七八〕には次のようにある。

公諱道徳、字万安、其先建康飛橋人事。……正辞直道、史魚謇諤於衛朝、補闕拾遺、史丹翼亮於漢代。……遠祖因宦来徒平高、其後子孫家焉、故今為県人也。

公、諱は道徳、字は万安、其の先は建康飛橋の人事なり。……辞を正し道を直くし、史魚衛朝に謇諤し、闕を補い遺ちたるを拾い、史丹漢代に翼亮す。……遠祖宦に因りて来たりて平高（現在の）に徙り、其の後、子孫焉に家し、故に今県人と為るなり。

ここでは、建康の出身であることを明記し、さらに衛の史魚・漢の史丹という、いずれも皇帝に身を挺して直訴した同姓の名臣をあたかも同族であるかのように記している。ただし、史道徳の父である「史索巖墓誌」（T-028 六五八）には「建康飛橋人」とのみ見られ、史魚・史丹の裔とする記載は見られない。「史道徳墓誌」（T-071）は固原で発見された二系統の史氏の中でも最も遅い時期に作成された墓誌である。このことは彼ら固原のソグド人が、「史道徳墓誌」（T-071 六七八）の作成までに『元和姓纂』に見るような「建康の史氏は史丹の後裔」という内容を認識し、それに仮託するようになったことを示していると見られる。

これまで、建康の史氏は、西域から酒泉の建康に移り住み、その後、二系統に分かれると考えられていた。一つは、前述の固原の「史索巖墓誌」（T-028 六五八）をはじめとする史氏一族であり、もう一つは、『旧唐書』巻一八一、史憲誠伝［四六八五頁］に「史憲誠、其先出於奚虜、今為霊武建康人。祖道徳……」と見える史憲誠の一族である。ただ、史憲誠はこの記事では奚族であるとされているが、固原の史道徳と史憲誠の祖父が同名であるので同一人物の可能性もあるとされ、奚は誤りでソグド人だとも考えられてきた［馬馳一九九一・李鴻賓一九九三・森部一九九八・栄新江二〇〇三］。しかしながら、二〇〇四年に発見された史憲誠の子の「史孝章墓誌」（T-241 八三九）には、史憲誠は突厥人であると記されていた。これにより、建康の史氏は、ソグドと突厥との両方が名乗っていたことが分かったのである[25]。

なお、この「史孝章墓誌」（T-241 八三九）の他にも、近年、突厥の阿史那氏で史氏を称していた者の墓誌が出土してきている。それは、「史善応墓誌」（T-012 六四三）・「史崇礼墓誌」（T-051 六七〇）・「史瓘及妻薛氏墓誌」（T-155 七四八）・「史従及墓誌」（T-242 八四二）である。『元和姓纂』によれば突厥の阿史那氏に由来する史氏は、河南にあるとするが、史善応（T-012）と史崇礼（T-051）親子が「河南洛陽人」とする以外、他の三名はいずれも河南ではなく、河南以外にも突厥人の史氏がいたことになる。

(六) 何

収集した何氏墓誌は、全部で六七件であり、ソグド人であろうと考えられる①と②との合計一二件は、全体の約一七%を占めるばかりで、曹姓と並んでその割合は低い。

何氏の記載は『新唐書』にはないが、『元和姓纂』巻五、何氏の条［第一冊、五七〇頁］には、

周成王弟唐叔虞、裔孫韓王安、為秦所滅、子孫分散、江淮間音以韓為何、遂為何氏。

周の成王の弟唐叔虞、裔孫の韓王安、秦の滅する所と為り、子孫分散し、江淮間の音は韓を以て何為し、遂に何氏と為る。

とあり、何氏は周の成王の弟唐叔虞を祖先に持ち、江淮間の訛音によって、「何」と称したとされている。この記載は、ほぼこのまま『古今姓氏書辯証』・『姓氏急就篇』に引き継がれている。また、『魏書』巻一一三、官氏志［三〇九頁］には、「賀抜氏、後改為何氏」とある。この賀抜氏はもとは高車族であると見られるが[26]、この記事以外に賀抜氏から何氏へ改姓した具体的な人物など詳しい情報は史書中にない。また、賀抜姓を名乗る人は、北魏以降にも史書に出てくることから[27]、高車族の賀抜氏すべてが改姓したのではないことだけは確かである。さらに、この記載は『新唐書』にも『元和姓纂』にも採録されていないことから、唐代に高車族の賀抜氏で、何姓を名乗っていた人は、極めて少数ではないかと考えられる。以上をまとめれば、史書の上では、一つは周の成王の弟唐叔虞の裔、もう一つは極めて少数ながらも高車族の賀抜氏の改姓した何氏が唐代にいたこととなる。

・盧江の何氏

ソグド姓墓誌のうち全二六件に「盧江」という地名が記されており、これは、何氏あるいは何氏との結婚相手に限

定されている【図表10】。

②に判定されるソグド人「何弘敬墓誌」（T-268 八六五）には次のような記載がある。(28)

公諱弘敬、字子粛、廬江人也。周唐叔虞之後、十代孫萬食菜於韓、封為韓氏。至韓王安、為秦所滅、子孫流散。呉音軽浅、呼韓為何、因以為氏。漢時比干於公為始祖。比干生嘉、……遂以廬江為郡望。至公九代祖妥、仕隋為国子祭酒・襄城公。……又六代祖令思、……奏幷部曲八百人、遷於魏相貝三州。……繇是公家于魏。曾祖俊、……生太保諱黙、太保生太師諱進滔。公太師之嗣也。

公、諱は弘敬、字は子粛、廬江の人なり。周の唐叔虞の後、十代の孫の万は菜を韓に食し、封ぜられて韓氏となる。韓王安に至りて、秦の滅ぼす所となり、子孫流散す。呉音軽浅なれば、韓を呼びて何と為し、因りて以て氏と為す。漢の時、比干公に始祖たり。比干は嘉を生み、……遂に廬江を以て郡望と為す。公の九代祖の妥に至りて隋に仕え国子祭酒・襄城公と為る。……又た六代祖の令思、……部曲八百人を幷せて、魏・相。貝三州に遷る。……是に繇りて公は魏に家す。曾祖の俊は、……太保、諱は黙を生み、太保は太師、諱は進滔を生む。公は太師の嗣なり。

魏博節度使であった何弘敬の父何進滔は、『旧唐書』巻一八一〔四六八七～四六八八頁〕・『新唐書』巻二一〇〔五九三七頁〕に立伝されており、そこには「霊武（＝霊州）人」とある。唐の北方辺境地域の最重要拠点であった霊州は、数多くのソグド人が本貫としていた場所として知られる〔羅豊一九九六：四四四～四四五頁〕。また、「何弘敬墓誌」からはソグド人同士で婚姻していたことも分かる。つまり、何弘敬はソグド人色の強い人物であると言える。しかしながら、その墓誌では、「廬江の人なり」・「周の唐叔虞の後」とし、さらに『元和姓纂』の何氏の記載とほぼ同様に、「韓」という音が「何」に転訛したと記す。『元和姓纂』は「何弘敬墓誌」が作成された八六五年よりも前の元和七年

【図表10】　廬江

		墓誌銘	葬年	姓	諱	字	性	廬江	世系
B-009	③	何琛墓誌	543武定1.2.24	何			男	廬江人也	
Su-014	③	宮人何氏墓誌	612大業8.2.22	何			女	廬江灊人	何允
T-038	③	何光墓誌	661龍朔1.11.18	何	光	昭徳	男	陳郡廬江人也	
T-057	③	何禕墓誌	672咸亨3.8.14	何	禕	元慶	男	楚国廬江人也	
T-109	③	何彦則墓誌	709景龍3.8.18	何	彦則	元憲	男	廬江灊人	
T-143	③	何簡墓誌	742天宝1.7.30	何	簡	弘操	男	廬江之人也	
T-146b	③	李氏妻何氏墓誌	744天宝3.4	何			女	廬江人也	唐叔之芳裔…韓萬之華裔
T-163	②	何徳墓誌	754天宝13.10.23	何	徳	伏徳	男	廬江潜人也	……受姓於韓
T-171b	③	王氏及妻何氏墓誌	766大暦1.6.21(卒？)	何			女	廬江何氏	
T-172	③	何伯逑墓誌	771大暦6.11.20	何	伯逑	叔良	男	廬江灊人也	
T-178	③	何邕墓誌	780建中1.11.24	何	邕	季友	男	世為廬江灊人也	周成王少子㡿食邑於廬
T-182b	③	何氏妻廬氏墓誌	784興元1.3.□(妻卒)	何			男	帰廬江何君	
T-201	③	何載墓誌	809元和4.11	何	載		男	廬江郡	周成王母弟唐叔虞後
T-202b	③	張清源妻何氏墓磚	810元和5.9.12	何			女	廬江郡何氏	
T-223	③	何撫墓誌	824長慶4.2甲申	何	撫	庶安	男	廬江灊人也	其先出於韓氏
T-227	③	何允墓誌	827太和1.5	何	允		男	其先廬州	
T-232b	③	崔周輔妻何氏墓誌	829太和3.12.11	何			女	廬江灊人也	姫姓恒叔□□□韓以地為氏
T-235a	①	何文哲及妻康氏墓誌	830太和4.10	何	文哲	子洪	男	廬江郡開国公	
T-239	③	何植墓誌	837開成2.11(卒)	何	植	毅木	男	其先廬州廬江県竇城郷人	
T-244	③	陸氏妻何氏墓誌	845会昌5.9.26	何			女	其先廬江人	
T-249	③	契苾氏妻何氏墓誌	847大中1.10.2	何			女	望在廬江郡	
T-254	③	何溢墓誌	850大中4..11.28	何	溢	処休	男	廬江郡開国公	
T-261	③	何貞裕墓誌	854大中8.2.17	何	貞裕	希逸	男	其先廬江人也	
T-268	②	何弘敬墓誌	865咸通6.8	何	弘敬	子肅	男	廬江人也	周唐叔虞之後
T-273	③	何遂墓誌	867咸通8.4.4	何	遂	徳之	男	其先廬江人也	
T-283b	④	何樫妻王桂花墓誌	875乾符2.7.6	王	桂花		女	廬江	

（八一二）に成立しているので、「何弘敬墓誌」の撰者や一族の者は、すでにその記事を見ていた、あるいは『元和姓纂』のもととなった資料を見ており、それに仮託した可能性があると考えられる。[29] 唐叔虞の後裔であれば、「廬江の人」であるということから、墓誌には本来の本貫であるとみられる「霊武」が消えていると考えられよう。この事例から、祖が氏族系譜に記されているような名望家であったり、本貫がその名望家の子孫がいるとされる場所である時には、どちらかがその記載に連動させられている可能性があり、墓誌の記載をそのまま信用するのは危険を伴うものであろうことが分かる。また、これに続く何弘敬の先祖の記事については墓誌では、漢の時の比干を始祖と

して、嘉の時に廬江に住むようになり、九代祖の妥、六代祖の令思、曾祖の俊、祖の太保、父の進滔と続き、弘敬へと至ったとする。森部［一九九七：一四〇頁］は、「（隋代の儒学者の）何妥以前は仮託であり、何令思については何弘敬の直接の祖であったと考える」とする。

なお、廬江という地名は『元和郡県図志』・『読史方輿紀要』ともに一つに限定でき、廬州廬江県を指すと考えられる。【図表10】によると、廬江何氏の墓誌二二件中三件は、①②であって、唐の中盤には何姓を名乗るソグド人の中に廬江を本貫と称し、唐叔虞の裔とするという現象が見られる。

（七）曹

曹氏の墓誌全七五件中でも、①は僅かに二件（「曹怡墓誌」（T-025 六五五）・「曹太聡墓誌」（T-243 八四三））であり、②は一九件で、①②の合計は二一件である。

曹氏の記載は『新唐書』[30]と『元和姓纂』（宋・謝枋得『祕笈新書』に基づいた清・洪瑩の補訂）とではほぼ同様であり、共に西域出身の曹氏の記載はない。『元和姓纂』巻五、曹の条［第一冊、五六四頁］には以下のとおり記載されている。

顓頊元孫陸終第五子安為曹氏。至曹挾、周武王封之於邾、為楚所滅、遂復曹氏。周文王第十三子振鐸、封曹、亦為曹氏。因宋所滅、子孫以為氏。

顓頊の元孫陸終第五子安　曹氏と為る。曹挾に至りて、周武王、之を邾に封じ、楚の滅する所と為り、遂に曹氏に復す。周文王の第十三子振鐸、曹に封じ、亦た曹氏と為る。因りて宋の滅する所となり、子孫以て氏と為す。

曹氏は、顓頊の元孫陸終を祖としており、その後の周の武王に邾に封じられた曹挾の子孫と、周の文王の第一三子で曹に封じられた振鐸の子孫であるとされる。

また『古今姓氏書辯証』の曹氏の唐代の記載は、『新唐書』の記載を受けて、さらに詳細に記されている。それらを整理してみれば、つぎのとおりである。(31)

【譙国】漢丞相平陽侯　曹参
【金郷】唐御史中丞　曹懐舜
【斉郡亭山県】唐金部郎中長史
【東海】晋吏部尚書　曹簡
【陳留】晋陳留太守　曹同
【清河】晋清河太守　曹泓
【鉅鹿】魏太尉　曹洪

この『古今姓氏書辯証』の記載によれば、唐代の曹氏は、河南のほかに、沛国譙県・金郷・斉郡亭山県・東海・陳留・清河・鉅鹿に見られ、それぞれ、曹参・曹懐舜・唐金部郎中長史（名は記されていない）・曹簡・曹同・曹泓・曹洪を祖としているという。ここでは、西域のソグド人やソグド人以外の非漢人が、曹姓を名乗ったという形跡は見られない。

・譙の曹氏

ソグド姓墓誌のうち全二七件に「譙」という地名が記されており、これは、曹氏あるいは曹氏との結婚相手に限定されており、先に記した「廬江の何氏」の事例とよく似ている。（【図表11】）。

『元和郡県図志』・『読史方輿紀要』によると、「譙」という地名は複数存在する。そのうち沛国譙、沛郡譙と記される場合は、亳州譙郡の地を指すと考えられる。また、宋州譙郡については、『元和郡県図志』・『読史方輿紀要』とも

【図表11】　譙

		墓誌銘	葬年	姓	諱	字	性	譙	世系
Su-016	③	曹海凝墓誌	615大業11.6.15	曹	海凝		男	譙郡臨渙県人也	
T-006	②	曹慶珍墓誌	631貞観5.2.6	曹	慶珍	光瑒	男	沛国譙人	十四世祖晃、漢大中大夫・鎮西将軍・涼州剌史
T-049a	③	曹徳及妻淳于墓誌	669総章2.8.26	曹	徳	建徳	男	譙人也	曹茁
T-061	③	曹澄墓誌	673咸亨4.8.14	曹	澄	景澈	男	沛国譙人也	叔振鐸・平陽侯（＝曹参）
T-070	②	康氏妻曹氏墓誌	677儀鳳2.11.26	曹			女	沛郡譙人也	曹参
T-099a	③	曹玄機及妻陳氏墓誌	697神功1.10.22	曹	玄機	謍	男	沛国譙人也	
T-122	③	折氏妻曹明照墓誌	723開元11.11.23	曹	明照		女	譙郡君	金河貴族
T-129a	③	曹惲及妻賈氏墓誌	728開元16.7.21	曹	惲	徳惲	男	其先沛国譙人也	
T-139	②	妻曹氏墓誌	736開元24.5.17	曹			女	夫人譙郡曹氏	
T-149	③	曹冲進墓誌	745天宝4.10.18	曹	冲進		男	譙郡人也	文之昭（＝叔振鐸）
T-159b	④	焦礼及妻曹氏墓誌	751天宝10.3.1	曹	礼		男	夫人譙郡曹氏	
T-162	③	曹仁墓誌	754天宝13.1.13	曹	仁	仁	男	譙国人	
T-166a	②	曹曄及妻石氏墓誌	759乾元2.2.9	曹	曄		男	譙郡人也	
T-180	②	曹景林墓誌	782建中3.9	曹	景林		男	譙郡開国公	
T-195a	③	曹俌及妻段氏墓誌	805永貞1.11.19	曹	俌	俌	男	其先出于譙郡	
T-224	③	王氏妻曹氏墓誌	824長慶4.11.25	曹			女	夫人譙郡曹氏	魏公廿七葉之苗裔
T-230	③	曹辿墓誌	829太和3.7.26	曹	辿	辿	女	其先譙郡人也	
T-243	①	曹太聡墓誌	843会昌3.2.20	曹	太聡		男	祖小奴、譙郡興府長史	
T-248	②	曹慶墓誌	847大中1.7.21	曹	慶	宗礼	男	譙郡曹府君	
T-259b	④	曹氏妻張氏墓誌	852大中6.9.10	張			女	譙郡曹氏之室	
T-266	④	曹氏妻鄭氏墓誌	858大中12.11.9	鄭			女	譙郡府君諱義	
T-269a	③	曹惟政及妻張氏墓誌	865咸通6.11.7	曹	惟政		男	公先亳州譙郡人也	
T-276	③	曹謙墓誌	871咸通12.5.2	曹	謙	岩退	男	宋州譙郡人也	
T-277	②	曹弘立墓誌	871咸通12.7.11	曹	弘立	弘立	男	族望譙郡人也	漢相之裔
T-278	③	曹用之墓誌	872咸通13.8.16	曹	用之	道冲	男	其先譙国人也	
T-280	③	曹氏墓誌	873咸通14.4.18	曹			男	譙郡	
W-002b	③	呉氏妻曹氏墓誌	925同光3.1.22	曹			女	譙郡人也	

に記載がないが、隋開皇三年（五八三）に宋州小黄県が亳州に属し、その後、譙県と改称されたこと〔『元和郡県図志』巻第七、河南道三〕から、やはりこちらも同地を指すと考えられる。また、先述したように『古今姓氏書辯証』によると、「譙」つまり「沛国譙」に曹氏が存在しており、彼らは漢の丞相平陽侯である曹参を祖とし、唐代には御史中丞の曹懐舜を輩出しているとされる。【図表11】によると曹参に関係すると考えられる記載はT-061・T-070・T-277に確認でき、また、T-049aには曹茁の名前を確認できる。

曹茁（窋）は、『古今姓氏書辯証』［一二三〜一二四頁］では曹参の子で、杜陵に住んだとされる。

「康氏妻曹氏墓誌」（T-070 六七七）は、ソグド姓同士の婚姻であるためにソグド人である可能性が高い②に分類されるが、そこには、「夫人曹氏者、沛郡譙人也。漢相曹参之後（夫人曹氏は、沛郡譙の人なり。漢相曹参の後）」と譙を本貫とし、曹参を祖先とする記載がある。この他にも、「譙」と記しながらも②と判定される墓誌が七件見られる。これは、亳州譙郡にソグド人が存在していた可能性を示している一方で、「譙郡曹氏」の名望家である曹参に仮託するといった文化がソグド人の墓誌に現れていることを示している。

（八）翟

翟氏の墓誌は、全部で二四件と米氏に次いで少ない。そのうち一〇件が①②に分類され、ソグド人と見られる。翟姓は、『元和姓纂』［第二冊：一五八二〜一五八三頁］には、下邳（岑仲勉の注では下邽とする）あるいは、汝南上蔡に漢丞相の翟方進を輩出した翟姓があると記されるが、[32] 西域人の姓とはされていない。また、『新唐書』の宰相世系表には、翟氏の記載自体がない。姚薇元『北朝胡姓考』［三一〇〜三一二頁］によると、翟氏は赤翟（赤狄）の後裔で、高車丁零に多く見られるとするが、これも西域人とはしていない。いずれも、翟氏をソグド人とは想定していないのである。しかしながら、次の例のように、翟姓を有する人物の中には、ソグド人であると考えられる事例がいくつか見られる。すなわち「翟突娑墓誌」（Su-015 六一五）には「父娑摩訶大薩宝（父の娑は摩訶大薩宝なり）」とあり、ソグド人の就任した薩宝の職にあったこと、トゥルファン文書中［『吐魯番出土文書』三：七五頁］には「翟呼典畔陀」という人名が見られ、この「呼典畔陀」はソグド語でのxotēnβuanda(g)「王妃の僕」の音写と考えられている［吉田一九八九］こと、また、「康波密提墓誌」（T-042 六六四：翟那寧昬の母）や「安元寿妻翟六娘墓誌」（T-126 七二七）に見るように、ソグド人と婚姻を結んでいる事例も見られることなどである。以上から、翟姓もソグド人の名乗っていた姓であったことが分かる。翟氏全二四件中四件は、漢の丞相翟方進あるいは翟方進の息子の翟宣の後であると記す（【図表12】）。そのなかでもSu-012bはソグド姓同士で婚姻しており、翟銑（T-138a）は幽州で活動していて②と判定できる。またそれとは別に、安元寿の妻翟六娘（T-126：判定②）は、黄帝の時代以来の翟の地である下邳の出身としているが、実際には関係がないとみられる。これらは、翟氏の仮託の事例と見ることができるだろう。

四、世系の虚偽

上記の「譙」や「盧江」がソグド人の墓誌に記載されたということは、ソグド人が実際に河南地域にある亳州譙郡や盧州盧江において漢人と雑居し、同地を本貫としていたことを意味しているのであろうか。【図表12】は、名望家を先祖としているか、もしくは先祖とまでは明記しないまでも、同姓の名望家を墓誌中に記載しているソグド姓墓誌を表にしたものである。四〇件中一四件が①或いは②で、ソグド人である可能性が高いことが確認できる。すなわち、名望家の出身や封ぜられた地域が墓誌中に記されるからといって、それだけでソグド人でないとは言えないのである。

先に見たように何氏では「盧江」が、曹氏では「譙」が多く見られたが、『元和姓纂』の記事に記されていたように、それぞれ、盧江と唐叔虞が、譙と曹参がというように、その地名に関連する名望家がセットになっている。そこで、墓誌中に先祖があたかも名望家であると記す、あるいはその名望家と関連する地を本貫や故地とする、そのいずれかの現象が見られるのは、何氏（①②合計一二件中三件）と曹氏（二一件中九件）であった。何姓は盧江と唐叔虞が、曹姓は譙と曹参がというように、地名と名望家との結びつきが強いためであると考えられ、その他の姓では見られない現象である。また、史姓（①②の合計二三件中二件）には史丹への仮託が見られるが、先に引用した『元和姓纂』の史氏の世系を見ると、どの地域の史氏も共通して史丹を祖としているために、比較的仮託しやすいのではないかと考えられる。康姓（【図表12】六件中五件）は康叔に仮託しているが、これも康氏には康叔しか仮託できる人物がないために、先祖を記そうとすれば康叔に偏ったとみられる。その他の姓、安・米の二姓に仮託がほとんど見られないのは、世系のパターンがなく、祖を名望家としたり、出身地を仮託することが困難なためであると考えられる。

以上のように、ソグド墓誌の記載中には、ソグド人であるという傾向が明白である一方で、漢人社会における名望家を世系に取り入れるというアンバランスな状態が示されているケースが存在することが分かった。これらは、ソグド人の漢人文化吸収の一面と言えるであろう。また、これらのことは、今後ソグド人以外の非漢人の墓誌と比較検討する必要性を示唆しているであろう。なぜならば、どうして特定の名望家を選び、それを墓誌に明記したのかに関しては、唐代の氏族系譜の由来や記される名望家の取捨選択の基準が関係してくると考えられるからである。

おわりに

本章の考察の結果として、ソグド姓を有する墓誌を収集した魏晋南北朝～北宋期（二二〇～一一二七年）のうち、特に墓誌からソグド人らしい要素を見て取れる一〇世紀までの間では、以下のことが言えるであろう。まず、対象とした八つのソグド姓は大きく二つのグループに分けることができるという点である。それは、a．安・康・米の三姓とb．石・史・何・曹・翟の五姓である。

【図表12】 名望家

		墓誌銘	葬年	姓	諱	字	性	名望家
Su-011a	③	翟仲品及妻高氏墓誌	607大業3.2	翟	仲品	世平	男	高辛氏、漢丞相（翟方進）
Su-012b	②	康宝足及妻翟氏墓誌	607大業3.8.8	翟			女	翟宣
Su-014	③	宮人何氏墓誌	612大業8.2.22	何			女	何充
T-017a	②	曹諒及妻安氏墓誌	650永徽1.7.9	曹	諒	叔子	男	曹袪
T-025	①	曹怡墓誌	655永徽6.10.1	曹	怡	願憐	男	曹叔振鐸
T-041	③	何剛墓誌	664麟徳1.2.24	何	剛	僧寿	男	顓頊・周文
T-045	②	史信墓誌	665麟徳2.7.12	史	信	安期	男	史雲・史嵩
T-047	②	曹欽墓誌	667乾封2.11.5	曹	欽	毛良	男	陸終
T-049a	③	曹徳及妻淳于氏墓誌	669総章2.8.26	曹	徳	建徳	男	曹茁
T-060	①	康元敬墓誌	673咸亨4.5.29	康	元敬	留師	男	畢萬
T-061	③	曹澄墓誌	673咸亨4.8.14	曹	澄	景澈	男	叔振鐸・平陽侯（＝曹参）
T-070	②	康氏妻曹氏墓誌	677儀鳳2.11.26	曹			女	曹参
T-071	①	史道徳墓誌	678儀鳳3.11.8	史	道徳	萬安	男	史魚・史丹
T-073a	③	曹宮墓誌	679調露1.10.13	曹	宮	善進	男	曹参
T-081a	③	曹網及妻張氏墓誌	687垂拱3.2.2	曹	網	仁	男	曹弘
T-090a	③→②	康智及妻支氏墓誌	694長寿3.4.7	康	智	感	男	康叔
T-118a	②	康遠及妻曹氏墓誌	721開元9.10.11	康	遠	遷迪	男	康叔
T-123a	③	石暎及妻孫氏墓誌	724開元12.4	石	暎	先進	男	石碏・苞
T-131a	③	石奨及妻李氏墓誌	729開元17.2.24	石	奨	文奨	男	石碏・石奢
T-132a	③	史待賓及妻邵氏墓誌	730開元18.閏6.23	史	待賓	待賓	男	史魚・史岑
T-138a	②	翟銑及妻李氏墓誌	734開元22.7.14	翟	銑		男	翟方進
T-140	④	何最墓誌	738開元26.4.11	何	最		男	何晏
T-146b	③	李氏妻何氏墓誌	744天宝3.4	何			女	唐叔（虞）・韓萬
T-147	②	史思礼墓誌	744天宝3.11.23	史	思礼	伯珪	男	史丹
T-149	③	曹冲進墓誌	745天宝4.10.18	曹	冲進		男	文之昭（＝叔振鐸）
T-150	③→②	康令惲墓誌	745天宝4.2.14	康	令惲	善厚	男	武王・康叔
T-163	②	何徳墓誌	754天宝13.10.23	何	徳	伏徳	男	受姓於韓
T-170	③→②	康暉墓誌	765永泰1.6.21	康	暉	懐智	男	康叔
T-178	③	何邕墓誌	780建中1.11.24	何	邕	季友	男	周成王少子虒
T-197	③	曹乂墓誌	807元和2.10.19	曹	乂	元意	男	（曹）叔（振）鐸
T-201	③	何載墓誌	809元和4.11	何	載		男	唐叔虞
T-213	③→②	康昭墓誌	816元和11.11.11	康	昭	徳明	男	康叔
T-246	③	張鋒妻史氏墓誌	847大中1.4	史			女	史丹
T-257	②	李氏妻安氏墓誌	851大中5.4.19	安			女	周文王
T-267	③	翟慶全墓誌	865咸通6.4.20	翟	慶全	従善	男	（翟）方進
T-268	②	何弘敬墓誌	865咸通6.8	何	弘敬	子肅	男	唐叔虞
T-272	③	何俛墓誌	866咸通7.11.19	何	俛	太常	男	唐叔虞
T-273	③	何遂墓誌	867咸通8.4.4	何	遂	徳之	男	周武王
W-002b	③	呉氏妻曹氏墓誌	925同光3.1.22	曹			女	振鐸
So-028	③	石氏墓誌	1081元豊4.10.20	石			男	石碏・苞

a．安・康・米の三姓を有する者は、これまで『元和姓纂』・『新唐書』などの文献史料から、ソグド人である可能性が高いとされてきた。それが、墓誌史料から見てもソグドである可能性が極めて高いことが分かった。すなわち、この三姓を有していればソグド人と判断してまず差し支えないことを意味している。

一方、b．の五姓を名乗る人々については、これまでも、ソグド人以外にこれらの姓を名乗っているケースが知られていた。これら五姓の墓誌中には、『元和姓纂』・『新唐書』などに見られる名望家やその関係する土地と記す一方で、ソグド人であろうと考えられるという、明らかな名望家への仮託が見られた。中でも、特に曹・何の二姓の墓誌に、それぞれ「譙国曹参」・「廬江唐叔虞」の後裔と仮託する傾向が強く見られた。名望家の子孫を名乗っている場合でも、ソグド人の墓誌が往々にして存在するのである。

ソグド人の墓誌は、中国へ入った後も、特定の姓を名乗り、ソグド人同士で婚姻関係を結ぶなどのソグド人であることを比較的持続する傾向を示す一方で、先祖を名望家に仮託するような中華の要素をも取り込むという、矛盾したようにも見える状態が認められる。このような状態であるので、「その人の西域出身たることが略推測される場合の外は、軽々しい断定をさけねばならぬ〔桑原一九六八：三三五頁〕」との桑原氏の指摘は首肯すべきであり、ソグド人と判定する際には「四周の事情」の確認が必須とされねばならない。

注

（1）護〔一九六七〕はソグディアナ地方に、緩やかな同盟関係が結ばれていたのには、①北方民族に備える。②昭武という王家の支配を受けていたからとしている。

（2）斉藤〔二〇〇七b・二〇〇九〕は、康・安は後漢末から三国にかけて、曹・何・史は北魏末から東西魏時代に、石は隋代までにソグド姓からそれに対応する国名が生まれたとし、米姓のみは、唐代に現地名から直接発生した可能性があるとする。また、ソグド系胡姓が分化形成されたのは、同民族同士の通婚と同姓不婚の原則を両立させようとしたためであるとする。

（3）拙稿［福島二〇〇五］の訂正箇所は以下のとおり。109李元諒墓誌は、墓主のもとの姓が安であったため、ソグド墓誌に含めていたが、改姓後の姓は上記の七姓に当てはまらないので、除外した。148康氏墓誌（本章ではNo.241）はソグド姓どうし（康―康）の婚姻を理由に判定②としたが、夫人が康氏であるだけで、主人の姓は不明であったため、主人の判定は④、夫人は判定③と訂正する。なお、福島［二〇〇五］以降に追加したソグド姓墓誌は、陳海濤・劉恵琴［二〇〇六a］、斉藤［二〇〇七b］を一部参考とした。

（4）本章中の墓誌銘の表記は「墓誌銘」（整理番号埋葬西暦年）として示す。整理番号は、著者が便宜上用いた番号で、埋葬年順であり、番号の前に晋代はJ、北朝はB、隋代はSu、唐代はT、五代はW、北宋はSoと付した。

（例）「何盛墓誌」（T-022六五三）

（5）栄新江［二〇一一：一四二頁］は、蔡鴻生［二〇〇四：五四～五五頁］、福島［二〇〇五：一三七～一四六頁］、斉藤［二〇〇九：四四頁］に栄氏自身の考えを加えて、ソグド人として扱える基準を改めて提示している。本章では、福島［二〇〇五］との一貫性を持たせるため福島［二〇〇五］の基準をそのまま採用する。

（6）「薩宝」のほかに「薩保」「薩甫」とも記されることもある。

（7）国際貿易を展開する商人たちが植民聚落を形成する様子は、早いものは紀元前二〇〇〇年頃のカッパドキア商人や、紀元前八〇〇年頃のフェニキア商人、時代が下れば一六世紀のポルトガル人や華僑、そしてアルメニア商人にも見られるとされる［浅田一九九〇］。

（8）ソグド人が名乗っていた姓は上記の八姓以外にも、支・畢・羅などがあるとされることから、ソグド人の婚姻関係を判断する際にはこの四姓を含めた。桑原［一九六八：三五〇～三五二頁］参照。

（9）一九八三年、同じく固原の李賢夫婦合葬墓（天和四年（五六九）埋葬）から出土。寧夏回族自治区固原博物館蔵。

（10）本章で掲載する表中の③→②は、墓誌文から③に分類されるものの、本章の結論から②と判定できるものである。詳しくは次章参照。

（11）安国出身と考えられる安姓のものでも、安息国出身であるとする場合がある。桑原氏は、『北史』巻九二における、安吐根は「安息胡人」とあるが、「曾祖入魏」という記載から、安吐根の曾祖が中国へ来たのは五世紀半ばころであろうと判断し、この時期に安息国（パルティア（前二四七～後二二六年））は存在していないので、安息人とするのは誤りであると指摘している［桑原一九六八：三一五頁］。中国地域への移住の時期と安息国の存在した時期とを考慮することが必要であると考えられる。今回収集した墓誌の中にも、「安萬通墓誌」（T-024 六五五）、「史索巖夫人安娘墓誌」（T-043 六六四）、「安令節墓誌」（T-105 七〇五）、の三件に見られたが、全て中国への移住の時期が安息国の滅亡（二二六年）より遅いと考えられた。

（12）『旧唐書』巻五五、李軌伝［二二五一～二二五二頁］・『新唐書』巻八六、李軌伝［三七一〇～三七一一頁］。

（13）武威姑臧の安氏の他には、南宋の鄧名世による『古今姓氏書辯証』巻八［九六頁］には「河南安氏、後魏安遅氏改為安氏」という記載があり、河南には北魏の安遅氏が安氏と改めた人々がいるということである。しかし、これに類似する記載があるはずの『魏書』官氏志には、安氏の記載はないため、桑原［一九六三：三一九頁］や姚薇元『北朝胡姓考』［三八五頁］は、共にこの記載は疑わしいとしている。

（14）「安元寿妻翟六娘墓誌」（T-126 七二七）も発見されている。妻の姓「翟」もソグド姓であることから、ソグド人同士の婚姻であると考えられる。

（15）康氏の記載は、『潜夫論』や『風俗通』になく、『新唐書』にもない。『元和姓纂』巻五、康［第一冊、六〇六頁］の「衛康叔之孫、以謚為姓也」という記載が最も古いものである。唐代以前に康姓を持つ人物は、『晋書』巻一〇二、載記、劉聡［二六七四頁］に「太史令康相」という人物が記載されているが、彼の出自は不明であるし、『梁書』巻一八、康絢伝［二九〇～二九三頁］の康絢は「康居の人」とあるのみで、桑原［一九六八：三二五頁］の指摘通り、隋唐以前の正史や『資治通鑑』中には康姓を持つ漢人はほとんどいないと言える。また、安姓の者が「安息国人」とされることがあるように、康姓には「康居人」と記される場合がある。ソグディアナ地方は、『史記』大宛伝・『漢書』西域伝などにあらわれる康居の勢力下であることが想定され［羽田一九七一：四一六頁］、また『後漢書』巻八八、西域伝、栗弋［二九二二頁］には、「栗弋（ソグド）

国属康居」とあることから、墓誌に康姓で康居人とある場合には、則ちソグディアナ地方出身者であると考えられる。

(16)『晋書』巻一四、地理志上、涼州［四三四頁］「元康五年、恵帝……又別立会稽・新郷、凡八県為晋昌郡」。『通典』巻一七四、州郡典、瓜州［四五五五頁］「瓜州古西戎地。戦園時、為月支所居。秦末漢初、属匈奴、武帝以後為燉煌郡地。後漢・魏・晋皆因之。後魏属常楽・会稽二郡。後周属会稽郡。隋廃之、以属燉煌郡。大唐置瓜州、或為晋昌郡」。

(17)『潜夫論』『風俗通』『元和姓纂』『新唐書』に米姓の記載はない。米姓の記載がはじめて現れるのは『古今姓氏書辯証』巻二四、米［二四八頁］「西域米国胡人。入中国者、因以為姓」の記載である。また、『姓氏急就篇』巻上にも「米氏、胡姓」とあり、さらに『資治通鑑』巻二四八、唐紀の胡注［八〇二一頁］には、「米姓出於西域、康居枝庶分為米国、復入中国、子孫遂以為姓」とあることから、米姓は米国出身者だけが名乗っていたことが推測できる。

(18)「石輔益墓誌」（B-016 五六五）は、武威の出身であることから、判定②としたが、石氏のソグド人が唐後半期以降に多く見られるという全体的な傾向から見て、ソグド人ではない可能性もある。

(19)『元和姓纂』巻一〇、石［第二冊、一五九五～一五九六頁］
「衛大夫石碏之後。又石駘仲、衛大夫。生石祁子、見左伝。礼記、楚有石奢。鄭石癸、癸字甲父。周石速。漢石商・石奮。奮生建・慶、号『万石君』。

【渤海】奮裔孫苞、晋司徒、楽陵公、生喬・統・越・崚・儁・崇。統瑛、趙司空、五代孫春。春五代孫晷、唐虞部郎中。

【平原】厭次人、奮後、晋司徒石鑒。又駕部郎中石仲覧、宣州人、今居広陵。

【上党】晋石勒、上党武郷羯胡也、晋元時僭位称王、都襄国、今荊州也。子弘為従児季龍所殺自立、子鑒・遵並為冉閔所殺。後趙六王三十四年。

【河南】後魏官氏志、烏石蘭氏改姓石。魏司徒・蘭陵公石猛。猛生銓。銓生真素・初平。素生萇。萇生儁・遠・詢。石儁生士済、唐原州総管。詢生金剛、左司衛率。初平元孫抱忠、天官侍郎、今居虢州」。

(20)『新唐書』巻一七一、石洪伝［五一八八頁］「石洪者、字濬川、其先姓烏石蘭、後独以石為氏」。

(21)新旧両唐書以前の正史では、烏石蘭に関する記載は、『魏書』巻一一三、官氏志［三〇一〇頁］「嗢石蘭氏、後改為石氏」

（烏石蘭は嗢石蘭の異訳。姚薇元『北朝胡姓考』一四三頁参照）と上記した『新唐書』巻一七一の記載のみである。

(22)『北朝胡姓考』［三五八頁］には、譚其驤［一九四七］に従って、羯胡は匈奴の別部羌渠で、匈奴統治下の月氏族であり、その月氏が石国を建国したと見て、羯族とソグディアナ地方の石氏は同族とする説が記載されている。今回収集した墓誌中には、羯胡を称する石氏は存在しなかったが、本研究におけるソグド人とはソグディアナ地方を故地とする人々の後裔であり、その上、出身国に由来する姓を有している者であるので、羯族が同族であったとしても本研究の対象とはならない。

(23)『新唐書』は巻七四上、宰相世系表四上、史氏［三一五五頁］「史氏出自周太史佚之後、子孫以官為氏。漢有魯国史恭。三子、高・曾・玄。高、大司馬・楽陵安侯。二子、術・丹。丹、左将軍・武陽傾侯。孫均、均子崇、自杜陵受封溧陽侯、遂為郡人。崇裔孫宋楽郷令瓌」。

(24)『元和姓纂』巻六、史［第二冊、八二一～八二六頁］

「周太史史佚之後。以女弟為戻太子良娣、生史皇孫進。進生宣帝。恭子高・元。

【建康史氏】今隷酒泉郡、史丹裔孫後漢帰義侯苞之後、至晋永嘉乱、避地河酒、困居建康。苞裔孫寧、後周安政公、生祥、隋城陽公。祥弟雲、期。雲生令卿、唐祠部郎中・杭州刺史。

【宣城】丹孫均。均子崇、自杜陵受封溧陽侯、遂為郡人。崇裔孫宋楽郷令瓌。瓌九代孫務滋、唐納言・溧陽子。孫翽、御史大夫。又江州史史元道、又云崇之後也。

【高密】史丹之後、有史曇。曇曾孫節、唐礼部侍郎。

【京兆】丹裔孫曠縻、留長安。隋左領大将軍万歳、状称曠十二代孫。宝、唐鄜州都督原国公。

【陳留考城】今隷曹州。後漢京兆尹敞、生弼。今無聞。

【河南】本姓阿史那、突厥科羅次汗子、生蘇尼失。入隋、封康国公。懐徳郡王。生大柰、子仁表、駙馬。生忠、左驍衛大将軍・薛国公。忠生晡、宋州刺史。晡生思元、右金吾大将軍。思元生震。晋・巽・泰。震、右監門将軍、生弘・寧寂・容。寧寂生備。容・冀王伝。巽、光禄少卿。泰、蜀州刺史、生寅・審。審、吉州刺史」。

(25) 郭育茂・趙振華［二〇〇七］では、「史孝章墓誌」の記述から突厥阿史那葛可汗の後裔とするが、森部［二〇一〇：一五二

～一五七頁〕は、「史孝章墓誌」の記述よりも、「新旧『唐書』は「奚」の出自であると断言している以上、これに従い、墓誌銘のあいまいな記述から類推するのには従いがたい〔一五五頁〕」として、彼をソグド系突厥とみなしている。

(26)『新唐書』巻二一七上、回鶻伝上、序言〔六一一一頁〕の「回紇、其先匈奴也、俗多乗高輪車、元魏時亦号高車部」という記載から北魏で高車と呼ばれていた人々は、そのもとは匈奴であり、唐代には回紇（ウイグル）と呼ばれていたことが分かる。『北朝胡姓考』〔一一六～一一八頁〕では「賀抜」には、『北史』巻六、斉本紀上〔二二五頁〕や『北斉書』巻二、帝紀〔一六頁〕で「斛抜」との異同があるものの、賀抜氏は高車族であるとしている。

(27)『北斉書』巻一九、賀抜允伝〔二四五～二四六頁〕・『周書』巻一四、賀抜勝伝〔二一五～二二〇頁〕・『新唐書』巻一、高祖皇帝本紀、武徳三年〔一一頁〕ほか。

(28)「何弘敬墓誌」（T-268 八六五）の墓誌録文は、森部〔一九九七〕に従った。

(29)盧兆蔭〔一九八六：八四四頁〕は「墓誌文が「廬江人也、周唐叔虞之後」などとするのは仮託した世系を示しているのであって、これに依拠するまでもない」とする。

(30)『新唐書』巻七五下、宰相世系表五下、曹氏〔三四一四頁〕「曹姓出自顓頊。五世孫陸終第五子安、為曹姓、至曹挾、封之於邾、為楚所滅、復為曹姓。唐有河南曹氏」。

(31)『古今姓氏書辯証』巻一一、曹〔一二四頁〕「今望出譙国者、漢丞相平陽侯参始居沛国譙県、望出金郷者、唐御史中丞懐舜之後、出斉郡亭山県者、唐金部郎中長史之後、出東海者、晋吏部尚書簡之後、出陳留者、晋陳留太守同之後、出清河者、晋清河太守泓之後、出鉅鹿者、魏太尉洪之後」。

(32)『元和姓纂』巻一〇、翟〔第二冊、一五八二～一五八三頁〕

「黄帝之後、代居翟地。国語云、為晋所滅。斉翟僂新。魏翟璜。漢文帝廷尉翟公、下邳人。

【汝南上蔡】漢丞相、高陽侯翟方進、生義、東郡太守。後漢尚書翟舟、会稽人。晋翟陽、潯陽人、五徴不起。陽六代孫晋林、見隋書孝義伝。大暦検校工部員外翟立言。唐有功臣殿中監、汝南公翟無言」。

第二章　ソグド人墓誌の時代層

はじめに

前章では彼らソグド人が中国で名乗ったソグド姓（安・康・米・石・史・何・曹・翟）を有する墓誌を網羅的に収集し、一体どこまでをソグド人の墓誌として捉えることができるのかという基礎的な問題を扱った。本章では、その結果をふまえて、ソグド人が、中華社会でどのようなあり方をしていたのかという分析を、ソグド人の残した墓誌史料を利用して行うことを目的とする。

墓誌は、数十〜数百字で墓主の生涯を綴り、墓主とともに墓中に埋められた石刻資料であり、その文面から墓主の出自や経歴、親族関係などの情報を詳細に知ることができる史料である。文学的・書法的関心から数多くの墓誌の文面や拓本が伝えられ、歴史研究でも利用されてきた。それが近年の中国での発掘の進展に伴って、新出と既存の双方の墓誌の整理が進み、拓本・釈読の集成本が続々と刊行されたことによって、歴史学の分野では膨大な数の墓誌を取り扱う研究が可能となった。氣賀澤［二〇〇九］によれば、唐代のものだけでも、八一八〇点（蓋を除く）もあり、その後に報告されたものや未報告のものを含めればさらにその数は増すとみられる。

ソグド人墓誌を分析するにあたって、まず墓誌を作成するのは一般的にどのような階層の人々であるのかを知りたい所であるが、未だに不明瞭である。これは、墓誌の数量がかなり膨大である上に、墓誌は美辞麗句などの特殊表現を多用するので、その解読には時間を要し、総合的な分析が困難であるために、墓誌の史料群としての基礎的な性質が未だ明らかになっていないためである。典籍史料では、墓誌を作成する際の規定は、新旧両唐書や天一閣から発見された天聖令などに見えず、唯一『大唐開元礼』凶礼の三品以上喪・四品五品喪・六品以下喪の葬列の順序を記した箇所に、墓誌を指す「誌石」とある〔石見二〇〇五：一三四頁〕。ここから、少なくとも官品を有している者は墓誌の作成が認められていたことが分かる。ただし、この時代に生きた人のすべてが作り得たとは考えられず、ある程度の地位や財産のある者でなければ墓誌を作成することはできなかったと推測でき、このことは、ソグド人にも当てはまると考えられる。

そもそも外来民族であるソグド人が墓誌を作成するまでには、さらに越えるべきハードルがある。一般に墓誌は、漢語で記され、それも駢儷体に則り、『詩経』などの古典を引用した文章が用いられる。墓誌を誰が撰して、誰が刻するのかは、近親者・官人・著名な文人などというように墓誌ごとに状況は様々であるが、漢文の素養がある者でなければできない。もともとソグド語を使用していたソグド人が漢語の墓誌を残すにあたっては、被葬者本人がある程度漢文化を理解しており、被葬者の周辺に漢文の素養を持つ者が近くにいたと考えられる。漢文化との接触が深まり、受容が進めば、墓誌文からは自ずとソグド人らしさも消えていくはずであるので、墓誌から漢人との同化の過程を捉えることもできるはずである。

以上をふまえると、墓誌を残したソグド人とは、ある程度の漢文化を携えた社会的な地位・財産のある人であったと考えられ、これらの条件を備えたソグド人は、中国地域へ移住した数多くのソグド人を代表する存在であったはずである。したがって、ソグド人の墓誌の傾向を分析することによって、ソグド人が中華社会で果たした役割、漢人との同化の過程が浮かび上がってくるはずである。

一、ソグド姓墓誌の収集と分析

（一）墓誌の判定

前章で記したように、魏晋南北朝～北宋期（二二〇～一一二七年）のソグド姓（安・康・米・石・史・何・曹・翟）墓誌を収集した結果、全三八八件、合葬分を含めると合計五〇七人分の情報を得た。

ソグド姓墓誌を扱う際の基本的な問題点については、すでに前章で取り上げたが、本章の考察にも関係するため、以下で簡単に述べる。

ソグド姓墓誌を扱う際、第一に問題となるのは、ソグド姓のうち、石・史・曹・何の姓は、漢人またはテュルク人にも見られる姓であり、どれをソグド人の墓誌だと判断すればよいのか、ということである。そこで、これらの墓誌を扱うにあたって、次の①～④の基準を設けて分類した(1)。

① 明らかにソグド人と見られるもの：四五名

次の三つの条件のいずれか一つでも満たすものを①とした。第一に、墓主及びその先祖がソグディアナ地方出身であると判断できる直接的な表現が墓誌文にあること。第二に、墓主及びその先祖が、ソグド人に与えられた特殊な官職であった「薩宝」であること。第三に、血縁関係者が上記二つの条件にあたる場合である。

② ソグド人である可能性が高いもの：一二一名

墓誌文に①のような直接的な表現はないものの、以下の三つの条件のいずれか一つでも満たすものを②とした。第一は、ソグド姓間で婚姻関係が結ばれている場合。第二は、墓誌に記された墓主やその血縁の者の諱や字が、ソグド

【図表１】　③→②

No.	判定	墓誌銘	埋葬年	姓	諱	字	姓	没年月日	出生年	没年齢
T-069b	③→②	王君妻康氏墓誌	677儀鳳2.10	康			女	677儀鳳2.6.28	602	76
T-086	③→②	安範墓誌	691天授2.1.30	安	範	興孫	男	689永昌1.2.23	626	64
T-090a	③→②	康智及妻支氏墓誌	694長寿3.4.7	康	智	感	男	693長寿2.2.23	623	71
T-096	③→②	康文通墓誌	697神功1.10	康	文通	懿	男	696万歳通天1.7	618	79
T-117a	③→②	康固及妻趙氏墓誌	721開元9.10.11	康	固	義感	男	720開元8.10.21	649	72
T-120a	③→②	康威及妻韓氏墓誌	723開元11.2.13	康	威	賓	男	722開元10.□.30	663	60
T-124b	③→②	独孤氏妻康淑墓誌	726開元14.11.8	康	淑	貞姿	女	693長寿2.3.29	659	35
T-135a	③→②	安祥墓誌	733開元21.1.16	安	祥	□	男	730開元18.5.5		
T-150	③→②	康令惲墓誌	745天宝4.2.14	康	令惲	善厚	男	734開元22.1.17	679	56
T-164	③→②	輔氏妻米氏墓誌	755天宝14.11.5	米			女	755天宝14.8.8	696	60
T-170	③→②	康暉墓誌	765永泰1.6.21	康	暉	懐智	男	761上元2.7.2	688	74
T-188	③→②	安嵩墓誌	801貞元17.11.15	安	嵩	嵩	男	798貞元14.1.26		
T-213	③→②	康昭墓誌	816元和11.11.11	康	昭	徳明	男	815元和10.4.11	745	71
T-214	③→②	安義墓誌	816元和11.11.11	安	義		男	816元和11.4.3	742	75
T-245	③→②	米九娘墓誌	846会昌6.□.19	米			女	846会昌6.□.5	826	21
T-260	③→②	康氏墓誌	853大中7.10	康			女			
T-264a	③→②	康叔卿妻傅氏墓誌	856大中10.11.25	康	叔卿		男	826宝暦2.3.14	782	45
T-279	③→②	康氏墓誌	872咸通13	康			男	872咸通13.9.3		
T-287b	③→②	李淑沙及妻安氏墓誌	882中和2.閏7.24	安			女	880広明1.7.21	806	75
T-294a	③→②	康珽妻許氏墓誌	唐	康	珽		男			
W-003	③→②	康賛羨墓誌	926天成1.7.14	康	賛羨	翊聖	男	926天成1.6.23	894	33
So-001	③→②	康成此墓誌	966乾徳4.3.28	康	成此		男	966乾徳4.3.28	905	62

語で解釈される者。第三は、ソグドと関係の深い地名（植民聚落や藩鎮など）が登場する場合である。

③　ソグドであるかは不明なもの：二三六名

ソグド姓であっても、以上のいずれの条件にも該当せず、積極的にソグド人と判定できないものを③とした。

④　ソグド姓の者を配偶者に持つ非ソグド姓：一二三名

本人はソグド姓ではないが、ソグド姓の人物と婚姻関係を結んでいるケースを④とした。

以上の①②に分類された者は、ソグド人とみなすことができる。なお、前章での分析の結果、安・康・米の三姓を有している者は、ソグド人である可能性が極めて高いことが分かった。そこで、墓誌を収集した魏晋南北朝～北宋期（二二〇～一一二七年）のうち、特に墓誌からソグド人らしい要素を見て取れる一〇世紀（一〇〇〇年）までの間で、墓誌文の内容から③に分類された者で安・康・米の三姓である場合（二二名：【図表1】）を③→②として、ソグド人として扱うこととする。

（二）　分析史料の限定

以上①・②・③→②に分類され、ソグド人として扱うことのできる一八八名のうち、本章では、さらに以下の二つの条件を満たすものに分析対象を限定する。ソグド人墓誌文に没年と没年齢が記されており、出生年が判明するものである。通常、墓誌を整理する際には、墓誌の作成時期に最も近いであろう埋葬年を基準とするが、個々人の没年齢には当然個人差があることに加えて、死亡後から埋葬までの期間も一定ではない。そこで、ここでは墓主が生きていた時代をより明確にするために、出生年が判明するものに限定した。第二には、男性に限定する。女性は、爵を得ることがあっても、男性と異なって実職を得ることはない。また、女性の墓誌には良妻賢母である旨の美辞麗句が列記されている場合が多いため、男性の墓誌と比較することが困難である。そこで、女性は除外することとした。以上の条件に合致するのは【図表2】にあげた一〇三名である。(2)

二、ソグド人墓誌数の変化

まず、一〇三名のソグド人墓誌の数量の変化を見たい。これは、ソグド人墓誌数の増減の傾向が、ソグド人特有なものであるのかどうかを、同時代に作成された「墓誌の総作成数（ソグド人に限定しない）(3)」と比較するためである。【図表3】の棒グラフは、ソグド人墓誌が作成された年代を半世紀ごとに示したものである。六五一～七〇〇年は三一件（ソグド人墓誌全体の三一％）と最も多く、その後、八〇一～八五〇・九〇一～九五〇年に一時増加するが、全体的には徐々に減少傾向にある。【図表3】では同時に「墓誌の総作成数」を折れ線グラフで示している。「ソグド人

	墓主の官位					婚姻関係	ソグド姓墓誌No.
	動/爵/文・武散官		職事官		令外官/その他		
父	役職名	官品	役職名	官品	役職名		
睹：安東将軍・咸陽伯	鎮遠将軍	(東魏) 4品	(太子)歩兵校尉 武威太守	(東魏) 従5品 5品※3			B-008
阿奴伽：					涼州薩保	史－康	B-029
宝：散騎常侍						石－趙	B-016
			甘州刺史	(北周) 正7命※4	大天主		B-021
突建：冠軍将軍眉州刺史			大都督	(北周) 8命	同州薩保	安－(杜)	B-027
			朔郡将軍 前鋒第二副都督	(北斉) 従2品 8品		康－翟	Su-012a
認愁：	(文)正議大夫	(隋) 正4品	右領軍驃騎将軍	(隋) 正4品			Su-013
婆：摩訶大薩宝							Su-015
	(爵)呼論県開国公	従2品	揚州新林府果毅	従5品下			T-031
波：北周朝邑県令			五雲府車騎(将軍)※5	従4品上			T-009
渾：北周大都督							T-006
比失：隋上儀同、平南将軍	(勲)上護軍(隋上大将軍)	正3品				安－劉	T-019a
和：隋定州薩宝			大農	従8品下			T-014
那：北道和国大使							T-022
祥：隋上開府右衛将軍、慶州道行軍総管、陽城郡開国公			都督	(隋) 正7品			Su-007
多：北周三命三士、広野将軍、殿中司馬、左衛掌設府驃騎将軍			原州折衝都尉(隋平涼郡都尉驃騎将軍)	正4品下		史－安 ※9	T-028
遵：介州薩寶府車騎騎都尉	(勲)騎都尉	従7品下					T-025
定：河陽郡鎮将	(武)陪戎副尉	従9品下					T-032
陀：隋左領軍驃騎将軍	(武)游撃将軍	従5品下	虢州刺史 直中書省翻訳	正4品下 —		史－康、張	T-053a
仁：隋左衛三川府鷹揚郎将	(武)陪戎副尉	従9品下				康－唐 ※10	T-056a
：交河群内将			交河郡右領軍岸頭府隊正	正9品下 ※6			T-039
射勿盤陀：隋左十二府驃騎将軍、開府儀同三司			左親衛	—		史－康	T-029a
清：隋左勲衛晉王府屈咥真。以舊左右加建節尉、守屯衛鷹揚郎将	(武)陪戎校尉	従9品上					T-026
陀：	(武)陪戎副尉	従9品下				康－曹	T-077a
整：隋上開府儀同三司、唐苦使持節、縁州諸軍事縁州刺史	(勲)上柱国 (爵)雲中県開国公	正2品 従2品	左驍衛大将軍	正3品			T-047
遠：隋文林郎							T-027
			執西州高昌県人前偽任主簿	正9品下			T-058

【図表２】　ソグド人墓誌（①②男性生年順）

No.	判定	墓誌銘	字	出生年	没年	埋葬年	没年齢	本貫	先祖の記載	
									曾祖父	祖父
1	①	安威	似虎	465	538	538	74	(相州)魏郡臨漳		同：鎮西将軍・安定侯
2	①	史□		494	579	580	86	*史国*		阿史盤陀：本国薩保
3	②	石輔益	思輔	505	564	565	60	*(涼州)武威*	讃：撫軍左軍将軍、武威太守	
4	①	康業	元基	512	571	571	60			
5	①	安伽	大伽	518	579	579	62	*(涼州)武威姑蔵*		
6	②	康宝足	金蔵	520	580	607	61	恒州京邑		
7	①	史射勿	槃陁	545	610	610	66	*(原州)平涼平高県*	妙尼：本国薩宝	波波匿：本国薩宝
8	①	翟突娑	薄賀比多	546	615	615	70	并州太原		
9	②	史陁	景	555	633	659	79	*(瓜州)会稽*		
10	②	翟天徳	抱義	557	634	634	78	雍州盩厔	薩：	演：
11	②	曹慶珍	光瑒	558	630	631	73	(亳州)沛国譙		達：北周甘州安西県令
12	②	安延	貴薩	559	642	653	84	*(涼州)河西武威*		真健：北周大都督
13	①	康婆	季大	573	647	647	75	(定州)博陵	羅：	施：北斉相府常侍
14	①	何盛	多子	574	653	653	80	(河南)洛陽		徳：北斉儀同三司
15	②	史崇基	洪業	576	602	603	27	雍州京兆		寧：北周柱国、使持節荊襄等五十四州総管、安政郡開国公
16	①	史索巌	元貞	579	656	658	78	*(甘州)建康飛橋*	羅：北魏寧遠将軍、西平郡公	嗣：鎮遠将軍、通莫散騎常侍、西平郡公、鄯廓二州諸軍事、鄯州刺史
17	①	曹怡	願楽	581	655	655	75	(汾州)隰城		貴：北斉壮武将軍
18	②	安度	善通	582	659	659	78	(潭州)長沙		施：北斉滁州青林府鷹撃郎将
19	①	史訶耽	説	584	669	670	86	*原州平高県*	尼：北魏摩訶大薩宝、張掖県令	思：北周京左師薩宝、酒泉県令
20	①	康武通	宏達	585	649	672	65	太原祁		黙：北周上開府儀同大将軍
21	②	康ム	延愿	587	662	662	76	*(西州)交河郡*		
22	①	史道洛		591	655	658	65	*原州平高*		多悉多：北周鄯州刺史摩訶薩宝
23	①	康子相		592	657	657	66	河南洛陽		翻：北周上儀同、左驍衛中郎将
24	②	康杴	仁徳	592	656	681	65	河南鞏県		安：
25	②	曹欽	毛良	594	667	667	74	京兆好畤	乂：北周鎮東将軍、儀同三司、寧遠大将軍、使持節、并汾晋忻四州諸軍事并州総管、華陽郡公	宝：隋開府儀同三司
26	②	安静	処沖	596	657	657	62	河南洛陽		嶷：北斉河陽鎮将
27	②	史住		597	673	673	77			

嵩：唐并州長史、銀青光禄大夫、須昌県開国男							T-045
豹：隋驍果校尉			蜀王府隊正	正9品下		安－康	T-040a
						安－何	T-110a
洛：隋許州通遠府鷹撃郎将	(勲)上騎都尉	正5品上					T-048
興貴：唐右驍衛将軍、左武衛将軍、冠軍将軍、上柱国、涼公	(勲)上柱国	正2品	右威衛将軍	従3品		安－翟 ※11	T-080
	(文)給事郎	正8品上	蘭池正監	—			T-071
祇：隋鷹揚郎将	(文)登仕郎	正9品下				康－史	T-082
盤池：□□都尉			□□□都尉	—			T-100
日：	(勲)上柱国 (武)冠軍大将軍	正2品 正3品	右領軍衛中郎将	正4品下			T-113
鸞：唐朝散大夫							T-096
大興：唐上騎都尉、左衛安化府軍頭			司馭寺右十七監	正6品下			T-054
徳：左衛別将						安－史	T-075
老：唐左屯衛翊衛			平州平夷戍主	従8品下			T-072
玉：隋朝散大夫	(武)游撃将軍	従5品下				康－支	T-090a
寿：鄜州洛川府左車騎将軍、上柱国			右衛翊一府翊衛	—			T-087
貴：唐上護軍高四府校尉	(勲)上騎都尉	正5品上					T-086
威：昭武校尉			恒州中山県令	従7品下		史－康	T-103a
底：隋儀同							T-076
曇度：唐文林郎	(武)陪戎副尉	従9品下				安－史	T-088a
	(勲)上柱国	正2品	左監門校尉	従6品上		康－曹	T-118a
沙：上柱国	(勲)上柱国	正2品				翟－安	T-125a
勣：唐上護軍							T-097
生：上柱国							T-105
	(勲)上柱国 (文)正議大夫	正2品 正4品上	易州遂城県令	従6品上		康－趙	T-117a
暕：上柱国			岐州岐山府果毅	正6品上			T-112
			同州隆安府左果毅都尉	正6品上 ※7			T-104
	(武)游撃将軍	従5品下					T-114
達：唐金谷府統軍	(勲)上柱国	正2品	下管令	—		康－韓	T-120a
岳：青州司馬	(武)壮武将軍	正4品下	右龍武軍翊府中郎将	正4品下		史－蘇	T-147
	(勲)上柱国 (武)游撃将軍	正2品 従5品下	左威衛翊府左郎将員外置同正員	従5品上		曹－康	T-165a
煩陀：雲麾将軍、上柱国			右威衛翊府左郎将	正5品上			T-142
	(武)冠軍大将軍	正3品	行左屯衛翊府中郎将	正4品下	幽州経略軍節度副使	翟－李	T-138a
					米国大首領		T-145
	(勲)上柱国 (爵)山陰県開国子 (武)冠軍大将軍	正2品 正5品上 正3品	左威衛大将軍	正3品	范陽郡節度副使・都知兵馬使		T-150
羅：(贈朝散大夫、普安郡司馬：子の功を以て)	(勲)上柱国 (爵)廬江県開国伯 (武)雲麾将軍	正2品 正4品上 従3品	右龍武軍将軍同正員	従3品			T-163
			唐州湖陽県令	正7品上		曹－石	T-166a

28	②	史信	安期	600	665	665	66	(洋州)華陰		雲：隋荊州刺史六州諸軍事、上柱国、期城公
29	②	安師	文則	601	657	663	57	河南洛陽	哲：北斉武賁郎将	仁：隋右武衛鷹揚
30	①	安菩	薩	601	664	709	64		鉢達干：	係利：
31	②	康達	文則	604	669	669	66	河南伊闕	舃：北斉上柱国	逺：北斉雁門郡、上儀同
32	①	安元寿	茂齢	607	683	684	77	*涼州姑蔵*	弼：	羅：北周開府儀同三司、隋石州刺史
33	①	史道徳	万安	613	678	678	66	*(原州)平高*	度：河渭鄯三州諸軍事	多：隋開府儀同、左衛安化府驃騎将軍
34	①	康老師		613	686	687	74		宝：北周遊撃将軍	和：北周明威将軍
35	①	何□	□□	616	700	700	85	*大夏月氏*		乙未：唐上柱国
36	①	史多	北勒	618	718	719	101	*西域*	達官：本蕃城主	昧：
37	③→②	康文通	懿	618	696	697	79	青州高密郡		和：隋上柱国
38	①	史鉄棒	善集	623	666	671	44	*原州平高県*	多思：北周京師摩訶薩宝、酒泉県令	槃陀：唐左領軍驃騎将軍
39	②	安神儼		623	680	680	58	河南新安		君恪：隋永嘉府鷹揚
40	①	康続	善	624	678	679	55	河南	徳：北斉涼州都督	暹：北斉京畿府大都督
41	③→②	康智	感	623	693	694	71			仁基：陳寧遠将軍
42	①	康宜徳	有鄰	627	692	692	66	*西域康居*		良：定州刺史、上柱国
43	③→②	安範	興孫	626	689	691	64	雍州盩厔	建：北周驃騎大将軍	子：隋岐州雍北府車騎
44	②	史善法	醜仁	628	702	703	75	(済州)済北郡		：昭武校尉
45	②	何摩訶	迦	630	680	680	51	*(涼州)姑蔵太平之郷*	瞻：北斉驃騎	陀：梁元校尉
46	②	安懐	道	631	683	693	53	*(甘州)河西張掖*		智：隋洛川府左果毅
47	②	康遠	遷迪	631	692	721	62			
48	②	翟舎集		637	700	726	64	*(涼州)姑蔵*	呼末：北周歴内散都督・隋贈甘州刺史	文殊：上柱国
49	②	安旻	敬愛	642	697	697	56	夏州朔方	徳：隋鷹揚郎将	達：隋儀同三司
50	①	安令節	令節	645	704	705	60	*豳州宜禄*		瞻：唐左衛潞川府左果毅
51	③→②	康固	義感	649	720	721	72			
52	②	安思節		659	716	716	58	河南	瓚：隋左衛大将軍	遮：左金吾衛弘仁府折衝
53	②	康郎	善慶	660	702	703	43	魏州貴郷		
54	①	史諾匹延	義本	662	719	721	58	京兆		
55	③→②	康威	賓	663	722	723	60	河南	遠：北魏左龍相将軍、寿陽県開国公	満：隋右衛郎将、寿陽公
56	②	史思礼	伯珪	668	744	744	77	*(涼州)武威*	爽：翊麾校尉、右衛中侯	感：昭武校尉、右衛司戈
57	②	曹氏		671	756	757	86		※1	
58	②	康庭蘭		676	740	740	65		匿：唐游騎将軍、守左衛翊府中郎将	寧：帰徳将軍、行右領軍衛将軍
59	②	翟銑	□□	678	734	734	57	西□城	逸：新安府右果毅都尉	奴子：左玉鈐衛将軍
60	①	米薩宝		678	742	744	65	*米国*		
61	③→②	康令惲	善厚	679	734	745	56	長安	朝：驃騎将軍	慈感：西平郡掾曹
62	②	何徳	伏徳	684	754	754	71	(廬州)廬江潜		仙：
63	②	曹曄		685	758	759	74	(亳州)譙郡		：益州司馬

弘哲：左領軍衛將軍			吏部常選 (贈)左武衛翊府左郎将	— 正5品上		康－衛	T-170
			翊衛副尉 沢州太行鎮将騎都尉	—		安－(米) ※12	T-137
芬：党郡無恤府果毅			河南府慕善府右果毅都尉	正6品上 ※8			T-158
突騎施：輔国大将軍、行左領軍衛大将軍	(勲)上柱国 (武)游騎将軍	正2品 従5品上	□左武衛大将軍同正 □大□□	正3品 —	左神策軍故散副将	米－米	T-196
思景：涇州陽府左果毅			左威衛左司戈	正8品下		石－羅	T-185
			試光禄卿	従3品		曹－石、劉、韓	T-175
元裕：左金吾衛中郎、贈綿州刺史	(勲)上柱国 (爵)譙郡開国公	正2品 正2品	(贈)揚州大都督	従2品		曹－張、(王)	T-180
						何－(安) ※13	T-190
元穎：						曹－彭	T-218
							T-214
						安－劉	T-217
雄乂：銀青光禄大夫、監察御史、河東県開国男	(文)銀青光禄大夫	従3品	監察御史	正8品上	義武軍節度易州高陽軍故馬軍都知兵馬使	石－康	T-215
晋：						康－楊	T-213
庭賓：尚薬直長、試通州直長史						史－翟	T-207
何羅燭：試雲麾将軍、蔚州衙前大総管			左金吾衛大将軍 試殿中監	正3品 従3品	成徳軍節度下右廂草馬使		T-206
遊仙：開府儀同三司、行霊州大都督府長史、上柱国、贈尚書右僕射	(勲)上柱国 (爵)江郡開国公 (文)銀青光禄大夫	正2品 正2品 従3品	検校工部尚書 守右領軍衛上将軍 御史大夫 (贈)太子少保	正3品 正3品 従3品 正2品		何－康、康	T-235a
昌：	(勲)上柱国 (文)銀青光禄大夫	正2品 従3品	試鴻臚卿	従3品	内五坊使押衙	安－費	T-253a
日知：兵部尚書、左威衛上将軍、贈尚書左僕射、晋慈隰等州節度使	(勲)朝散大夫	従5品下	検校光禄卿 監察御史 (贈)莫州刺史	従3品 正8品上 従3品	幽州盧龍軍節度衙前兵馬使	康－元	T-219
法真：易州舎［利］府史	(文)銀青光禄大夫	従3品	検校太子賓客 試殿中監	正3品 従3品	義武軍節度同経略副使、高陽軍馬軍十将		T-243
						康－博、(屈・張・王)	T-264a
珍宝：魏博節度諸使、馬軍都知兵馬使兼将、銀青光禄大夫、検校国子祭酒、御史大夫、右散騎常侍			検校太子賓客 侍御史	正3品 従6品下	魏博節度故歩軍左廂都知兵馬使兼節度押衙	米－馬	T-251a
良素：(三教通玄先生)	(武)定遠将軍	正5品上	太僕卿	従3品	車営十将	安－趙、王、(任、廉)	T-271
琳：	(勲)守上柱国	正2品				曹－樊、李、張	T-248
進滔：大師	(勲)上柱国 (爵)楚国公 (文)開府儀同三司	正2品 従1品 従1品	検校太尉 中書令 魏博大都督府長史 (贈)太師	正1品 正3品 従3品 正1品	魏博節度使観察処置等使	何－安、(康、張)	T-268

64	③→②	康暉	懐智	688	761	765	74	長安		仕斤：江州別駕
65	②	安孝臣		699	734	734	36	太原郡		
66	②	康仙昂	昂	702	749	750	48	(魏州)魏郡昌楽		瑱：酒泉郡司馬
67	①	米継芬	継芬	714	805	805	92			伊□：本国長史
68	①	石崇俊	考徳	717	797	797	81	*(甘州)張掖郡*		甯芬：本国大首領散将軍
69	②	曹閏国		729	775	775	47	含州河曲		
70	②	曹景林		730	782	782	53		秀：右衛長史	智：左衛中郎、贈垣王府司馬
71	②	何澄		738	802	802	65	(河南)洛陽		
72	②	曹琳	琳	742	820	820	79			従雅：
73	③→②	安義		742	816	816	75	京兆奉天		
74	②	安玉	珍	743	818	819	76	*(涼州)武威*		
75	②	石黙啜	黙啜	745	817	817	73			
76	③→②	康昭	徳明	745	815	816	71		裔：	庶：
77	②	史惟清	文演	752	812	813	61		：祁州郁県令	：郷林府長史
78	②	石神福	忠良	759	813	813	55	(河南)金谷郡	用：試鴻臚少卿	思：左翊府中郎将
79	①	何文哲	子洪	764	830	830	67	*(霊州)霊武*	懐昌：中大夫、守殿中少監、賜紫金魚袋	彦詮：正議大夫、行丹州別駕、上柱国
80	②	安珍		767	850	850	84	(鄆州)東平郡		
81	②	康志達	志達	768	821	821	54	京兆長安	延慶：左威衛大将軍	孝義：万安府折衝、累贈戸部尚書
82	①	曹太聡		772	842	843	71		海江：潞府部落別駕	小奴：譙郡興府長史
83	③→②	康叔卿		782	826	856	45			
84	②	米文辯		794	848	849	55			梓：寧遠将軍、河東中軍将、上柱国
85	②	安士和		794	866	866	73	(潞州)上党潞城		
86	②	曹慶	宗礼	799	847	847	49	河南	穎：	雅：
87	②	何弘敬	子粛	806	865	865	60	(廬州)廬江	俊：贈左散騎常侍	黙：太保

長：易州衙前将、試太僕卿	(文)中大夫	従4品下	検校太子詹事	正3品	□州押衙靖辺将	曹－石、高	T-277
貫言：容州普寧県令	(勲)上柱国 (文)銀青光禄大夫	正2品 従3品	検校太子賓客	正3品	□容経略押衙	安－柳	T-284
					朔州興唐軍	石－安、(王、何、康、史)	T-288a
進通：銀青光禄大夫、検校尚書右僕射、守応州別駕、索葛府刺史	(勲)上柱国 (爵)開国男 (文)光禄大夫	(五代) 正2品 従5品上 従2品	均州刺史 検校司徒 御史大夫	(五代) 正4品下 正1品 従3品		安－何、米、王、張、趙、(史)	W-004
	(勲)上柱国 (文)銀青光禄大夫	(五代) 正2品 従3品	検校司空 御史大夫 (贈)左驍衛将軍	(五代) 正1品 従3品 従3品	北京飛勝五軍都指揮使	石－元、(耿、王)	W-009b
邕：儒林郎、守夏州医博士、試太常寺奉礼郎	(文)将仕郎	(五代) 従9品下	試大理評事	(五代) 従8品下	夏銀綏宥等州観察支使	何－張、(曹、楊、王)	W-007
福遷：金銀光禄大夫、検校司空、兼御史大夫	(勲)上柱国 (爵)武威県開国男 (文)金紫光禄大夫	(五代) 正2品 従5品上 正2品	検校司徒 御史大夫	(五代) 正1品 従3品	護国軍節度行軍司馬	安－劉、(高、羅、張、王、康、李、苻)	W-008
懐英：検校大尉兼中書令	(文)金紫光禄大夫	(五代) 正2品	検校司空 前左金吾衛将軍 御史大夫	(五代) 正1品 従3品 従3品			W-003
延威：梁幽州節度副使、贈太子太傅			(累贈)太子太師	(北宋) 従1品			So-006
爽：節度押衙					定難軍管内都軍指揮使	康－郝、賀、(任、盧、任、南)	So-003
重誨：推忠致理佐命保国功臣、河中護軍節度使、管内観察処置等使、開府儀同三司、倹校太師兼中書令、贈尚書令、行河中尹、上柱国、汧国公	(勲)上柱国 (文)銀青光禄大夫	(北宋) 正2品 従3品	御史大夫 倹校工部尚書	(北宋) 従2品 従2品	鄭州衙内指揮使	安－高	So-005
継遠：不仕、贈太子太師	(勲)上柱国 (爵)楽陵郡開国侯 (文)金紫光禄大夫	(北宋) 正2品 正2品 正3品	守尚書右僕射	(北宋) 従2品	推忠協謀佐理功臣	石－張、(侯、朱、王)	So-009
彬：枢密使累贈太師尚書令	(勲)上柱国 (爵)武威開国公 (文)金紫光禄大夫	(北宋) 正2品 従3品 正3品	検校太傅 御史大夫 彰武軍節度使 延州刺史 使持節都督延州諸軍事	(北宋) 正1品 従2品 従2品 従5品 —	推誠翊戴臣、延州管内観察使、延州管内処置等使	曹－沈、潘、(張、李、高、劉)	So-013
某			尚書司封員外郎	(北宋) 従5品上		曹－朱、(丘、陳、何)	So-001
中立：太子少師	(文)朝奉郎	(北宋) 正7品	守国子博士 上騎都尉	(北宋) 正8品 正5品			So-015

88	②	曹弘立	弘立	806	864	871	59	(亳州)譙郡	治：易州□将	玉：□州衙前兵馬使、銀青光禄大夫、検校太子賓客
89	②	安玄朗	子遠	829	875	875	47		菩：華州鎮国軍同関鎮遏使	靖：朝散大夫、検校秘書監、使持節潘州諸軍事、守潘州刺史、監察御史
90	②	石善達		832	899	901	68			
91	②	安万金	宝山	862	937	937	76		徳昇：銀青光禄大夫、検校太子賓客、鎮武馬軍指揮使、索葛府刺史	重胤：銀青光禄大夫、検校工武尚書、静塞軍管内都游弈使、索葛府刺史
92	②	石金俊		879	936	938	58	朔州神武川上方城	※2	
93	②	何徳璘	光隠	888	943	943	56		(五代)	遂隆：朝議郎、守京兆府功曹参軍兼大理評事
94	②	安重遇	継栄	891	951	954	61	(代州)雁門		弘璋：銀青光禄大夫、検校尚書右僕射、兼御史大夫
95	③→②	康賛羨	翊聖	894	926	926	33	太原	□：検校工部尚書	琮：検校司徒
96	②	石継遠	孝	904	964	994	61	燕(州)		質：唐客省副使、贈太子太保
97	③→②	康成此		905	966	966	62		山人：	文義：
98	②	安崇礼	同節	915	971	971	57	(代州)雁門	弘璋：銀青光禄大夫、倹校尚書右僕射	福遷：金紫光禄大夫、倹校司空兼御史大夫
99	②	石熙載	口績	937	987	987	51	(河南)洛陽	質：唐客省副使、贈太子太保	延威：梁盧龍軍節度副使、贈太子太傅
100	②	曹瑋	宝臣	973	1030	1030	58		業：本州牙門大校	芸：本州牙門大校
101	②	曹脩睦	某	987	1046	1046	60	(建州)建安郡	某	某
102	②	石従簡	易之	1000	1046	1046	47		(継遠：贈太師：No.103石居簡による)	(熙載：尚書右僕射、贈太師尚書令)

中立：太子少師、贈太子太傅	(文)朝奉郎	(北宋) 正7品	守太子中允 集賢校理 同知太常礼院 上軽車都尉	(北宋) — — — 正4品		石-王(張王、王)	So-014

威郡」は中郡として扱った。　※4・7・8：No.4康業の「甘州」・No.53康郎の「同州隆安府」・No.66
二万戸以下として、康郎・康仙昂は中の府として扱った。　※5：No10翟天徳の「五雲府車騎将軍」
正9品下であるが、墓誌文中には正8品とする。　※9・11・12・13：共に妻あるいは母の墓誌（史索
年：『中原文物』2009-6））より判明。　※9：墓誌拓本では妻は明らかに唐氏であるが、出自に「酒

志、官職（太和以降）［pp.2993-3005］、北周：王仲犖『北周六典』、北斉・隋：『隋書』巻27・28、百官
継いだため、ここでは唐代の官品に準じた)、北宋：『宋史』巻168、職官志、官品［pp.4014-4017］（北
記事に従う)。

【図表3】「ソグド人墓誌数」と「墓誌総作成数」の埋葬年による変化

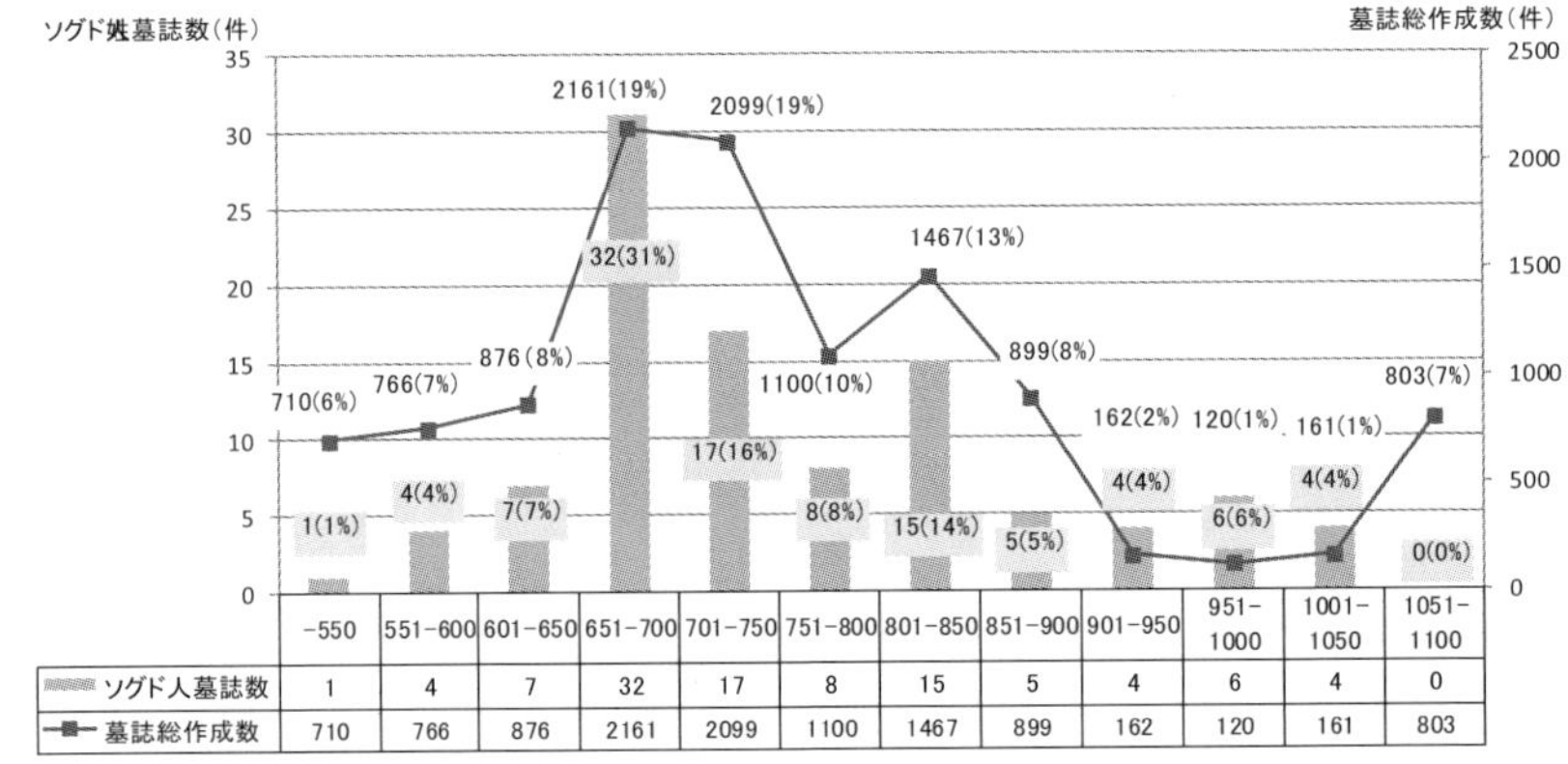

	-550	551-600	601-650	651-700	701-750	751-800	801-850	851-900	901-950	951-1000	1001-1050	1051-1100
ソグド人墓誌数	1	4	7	32	17	8	15	5	4	6	4	0
墓誌総作成数	710	766	876	2161	2099	1100	1467	899	162	120	161	803

103	②	石居簡	易従	1009	1046	1046	38		継遠：贈太師	熙載：尚書右僕射、贈太師尚書令

※1・2：No.57曹氏・No.92石金俊の墓誌は、妻の墓誌のため記載がないか。　※3：No.1安威の「武
康仙昂の「河南府慕善府」は戸数の記載が無いので、康業は北周の州の5等の内、3等目の一万戸以上
は、中の折衝府の長官（折衝都尉）と同等として扱った。　※6：No.21康ム の「隊正」は六典では
巖妻安娘墓誌（T-043）・安元寿妻翟氏墓誌（T-126）・安孝臣母米氏墓誌（T-134）・何澄妻墓誌（813
泉単王之胤」とあることなどから康氏の誤りとする研究もある［陳海濤・劉恵琴2006：p.379など］。
なお、各時代の官品は以下によった（唐以外は官品前に（　）で明示）。東魏：『魏書』巻113、官氏
志中・下［pp.751-803］、唐・五代：『唐六典』（五代期の官品は各王朝で違うが唐制を基本的に受け
宋と南宋の制を合体して記していて問題があるが、この他に基準として適切なものが無いため、この

墓誌数」と「墓誌の総作成数」とを比較すれば、その変動の傾向はほぼ同様であり、ソグド人墓誌数の増減の傾向がソグド人特有のものでないことが分かる。ただし、ここで注目されるのは、六五一～八〇〇年の両者の増減幅の違いである。それぞれの全体に占める割合を見れば、ソグド人墓誌数では六五一～七〇〇年に三一%、七〇一～七五〇年に一六%、七五一～八〇〇年に八%であるのに対して、墓誌総作成数では六五一～七〇〇年に一九%、七〇一～七五〇年に一六%、七五一～八〇〇年に一〇%となる。両者を比較すれば、六五一～七〇〇年から七〇一～八〇〇年にかけてのソグド人墓誌数の減少幅が大きいことが分かり、この時期のソグド人に何らかの変化があったと推測される。これが何を示しているかについては、後に記すこととしたい。

三、ソグド人墓誌記載内容の変化

次に、墓誌文の記載内容の変化について分析したい。墓誌に記される内容は、時代や地域によって多少差異があるものの「墓誌銘の表題・姓・諱・字・本貫・世系・行蹟・官歴・没年・没地・没年齢・追贈官位・妻子・葬年・埋葬地・銘」とほぼ定型化されている。これらの要素のうち、ソグド人の活動を知るために必要と思われる項目を以下で分析する。

（一）本　貫

墓誌中に諱・字の記載の後に「〇〇人也」と記される地名は、一般に本貫を記しているとされる。ソグド人墓誌中に記された本貫について年代ごとの地域的変遷を見るために、図示したものが【図表4】である。なお、本貫は出生地あるいは居住地と必ずしも一致する訳ではないが、ここでは傾向を捉えるために、その本貫を称した年代として最も近いと考えられる当人の出生年で図示した。[4] Ⅱ・六〇一〜六五〇年出生までは、甘・涼・原州などソグディアナから長安・洛陽へのルート上のソグド人の植民聚落が形成されたと見られる都市を本貫とする者が多い。【図表2】「本貫」欄（斜体は長安・洛陽へのルート上の本貫）を併せて見れば、この傾向は安令節（No.50：六四五年出生）までの四七名中二〇名に見られることが分かる。その後は本貫が未記入で不明な者も目立つようになり、判明する者は長安・洛陽以東を本貫とする傾向が見られる。すなわち、全体としてソグド人墓誌に記された本貫は、時代とともに西から東へと移動していることが確認できる。[5]

（二）先祖の記載

【図表2】「先祖の記載」欄は、墓誌中の先祖に関する記載のうち、曾祖父・祖父・父の情報を表にしたものである。曾祖・祖父・父の記載が不詳な場合（記載無し・名のみ・官職のみ）を網掛けとした。安威（No.1：四六五年出生）〜翟天徳（No.10：五五七年出生）、康固（No.51：六四九年出生）〜史惟清（No.77：七五二年出生）の二つの時期（すなわち五世紀末〜六世紀半ば、および七世紀半ば〜八世紀半ば）に、曾祖父だけでなく、祖父・父の記載が不詳なものが多い傾向が指摘できる。[6] 一方、上記以外の期間の墓誌には、曾祖父については記載がないものも存在するが、祖父・父についてはほぼすべての墓誌に記載されている。この先祖の記載が明瞭・不明瞭になる理由としては、次のことが推測できる。墓誌は、墓主を顕彰するものなので、通常は墓主にとって不都合な記事は掲載されない。さらに墓誌は、中華文化を背景として漢字で記される。すなわち、曾祖・祖父・父の記載のない墓誌は、生前の彼らには墓誌にあえて特記すべき「中華社会で評価されるべき価値・経歴」がなかったと推測される。なぜ、先祖に特記すべき経歴がなかったのかを更に考えれば、墓主が中国移住の初代であった、あるいは墓主の前の世代に移住していても墓主の代になって初めて墓誌を作成するような地位を得たためだと想定できよう。

以上のように見てくると、安威（No.1：四六五年出生）～翟天徳（No.10：五五七年出生）は、中国へ移住して間もない世代が墓誌の作成を開始したために先祖の記載が希薄であり、その後の安令節（No.50：六四五年出生）までは、移住後の先祖の活動に記載すべき事績が存在したためその記載は次第に詳細になったと理解できる。そして、康固（No.51：六四九年出生）～史惟清（No.77：七五二年出生）に再度先祖の記載が希薄になるが、これは先祖に特記すべき経歴を持たないソグド人が墓誌を製作し始めたことを意味していると見られ、この点は注目すべき変化傾向である。

（三）　墓主の官位

【図表2】「墓主の官位」欄は、一〇三名が最終的に帯びた官職を記したものである。この表を見ると、史諾匹延（No.54：六六二年出生）までの官位はそれほど高くはなく、それに対して康威（No.55：六六三年出生）以降の官位は比較的高いという傾向が見て取れる。[7] しかも、後者は前者に比べて、勲・爵・散官と職事官の両方を有する者が多く（No.55以降四九名中二六名）、さらには使職を兼ねる者も出てくる。この状況は、唐後半期にかけて律令官制が弛緩するとともに官職が濫授されたため、あるいは令外官である使職に就くには、品階を持つ散官・職事官を帯びて兼職する必

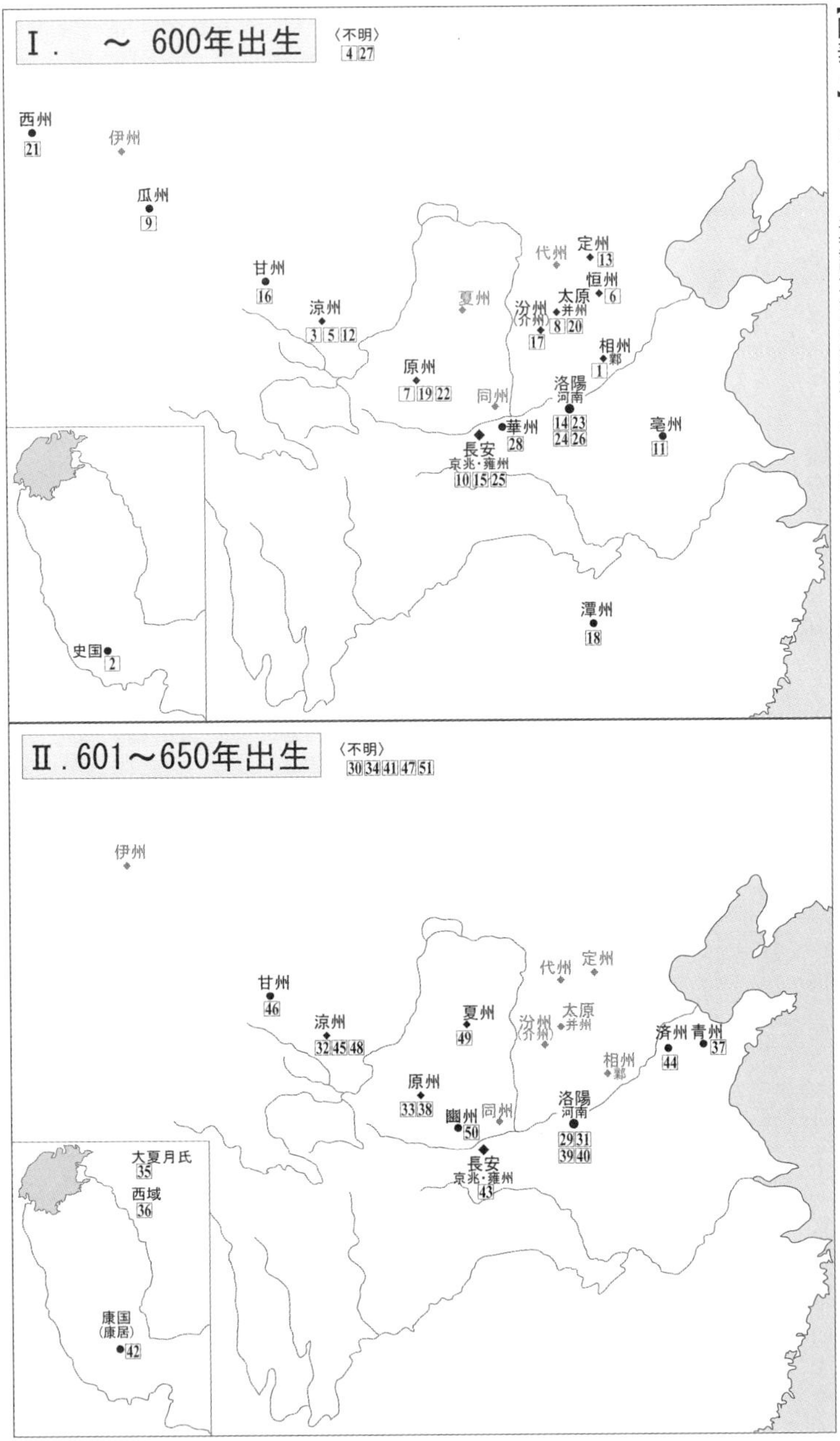

【図表4】ソグド人墓誌本貫の変遷

◆は薩宝あるいは天（祆）主が確認できるソグド人聚落。

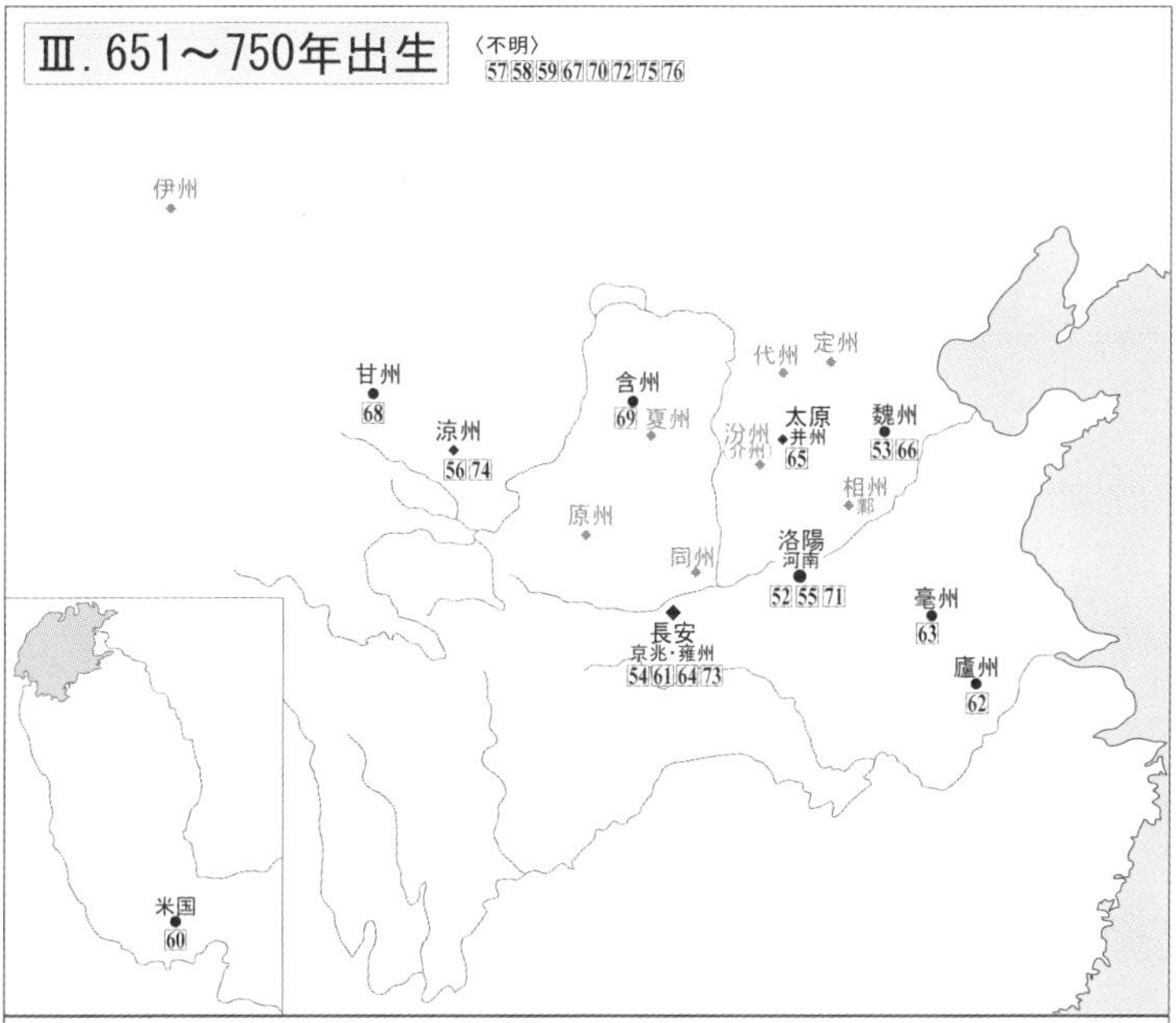
Ⅲ.651～750年出生
〈不明〉
57 58 59 67 70 72 75 76
伊州
甘州
68
涼州
56 74
含州
69
夏州
原州
同州
代州
定州
汾州
(介州)
太原
并州
65
魏州
53 66
相州
鄴
洛陽
河南
52 55 71
亳州
63
長安
京兆・雍州
54 61 64 73
廬州
62
米国
60

Ⅳ.751～　年出生
〈不明〉
77 82 83 84 89 90
91 93 97 100 102 103
伊州
燕州
96
朔州
92
代州
94 98
定州
涼州
霊州
79
夏州
汾州
(介州)
太原
并州
95
潞州
85
相州
鄴
鄆州
80
原州
同州
洛陽
河南
78 86 99
亳州
88
長安
京兆・雍州
81
廬州
87
建州
101

要があったためだとも理解できる。しかしその一方で、武人として使職に就くソグド人がいかに多かったかを示しており、唐後半にかけて彼らソグド人が唐王朝の官品秩序内により深く組み込まれたことをも示していると言えよう。また、この状況は五代から北宋期にも受け継がれている。

（四）人　名

一般的に墓誌に記されることの多い人名は、墓主・曾祖父・祖父・父のものである。ソグド人墓誌中には、その人名が漢風ではなく、ソグド語・テュルク語の音写と見られるものが存在する。ここでは特に顕著であると思われる事例（**【図表2】**「墓誌銘・字・先祖の記載」欄にゴシック体で表示）を取り上げたい。

ソグド語の人名として最も多く見られるものは、「下僕」を意味する「槃（盤）陀」vandakで、ソグド人墓誌中には、史□（No.2）の祖父「阿史盤陀」、史射勿（No.7）の字「槃陀」、何□（No.35）の父「盤池（陀あるいは陁）」、康庭蘭（No.58）の父「煩陀」がある。なお、史射勿槃陀（No.7）について、息子の史訶耽（No.19）の墓誌には「陀」と略記されていることを参考にすれば、史陀（No.9）の諱、康杦（No.24）の父、何摩訶（No.44）の祖父に共通して見られる「陀」もvandakであった可能性がある。(8) また、米薩宝（No.60）の諱「薩宝」は先述したソグド語のsārtpāw「隊商のリーダー」の音写である。その他、ソグド語の影響と思われる人名は、次の通りである。史諸匹延（No.53）の「延」は、康阿攬延「平和の神の恩恵」、安了延「デーヴ神の恩恵」、康浮咖延「仏陀の恩恵」などソグド語の人名によく見られるyān「～の恩恵」と同様の用い方である可能性がある〔吉田一九八九：六九～七一頁、蔡鴻生一九九八：三九～四〇頁〕。また、石崇俊（No.67）の祖父の甯芬は、曹那甯潘・羅寧寧忿などのnanaifarn「女神ナナの栄光」に型式が近く、省略形と見ることができ〔吉田一九八九：七一頁〕、米継芬（No.67）の「芬」は、上述のyānと同様にfarn

「〜の栄光」の可能性もある。[9]

これらの他に、ソグド語の影響ばかりではなく、テュルク語の影響が見られるものがある［蔡鴻生 一九九二：四一頁］。安菩（No.30）の曾祖父の鉢達干の「達干」、史多（No.35）の曾祖父「達官」は、突厥の職号であるタルカン（tarqan）の漢字音写である。[10] 米継芬（No.67）の父の「突騎施」は、西突厥下のテュルギッシュ（türgiš(s)）[11]、石黙啜（No.75）の諱「黙啜」は突厥を再興したカプガン（qapγan）可汗[12]と全く同じ漢字を使用している。

以上をまとめると、ソグド語・テュルク語の影響は、史□（No.2：四九四年出生）〜石黙啜（No.75：七四五年出生）に見られ、そのほとんどが先祖（曾祖父・祖・父）の人名として現れている。墓主の諱あるいは字がソグド語・テュルク語で解される墓誌に注目すれば、史射勿（No.7：五四五年出生）・史陀（No.9：五五五年出生）の後しばらく間をおいて、史諾匹延（No.54：六六二年出生）・米薩宝（No.60：六七八年出生）と再度その影響が見られるようになり、これにテュルク語で解される石黙啜（No.75：七四五年出生）が続く。ソグド人の人名の変化傾向は、胡から漢へという直線的なものではないことが分かる。[13]

（五）婚姻関係

【図表2】「婚姻関係」欄に示したように、一〇三名のうち、墓主の婚姻関係（後妻を含む）が判明するものは七〇件で、これに親族（祖父・父や子・孫など）の婚姻関係を加えると一一五件となる。このうち、ソグド姓間の婚姻が三八件、ソグド姓と非ソグド姓との婚姻が七七件で、ソグド姓間の婚姻は北朝〜北宋に一貫して見られる。さらに、これを五〇年ごとに分類してみると、【図表5】のようになる。六〇一〜六五〇年出生と八〇一〜八五〇年出生の世代との時期に、ソグド姓間の婚姻が増加するのに対して、その後、時代が降るにつれて、非ソグド姓との婚姻が顕著に

【図表５】　婚姻関係相関グラフ（墓主＋親族）

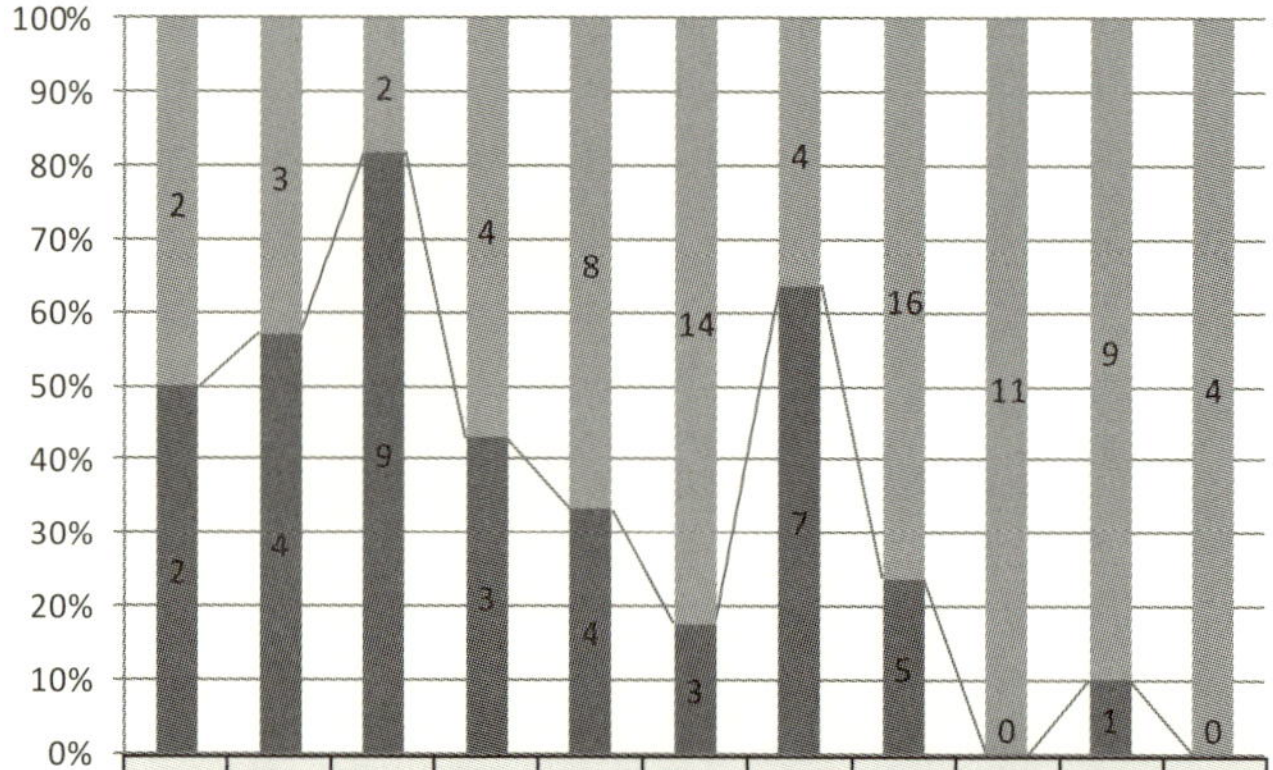

出生年	-550	551-600	601-650	651-700	701-750	751-800	801-850	851-900	901-950	951-1000	1001-	合計
ソグド姓×ソグド姓	2	4	9	3	4	3	7	5	0	1	0	38
ソグド姓×非ソグド姓	2	3	2	4	8	14	4	16	11	9	4	77
合計	4	7	11	7	12	17	11	21	11	10	4	115

なってくる傾向が見て取れる。ただ、ここで考慮しなくてはならないのは、墓誌すべてに婚姻関係が記されているわけではないこと、また、判明している婚姻事例の絶対数が少ないために、ここで見られた傾向が、ソグド人の婚姻の傾向を明確に示しているとは言い切れないことである。しかしながら、少なくとも次のことは言えそうである。ソグド人が中国移住後に次第に漢人と同化したならば、ソグド姓との婚姻よりも漢人姓との婚姻が増加傾向を示すはずであるが、八〇一～八五〇年出生の世代は明らかにソグド人どうしの婚姻を意識していると考えられる。最も顕著な例を挙げれば、石善達（No.89：八三二年出生）は、妻が安氏、息子の妻が何・康・史氏である。[14] これは、ソグド人が短期間に漢人に溶け込んでいったのではないことを示している。[15]

（六）　変化傾向のまとめ

これまで述べてきた墓誌の記述内容の変化傾向で特に重要と思われる点をまとめると、以下のようになる。

Ⅰ．本貫：西から東へと移動。安令節（No.50：六四五年出生）

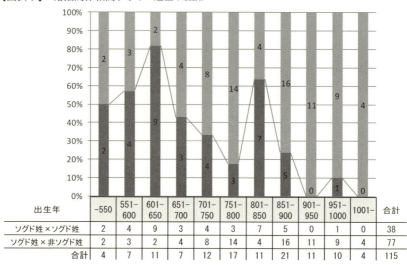

までの者は、ソグディアナから長安・洛陽へのルート上を本貫とするものが多く、それ以降の者は、長安・洛陽以東へと移っていく。

Ⅱ．先祖の記載：中国移住後、世代を経るごとに先祖の経歴が蓄積し、墓誌に次第に詳細に記される。ただし、康固（No.51：六四九年出生）～史惟清（No.77：七四五年出生）に先祖の記載が希薄になり、この時期は先祖の経歴を持たないソグド人が墓誌を作成し始めたと考えられる。

Ⅲ．墓主の官位：史諾匹延（No.54：六六二年出生）までに生まれたソグド人は、それ以降の者に比べ官位が低い。後者は、唐の官品秩序内により深く組み込まれていた。

Ⅳ．人名：墓主の諱・字がソグド語で解される墓誌は見られない時期もあるが、史諾匹延（No.54：六六二年出生）以降に再び見られるようになる。しかも石默啜（No.75：七四五年出生）のようにテュルク語で解される人名も現れる。人名の変化傾向は胡から漢へという直線的なものではない。

Ⅴ．婚姻関係：時代が降るにつれて、一貫してソグド人間の婚姻が減少して漢人との婚姻が増加しているわけではない。八〇一～八五〇年出生の世代、石善達（No.90：八三二年出生）に見るように意識的にソグド人同士での婚姻がみられる。ソグド人が短期的に漢人に溶け込んだのではない。

以上をさらにまとめると、次のことが言えよう。

・ソグド人の漢人への同化は、中国への移住後直線的には進まなかった。

・Ⅰ～Ⅳの傾向から、おおよそ六四〇～六六〇年代出生（以後、本章では「六五〇年前後出生」と称する）の世代を境として中国におけるソグド人の活動形態に大きな変化が生じたとみられる。

ここでソグド人墓誌中に見える血縁関係に注目したい。ソグド人墓誌一〇三件中、血縁関係によって組み合わせる

【図表６】　ソグド人墓誌中の血縁関係

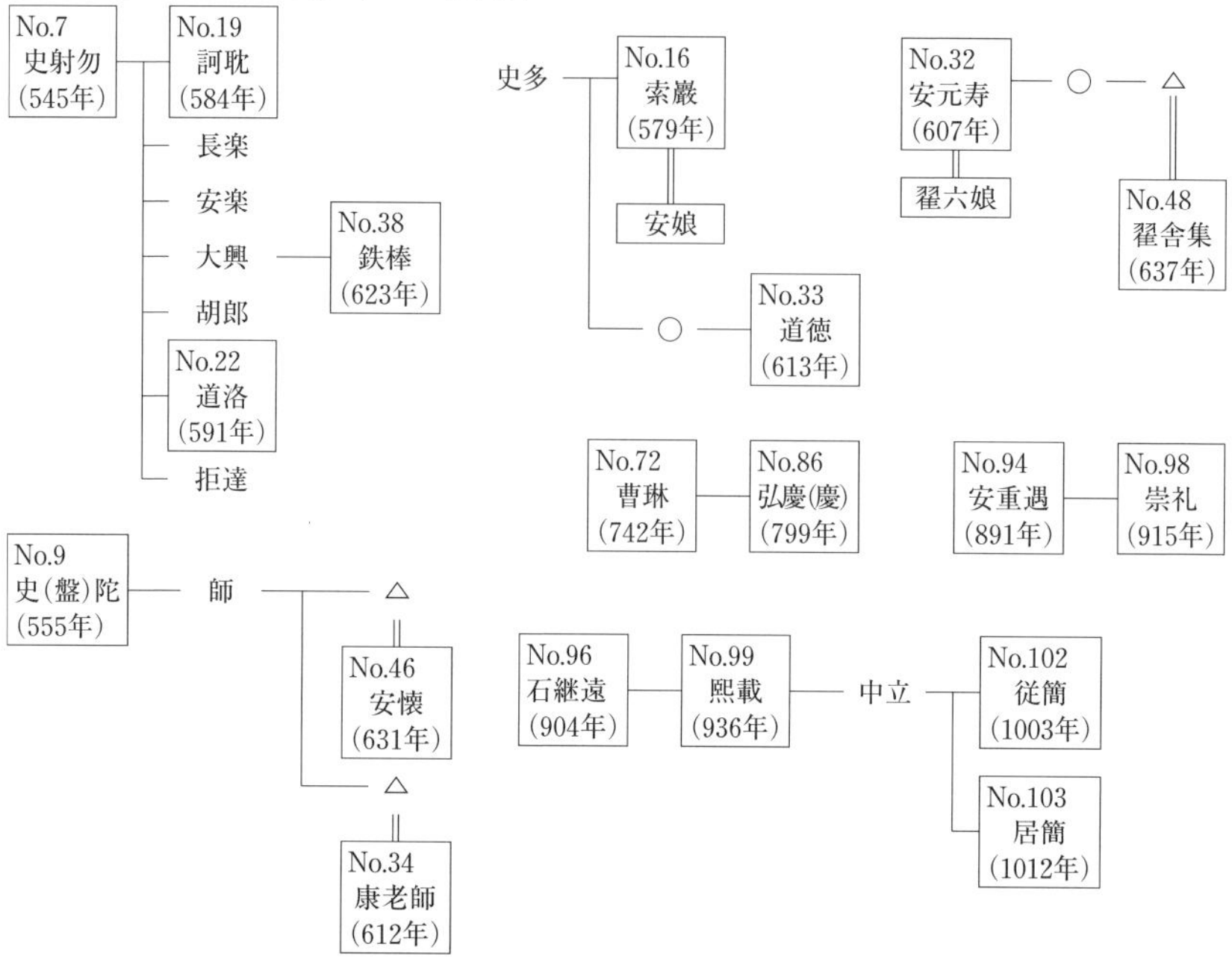

※□は墓誌が出土している人物、（　）は出生年を示す。○は名前の伝わらない男性。△は名前の伝わらない女性。

ことのできる墓誌群は七組確認される。この七組の血縁関係図（【図表６】）を見ると、今、指標として提示した六五〇年を挟んでそれ以前から以降にかけて継続している家系を見いだすことはできない。

さらに、ここで注目したいのは、上述の墓誌記述内容の変化傾向のⅡとⅣである。それは、傾向Ⅱで先祖の記載が次第に詳細となっていたのが、康郎（No.53：六六〇年出生）以降で再び希薄となる傾向であり、傾向Ⅳで人名の変化傾向が、胡から漢へという直線的なものではなく、史諾匹延（No.54：六六二年出生）以降の墓誌に、再度ソグド語の影響が現れるようになるということである。この二つの傾向は、墓誌を作成するソグド人が六五〇年前後出生の以前と以後とでは、血縁的に連続性がないことを示し、六五〇年前後に新たな家系の人物が墓誌を作成するようになったとみられるのである。この家系の不連続性、そして前節で明らかになった点も考えあわせれば、六五〇年出生以前とそれ以降とでは、中国内でのソグド人の墓誌を作成する階層に変化があったと考えるべきではないだろうか。そこで、以下では六五〇年出生以前のソグド人墓誌を「前期ソグド人」、それ以後を「後期ソグド人」として便宜上区別することとし、以下では前後期それぞれで墓誌を残したのはどのようなソグド人であったのかを考察したい。

四、ソグド人墓誌の時代性

（一）　前期ソグド人

前期ソグド人がどのような人々であったかについて、まず手掛かりになるのは「薩宝」・「天主」である。「薩宝」は「隊商のリーダー」を意味するソグド語 sārtpāw に由来し、商業の拠点であったソグド人聚落のリーダーに与えられた官職であり［吉田一九八八：一六八～一七一頁、荒川一九九八・一九九九］[16]、「天主」は唐代の祆主に相当し、ソグド人聚落内に置かれたゾロアスター教神殿を管理する職とされる［山下二〇一一：九五～一〇〇頁］。とすると、薩宝・天主が置かれた場所にはソグド人聚落があったことになる。そこで、墓主やその祖先が薩宝もしくは天主に就任しているものを示せば【図表7】となり、前期ソグド人に限られていることが分かる。また、ソグド人の植民聚落は、薩宝・天主が設置された都市以外にも彼らの商業の目的地であろう長安や洛陽までのルート上や、それ以東では北魏・北斉時代の重要都市に築かれたと考えられるが、前期ソグド人の本貫を示した【図表4】図Ⅰ・Ⅱを見れば、彼らの大半がこれらの植民聚落を本貫としている。つまり、前期ソグド人はソグド人聚落を拠点に活動するソグド人で構成されていると言えよう。

ただし、ソグド人聚落は唐の成立に伴って、その形態を変化させたとみられ、この点に注意が必要である。荒川［一九九八］は、ソグド人聚落は北朝期には薩宝に統治されていたが、唐の成立とともに唐の州県体制下に置かれ、聚落のソグド人は漢人と区別なく一様に唐の州県「百姓」とされ、薩宝は職掌が祆教の管理者に変わったとする。また、ソグド人聚落と府兵制との関係について考察する山下［二〇一六］は、薩宝に就任したソグド人首領が軍府官の一つを兼ねる形でソグド人聚落から郷兵を編成し（北周）、薩宝が軍府府主を兼任する段階が現れ（北周・隋交替期）、さらにそれが進んで薩宝の職が軍府府主や軍府官に替えられていった（隋～唐初期）とする。さらに山下［二〇一二：五一～五三頁］は、ソグド人聚落を母体に編成された各地のソグド軍府が貞観（六二七～六四九年）に入ると解体されたとし、その原因の一つは、唐朝による「百姓化」に伴うものであったとする。とすると、このようなソグド人の「百姓化」が及ぼした影響は彼らの墓誌に現れるはずであり、それは彼らに授受された官の品階に顕著に見られよう。

そこで、薩宝府の関係者の子孫の墓誌から、その子孫が就いた唐代の官職をまとめれば【図表8】のとおりになる。墓主の官品は、やっと五品に届く程度であり、それも大半は職事官ではない。そしてこの傾向は、薩宝・天主の後裔のみではなく、【図表2】で示したようにそのほかの前期ソグド人にもあてはまるものである。唐の官制では、五品以上はその子・孫に出身資格ができるなど世襲制を伴う重要な特権が付与されていた［池田一九六七：一六八頁］。また、官界に入った後は、恩蔭かあるいは科挙試験かなど官仕の方途に関わらず同一の昇進基準に基づくとされる［愛宕一九七六：二五五頁］。たとえば、従五品の場合、子は従八品下、孫は正九品上の出身階を得られることになる。ただし、恩蔭は曾孫にまでは及ばないので、その後一族が継続して特権を受け続けるためには、少なくとも二世代に一世代は五品以上まで昇進する必要があることになる。墓主の官品がやっと五品に届く程度であることからすれば、北朝・隋代の先祖が薩宝などの官に就きソグド人聚落のリーダーとして取りまとめる立場にいたとしても、その後裔が

【図表７】 薩宝府所在地一覧

場所	官職名	時代	氏名	出典（成立年代）
伊州	（伊州・伊吾県）有祆主	唐	翟槃陀	「沙州・伊州地志」残巻
涼州	涼州薩宝	北魏 唐	安難陀、 安盤娑羅	『新唐書』宰相世系表・『元和姓纂』巻4
		北周	史君	「史君墓誌」（北周：580年）
		梁	康抜達	「康阿達墓誌」（唐：627-649年）
原州	摩訶大薩宝	北魏	史（妙）尼	「史訶耽墓誌」（唐：670年）
夏州	夏州天主	西魏	翟曹明	「翟曹明墓誌」（北周：579年）
雍州	雍州薩保	—	—	『隋書』百官志隋高祖時官制・『通典』巻39
長安	京師薩宝	北周	史思（多思）	「史訶耽墓誌」（唐：670年）・「史鉄棒墓誌」（唐：671年）
同州	同州薩宝	北周	安伽	「安伽墓誌」（北周：579年）
鄴	京邑薩甫	—	—	『隋書』百官志北斉官制
并州	摩訶大薩宝	隋	翟娑	「翟突娑墓誌」（隋：615年）
代州	検校薩宝	隋	虞弘	「虞弘墓誌」（隋：592年）
介州	介州薩宝府車騎都尉	唐	曹遵	「曹怡墓誌」（唐：655年）
定州	定州薩宝	隋	康和	「康婆墓誌」（唐：647年）
	定州薩甫司録	隋	何永康	「恵鬱造像記」（隋：585年）

「康阿達墓誌」：氣賀澤No.368　「翟突娑墓誌」：梶山No.1798　「恵鬱造像記」：斉藤［2003］

【図表８】 墓誌より見る薩宝府関係者後裔の官職

墓誌銘	先祖の官職	墓主の官職
「康阿達墓誌」 （貞観年間（627-649）作成）	（祖父）抜達：梁の涼州薩宝	上儀同 （＝上騎都尉［勲：正5品上］）
「康婆墓誌」 （647年作成）	（父）和：隋の定州薩宝	大農［従8品下］
「曹怡墓誌」 （655年作成）	（父）遵：唐の介州薩宝府車騎都尉※ （＝車騎将軍［正5品上］・騎都尉［勲：従5品下］）	騎都尉［勲：従5品下］
「史訶耽墓誌」 （670年作成）	（曾祖父）尼：摩訶大薩宝・張掖県令 （祖父）思：北周の京師薩宝・酒泉県令	遊撃将軍［武散：従5品下］・虢州刺史［正4品下］・直中書省翻訳
「史鉄棒墓誌」 （671年作成：史訶耽の甥）	（曾祖父）多思：周の京師摩訶薩宝・酒泉縣令	司馭寺右十七監
「康元敬墓誌」 （673年作成）	（父）仵相：□州摩訶大薩宝	—〈官に就かず〉

薩宝府の関係者に先祖がいる場合でも、墓誌内にそのことが記されていないものは除いた。
※山下［2012：pp.36-43］参照。

唐の五品以上の特権身分となること、そして一族が継続して特権身分となることは容易ではなかったと見られる。

ここで想起されるのが、主に開元年間（七一三～七四一年）に活躍したソグド商人石染典の事例である。トゥルファン出土の漢文文書によれば［王仲犖一九五七：三六～三七頁、池田一九七九：三六三～三四六頁］、石染典は西州の百姓で、遊撃将軍［武散官：従五品下］を有する唐の官人でありながら、大練（練り絹の厚手の織物）や馬の交易活動を行っていた。荒川［一九九九：九六頁・二〇一〇：五一〇頁］は『新唐書』巻五〇、兵志［一三三八頁］に見る羈縻州のソグド人「百姓」が「遊撃将軍」を銭物で取得する様子を併せて考察し、ソグド人「百姓」が官職（特に散官）を帯びることで、通行手形である「過所」を取得し、その上で交易活動をしていたとする。また、池田［一九八〇：三二四頁］は、「行客」（合法的に本籍を離れた客籍民で、多くが交易に従事。ソグド商人にもいた）が官の買上げの媒介者として中間利潤を得ていたことや、行客には唐の前線で押隊官に任じられる者や陪戎副尉［従九品下］などといった武散官を有する者がいたことから、西域に進出する唐朝と商人との間には持ちつ持たれつの関係があったことを指摘する。これらの事例は、律令制が弛緩してきた開元年間以降のことであって唐初とは単純に比較できないものの、ソグド人には、商業を円滑に行うために官職を有する者がいたのであり、その官品はそれほど高いものでなくても充分であったと見られる。

この官職に就きながらも商業活動をする様子は、前期ソグド人の墓誌にも僅かに見られる。「康子相墓誌」（No.23：陪戎校尉［武散官：従九品下］）には商人として成功した春秋戦国時代の范蠡・端木賜（子貢）の故事を引用して記されている。[17] また「康婆墓誌」（No.13：大農［職事官：従八品下］）には「家僮百万、蔵鏹巨万」とあって、官品が低いにもかかわらず、なぜか裕福である様子が記されていて、それは商業を行っていたためだと推測できる。おそらく彼らは唐の官人としての特権を得続けることよりも商業活動を円滑に行うことを重要視していたと言えよう。[18] 以上をまとめれば、前期ソグド人は商業を目的として中国地域へ移住し、植民聚落を生活の拠点としていたと考えられるのである。

ここで、時期的には前期ソグド人に分類されるものの、例外であるとみられる安菩（No.30：七〇九年埋葬）・何□（No.35：七〇〇年埋葬）・史多（No.36：七一九年埋葬）の三名に注目したい。彼らは、六〇〇年代初頭に出生しながら、七〇〇年代初頭に埋葬されており、墓誌が作成されたのが同世代の人々よりも極端に遅く、次世代あるいはその次の世代の人々（そのほとんどは六五〇年前後出生）と同時期に墓誌が作成されているという共通点がある。[19]「安菩墓誌」は死後四五年を経て作成されたものであり、[20]何□と史多とはそれぞれ死亡年齢が八五才と一〇一才というかなりの長寿であった。この三例の墓誌が作成された背景には、墓主よりもその子・孫世代の社会的立場がより一層影響しているだろうことが想像される。

安菩（No.30）と何□（No.35）について、墓誌の作成年代が遅いことに加えて共通点として見落とせないのは、彼らが六胡州出身のソグド人（＝六州胡）だということである。六胡州は調露元年（六七九）に霊州・夏州の南境に置かれた魯州・麗州・含州・塞州・依州・契州の六つの羈縻州[21]で、東突厥の滅亡をきっかけとして唐に降ったソグド人を配置したものである［小野川一九四二、森部二〇一〇：九八～一一〇頁］。「安菩墓誌」（No.30）には「唐故陸（六）胡州大安君墓誌」とあって、安菩が六胡州に属していたことがわかる。「何□墓誌」（No.34）には「終於魯州如魯県□□里之私第（魯州如魯県□□里の私第に終わる）」とあり、この魯州は六胡州の一つである。すなわち、彼らはソグディアナから直接中国に移住したのではなく東突厥を経由して唐に入ったことが分かる。また、史多（No.36：六一八年出生）は、その墓誌の記載（史多の年齢・先祖の記載）から六胡州ではないものの、東突厥の崩壊を契機に唐に下ったおそらく伊州（伊吾）のソグド人であると理解できる［本書第二部第三章参照］。つまり、この三件の例外は、東突厥の崩壊を契機として唐に降ったソグド人の墓誌であり、それらが同世代に比べて遅い時期に彼らの二世以降によって作成されたと見ることができるのである。ここで想起されるのが、『唐六典』巻三、戸部中員外郎［七七頁］に掲載される諸国の蕃胡で内附した者に対する納税規定で、特に末尾につけられた付加条項の部分である。

凡内附後所生子、即同百姓、不得為蕃戸也。

凡そ内附せし後に生まるる所の子は、即ち百姓と同じにして、蕃戸たるを得ざるなり。

ここでは唐に内附した後に生まれた蕃胡の子について、唐の百姓と同等に扱うことを規定する。石見［一九八六・一九九五・二〇一一b］・齋藤［二〇〇八］はともにこの蕃胡をソグド人（ソグド商人と羈縻州民（特に六州胡））と想定している。[22]上述の安菩（No.30）・何□（No.34）・史多（No.35）の墓誌作成者は、この規定の蕃胡の子、つまり内附後二代目以降と見ることができ、移住先の唐に定着したことで彼らは墓誌を作る様になったと考えられよう。つまり、これら前期ソグド人の例外は、その後に現れる後期ソグド人の先駆けとなる人々であったと見られるのである。

（二）　後期ソグド人

以下では、まず前期ソグド人の例外が東突厥の崩壊を契機として唐に降ったソグド人のものであったことを手がかりに、後期ソグド人について見てみたい。

後期ソグド人で、明確に六胡州出身であると分かるのは、六胡州の一つである「含州河曲」を本貫とする曹閏国（No.69：七二九年出生）である。彼は、六胡州から離れた恒州に埋葬されているが、彼のように黄河の東（河北・山西）に移動した六州胡の事例は少なくない。安史の乱中およびその後にオルドスから河北に移動した六州胡の事例は森部［二〇一〇：一七二頁］により確認されている。また、『資治通鑑』徳宗貞元二年（七八六）［七四七七頁］には、安史の乱に呼応した六胡州の民について、「河曲六胡州皆降、遷於雲・朔之間（河曲六胡州皆な降り、雲・朔の間に遷す）」とあり、山西地域、特に雲州と朔州の間に多くの六州胡がいたことも知られている。曹閏国（No.69）は、このように移住した六州胡の一人であった。先に【図表2】本貫の傾向で見たように、唐後半期にかけてソグド人の本貫が山西・河北地域に広がっていくのであるが、彼らの中に、六州胡が含まれていたことは、以上によってまず間違いないであろう。また、墓誌はないが、六州胡の血を引く者が禁軍中にもいることも指摘できる。安菩（No.30）の子の安金蔵は、両列伝によると、そもそもは太常寺の工戸[23]であったが、景雲中（七一〇年）に右武衛中郎将に就き、玄宗が即位（七一二年）すると右驍衛将軍に就任している。六胡州の乱を平定した康植の孫、安史の乱中の武将であった康日知の息子で、後に平盧や涇原の節度使を歴任する康志睦（康志達：No.81とは兄弟）は、右神策大将軍の職に就いていた時期もあった［『旧唐書』巻一七上、敬宗本紀、宝暦元年、五一四頁・『新唐書』巻一四八、康志睦伝、四七七三頁、本書第二部第四章注（28）参照］。この他、後期ソグド人には、史思礼（No.56：六六八年出生）・曹氏（No.57：六七一年出生）・康庭蘭（No.58：六七六年出生）・翟銑（No.59：六七八年出生）・何徳（No.62：六八四年出生）など、特に六六〇年代～六八〇年代生まれのソグド人には龍武軍や威衛など禁軍に所属している者が多い。墓誌には彼らがなぜこれらの禁軍に配属されたのか記されておらず不明であるが、唐は東突厥の崩壊時に唐に降ったテュルク人・ソグド人（六州胡の首領）に禁軍での武官を授けているので［福島二〇一三c：一五～二三頁］、彼らの中にはその子供世代が含まれている可能性もある。

ただし、後期ソグド人は、六州胡や東突厥の崩壊による移民だけで構成されている訳ではない。六州胡が移動した山西・河北地域には、開元四年（七一六）、黙啜可汗の死亡に伴う混乱のため、突厥第二帝国から唐に亡命したソグド人も多数いた。安禄山やその一族は、この代表例と考えられる［E．G．プーリィブランク一九五二：四九頁、藤善一九六六：七五頁、森安二〇〇七a：二六七頁］。康郎（No.53：本貫は魏州）・翟銑（No.59：主に幽州で活動）は、河西回廊などの植民聚落にそのルーツを持っておらず、しかも六胡州から直接移動した形跡がない所を見ると、このような勢力であった可能性がある。さらに、安史の乱以後の時代には、沙陀と密接な関係を有していたソグド人も山西・河北地域に移動している〔森部・石見 二〇〇三、森部 二〇一〇：第五章〕。そもそも、七世紀中頃に瓜州にいた沙陀は、甘州・霊州・塩州への移動を経て、元和四年（八〇九）彼らを統括していた霊塩節度使の范希朝が河東節度使に転任したのに伴い、沙陀も太原へ移動したとされる(24)。八〇〇年出生以降の大半、すなわち石善達（No.90：八三二年出生）・安万金（No.91：八六二年出生）・安重遇（No.94：八九一年出生）及び崇礼（No.98：九一五年出生）親子・石継遠（No.96：九〇四年出生）及び熙載（No.99：九三六年出生）親子(25)は、活動した地域・官職などから見て、沙陀の勢力下にあったソグド人と見ることができる。以上で見た六州胡・沙陀・突厥第二帝国からの遺民に含まれたソグド人とは、森部豊氏がいう「ソグド系突厥」とほぼ同じであると見ることができよう(26)。森部〔二〇一〇〕は、ソグド系突厥とは、「狭義にはソグド人の血を引き、突厥と相互に影響しあって遊牧文化を身につけた者の総称であるが、それと同時に広義にはその他の種族で、おそらくソグドの影響を受け、その結果ソグド姓を冠するようになった者も含む」〔一〇八頁〕とし、特に六州胡〔九八頁〕・東突厥第二カガン国（＝突厥第二帝国）下のソグド人〔一一〇頁〕を例としてあげている。また、沙陀と六州胡との融合を指摘し、沙陀支配下のソグド人もソグド系突厥とみなされることを明らかとしている〔一八三～二〇九頁〕。

また、この「ソグド系突厥」以外にも後期ソグド人には米継芬（No.67）・何文哲（No.79）のように、唐に派遣された質子やその後裔も含まれている。米継芬は、徳宗の貞元三年（七八七）に宰相李泌の献言(27)によって胡客が禁軍の一つである神策軍へ編入されたその処置を受けたとみられている〔栄新江 一九九九a：七八～八〇頁〕。李泌の献言とは、吐蕃の河西・隴右地域への進出によって帰路を絶たれ、長期に長安に滞在する西域諸国からの使者たちに対して、王子・使者はその散兵馬使あるいは押牙に、残りはみな兵士として「神策軍」に編入することで、唐の負担を削減するというものであった。そもそも「神策軍」は、天宝一三載（七五四）に吐蕃から獲得した占領地確保のために創設されたが、安史の乱（七五五～七六三年）、吐蕃の入寇（七六四年）、涇原の兵乱（七八三年）を契機に徐々に力をつけ、李泌のこの提言の処置により四千人の「胡客」が神策軍に編入されたことで、さらに勢力を増したとされる［小畑一九五九・一九六八、何永成一九九〇］。「米継芬墓誌」によれば、米継芬の死亡・埋葬時（八〇五年）の官職として「左神策軍故散副将」とあるので、まさに李泌の提言によって神策軍に編入されたと考えられよう。一方、何文哲は同じ左神策軍の職を歴任したが、その時期は穆宗の長慶年間（八二一〜八二四年）であるので、李泌による胡客の編入とは別ルートで神策軍に所属したと考えられる［中田二〇一一：一七〇〜一七一頁］(28)。

米継芬（No.67）・何文哲（No.79）が中国へ移住した時期から彼らの移住の背景を探れば、まず、何文哲（No.79）は墓誌に彼の先祖は永徽年間（六五〇〜六五五年）に唐に入ったと記されている。この時期は、唐の支配が中央アジア地域に及び、康国（サマルカンド）に羈縻州として康居都督府が設けられ（おそらく永徽元年（六五〇））(29)、またその後間もなくセミレチエ・ソグディアナを舞台に阿史那賀魯が唐に背反した（永徽元年（六五〇）末あるいは翌年の正月〜顕慶二年（六五七））という混乱期である。何文哲の先祖が永徽年間に唐に入ったとする記事が正しければ、このような刻々と変化する国際情勢の中で、唐との関係を重視した何国の質子として、何文哲の先祖は唐に至ったとみられる(30)。一方、米継芬（No.67）は父の突騎施の世代（（開元一六年（七二八）あるいは開元一八年（七三〇））に唐に入ったとされる。当時のソグディアナを含むパミール以西の中央アジア地域は、東漸するイスラーム勢力への対応に追われた時期で［前嶋一九五八〜五九、稲葉二〇〇四・二〇一〇］、開元七年（七一九）頃から、安史の乱勃発（七五五年）前に中央アジア諸国が唐に度々支援要請の使節を送っている(31)。米継芬の父突騎施は、この使節の往来の中で質子として唐に入ったと見られる［本書第三部第二章参照］。後期ソグド人には、複雑な国際情勢の中でソグディアナから唐に移住して仕えることになった者もいたことになる。

なお、ここでユーラシアの国際情勢との関係で唐に至った後期ソグド人の可能性として一つ加えたいのは、安史の乱の際にソグディアナを含む中央アジアからの多数の救援兵が送られてきており、彼らが後期ソグド人であっても不思議はないことである。例えば、ソグディアナの隣接地域であるバクトリアのバルフ（Balkh：王舎城）出身の伊斯という人物は、安史の乱の最中に唐に入り、郭子儀率いる朔方軍に合流して乱の鎮圧に活躍したとされる［中田二〇一一：一七八～一七九頁］。伊斯は「大秦景教流行中国碑」の大施主で景教徒である。近年発見された洛陽出土の「洛陽景教経幢」や「花献墓誌」・「花献妻安氏墓誌」から見て、唐に居住した景教徒には相当数のソグド人がいたとみられ［本書第三部第二章参照］、伊斯と行動を共にしたソグド人がいたとしても全く不思議なことではない。

最後に、後期ソグド人には、ソグド人聚落を拠点とした前期ソグド人の後裔もわずかながら含まれていたとみられることを記したい。現在のところ、確認できるのは康令惲（No.61）の一例だけであるが、この事例は、ネットワークを駆使して商業活動を主とする前期ソグド人と唐の武官として活躍する後期ソグド人とを繋ぐ重要な事例である［本書第二部第四章参照］。

以上から、前期と後期のソグド人に差が見られる契機となったのは、東突厥の崩壊によるものだと言える。また、後期ソグド人には、六州胡や沙陀・突厥第二帝国の勢力下にあったいわゆる「ソグド系突厥」やソグディアナから直接唐に入った質子がおり、また安史の乱の際に救援兵として来唐した者も想定でき、わずかながら前期ソグド人の後裔の姿も見られた。ソグド人の墓誌から、ソグド人がユーラシアの国際関係と連動しながら、中国地域で多様な姿を見せるようになったことが分かるのである。

おわりに

以上、墓誌史料からソグド人の東方活動の様子を見てきた。まとめると以下のようになる。ソグド人墓誌の記載（本貫・先祖の記載・墓主の官位・人名・婚姻関係）から、六五〇年出生の以前と以後との墓誌、すなわち「前期ソグド人」と「後期ソグド人」とでは、墓誌を残したソグド人に大きな差が生じている。前期ソグド人は、主に商業を目的として中国地域に移住し、植民聚落を拠点として活動したソグド人から成り、それに対して、後期ソグド人は、突厥を経由して唐に入ったいわゆる「ソグド系突厥」や、七世紀半ばから八世紀半ばにかけてソグディアナから直接来唐した質子・使者やその後裔などから主に構成されているという差異が認められるのである。つまり、ソグド人の中国への移住は、北魏以降断続的に行われていたが、王朝交代や国際情勢など中国内外の情勢が大きく影響し、その数には増減があったと想定されるのである。

このことは換言すれば、前期ソグド人は、四世紀の敦煌文書「古代書簡（ancient letter II）」[Sims-Williams, N. 2001] 以来の商業を主たる目的として中国内地に聚落を形成したソグド人の延長線上に捉えられ、北朝から唐の成立にかけて中華の支配体制下に組み込まれた者である。それに対して、後期ソグド人は、突厥経由で唐に移住した遊牧文化を身につけた者や、それとは別に刻々と変化する国際情勢の中でソグディアナから直接に来唐した者が中心であると考えられる。したがって禁軍などの武官職に就任する者が認められ、彼らが安史の乱に際しても動きを見せるのであり、ひいては後唐・後晋・後漢の五代王朝形成の一翼を担い、北宋の禁軍中にもその姿を散見させるのである。一概に中国移住ソグド人とは言っても、その中国地域への移住の時期やその経緯・ルートによってその活動に大きな差異が認められるのであって、この違いは、中華社会だけに起因するのではなく、ユーラシアの各地域との関係において生じたものであると言える。なお、渤海・ウイグル・吐蕃などにもソグド人が至っていたと見られ、後期ソグド人にはこれらの地域から唐に入ったソグド人も含まれる可能性もあると考えている。今後、史料の増加によって発見される可能性もあろう。

それならば、前期ソグド人の後裔はその後どうなったのであろうか。後期ソグド人に吸収されたのか、それとも共存したのであろうか。前期と後期とのソグド人にはいかなる接触・関係があったのだろうか。

前期ソグド人のその後を考えるにあたって、次のことが手掛かりの一つとなるだろう。第二節で「ソグド人墓誌数」と「墓誌総作成数」の比較を通して、七〇一～七五〇年埋葬（大多数は六五〇年前後出生）のソグド人墓誌数の減少幅が大きいことから彼らに何らかの変化があったと推測した。これは、その時期からして、ちょうど前期から後期への変化を示しているようにも見える。しかし、もしこの過渡期に後期ソグド人が墓誌の作成を開始したとすれば、墓誌数は前期ソグド人のものと合わさって増加するのではなかろうか。つまり、ここでは前期ソグド人の減少、すなわち前期ソグド人が墓誌を積極的に作成しなくなったことを示していると考えられる。その原因としては、上述したように、彼らの中には、商業活動を円滑に行うことを重要視したために、唐の官人として墓誌を残すほどの地位に就かず、墓誌を残せなくなった者も多数存在したと見られる。ただしそればかりでなく、本章冒頭で述べたソグド人の墓誌判定基準の範囲外に移行した可能性があるとも考えられる。例えば、墓誌にソグド人であることを明記しなくなった者、またはソグド姓どうしの婚姻を行わなくなった者、さらにはソグド姓でなくなった者（唐の国姓の李を賜った場合）などを想定できる。

また、前期と後期のソグド人の両者の関わりについては、康令惲（No.61）のようにもとはソグド人聚落を拠点とした一族（＝前期ソグド人の後裔）でありながら、後に反乱を起こす安禄山と共に幽州節度使の張守珪の配下の有力武将として仕えていた事例が見られ［本書第二部第四章参照］、また安禄山が安史の乱を起こす際に、ソグド商人を用いて軍資金を調達していたことも知られている。(32) このことは、後期ソグド人が、前期ソグド人によって中国に構築・維持されてきた商業ネットワークを利用していたことを示す事例である。このような両者間の接触の様相は、まだ不明な点が多く、これらは今後の課題としたい。

注

（1）栄新江［二〇一一：一四二頁］は、蔡鴻生［二〇〇四：五四～五五頁］・福島［二〇〇五：一三七～一四六頁］・斉藤［二〇〇九：四四頁］に栄氏自身の考えを加えて、ソグド人として扱える基準を改めて提示している。本章では、前稿との一貫性を持たせるため福島［二〇〇五］の基準をそのまま採用する。

（2）以後、本章で「ソグド人墓誌」と記す場合はこの一〇三名の墓誌を指す。個別には次のように表記し、必要に応じて出生年・埋葬年などを列記する。（例）安珍（No.80：七六七年出生）　曹琳（No.72）

（3）「墓誌の総作成数」を示した総合的な資料（目録）がないので、梶山［二〇一三］・氣賀澤［二〇〇九］・高橋［二〇〇〇］および巴蜀書社版『全宋文』を利用して算出した。これら目録類は埋葬年月日で整理されているので、ここではそれに倣った。

（4）固原出土の史索巖墓誌（No.12）には墓主の本貫として「建康飛橋人也」とあるが、索巖の甥の史道徳墓誌（No.32）には「其先建康飛橋人事」とあり、建康飛橋は先祖の本貫とされている。これは、史索巖から史道徳の一世代の間に本貫が変化したことを示しており、本貫は比較的厳密に記されていたことが窺われる。

（5）墓誌の出土地（埋葬地）は、洛陽・長安の合計が約六割を占め、傾向として偏ったものであるため、ここでは取り上げない。

（6）曾祖父・祖父・父の記載が不詳（記載無し・名のみ・官職のみ）なものの割合は次のとおり。No.1～10：三〇名中一九名（六三％）、No.11～50：一一〇名中四一名（三四％）、No.51～77：八一名中五一名（六三％）、No.78～103：七八名中二六名（三三％）。

（7）No.54までとそれ以降との官品の中央位（就任官品を順に並べた際に中央にくる位）・最頻位（最も頻回にみられた位）・最高位・最下位は以下の通りであり、いずれも後者が高位である。なお、官品は北朝～北宋で同一基準ではないので、北朝・隋代に死亡したNo.1～8及び史崇基（No.15）と唐滅亡後に死亡した安万金（No.91）以降を除き、唐代に死亡した者（No.9～No.89）だけで算出した。算出に用いる官品は、職事官あるいは散官のいずれか高位なものとし、勲官・爵官・贈官は実際の職事官・散官に比べて高位になる傾向が見られるためにここでは除いた。

No. 9～54（四五人：No.15を除く）のうち職事官・散官のいずれかを有する者二七人中、

中央位：従六品上　最頻位：正九品下、従九品下　最高位：正三品　最下位：従九品下

No.55～90（三六人）のうち職事官・散官のいずれかを有する者二一人中、

中央位：従三品　最頻位：正三品　最高位：正一品　最下位：正八品下

（8）「陀（あるいは佗）」は、漢人にも見られる名でもある。例えば、前漢初めの南越王趙佗や後漢の華佗、玄宗の王子の陳王珪の子の佗などであり、陀という名前のすべてがβuanda(g)の略であるとは言えない。

（9）史崇基（No.15）の祖父「寧」、康庭蘭（No.58）の祖父「寧」、康仙昂（No.66）の父「芬」は、ソグド語名の省略形の可能性がある。

（10）史多（No.36）の字「北勒」は、文献史料中の漢人の名前としては非常に珍しく、管見の限りでは見出すことは出きていない。そのためテュルク語（古代トルコ語）の漢字音写だとみて復元するとBäglig の漢字音写で「ベグ（族長）の地位にある者」を意味する可能性がある［本書第二部第四章参照］。

（11）『旧唐書』巻一九四下、突厥伝下［五一八六頁］・『新唐書』巻二一五下、突厥伝下［六〇六三頁］など。

（12）『旧唐書』巻一九四上、突厥伝上［五一六八頁］・『新唐書』巻二一五上、突厥伝上［六〇四五頁］など。

（13）池田［一九六五］は、敦煌「従化郷」の差科簿（敦煌文書 P.3559(c)）掲載の人名を「胡風名」・「漢風名」・「孰れとも判断しがたい」という三グループに分類・分析し、その結果、親が漢風名である子が胡風名である事例はないので、「世代が降ると漢風命名が圧倒的に優勢となるという顕著な傾向がみとめられる」［六九頁］、「（この聚落は）時代と共に漢人との通婚、定着化を通じて漢化して行った」［九〇頁］とした。また、陳海濤・劉恵琴［二〇〇六b：三九一～三九三頁］は、安菩（No.30）の一族を典型例として、ソグド人の人名は異域風から漢風へ変化し、それが漢化の指標とも言えると指摘する。しかし本章での分析ではそのような傾向は認められなかった。これは、池田氏、陳・劉両氏が特定の聚落・一族の人名を分析したのに対して、本章ではそのほとんどに血縁関係が見られないソグド人墓誌全般の分析によるものであるためだと考えられる。

（14）石善達墓誌には「□□年卌八、振武節度押衙。迪光、年卌五。千郎、卅九。夫人王氏、何氏、康氏、史（氏）」とあり、殷憲［二〇〇六：四六二頁］はこの「夫人」とは石善達の夫人ではなく、息子たちの夫人であろうとしており、この説に従った。

（15）栄新江［一九九九a：七八～八〇頁］、陳海濤・劉恵琴［二〇〇六b：三八一～三八五頁］は安史の乱を挟んで、それ以前にはソグド姓間の婚姻が多く、それ以後は漢人との婚姻が増加するとした。しかしながら、本章で対象とする一〇三件の墓誌を安史の乱の前後（婚姻時期から何澄（No.70）以降を安史の乱以降とする）で比較した場合、前者はソグド姓間の婚姻が二〇件、その他は一六件、後者はソグド姓間が一八件、その他が六一件であった。確かにソグド姓以外との婚姻が増加しているが、ソグド姓間の婚姻の減少は僅かである。これは、栄氏、陳・劉両氏の論文発表後に、石善達墓誌のようにソグド姓間の婚姻関係が多く判明する墓誌が出土したことによる違いである。今後、婚姻関係が判明する史料のさらなる出現が待たれる。

【注15参考図表】

	安史の乱以前	安史の乱以後	合計
ソグド×ソグド	20	18	38
ソグド×ソグド以外	16	61	77
合計	36	79	115

（16）史□（No.2）や安伽（No.5）は、それぞれ涼州薩宝と同州薩宝に就任しているが、墓誌やその出土地から彼らの居住地は長安だったと見られ、涼州や同州に赴任していたかは不詳である。

（17）康子相墓誌（No.23）「早則資舟、方在陶之潤屋。智而好殖、同賜也之駈馹」。

（18）安元寿墓誌（No.32）にも、安元寿が「家業（＝牧馬業と商業）」に専念するために一時的に職を辞したことが記されている［本書第二部第二章参照］。
（19）康暉（No.64：七六五年埋葬）も死後九〇年も経過して埋葬されており、前期ソグド人の例外であると言える。ただし、ここで扱った三件の例外に比べて、さらに遅い安史の乱（七五五～七六三年）の後に埋葬されていて、その理由は三件の例外とは別の事情であると推測される。そのため、ここでは一緒には論じない。
（20）安菩については、新旧両唐書［『旧唐書』四八八五～四八八六頁・『新唐書』五五〇六～五五〇七頁］掲載の息子安金蔵の列伝から、改葬されるに至った経緯が垣間見える。安金蔵は睿宗の武后に対する謀反の疑いを自らの胸を割くことで晴らし、忠臣とされた［岡野二〇〇〇］。彼は、この事件の後の神龍初め（七〇五年）に母の死亡に際して「都の南闕口の北」に墓を作ったとされる。これが夫人の何氏と合葬された安菩墓のことであり、安菩墓誌はこの時に作成された。
（21）『新唐書』巻三七、地理志一、関内道、関内採訪使の条［九七四頁］「調露元年、於霊・夏南境以降突厥置魯州・麗州・含州・塞州・依州・契州、以唐人為刺史、謂之六胡州」。
（22）本規定［『唐六典』巻三、戸部中員外郎、七七頁］の全文は以下の通りである。
「（a）凡諸国蕃胡内附者、亦定為九等、四等已上為上戸、七等已上為次戸、八等已下為下戸。（b）上戸丁税銀銭十文、次戸五文、下戸免之。（c）附貫経二年已上者、上戸丁輸羊二口、次戸一口、下戸三戸一口。（d）無羊之処、准白羊估、折納軽貨。若有征行、令自備鞍馬、過三十日已上者、免当年輸羊。（e）凡内附後所生子、即同百姓、不得為蕃戸也」。

この規定の対象者（b）銀銭を納める者・（c）羊を納める者）について、石見［一九八六・一九九五・二〇一一b］は（b）はソグド商人、（c）は遊牧系内附民を対象とし、齋藤［二〇〇八］は（b）（c）ともにソグド商人も含む北方異民族を対象と見ており、見解が異なっている。ただし、両氏ともに（e）は（b）（c）の両方に係るとし、その対象者の具体的事例として特に六胡州をあげている。
（23）太常寺の匠とは、交渉の技術を持った一種の賤人。独立した戸籍には載せられないものの、官戸より一段上として扱われたという［律令研究会　一九七九、一六二頁注一］。安金蔵については注（20）参照。
（24）『新唐書』巻二一〇、沙陀伝［六一五三～六一六六頁］・『旧五代史』巻二五、武皇紀上［三三一～三三二頁］など。

(25) 石従簡（No.102）・石居簡（No.103）は、石継遠（No.96）の曾孫、石熙載（No.99）の孫であるが、墓誌だけからでは、沙陀やソグドとの関係は捉えにくい。

(26) 本章では、「ソグド人」の基礎条件を「ソグド姓を持つこと」とするため、中田［二〇〇九：四二～四三頁］でいうソグド系突厥とは概念的に一致しない。「ソグド系突厥」の用語については、森部［二〇一四b：一九六頁］参照。

(27) 『資治通鑑』巻二三二、唐紀、徳宗貞元三年（七八七）［七四九二～七四九三頁］「初、河・隴既没於吐蕃、自天宝以来、安西・北庭奏事及西域使人在長安者、帰路既絶、人馬皆仰給於鴻臚、礼賓委府・県供之、於度支受直。度支不時付直、長安市肆不勝其弊。李泌知胡客留長安久者、或四十余年、皆有妻子、買田宅、挙質取利、安居不欲帰、命検括胡客有田宅者停其給。凡得四千人、将停其給。胡客皆詣政府訴之、泌曰「此皆従来宰相之過、豈有外国朝貢使者留京師数十年不聴帰乎。今当仮道於回紇、或自海道各遣帰国。有不願帰、当於鴻臚自陳、授以職位、給俸禄為唐臣。人生当乗時展用、豈可終身客死邪。」於是胡客無一人願帰者、泌皆分隷神策両軍、王子・使者為散兵馬使或押牙、余皆為卒、禁旅益壮。鴻臚所給胡客纔十余人、歳省度支銭五十万緡、市人皆喜」。

(28) この二名の他に、質子やその後裔に限らず神策軍中には相当数のソグド人が所属していたことも指摘されている［中田二〇一一：一七二頁注一三・一五］。

(29) 『新唐書』巻二二一下、西域伝下、康［六二四四頁］「高宗永徽時、以其地為康居都督府、即授其王拂呼縵為都督」。

(30) 何文哲の本貫が霊州であり、父の遊仙が宝応功臣であったことを重視して、何文哲が六州胡（ソグド系突厥）とする見解もある［森部二〇一〇、一三九頁注一八五］。

(31) 開元七年（七一九）二月には、康国・安国の王たちが玄宗に援助要請［『資治通鑑』巻二一二、玄宗開元七年（七一九）、六七三五頁］。開元一五年（七二七）には吐火羅葉護がイスラームの重税苦を訴えている［『冊府元亀』巻九九九、外臣部、請求、一一五五九頁］。

(32) 『資治通鑑』巻二一六、玄宗天宝一〇載（七五一）［六九〇五頁］・『安禄山事迹』巻上［八三頁］。

第二部　植民聚落のソグド人

第一章　長安・洛陽のソグド人

はじめに

長安（現在の陝西省西安市）は、秦・前漢・隋・唐など中国の歴代王朝が都を置いた都市である。中でも唐代の長安は、政治・文化など各方面で最先端を走る東アジア世界の中心都市として隆盛を極めた。一方、洛陽（現在の河南省洛陽市）は、東周・後漢・魏など歴代王朝が都とした都市で、唐代には西都長安に対して東都と呼ばれて繁栄した。一般に唐という時代は、中国の歴代王朝の中でも国際性に富み、華やかで煌びやかだとされるが、それは、長安・洛陽の両都市に周辺諸国から使節や留学生、商人など数多くの異国人が訪れたことに由来すると言えよう。その中でも「ソグド人」が果たした役割は計り知れないものである［石田一九四一、森安二〇〇七ａ］。本章では、近年発掘・報告された長安・洛陽のソグド人に関する出土遺物を紹介しつつ、彼らの両都市での在り方に迫ってみたい。

一、ソグド人聚落

長安と洛陽のソグド人について見る前に、その参考とするためにソグド人が商業の拠点やその目的地に作成した植民聚落、いわゆる「ソグド人聚落」について記したい。

ソグド人聚落の具体的な事例として知られるのは、敦煌の従化郷である。ペリオが将来した敦煌文書中に含まれていた従化郷の「差科簿」（役務徴発のための名簿、敦煌文書 P.3559(c)）とその研究によれば、この従化郷は、天宝一〇年（七五一）頃、燉煌県城より東方約五〇〇ｍの城にあった聚落で、文書中に姓名の見える住民は全部で二三六人であり、その住民の大部分がソグド人であったとされる。そして、そこにはソグド人が信仰していた祆教（ゾロアスター教）の神殿、すなわち祆祠があったという［池田一九六五］。また、この従化郷以外にもトゥルファンの崇化郷の安楽里は「点籍様」（戸籍チェック用の台帳）からその居住民のほとんどがソグド人であることが分かり［池田一九八八］、ソグド人聚落の一事例であると言えよう。

　このようなソグド人聚落は、北魏から隋にかけては、各王朝から任命された「薩宝」（薩保・薩甫とも記される）によって統括されていたと考えられている。この「薩宝」の語は「キャラヴァン隊のリーダー」を意味するソグド語の sārtpāw に由来するものである。なお、唐代の成立とともに、ソグド人聚落は唐の州県体制に組み込まれ、「薩宝」の職掌は祆教およびその信徒の管理に変わったと考えられている［荒川一九九八・一九九九、吉田一九八八］。

　ソグド人聚落は、中国内地の涼州（現在の甘粛省武威市）・原州（現在の寧夏回族自治区固原市）・太原（現在の山西省太原市）などにも作られていたと見られ、本章で扱う長安・洛陽にも多くのソグド人が居住していたことも指摘されている［栄新江一九九九ａ］。ただし、その聚落の規模や都城とソグド人聚落の関係など、その聚落の実態はまだ未解明である。そこで、以下では、大都市の長安・洛陽におけるソグド人の居住の様子を中心に見ていきたい。

二、北周時代の長安におけるソグド人

（一）　西安北周ソグド人墓群の発見

二〇〇〇年五月、西安の北郊で、北周時代の安伽というソグド人の墓が発見された。出土品の数はそれほど多くはなかったが、特に墓門と石棺床には、墓主の生涯や祆教をテーマとした美しく精緻なレリーフが施されていた上に、金・赤・緑・黒といった極彩色が残存していて、大いに注目を集めた。また、墓誌には、墓主の安伽が、同州（現在の陝西省大荔県）の薩保（薩宝）であったことが記されていた。これだけでも充分に目を見張る発見であったが、その後、同じ地域から、二〇〇三年に史君墓、二〇〇四年に康業墓とソグド人墓の発見が相次ぎ、そして、二〇〇五年に罽賓人の李誕墓が発見され、その重要性に輪をかけた。李誕は罽賓人、すなわちカピシー（現在のアフガニスタンベグラム）出身のバクトリア人であるとみられ、ソグド人ではない。バクトリア人とソグド人とは連携して商業活動をしていたとこれまで考えられてきたが、李誕の息子の李陀の墓誌によって、李陀がソグド人の安氏と婚姻していたというより具体的な関係が判明したのである。この罽賓人李氏一族もソグド人と一括りに見る必要がある〔本書第三部第一章参照〕。各墓からはレリーフが彫られた石棺床や石槨、東ローマ金貨など様々な出土品があったが、歴史分野の研究では、墓主の情報（姓・諱・字・先祖・妻子・官職・死亡年月日・死亡地・埋葬年月日など）が記された墓誌が注目され、[1]ここから北周の長安のソグド人の活動の一端を知ることができる（【図表1】・【図表2】）。

（二）　西魏・北周の長安のソグド人コミュニティ

西安北郊からその墓が発見されたソグド人とバクトリア人は、同じ地域（「李誕墓誌」によれば「中郷里」）に埋葬さ

【図表１】　西安北周ソグド人墓一覧

	出生年	死亡年	埋葬年	享年	官職	出土年
李誕	506	564	564	59	贈邯（甘）州刺史	2005
康業	512	571	571	60	大天主・贈甘州刺史	2004
安伽	518	579	579	62	同州薩保	2000
史君	494	579	580	86	涼州薩保	2003

【図表２】　北周長安ソグド人墓位置図

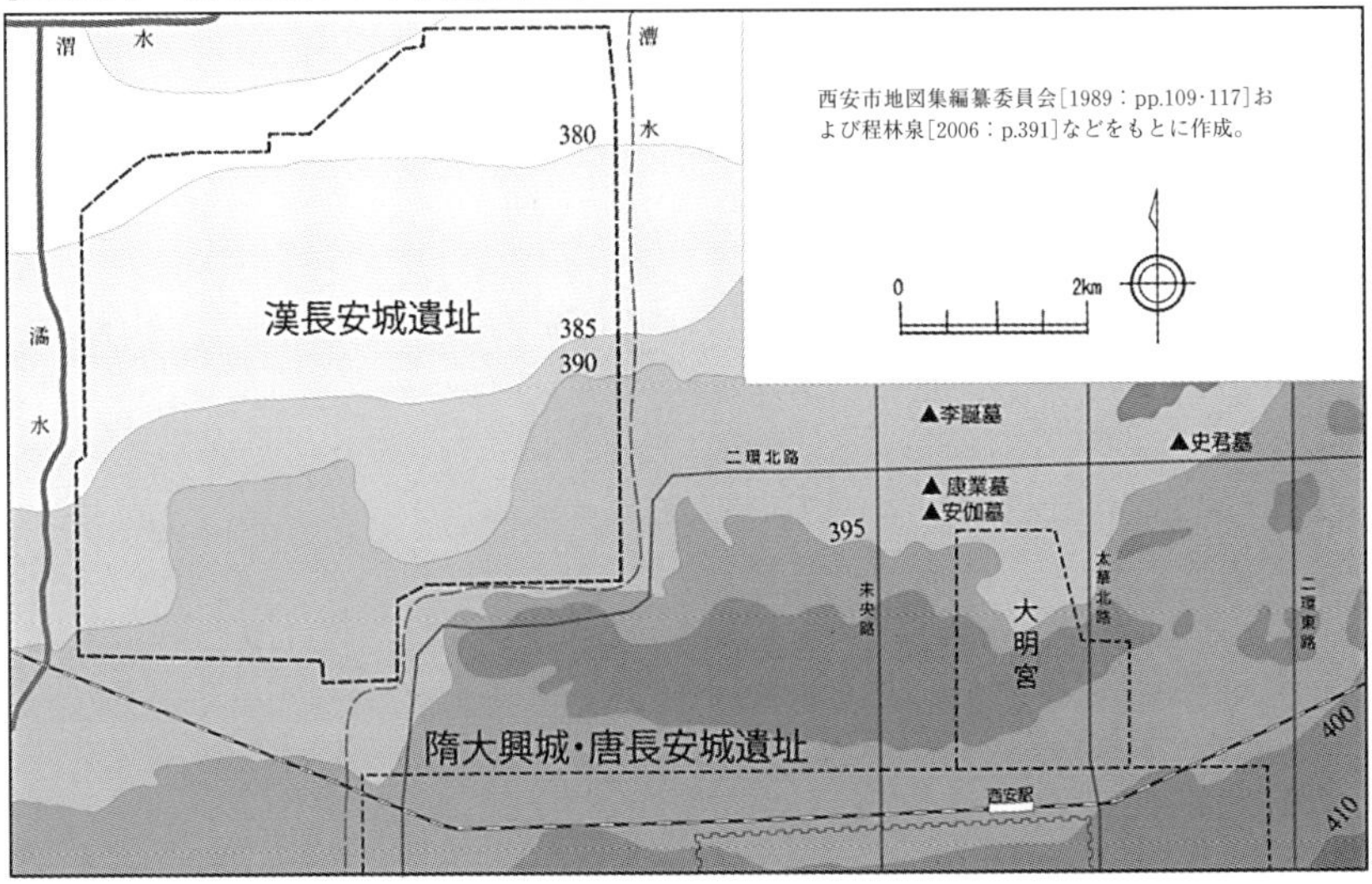

西安市地図集編纂委員会[1989：pp.109·117]および程林泉[2006：p.391]などをもとに作成。

れただけではなく、約一五年間という短期間に次々と埋葬されているので、彼らが生前に無関係であったとは考えられない。

彼らの墓の位置は、唐代の長安城大明宮の北側であるが、墓が埋葬された北周時代には、当然のことながら唐の長安城とその前身の隋の大興城は築かれていない。つまり、当時の「長安城」とは隋唐長安城の西北にある漢代以来のものである。墓誌には死亡地（＝死去直前の居住地）が記録されていることがあるが、彼らの中で唯一明記されている李誕は、長安城内の「万年里」で死亡している。安伽と史君は「家」で死亡したとされるのみで、康業は死亡地の記述はない。ただし、墓は死亡した都市の近くに作られるのが一般的であり、また彼らは死亡から埋葬までが約五〜八ヶ月と比較的短期間なので、いずれも長安城内で死亡したとみてよいだろう。彼らは生前に長安城内で居住していた時から、相互に認知し、情報や知識を共有するようなコミュニティを形成していたのではなかろうか。

では、彼らはいつごろから長安城に住んでいたのであろうか。「康業墓誌」には、西魏の大統一〇年（五四四）に、康業の父が「大天主」に推挙された様子が記されている。この「天主」とは「祆主」、すなわち各地のソグド人聚落に設けられたゾロアスター教の主宰者のことであると考えられている。ゾロアスター教を示す「祆」字は唐初に創設された文字で、それまでは「天」が用いられていたのである。注目すべきは、大天主に推挙したのが、長安のソグド人集団を代表する翟門という人物とソグド人の有力者たちであったことである。つまり、西魏の大統一〇年（五四四）の時点で、長安には相当規模のソグド人が植民していたと見られているのである［山下二〇一一］。

また、ここで注意したいのは、安伽は同州、そして史君は涼州というように、居住する長安とは別の地の薩保に任命されていることである。これは、長安のソグド人コミュニティのソグド人が、（西魏あるいは北周の）長安政権と薩保就任地のソグド人とを繋ぐ役割を果たしていたことを示している。さらに、安伽は本貫を「涼州武威姑蔵《ママ》昌松」とし、康業と李誕はともに死後に「甘（邯）州刺史」を贈られ、史君は涼州経由で長安に移住し、「涼州薩宝」に就いていたことが墓誌から分かる。彼らは長安で死亡して葬られているものの、いずれも涼州や甘州（現在の甘粛省張掖市）など河西地域を拠り所としていたことを示していると言えよう。北周時代に政権のあった長安のソグド人コミュニティが、各地のソグド人を繋ぐ様子が明らかになってきているのである。

三、唐代の長安と洛陽のソグド人

（一）唐代長安のソグド人

隋の初代文帝は、北周より禅譲を受け隋を建国した翌年の開皇二年（五八二）に、漢代以来の長安城の南東に新たな都城として「大興城」を造営した。唐の都である「長安城」は、これを引き継いだものである。長安城の城内は、碁盤の目状に直線の道路が通され、中心を南北に走る朱雀門街を境に、その東側は街東、西側は街西と呼ばれ、それぞれ東市・西市という市場を核とした東西がほぼ対称の構造であった。道路に囲まれた方形の区画＝「坊」にはそれぞれ個別の名称がつけられ、その中には官人や一般人が住んだ。各坊にどのような人物が居住していたのかは、近年、続々と発見されている墓誌史料によって、より詳細に分かるようになってきた。先述したように墓誌には通常、墓主が死去した場所、つまり死去直前の居住地が記されているのである。そこで、以下では、唐代の長安城におけるソグド人の居住地の状況を明らかにしたい。

【図表3】は、史書や墓誌史料からソグド人で長安城内での居住地が分かる者の一覧である。ここからソグド人が唐代を通じて長安城内に居住していること、そして、中でも八世紀が一九件（安禄山の邸宅は二件として算入）と最多であることが分かる。長安城内での位置を図示したのが【図表4】である。一見して街西の西市周辺に集中していることが分かる。八世紀の全一九件中では、一一件が西市に隣接する坊で、特に八世紀前半に西市の北隣の醴泉坊・居徳坊には五件のソグド人の住居があったことになる。西市の周辺、特に北側はソグド人が集住する地域だったのである。

では、この西市の周辺とはどのような場所なのだろうか。八世紀以降の長安城は、「街東」と「街西」でその趣を異にしていたという。高級商店街化した東市を中心とした「街東」には官僚街が形成され、それに対して「街西」に

【図表 3】 長安のソグド人居住地

No.	人物名	性	居住地	時期	典拠
①	史訶耽妻康氏	女	延寿里の第にて死去	630	史訶耽及妻康氏・張氏墓誌（670年：No.1251）
②	王氏妻康氏	女	安邑里の私第にて死去	643	王氏妻康氏墓誌（677年：西市94）
③	安万通	男	普寧坊にて死去	-655	安万通墓誌（655年：No.524）
④	安菩	男	金城坊の私第にて死去	664	安菩及妻何氏墓誌（709年：No.2484）
⑤	康文通	男	安邑里の私地にて死去	696	康文通墓誌（697年：No.10343）
⑥	安元寿妻翟六娘	女	懐遠里の第にて死去	698	安元寿妻翟六娘墓誌（727年：No.2964）
⑦	安令節	男	醴泉里の私第にて死去	704	安令節墓誌（705年：No.2341）
⑧	曹明照	女	居徳里の私第にて死去	723	曹明照墓誌（723年：No.2868）
⑨	薛莫妻史氏	女	醴泉里の寝室にて死去	724	薛莫及妻史氏墓誌（728年：No.3007）
⑩	安金蔵	男	醴泉坊に宅あり	-732※1	『唐両京条坊考』
⑪	阿史那懐道妻安氏	女	居徳里の第にて死去	733	阿史那懐道妻安氏墓誌（733年：渭城252）
⑫	史思礼	男	興寧里の私第にて死去	744	史思礼墓誌（744年：No.3514）
⑬	米薩宝	男	崇化里にて死去	742	米薩宝墓誌（744年：北平図書館6-2）
⑭	安禄山	男	道政坊に宅あり	-750	『安禄山事迹』（巻上）
			親仁坊に宅あり	750-	
⑮	何徳	男	金光里の私第にて死去	754	何徳墓誌（754年：No.3822）
⑯	輔氏妻米氏	女	頒政坊の宅にて死去	755	輔氏妻米氏墓誌（755年：文博2015-4）
⑰	康氏妻康氏	女	醴泉坊里の私第にて死去	758	康氏妻康氏墓誌（760年：No.3912）
⑱	康阿義屈達干	男	勝業坊の私第にて死去	764	康阿義屈達干神道碑（766年：※2）
⑲	李抱玉	男	修徳坊に宅あり	777	『唐両京条坊考』
⑳	曹恵琳	男	通化里の私第にて死去	-779	曹恵琳墓誌（779年：No.4170）
㉑	李国珍（安暐）	男	光徳里にて死去	784	李国珍墓誌（784年：No.4233）
㉒	李元諒	男	開化里の正寝にて死去	793	李元光（元諒）墓誌（794年：No.4384）
㉓	石崇俊	男	群賢里の私第にて死去	797	石崇俊墓誌（797年：No.4429）
㉔	何文哲妻康氏	女	延寿里の私第にて死去	797	何文哲墓誌（830年：No.5160）
㉕	米継芬	男	醴泉里の私第にて死去	805	米継芬墓誌（805年：No.4599）
㉖	康志達	男	永楽里の官舎にて死去	821	康志達墓誌（821年：No.4977）
㉗	何文哲	男	義寧里の私第にて死去	830	何文哲墓誌（830年：No.5160）

＊典拠欄のNo.は氣賀澤［2009］の番号。
西市＝『大唐西市博物館蔵墓誌』　渭城＝『渭城文物志』　北平図書館＝『国立北平図書館館刊』
※1 安金蔵は、『旧唐書』巻187上［p.4886］によれば開元20年（732）に死去。
※2 顔真卿「特進行左金吾衛大将軍上柱国清河郡開国公贈開府儀同三司兼夏州都督康公神道碑」『顔魯公文集』巻6

は下級官人・科挙浪人・傭兵・商工業者・浮浪者・外国人など多様な職業と階層・人種による長安の庶民街が形成され、西市では高級品から安物に至る雑多な品物が売買されたとされるのである［妹尾一九八四・二〇〇一］。このような西市の周辺にソグド人の多くが居住していたのである。

(二)　長安のソグド人・テュルク人コミュニティ

以下では、長安におけるテュルク人の居住地も見てみたい。近年、突厥で騎射などの遊牧民族の文化を備えたソグド人、すなわち「ソグド系突厥」の存在が指摘され［森部二〇一〇］、ソグド人とテュルク人（突厥人を含む）との関係が注目されているからである。そこで、テュルク人の長安における住居を【図表4】・【図表5】で示した。すると、テュルク人たちも多くが西市の周辺に居住しており、その時期も八世紀とソグド人と重なっていることが分かった。

さらに踏み込んで、彼らの関係を見てみれば、長安のソグド人とテュルク人とは密接な関わりを持っていたことが分かる。まず、婚姻関係を取り上げたい。長安在住のソグド人とテュルク人との間での婚姻は、ソグド人⑪「阿史那懐道妻安氏」、テュルク人❹「史氏妻契苾氏」、❼「熾俟辿」（夫人は康氏）に見られ、その居住地は⑪「阿史那懐道妻安氏」と❹「史氏妻契苾氏」は居徳坊、❼「熾俟辿」は居徳坊の北隣である義寧坊であって、いずれも西市の周辺に居住している。また、この中でも❼「熾俟辿」は、ソグド人との関係がもう一点指摘されている。❼「熾俟辿」とソグド人⑮「何徳」の墓誌とは、同じ七五四年に作成されただけではなく、撰者がソグド人の米士炎という同一人物なのである［栄新江二〇一三］。墓誌によれば、⑮「何徳」は「金光里」の自宅で死亡したとされる。「金光」という名の坊は存在しないので、おそらく「金光門」の接する居徳坊か群賢坊だと考えられ、やはり西市に隣接している。以上のように、西市の周辺ではソグド人・テュルク人が、婚姻関係を結び、墓誌文の作成では情報を共有するような共通のコ

【図表４】 唐代長安におけるソグド人・テュルク人の住居

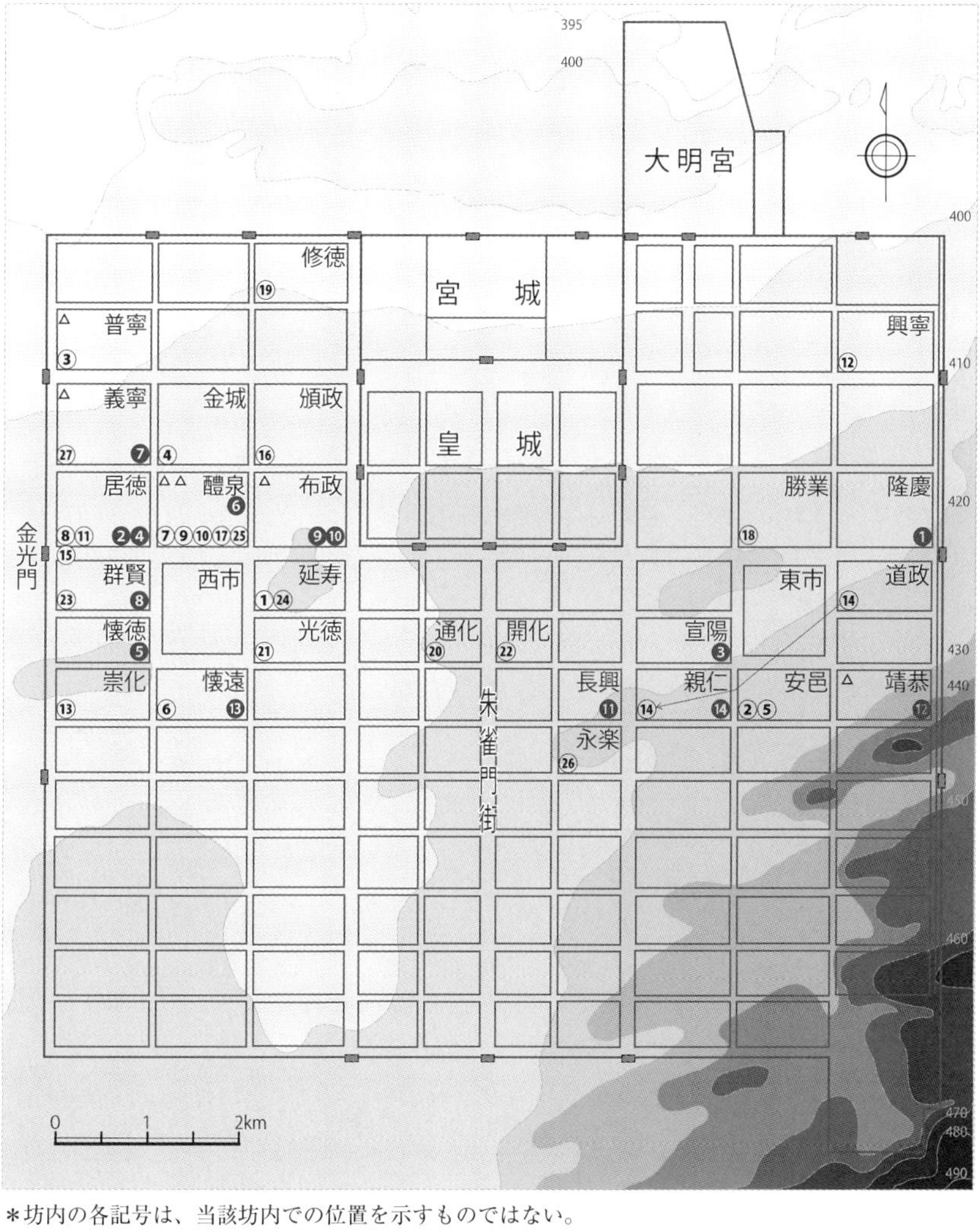

＊坊内の各記号は、当該坊内での位置を示すものではない。
＊△は祆祠あるいは波斯胡寺（大秦寺）を指す。
＊西安市地図集編纂委員会［1989：pp.109・117］および、妹尾［2009：p.555］をもとに作成。

【図表5】　長安のテュルク人居住地

No.	人物名	性	居住地	時期	典拠
❶	史善応	男	隆慶里の第にて死去	642	史善応墓誌（643年：唐研究2013・中国国家図書館館刊2014-4）
❷	阿史那思摩	男	居徳里の第にて死去	647	李（阿史那）思摩墓誌（647年：No.292）
❸	阿史那摸末	男	宣陽の里第にて死去	649	阿史那摸末及妻李氏墓誌（649年：No.342）
❹	史氏妻契苾氏	女	居徳里の私第にて死去	720	史氏妻契苾氏墓誌（721年：No.2767）
❺	阿那氏	女	懐徳坊の第にて死去	723	阿那氏墓誌（723年：No.2857）
❻	俾失十嚢	男	醴泉里の私第にて死去	738	俾失十嚢墓誌（739年：No.3361）
❼	熾俟辿	男	義寧里の私室にて死去	752	熾俟辿墓誌（754年：長安新出188）
❽	廻紇瓊	女	群賢里の私第にて死去	760	廻紇瓊墓誌（760年：No.3914）
❾	薛突利施匐阿施	女	布政里の私第にて死去	762	薛突利施匐阿施墓誌（762年：No.2529）
❿	阿史那氏	女	布政坊の里第にて死去	764	阿史那氏墓誌（764年：No.3973）
⓫	史憲忠	男	長興坊に宅あり	-	『増訂唐両京条坊考』
⓬	史孝章	男	靖恭坊の私第にて死去	838	史孝章墓誌（839年：辺疆史07-4）
⓭	史従及	男	懐遠坊の私第にて死去	841	史従及墓誌（842年：西安碑林続編182・秦晋豫続5-1188）
⓮	李国昌	男	親仁坊に宅あり	870	『増訂唐両京条坊考』

＊典拠欄のNo.は氣賀澤［2009］の番号。
長安出土＝『長安新出墓誌』　辺疆史＝『辺疆史地研究』

ミュニティを築いていたと言えよう。

なお、西市の北側には、祆祠とキリスト教ネストリウス派（景教）の波斯胡寺があった（八世紀中頃、祆祠は布政・醴泉・普寧の三坊に、波斯胡寺は布政・義寧の二坊にあった）。これら外来宗教の信者の中心は、ソグド人など西方の出身者であったとみられるが、それらの寺院の多くは七世紀に建てられているので、この時期までにこの場所に一定の人口があり、コミュニティが形成されていたと推測されている［妹尾一九八四］。

（三）　唐代洛陽のソグド人

唐代の洛陽は、隋の大業元年（六〇五）に煬帝によって、それ以前のいわゆる漢魏洛陽城から西方約一五kmの場所に新たに築かれた都城を引き継いだものである。西の長安が政治都市であるのに対して、運河で運ばれる江南の物資の集積地である洛陽は経済都市とされ、この地にも多数のソグド人が往来した。

以下では、洛陽におけるソグド人の居住地の状況を見たい。洛陽で居住地が分かるソグド人は、全部で三四名であった（【図表6】）。彼らが洛陽に居住していた時期を見ると、六五一～七〇〇年が一七

【図表６】 洛陽のソグド人住居地（福島［2016ｂ］を改訂）

No.	人物	性	居住地	時期	典拠
①	安修仁	男	恵和坊に宅あり	-	『唐両京条坊考』
②	康武通	男	章善里の第にて死去	649	康武通及妻唐（康）氏墓誌（672年：No.1287）
③	康子相	男	嘉善坊にて死去	657	康子相墓誌（657年：中原2010-6）
④	安師	男	嘉善里の第にて死去	657	安師及妻康氏墓誌（663年：No.930）
⑤	安度	男	敦厚の第にて死去	659	安度墓誌（659年：No.816）
⑥	安師妻康氏	女	嘉善里の第にて死去	663	安師及妻康氏墓誌（663年：No.930）
⑦	史信	男	福善坊の第にて死去	665	史信墓誌（665年：No.1025）
⑧	安氏妻康勝	女	修善の里第にて死去	665	安氏妻康勝墓誌（665年：洛陽流散012・秦晋豫続2-305）
⑨	康達	男	思順の第にて死去	669	康達墓誌（669年：No.1189）
⑩	康敬本	男	章善里の第にて死去	-670	康敬本墓誌（670年：No.1256）※拓本文字は不鮮明。栄新江［1999：p.86］
⑪	康武通妻唐（康）氏	女	利仁坊の私第にて死去	672	康武通及妻唐（康）氏墓誌（672年：No.1287）
⑫	康元敬	男	私第の陶化坊にて死去	673	康元敬墓誌（673年：No.1332）
⑬	曹氏妻何氏	女	章善里の第にて死去	674	曹氏妻何氏墓誌（674年：No.1363）
⑭	羅甑生妻康氏	女	章善里の宅にて死去	677	羅甑生及妻康氏墓誌（679年：No.1549）
⑮	安神儼	男	嘉善里の私第にて死去	680	安神儼墓誌（680年：No.1557）
⑯	何摩訶	男	嘉善の私第にて死去	680	何摩訶墓誌（680年：No.1558）
⑰	安懐	男	思順の第にて死去	683	安懐及妻史氏墓誌（693年：No.1931）
⑱	安懐妻史氏	女	履信坊の第にて死去	693	安懐及妻史氏墓誌（693年：No.1931）
⑲	康智	男	思順坊の私第にて死去	693	康智及妻支氏墓誌（694年：No.1952）
⑳	安菩妻何氏	女	恵和坊の私第にて死去	704	安菩及妻何氏墓誌（709年：No.2484）
㉑	康遠妻曹氏	女	毓財里の私第にて死去	707	康遠及妻曹氏墓誌（721年：No.10581）
㉒	妻曹氏墓誌	女	思順坊の第にて死去	715	妻曹氏墓誌（736年：秦晋豫続3-650）
㉓	安孝臣	男	敦厚里の私第にて死去	734	安孝臣墓誌（734年：No.3192）
㉔	康庭蘭	男	温柔里の私第にて死去	740	康庭蘭墓誌（740年：No.3382）
㉕	康氏妻翟氏	女	福善坊の宅にて死去	749	康氏妻翟氏墓誌（749年：No.3656）
㉖	曹氏妻康氏	女	嘉善里の賜第にて死去	757	曹氏妻康氏墓誌（757年：No.3948）
㉗	何澄	男	嘉善里にて死去	802	何澄墓誌（802年：中原2009-6）
㉘	史惟清	男	思順坊の私第にて死去	812	史惟清墓誌（813年：洛陽鴛鴦46-1）
㉙	史惟清妻翟氏	女	思順坊の私第にて死去	814	史惟清妻翟氏墓誌（814年：洛陽鴛鴦46-2）
㉚	康昭	男	嘉善里の私第にて死去	815	康昭墓誌（816年：洛陽流散260・秦晋豫3-892）
㉛	安玉	男	彰（章）善坊の私第にて死去	818	安玉墓誌（819年：洛陽流散262・秦晋豫続4-1068）
㉜	曹琳	男	北市里の私第にて死去	820	曹琳墓誌（820年：No.4952）
㉝	花献妻安氏	女	修善の里にて死去	821	花献妻安氏墓誌（821年：洛陽鴛鴦53-2・洛陽流散266・秦晋豫続4-1085）
㉞	曹慶	男	敦厚坊の私第にて死去	847	曹慶墓誌（847年：No.5505）

＊典拠欄のNo.は氣賀澤［2009］の番号。
中原＝『中原文物』　洛陽流散＝『洛陽流散墓誌彙編』　洛陽鴛鴦＝『洛陽出土鴛鴦誌輯録』
秦晋豫＝『秦晋豫新出墓誌蒐佚』　秦晋豫続＝『秦晋豫新出墓誌蒐佚続編』

【図表７】 唐代洛陽におけるソグド人の住居

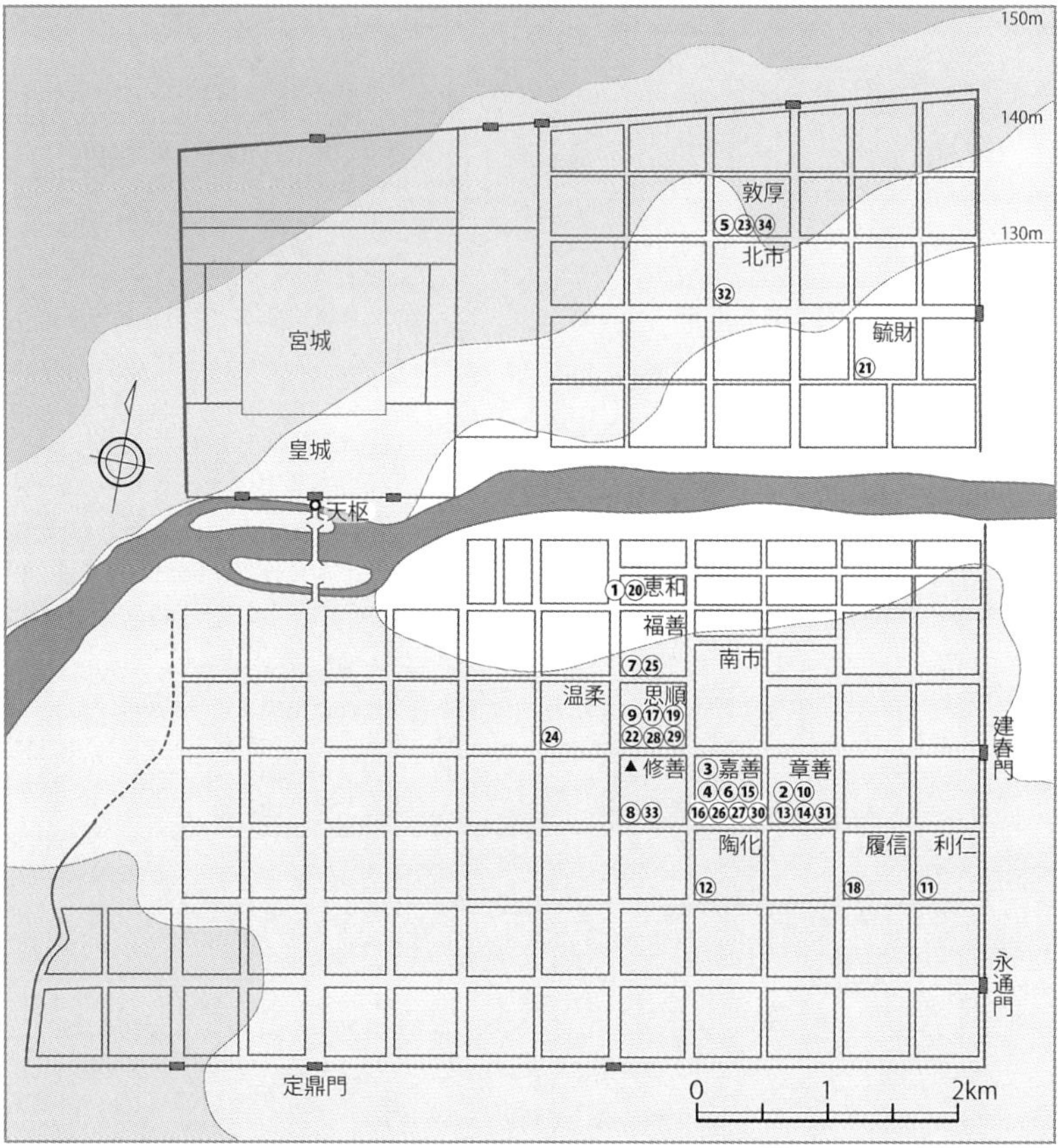

＊坊内の各記号は、当該坊内での位置を示すものではない。
＊▲は波斯胡寺（大秦寺）を指す。
＊妹尾［2009：p.557］をもとに作成。

件で半数近くを占めている。この時期は、高宗～則天武后期（六四九～七〇五年）にほぼ重なるが、高宗は顕慶二年（六五七）に洛陽を東都とし、[2] その後さらに、武后は光宅元年（六八四）にさらに神都と改めていて、当時の洛陽は実質的な政治の中心地であった。[3] このことがこの時期に多くのソグド人が洛陽に居住していた原因だと推測される。なお、武后期（六八四～七〇五年）には、洛陽のソグド人が天枢（武三思が武后の功徳を刻んで宮殿の正門である端門に立てた銅柱）の建築に協力しており、武周政権とソグド人の密接な関係が指摘されている〔栄新江一九九六〕。【図表7】は、洛陽城のソグド人の住居を図示したものである。彼らの大多数は、洛陽の南市を中心とした嘉善坊・思順坊・福善坊・章善坊などの地区に居住していた様子が見える。彼らは七世紀後半に洛陽の南市周辺に集住していたのである。

（四）洛陽のソグド人コミュニティ

ここで、洛陽で死去したあるいは当地に埋葬されたソグド人の墓誌には、次のように墓誌の文言が同文のものがあることを指摘しておきたい。

（A）「安師及妻康氏墓誌」（六三三年作成）と「康達墓誌」（六六九年作成）

（B）「康氏妻曹氏墓誌」（六七七年作成：氣賀澤№一四七七）と「安神儼及妻史氏墓誌」（六八〇年作成）と「康杴及妻曹氏墓誌」（六八一年作成：氣賀澤№一五八七）【史料1】

（A）も（B）も作成された年代は数年以内と非常に近いものである。（A）は、個人的な事項（墓主の諱・字と官職、先祖の名と官職、死亡年月日、死亡年齢、合葬の有無など）以外のほぼ全ての文言が一致している。つまり、作成年代の遅い「康達墓誌」は明らかに「安師及妻康氏墓誌」あるいはそれがもととした原稿を見て作成されたと考えられる。居住地を見れば、安師とその妻の康氏はともに嘉善坊、康達は思順坊であり、ともに南市に隣接する地区であって距離も近い。

（B）は、文言の一致箇所は部分ごとなのでやや複雑である。一致箇所が三件の墓誌でどのような組み合わせで見られるかを整理して示せば、以下のとおりである。

【史料1】※字体は三墓誌の比較のため『唐代墓誌彙編』に従って一部本字に直した。改行は『隋唐五代墓誌彙編』の拓本に従った。

「康氏妻曹氏墓誌」（儀鳳二年（六七七）作成）

大唐故康君夫人曹氏墓誌銘　并序
夫人曹氏者、沛郡譙人也。漢相曹參之後、寔當塗之
苗胤。元功上將、暉映一時、代載羽儀。聲流万葉。祖樊
提、周上大將軍、父毗沙、隨任勝州都督、且文且武、不
絶於本朝、光後光前、無隔於今古。夫人漸潤藍田、滋
芳蘭畹、貞順閑雅、令範端詳。受訓公宮、作嬪嘉室、四
德周備、六行齊駈、整肅閨門、實惟和睦、喜怒不形於
色、稟自生然、榮悴不改於懷、正符天性。孝同梁婦。節
比義姑、撫育深仁、恩流中外。所冀慈雲潤趾、慧日澄
神、如山之壽未終、遊岱之期斯及、忽以儀鳳二年十
月五日卒於私第、春秋八十有五。還以其年十一月
廿六日權殯於邙山。嗣子處哲、集蓼疚懷、結終身之
痛、恐英聲代遠、斬板銷夷、紀德幽扃、遺芳無殄。其銘
曰、
荊山璧潤、漢水珠明、照逾兼兩、價重連城。有美良淑、
比質均名、譽流閨閫、守義居貞。其一　隙駒飄忽、逝水驚
潮、池懸銅霤、帳結輕綃。旌楊河汭、葆轉山椒、風悽暮
鐸、響切晨簫。其二　泉没雙劍、林棲稠鶴、塵飛素奠、蟻遊
丹幕。千古易終、九原難作、痛慈顏之永詞、悲幼子而
何託。　　儀鳳二年十一月日

「安神儼及妻史氏墓誌」（調露二年（六八〇）作成）

唐故安君墓誌銘　并序
君諱神儼、河南新安人也。原夫吹律命系、肇跡姑臧、因土
分枝、建旟強魏。英賢接武、光備管弦。祖君恪、隨任永嘉府
鷹揚、父德、左屯衛別將。並風格遐遠、清猷載穆、爪牙之任、
實擅於五營、幹略之能、威加於七萃。公稟和交泰、感質貞
明、志局開朗、心神警發。仁惠之道、資訓自天、孝友之方、無
假因習。銷聲幽藪、晦跡山池、嘯傲於林泉、優遊於里閈。不
以夷險易操、不以利害變情。齒暮年移、忽瓔沉痾、兩楹入
夢、二豎爲災、藥物無施、奄從風燭。以調露二年正月廿六
日卒於嘉善里之私第、春秋五十有八。夫人史氏、承懿方
池、蘊資圓水、貞順閑雅、令範端詳、受訓公宮、偶茲嘉室。俄
潛月浦、奄翳巫山、以咸亨五年正月廿五日倏焉長逝、春
秋五十有三。還以調露二年二月廿八改祔於邙山。嗣子
敬忠、集蓼迷心、結終身之痛、悲夜臺之難曙、嗟白日之長
詞、略銓德行、乃爲銘曰、
列土姑臧、分枝元魏、乃祖乃考、爲將爲帥。累德基仁、行標
忠義、代襲衣冠。見稱周里。其一　惟君沉靜、不規名利、蘭杜栖
遲、逍遙仁智。心依泉石、志懷經史、操慕松筠、交希淡水。其二
隙駒飄忽、風樹難停、遽從運往。俄掩泉扃。痛兩劒之歸匣、
悲雙鶴之遊庭。既返真於土壤、雅合符道情。其三
調露二年二月廿八日。

「康杺及妻曹氏墓誌」（永隆二年（六八一）作成）

1 唐故康君墓誌銘并序
2 君諱杺、字仁徳、河南鞏縣人也。原夫吹律命系、肇跡東周、因
3 土分枝、建旟西魏。英賢接武、光備管絃。祖安、翼贊周朝、父陁
4 匡輔隨室。君稟和交泰、感質貞明、志局開朗、心神警發。仁惠
5 之道、資訓自天、孝友之方、無假因習。有隨失馭、王政孔艱、君
6 乃晦跡俟時、鎖聲危行。屬權輿立極、締構張維、邦命維新、委
7 名秦府。時乘在位、品物咸亨、攀附之志克宣、産露之勲攸叙。
8 乃授公以陪戎副尉。公以曜靈西謝、湍逝東奔、乃翔集三川、
9 卜居中土、撫絃薦芰、吟詠情性之閒、泛菊蓋荷、高邁煙霞之
10 賞。逍遙去智、妙洞若喪之機、鑒止凝心、夙鏡死生之際。所冀
11 慈雲潤趾、慧日澄神。如山之壽未終、遊岱之期斯及、以顯慶
12 元年二月十八日先天而逝、春秋六十有五。夫人曹氏、承懿
13 万池、蘊資圓水、貞順閑雅、令範端詳、受訓公宮、母儀私室。俄
14 潛月浦、奄翳巫山、以永隆二年六月一日終於私第、春秋七
15 十有五。還以其年八月六日改祔於邙山。嗣子善義、痛風樹
16 之難追、忽従滅性、即同其日窆於墳塋之禮也。次子善恭・善
17 行等、集蓼疚懷結終身之痛。恐英聲代遠、斬板銷夷、紀績幽
18 扃、遺芳無殄。其銘曰、
19 十城蘊彩、九畹資芳、雕神書囿、瑩思文場。行該孝友、體洽温
20 涼、威儀合度、出言有章。其一 隟駒飄忽、逝水驚潮、池懸銅霤、帳
21 結輕綃。旌揚河汭、葆轉山椒、風悽暮鐸、響切晨簫。其二 泉没雙
22 劍、林棲偶鶴、塵飛素奠、蟻遊丹幕。千古易終、九原難作、譽逐
23 時新、涕隨秋擇。

ⓐ三墓誌ともに同じ文言（【史料1】網掛け）
ⓑ「康氏妻曹氏墓誌」と「康杺及妻曹氏墓誌」で同じ文言（【史料1】ゴシック体）
ⓒ「安神儼及び妻史氏墓誌」と「康杺及び妻曹氏墓誌」で同じ文言（【史料1】四角囲い）

これに作成された順序をあわせて考えれば、最も遅く作成された「康杺及妻曹氏墓誌」は、おそらく「康氏妻曹氏墓誌」と「安神儼及妻史氏墓誌」（あるいはそれらが参照した原本）を見て、双方から引用したと見られる。「康氏妻曹氏墓誌」と「安神儼及妻史氏墓誌」には共通する文言は見られるものの、その箇所は僅かであるので、むしろこれらの墓誌を作成するにあたっては別の例文集のようなものを見て作成したのではないかと推測される。居住地は、安神儼のみ嘉善坊と判明しているが、他の二件の墓誌もおそらく南市の周辺で作成されたと考えられよう。

ここで、注目したいのは（A）も（B）も血縁関

係にないことである。文言が同文の墓誌はこれまでにも知られている。例えば、先述したバクトリア人李誕の子・孫の「李陀及妻安氏墓誌」・「李吁墓誌」（共に六一六年作成）はほぼ全文で一致しており［本書第三部第一章参照］、また、寧夏回族自治区固原出土のソグド人墓群のうち「史索巖墓誌」（六五八年作成）と「史訶耽墓誌」（六七〇年作成）とには一部同じ文言が見られる［ソグド人墓誌研究ゼミナール二〇〇五・二〇〇八］。前者の李氏は親子間であるので、同文でも何ら不思議なことではない。後者の固原の史氏は、血縁関係はないものの、ともに原州に住み、同じ地域に墓を作っていることからも、生前から密接な関係があったことは想像に難くない。上記の（A）（B）について見れば、（A）は安師の妻の康氏と康達は同姓であるが、血縁関係にはない。また、（B）は「康杴及妻曹氏墓誌」と「康氏妻曹氏墓誌」とは共に康氏と曹氏のペアであるが、記載された家族関係で重複する記事がないために血縁関係にあったかは不明であり、少なくともこれらの墓誌と「安神儼及妻史氏墓誌」の間には血縁関係はない。つまり、（A）では安・康、（B）では、安・康・曹・史の四姓の間で、墓誌の文言としての情報が共有されていたのである。これは、洛陽のソグド人が地域社会として強く結ばれ、機能していた様子を示すものである。洛陽のソグド人は、洛陽の南市を中心としたコミュニティを形成していたと言えよう。

（五）　大都市長安と洛陽におけるソグド人聚落の在り方

以上のように、唐代の長安・洛陽ではともに、ソグド人が市の周辺に集住してコミュニティを形成していた様子が明らかになった。だからと言って、長安の西市周辺にソグド人とともにテュルク人が数多く居住していたことからも分かるように、これらの地域が敦煌の従化郷やトゥルファンの崇化郷のようにその住民の大多数がソグド人であるような「ソグド人聚落」であると言えるかについては、慎重にならなければならない。

長安城の皇城両側の六列の大きな諸坊の規模は、東西一〇二〇〜一一二五m、南北六六〇〜八三八mとされる。一つの坊がこれだけ大規模なので、坊内の居住者が同じ階層や出身地・職業・身分の者だけでの独占は難しいとされる［妹尾二〇〇一］。確かに、清代の徐松による『唐両京条坊考』［巻四、西京：一一七頁］によれば、醴泉坊には、宗楚客（七一〇年没）・段志玄（五九八〜六四二年）などが、居徳坊には、劉祥道（五九六〜六六六年）・杜元微（六九六〜七五九年）などの漢人が居住しており、これらの坊をソグド人・テュルク人だけで独占していたのではなく、坊内には様々な人びとがモザイク状に居住していたことが分かる。

また、洛陽城も一坊の規模は長安ほどではないものの、同様に居住民は多様であったとみられる。龍門石窟の賓陽三洞の南洞には「思順坊老幼等造弥勒像碑銘」（六四八年作成）があり、そこには、思順坊に住んでいた一二四名の姓名が刻されているが、その中にソグド姓の人物は一人もいない［『龍門石窟碑刻題記彙録』：№〇〇七七］。また、『唐両京条坊考』［巻五、東京：一五七頁］でも、思順坊には、楊纂（六五〇年頃没）と張嘉貞（六六五〜七二九年）が邸宅を構え、嘉善坊には、鄭果（生没年不明）・李邕（六七八〜七四七年）などの邸宅があったとされる。これら南市周辺の諸坊には、漢人も住んでいることが確認できるのである。洛陽も長安と同様に一つの坊に様々なタイプの人が住んでいるという大都市ならではの状況であったと考えられるのである。

また、本章で長安・洛陽での居住地が判明したソグド人が、ともに市の周辺に住んでいたからと言って、彼らが商人であったかという点にも注意が必要である。【図表3】・【図表6】で示したように、彼らの居住地の典拠は主に墓誌である。その墓誌を見ると、商業に携わった形跡がある者は、ごく少数であって、大半が唐王朝から武官としての官職を得た者ばかりなのである。これは、墓誌が居住地情報を得られる重要な史料である一方で、中国社会で顕彰の意味をもつ埋葬品でもあるために、ソグド人で墓誌を作成したのが唐の官位を得た者などに限定され、情報が偏る傾向があるためだと推測できよう。ただ、史料として残り難いものの、市の周辺には多くのソグド商人が行き交ったはずである。一言でソグド人と言っても、商人・武人・使者、あるいはそれらを兼ねた者など、様々なタイプのソグド人が長安・洛陽に居住していたと考えられよう。

四、洛陽景教徒の石刻史料――「洛陽景教経幢」・「花献墓誌」・「花献妻安氏墓誌」の出現――

二〇〇六年一〇月に発見が報じられた「洛陽景教経幢」（大和三年（八二九）の題記）、そして二〇一〇年末に発見された景教徒の「花献墓誌」（大和二年（八二八））とその妻の「安氏墓誌」（長慶元年（八二一））の二つの墓誌によって、新たな洛陽のソグド人の姿が判明した。これら洛陽の事例を含む景教徒の事例については、本書第三部第二章で詳しく論じるが、これら九世紀の初めに作成された三点の石刻史料から判明する洛陽のソグド人に関する重要な情報は以下のとおりである。「洛陽景教経幢」からは、経幢が建てられた墓の主は安氏であり、ソグド人であること、そしてその墓主の親族には景教の僧がいて、さらには経幢に記された大秦寺（景教寺院）の三名はいずれもその姓からソグド人であることが分かった。花献とその妻の墓誌からも、妻は「安」氏であることからソグド人であると考えられる。つまり、洛陽の景教徒の中心は、ソグド人であった。

さらに重要なのは、これらの「洛陽景教経幢」および墓誌から洛陽におけるソグド人を中心とした景教徒の居所が判明してきたことである。これらの石刻史料が安置された墓の場所は、ともに「洛陽県感徳郷柏仁村」であり、当地が景教徒の墓地として選ばれていたことが分かった。また、洛陽城内の住居地については、「洛陽景教経幢」に記された景教僧たちは、波斯胡寺（のちに大秦寺と改称）のあった修善坊に居住していたと見られるが、花献夫妻がともに死去した私第も同じ修善坊にあった。「洛陽景教経幢」の墓主一族の住所は記されておらず不明であるものの、花献など景教徒や景教僧と同じ修善坊に居住していたのではないかと推測される。修善坊は上述したように、数多くのソグド人が居住した南市周辺に位置するので、少なくともその近隣の坊に居住していたと考えられよう(4)。

先述したように、ソグド人が洛陽に最も多く居住し、洛陽が最も繁栄した時期は七世紀後半であるので、この「洛陽景教経幢」が作成された九世紀の初めとは重ならない。近年の洛陽からの景教徒の石刻史料の発見・公開によって、九世紀の洛陽（おそらく南市周辺）にも、ソグド人のコミュニティが残存していたことが分かったのである。

景教は、その後、会昌五年（八四五）の武宗による仏教弾圧の際に、マニ教・祆教と共に排斥され、それ以降の中国では衰滅したとされる。この「洛陽景教経幢」を建てた安氏一族、花献夫妻の子孫、そしてソグド人景教僧たちはこの排斥に遭遇したはずであり、また「洛陽景教経幢」の一直線の断裂は、この排斥の際に破壊されたとも考えられている。【図表6】で示したように、洛陽居住のソグド人の情報も、現在のところこの排斥の時期を境に途切れており、大きな影響を受けたと推測される。

おわりに

本章では、ソグド人が長安・洛陽にどのように居住していたのかについて、近年に出土した史料を紹介しつつ述べてきた。北朝・西魏時代にはすでに相当数のソグド人が長安に居住していたと考えられ、北周時代には政権のある長安のソグド人コミュニティが、各地のソグド人を繋ぐ様子が窺えた。また、唐代の長安と洛陽を見れば、長安は、八世紀に醴泉坊・居徳坊など西市の周辺に集住しており、同時期の同地区にテュルク人も居住していて、ソグド人とテュルク人とは婚姻関係を結ぶなど共通のコミュニティを築いていた。また、洛陽では、ソグド人が七世紀後半に嘉善坊・思順坊といった南市の周辺に集中して居住しており、墓誌の文言という情報を共有するソグド人コミュニティの様子が見られた。彼らは単に同時期・同地区に住んでいただけで無関係だったとは言えないのである。ただし、長安の西市、洛陽の南市の周辺の諸坊をソグド人（とテュルク人）が独占して居住していたのではなく、民族だけでなく階層や出身地・職業・身分など様々な人が雑居していて、敦煌やトゥルファンのような「ソグド人聚落」とは異なっている。これは、首都の長安・副都の洛陽という大都市であるためだと考えられ、ソグド人が都市ごとにその居住スタイルを柔軟に変えていたことを示していると言えよう。

注

（1）「史君墓誌」は、厳密には「墓誌」ではなく、石槨正面の屋根下に扁額のように掛けられた石板に彫られている。

（2）『旧唐書』巻四、高宗本紀［七七頁］、『新唐書』巻三、高宗皇帝本紀［五八頁］。

（3）『旧唐書』巻六、則天皇后本紀［一一七頁］、『新唐書』巻四、則天順聖武皇后本紀［八三頁］。

（4）張乃翥［二〇〇九］は「感徳郷」（34行目）に「胡人聚落（＝ソグド人聚落）」があったとする。ただし、「洛陽景教経幢」によれば「感徳郷」は経幢が建てられた墓地だと考えられ、また、洛陽のソグド人墓誌史料からもその地にソグド人が居住していた形跡はみられないので、「感徳郷」を「ソグド人聚落」と言うのは難しい。

第二章　武威安氏「安元寿墓誌」（唐・光宅元年（六八四））

はじめに

一九七二年、唐の太宗李世民が葬られている昭陵の陪葬墓として安元寿の墓が発掘された。中からは、唐三彩（藍彩女立俑）などの陪葬品とともに、二件の墓誌が発見された。すなわちそれが「安元寿墓誌」・「安元寿妻翟氏墓誌」であり、現在は両墓誌とも昭陵博物館が保存している。

安元寿は、代々涼州武威のソグド人聚落を統率した「武威の安氏」の出身で、唐建国の功臣である安興貴の息子にあたり、唐前半期の墓誌史料に見えるソグド人の中でも、最も出世した人物の一人と言える。これまで「安元寿墓誌」の重要性は知られていたが、専門に解読し考察することは行われてこなかった。そこで、本章では、「安元寿墓誌」を解読するとともに、この墓誌に関わるいくつかの問題点について先行研究の成果をふまえて考察することで、唐前半期におけるソグド人の動向の一端を明らかにしようとするものである。

なお、筆者は、科学研究費補助金基盤研究（A）（一般）「シルクロード東部地域における貿易と文化交流の諸相」（研究代表：森安孝夫、大阪大学文学研究科教授）による二〇〇五・二〇〇六年の二度の夏季調査で昭陵博物館を訪れ、一年目に「安元寿墓誌」を二年目に「安元寿妻翟氏墓誌」を実見することができた。本訳注はその調査の成果を踏まえている。

一、「安元寿墓誌」訳注(1)

本墓誌の大きさは、一辺が八七㎝である。一般的な墓誌が一辺五〇㎝程度であるのに比べてかなり大型で、同じく太宗昭陵に陪葬された臣下たちの中でも最大級である。現在、昭陵博物館の展示室「昭陵碑林（2）」に常設展示されている。

（一）録　文

1 大唐故右威衛将軍・上柱國、安府君墓誌銘并序。　國子監祭酒郭正一撰。

2 蓋天分景宿、文昌垂列将之名、地括羣流、師貞建丈人之號。故隆周啓統、掌兵属於司武、炎劉御歴、制

3 衆在于将軍。然則簡材以任爪牙、選士而為心膂。稽之舊典、代有其人。君諱元壽、字茂齡、涼州姑臧人

4 也。川横玉塞、人多剛悍之風、地枕金方、俗負堅貞之氣。關西騎士、武賢之代習兵符、隴右良家、充國之

5 門傳劒術。曽祖弼、周朝服侯。幼挺人英、夙摽時望。丹山綷羽、響[振]朝陽、紫闕騰鱗、光流下稷。祖羅、周開

6 府儀同三司、随石州[剌]史・貴郷縣開國公。質表珪璋、器惟瑚璉。衣冠佐夏、道叶調梅、鍾鼎遷周、化[光]分

7 竹。父興貴、皇朝右驍衛将軍・左武衛将軍・冠軍将軍・上柱國・涼公、別食綿・歸二州、實封六百戸。克施在

8 封六百戸、克施在操、匪躬成節。以功詔爵、爰頒錫壤之榮、以徳命官、載啓銜珠之秩。公慶門貽祉、華宗

9 誕秀。踐忠信以立身、執恭謙而待物。博通才術、備閑道藝。星飛楚劒、見水裔之浮蛟、月上燕弧、覩雲衢

10 之落鴈。聚壤為陣、少懐軍伍之心、裂帛成旗、早習兵戈之用。年始弱冠、時属経綸。效款河西、同賓融之

11 歸國、韜光隴右、等葛亮之湏期。武徳五年、奉秦王教、追入幕府、即授右庫真。託身鳳邸、澤厚命車。飛名
12 苑園、恩均置醴。于時　皇基肇建、二凶搆逆。公特蒙駈使、委以腹心、奉　勅被甲於嘉猷門
13 宿衛。既而内難克除、　太宗踐極。爵禄攸設、先酬擐甲之勞、賞命所加、用荅披荊之勳。特拜公右
14 千牛備身。貞觀元年、突厥頡利可汗擁徒卅萬衆来寇便橋、　太宗親率精兵出討。頡利遣使乞
15 降、請屏左右、　太宗、獨将公一人於帳中自衛。其所親信、多此類也。至三年、涼公、以河右初賓、家
16 業殷重、表請公歸貫撿挍、有詔聽許。公優遊郷曲十有餘年、後奉　恩勅、遣公充使西域、冊拜東
17 羅可汗。皇華遠邁、聲泱於殊荒、天節高麾、威加於絶域。使還、　詔授左領軍衛嫣泉府果毅都尉。
18 任參五挍、允属於典戎、職摠千夫、寔資於禦侮。尋丁涼公憂去職。茹荼泣血、殆将滅性。服闋、轉授左屯
19 衛蘄川府果毅。公以太夫人年老、請解職歸侍、　恩勅以公藩府舊寮、特令帶官就養。復丁内憂
20 解任、灰琯未周、墨縗旋及、奪情蒙授益州武威府果毅。至永徽年中、賀魯叛常、驚擾沙塞。武師振旅、将
21 盪氈裘之孽、五道分麾、實藉偏裨之伍。　別勅差公、充蔥河道撿挍軍馬使。賊平軍迴、加授右武衛
22 義仁府折衝都尉。押玉同貞、壼冰比潔。明以察政、黠吏無以匿其情、直以當官、邪人不能撓其法。肅戈
23 紫掖、惟才是寄。司戟王階、任人尤切。龍朔三年、遷授右驍衛郎将。麟徳元年、又加授左監門衛中郎将。
24 二年、告禪云郊、升中岱岳、公親於壇上供奉、　恩詔加授忠武将軍。咸亨元年、又加雲麾将軍。董
25 兵欄錡、先佇於幹能、掌衛宸軒、必資於忠勇。三年、加拜右驍衛将軍。上元元年、又遷授右威衛将軍。竭
26 誠莅政、勤著於六戎、勵茆當官、功宣於八挍。然以逝川不駐、藏壑易遷、方延刻玉之期、奄溝盈瑰之釁。
27 以永淳二年八月四日、遇疾薨於東都河南里之私第、春秋七十有七。天不與善、歎軫簪裾。人之云亡、
28 悲感行路。　恩詔以公藩朝左右、備立勳庸、特令陪葬　昭陵、以申惟舊。葬事所須、并宜官

29 給。晉臣疏隧、自居芒阜之前、漢将開墳、終依茂陵之側。胤子右武衛良社府果毅神感等、攴窮刻思、孺
30 慕嬰心。擗地無追、號天罔極。龍璋筮宅、俾安厝於千古、鳳篆圖銘、庶騰芳於萬禩。銘曰、
31 媯水導源、涼土開國。星垂獸象、地分龍勒。家挺異人、門傳令德。曠野崇訓、儀台闡則。其一 運鍾摽季、時逢
32 會昌。天臨萬寓、雲羅八荒。顯考投袂、爰歸　聖皇。惟君奮節、亦奉興王。其二 帝圖肇創、國步猶阻。十角
33 外侵、二兇内侮。任參戈戟、寄同心膂。玉帳斯衛、金門載禦。其三 繼明登歷、儀乹纘構。逐菟論功、攀鱗録舊。
34 賞繇恩洽、榮因寵授。白羽肅兵、青旗盪寇。其四 武賁務揔、鷹揚望華。力能禁暴、威足閑邪。電發銅首、星飛
35 鏌鋣。宏謀聚石、妙算□沙。其五 紫綬升班、金章列位。長衢曜戟、高門納駟。愛士分車、傾賓輟饋。棄玉成寶、
36 遺財立義。其六 虞谷馳輝、魯川閲水。道飈易滅、夜河難恃。大樹云摧、哲人其萎。悼深捐織、悲逾罷市。其七 聽
37 鞞興感、撫履傷情。澤均詔葬、恩侔賜塋。祁山構象、夏屋成形。道被存没、禮極哀榮。其八 生也有涯、死而不
38 作。繢車宵警、銅池曉躍。槁陽是寓、狄陰攸託。路轉悲驂、庭騫吊鶴。其九 誕生厥胤、至性純深。循陔茹泣、望
39 圮崩心。規墳月岫、架隴雲岑。敬勒銘於金石、庶永播於徽音。其十 光宅元年歳次甲申十月己卯朔廿四日壬寅奄葬。

（二）訓　読

大唐の故①右威衛将軍・上柱國、安府君の墓誌銘并びに序。　②國子監祭酒の郭正一撰。

蓋し天は景宿を分かちて、③文昌列将の名を垂れ、地は羣流を括《くく》りて、④師貞丈人の號を建つ。故に隆周は統を啓くに、兵を掌りて司武に属し、⑤炎劉は歴を御すに、衆を制して将軍に在り。然らば則ち材を簡《えら》びて以て爪牙に任じ、士を選びて心膂とす。之を舊典に稽《かんがえ》れば、代々其の人有り。

君、諱は元壽、字は茂齡、涼州姑臧の人なり。川は玉塞を横ぎり、人は剛悍の風多く、地は金方を枕《のぞ》み、俗は堅貞

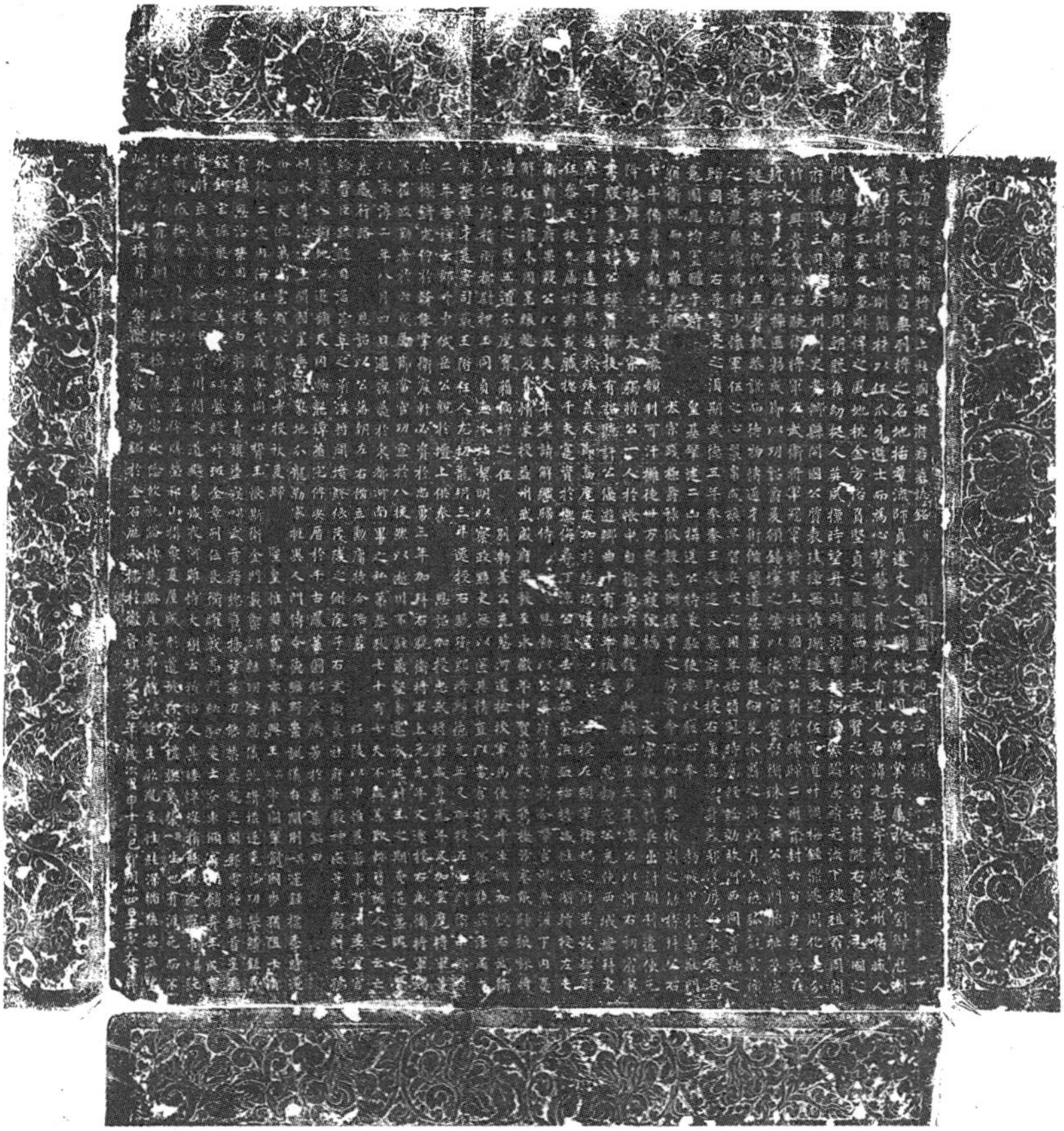

【図表１】　安元寿墓誌拓本　昭陵博物館、張沛編著 1993『昭陵碑石』三秦出版社［p.73］を転載

の氣を負う。關西の騎士、[6]武賢の代に兵符を習い、隴右の良家、[7]充（充）國の門に劒術を傳えらる。曾祖の弼、周朝に侯に服せらる。幼くして人英に挺《ぬきん》で、夙に時望を摽す。丹山の綷羽は、朝陽に響振し、紫闕の騰鱗は、下稷に光流す。祖の羅、[8]周の開府儀同三司、[9]随の石州刺史・貴郷縣開國公なり。質は珪璋を表し、器は[10]瑚璉を惟わせり。衣冠は夏を佐くれば、[11]道は調梅に叶い、鍾鼎は周を遷れども、化は[12]分竹を光《み》たす。父の興貴、[13]皇朝の右驍衛将軍・左武衛将軍・冠軍将軍・上柱國・涼公、別に[14]綿・歸二州を食み、實封は六百戸たり。克く施すに封六百戸に在り、克く施すに操在り、匪躬して節を成す。功を以て爵を詔せらるれば、爰に錫壌の榮を頒《たま》わり、徳を以て官に命ぜらるれば、載ち[15]衡珠の秩を啓く。

公、慶門祉を貽《おく》り、華宗秀を誕《う》む。忠信を踐《ふ》みて以て身を立て、恭謙を執りて物を待つ。博（博）く才術に通じ、備《つぶさ》に道藝に閑《な》る。星飛たる[16]楚劒、[17]水裔の浮蛟を見、月上たる[18]燕弧、[19]雲衢の落鴈を覩《み》る。壌を聚めて陣を為すに、少くして軍伍の心を懷き、帛を裂きて旗を成すに、早くして兵戈の用を習う。年は弱冠に始め、時は經（経）綸に属す。款《よしみ》[20]を河西に效《いた》すは、竇融の國を歸《かえ》すに同じく、[21]光を隴右に韜《かく》すは、葛亮の期を湏《ま》つに等（等）し。

武徳五年（六二二）、[22]秦王の教を奉じ、幕府に追入し、即ち[23]右庫真を授けらる。身を鳳邱（邸）に託せば、澤は命車に厚く、名を菟（兎）園に飛ばせば、恩は置醴に均し。時に、皇基肇建せらるるに、二凶搆逆す。公、特に駈使を蒙り、委ねるに腹心を以てせられ、勅を奉じ[24]嘉猷門に於いて甲を被りて宿衛す。既にして内難克く除《よ》かれ、太宗踐極す。爵禄攸《すなわ》ち設けられ、先ず擐甲の勞を酬われ、賞命加うる所、用《も》て披荊の勣を荅えらる。特に公を[25]右千牛備身に拝す。

[26]貞観元年（六二七）、突厥の頡利可汗、徒卅萬の衆を擁して便橋に来寇（寇）し、太宗親ら精兵を率いて出討す。頡利、使を遣わして降るを乞うに、左右を屏《しり》ぞかせんことを請うも、太宗、獨だ公一人を将《もち》いて帳中に於いて自衛す。

其の親信する所、多くは此の類なり。

三年（六二九）に至り、涼公、河右の初賓、家業の殷重たるを以て、公の貫に歸して撿挍するを表請すれば、詔有りて聽許せらる。

公、郷曲に優遊すること十有餘年、後に恩勅を奉じ、公をして西域に使するに充て、東羅可汗㉗を冊拜せしむ。皇華遠邁すれば、聲は殊荒に浹《あまねく》し、天節高麾すれば、威は絶域に加えり。使して還るに、詔して左領軍衛㉘嬀泉府果毅都尉を授けらる。五挍を參するに任ぜらるれば、允《まこと》に典戎に屬《た》り、千夫を揔《す》べるを職《つかさど》れば、寔に禦侮に資する。尋《つ》いで涼公の憂に丁《あ》たり職を去る。茹荼泣血し、殆んど将に滅性㉙せんとす。服闋し、轉じて左屯衛㉚蘄川府果毅を授けらる。公、太夫人の年老いるを以て、職を解いて歸侍するを請うに、恩勅にて公の藩府の舊寮たるを以て、特に令して官を帶びて就養せしむ。復た内憂に丁たりて任を解く。灰琯㉛未だ周《あ》わざるも、墨縗《ぼくさい》㉜旋及し、奪情㉝せられ益州㉞武威府果毅を蒙授せり。

永徽年中㉟（六五〇～六五六）に至り、賀魯叛すること常にて、沙塞を驚擾す。貮師㊱旅を振《ととの》えれば、将に氈裘の孽《わざわい》を盪《あら》わんとし、五道麾を分かてば、實に偏裨の伍を藉す。別勅にて公を差《つか》わし、葱㊲（葱）河道撿挍軍馬使に充つ。賊平らげられ軍迴るに、加えて右武衛義仁府㊳折衝都尉を授けらる。押㊴は玉にて貞に同じく、壼は冰にて潔に比《なら》ぶ。明にして以て政を察すれば、黠吏以て其の情を匿《かく》すなく、直にして以て官に當れば、邪人其の法を撓《みだ》すあたわず。戈を紫掖に肅《つつ》しめば、才を惟《おもんみ》るに是れ寄なり。戟を王階に司れば、人を任ずるに尤も切なり。龍朔三年（六六三）、遷りて右㊵驍衛郎将を授けらる。麟徳元年（六六四）、又た加えて左監門衛中郎将㊶を授けらる。二年（六六五）、禪㊷を告し郊を云い、岱岳に升中す。公、親ら壇上に供奉し、恩詔にて加えて忠武将軍㊸を授けらる。咸亨元年（六七〇）、又た雲麾将軍㊹を加えらる。兵を欄錡㊺に董《ただ》すに、先ず幹能を佇《たたず》み、衛を宸軒に掌るに、必ず忠勇を資《と》る。三年（六七二）、加えて右驍衛将軍を拜す。上元元年（六七四）、又た遷りて右威衛将軍を授けらる。竭誠して政に莅《のぞ》めば、勣は六戎に著われ、勵莭して官に當たれば、功は八挍に宣ぶ。

然るに逝く川の駐まらず、[46]藏壑の遷り易きを以て、方に刻玉の期を延ばさんとするも、奄かに盈瑰の舋（釁）に遘う。永淳二年（六八三）八月四日を以て、疾に遇い東都河南里の私苐に薨ず。春秋七十有七。天、善を與えず、簪裾を歎軫せしむ。人、云《ここ》に亡して、行路に悲感せしむ。恩詔にて公の藩朝の左右たりて、備《つぶさ》に動庸を立てしを以て、特に令して昭陵に陪葬せしめ、以て申《かさ》ねて舊きを惟い、葬事の須《もち》いる所、并せて宜しく官給せしむ。[47]晉臣、隧を疏《とお》（疏）して、自ら芒阜の前に居り、[48]漢将、墳を開きて、終に茂陵の側に依る。胤子の[49]右武衛良社府果毅の神感等、窮に充りて剡思なること、孺慕嬰心たり。地を擗《さ》くも追なく、天に號するも極なし。龍璋[50]宅を筮《うらな》いて、千古に安厝せしめ、鳳篆銘を圖《えが》きて、庶はくは萬棊に騰芳せん。銘に曰く、

嬀水源を導き、涼土國を開く。星は獸象を垂れ、地は[51]龍勒を分かつ。家は異人を挺し、門は令徳を傳う。曠野は訓を崇び、儀台は則を闡《あきらか》にす。其の一なり。

運は摽季に鍾《あた》り、時は會昌に逢う。天は萬寓を臨み、雲は八荒を羅《つら》ぬ。顯考袂を投じ、爰れ聖皇に歸す。惟だ君節を奮い、亦た興王を奉ず。其の二なり。

帝圖りて肇めて創り、國歩むも猶お阻《けわ》し。十角外侵し、二兇内侮す。任せては戈戟を參《あずか》り、寄りては心膂を同《とも》にす。玉帳斯れ衛り、金門載ち禦《ふせ》ぐ。其の三なり。

繼明して登歴し、儀乹は纘構せらる。[52]逐菟（兎）して功を論ずれば、攀鱗して舊くを録す。賞は恩洽に謡《したが》い、禁は寵授に因る。白羽は兵を肅しみ、青旗は寝を遏う。其の四なり。

[53]武賁揔を務め、[54]鷹揚華を望む。力は能く暴を禁じ、威は邪を閑《ふせ》ぐに足る。[55]電發たる銅首、[56]星飛たる鏌鋣。宏謀は石

を聚め、妙算は沙を□。其の五なり。

[57]紫綬もて班に升り、金章もて位に列す。長衢は戟を曜かせ、高門は駟を納む。士を愛すも車を分け、賓に傾くも饋を輟《や》む。玉を棄てて寶と成り、財を遺てて義を立つ。其の六なり。

[58]虞谷は輝を馳せ、魯川は水を閲《す》ぶ。道の颷は滅し易く、夜の河は恃《たの》み難し。大樹は云に摧《くだ》け、哲人は其れ殄《や》む。悼みは深く織を揃《す》（捐）てしめ、悲しみは逾よ市をも罷めしむ。其の七なり。

韓の興感を聴けば、屢ば傷情を撫す。澤は詔して葬るに均しく、恩は塋を賜うに侔《ひと》し。祁山象を構え、夏屋形を成す。道は存没を被り、禮は哀榮を極む。其の八なり。

生たるや涯《はて》有り、死しては作《た》たず。[59]繢車は宵に警《いまし》め、銅池は曉に躍《すす》む。椈陽是れ寓たりて、狄陰攸《ここ》に託る。路は悲驂を轉じ、庭は[60]吊鶴を騫《かか》ぐ。其の九なり。

誕生せし厥《そ》の胤は、至性は純《み》な深し。循陔して茹泣し、望屺して崩心す。墳を月岫に規《はか》り、隴を雲岑に架けり。敬いて金石に勒銘し、徽音に永播せんことを庶う。其の十なり。

光宅元年（六八四）歳次甲申十月己卯朔廿四日壬寅、奄に葬る。

（三）語　釈

①「右威衛将軍・上柱國」　右威衛将軍は、従三品の職事官。威衛は禁軍の一つで、将軍は大将軍に次ぐ。上柱国は、正二品の勲官。

②「國子監祭酒の郭正一」　郭正一は、太宗期から武后期の文官。武后が執政するようになると国子監祭酒に任じられた。国子監祭酒は、国子監（儒学訓導の政令を掌り、国子学以下の学校を統括する）の長官で従三品である。『旧

唐書』巻一九〇中〔五〇〇九～五〇一〇頁〕、『新唐書』巻一〇六〔四〇四二～四〇四三頁〕に立伝されている。

③「文昌列将」「文昌」は星座の名。紫微垣の外、北斗星の魁の前に位置する六星。形は箱のようで、天の六府で禍福を集計し、天道を明らかにし、天下を経緯することをつかさどるとされる。六星は、それぞれ上将・次将・貴相・司命・司中・司禄を指すという。同様の事例としては、「阿史那忠碑」〔『昭陵碑石』六五・一九〇頁〕に、「文昌列将、武庫陳兵」とある。

④「師貞丈人」「師貞」は、兵を正しく用いること。「丈人」は、老成した人、あるいは厳かな人。丈は杖。『易経』師〔上、一八一～一八二頁〕に「師貞大人、吉、無咎」とある。「大人」を本墓誌のように「丈人」とする版本もあり、その意は、兵を用いるために老成の人に任ずること。

⑤「炎劉」漢をいう。漢は火徳の運を受け、その姓は劉氏であるため。

⑥「武賢」漢の辛武賢のこと。宣帝の時、酒泉太守で、烏孫を征した。次の語釈「充国」の趙充国とともに対北方・西域戦で河西地域を中心に活躍した。彼は、『漢書』に立伝されてはいないが、巻六九、趙充国伝〔二九七七～二九九五頁〕・巻九六下、西域伝、烏孫国の条〔三九〇七頁〕などに記載がある。

⑦「充國」趙充国のこと。『漢書』巻六九〔二九七一～二九九五頁〕に立伝。『蒙求』〔上、二二六～二七〇頁〕にも「充国自賛」がある。漢の宣帝の神爵初年、羌族が辺塞を犯した際、後将軍の趙充国はすでに七〇才を過ぎた老年であったが、自ら申し出て、辺境に赴き、羌を破った故事。

⑧「周の開府儀同三司」北周の散官。九命（十八等中の上から二番目）。『周書』巻六、武帝紀下〔九三頁〕に「（建徳四年（五七五））改開府儀同三司為開府儀同大将軍」とある。

⑨「随の石州刺史・貴郷縣開國公」石州は、現在の山西省離石市一帯。北周期に初めて石州となり、隋煬帝期に

一時石郡となった〔『通典』巻一七九、州郡九、四七三九頁〕。高祖の時、刺史（州の長官）の官品は、上州が正三品、中州が従三品、下州が正四品であるが〔『隋書』巻二八、百官志下、七八五頁〕、石州がいずれに当たるかは、不明。貴郷県は、魏州の治所で、現在の河北省大名県。開国郡県公は、高祖時の従一品の爵官〔『隋書』巻二八、百官志下、七八五頁〕。

⑩「瑚璉」黍稷を盛り宗廟に供える器。転じて人の重貴すべき品格をいう。

⑪「調梅」梅と塩とを合わせて味を調え、食物を美味しくさせることを言う。転じて、宰相が政治を行い、国を治めることをいう。

⑫「分竹」権力の象徴として竹の使符を与えること、すなわち、官を封じて権力を授けること。

⑬「皇朝の右驍衛将軍・左武衛将軍・冠軍将軍・上柱國・涼公」右驍衛将軍、左武衛将軍はともに従三品の職事官。驍衛・武衛はともに禁軍の一つで、将軍は大将軍に次ぐ。冠軍将軍は、冠軍大将軍のことで、正三品の武散官。上柱国は、正二品の勲官。『旧唐書』巻五五、李軌伝〔二二五二頁〕によると、安興貴は涼国公に就任しているので、涼公は涼国公（従一品の爵官）のこと。なお、息子安元寿も咸亨三年（六七二）に右驍衛将軍に就き、標題によると上柱国にもなっている。

⑭「綿・歸二州」「綿州」は、現在の四川省緜陽県。「歸州」は、現在の湖北省秭帰県と帰順した党項の為に設置された静辺州都督府下の帰州との二種類がある。前者は武徳二年（六一九）に、後者は天授二年（六九一）に置かれたとされる〔『通典』巻一八三、州郡一三、四八六七頁・『新唐書』巻四三下、地理志七下、関内道、一一二三〜一一二四頁〕。安興貴の死は、本墓誌一八行目より貞観年間と見られるので、湖北省秭帰県の帰州と考えられる。

⑮「銜珠」玉を口に含む。『大唐開元礼』凶礼によると、三品以上〔六五六頁〕は璧、四品五品〔六七九頁〕は碧、

六品以下［七〇二頁］は貝を口に含ませる。父の安興貴の官職は、「右驍衛将軍・左武衛将軍・冠軍将軍・上柱国・涼公」で、どれも三品以上である（前掲語釈⑬参照）。

⑯「星飛たる楚劔」「星飛」は星のように速やかに飛ぶこと。本墓誌三四〜三五行目にも「星飛たる鏌鎁」と見える。「楚劔」は、楚の剣。勇敢なたとえ。『説苑』指武［五一四〜五一五頁］に「秦昭王中朝而歎曰「夫楚剣利、倡優拙」夫剣利則士多慓悍、倡優拙則思慮遠也、吾恐楚之謀秦也」とあり、この故事に由来する。

⑰「水裔の浮蛟」「蛟」はみずち、「水裔」は水際。深水に住むはずの蛟が、水辺にいる様子。『楚辞』九歌、湘夫人［七九〜八一頁］に「蛟何為兮水裔」とあり、所を得ない不安な様子を言う。

⑱「燕弧」幽燕の地で作られた動物の角で作った弓、角弓のこと。転じて良い弓。

⑲「雲衢の落雁」「雲衢」は雲路、雲のたなびいている路。鳥などが飛翔する空の路。「落雁」は、空から地に下降する雁。

⑳「款を河西に效すは、竇融の國を歸すに同じく」両漢交替期の竇融の故事に由来する。竇融は、赤眉の乱が起こると、河西五郡大将軍を称して河西に割拠し、隴西の群雄である隗囂に従った。しかし、光武帝が立つと、使者を派遣して帰属し、河西を献上した［『後漢書』巻二三、竇融伝、七九五〜八〇九頁］。

㉑「光を隴右に韜すは、葛亮の期を須つに等し」「葛亮」は、諸葛亮孔明。孔明が、劉備に会う以前は誰にも仕えず、期を待っていた故事。「光を韜す」は、光を隠して外に現さないの意。『芸文類聚』巻五六、雑文部二、孔融、雑合詩上［一〇〇四頁］に「玖琁隠曜、美玉韜光」と同様の用例がある。

㉒「秦王の教」「秦王」は李世民。「教」は、上級から下級に発する指令文書のこと。

㉓「右庫真」「庫真」は、官品外の官職で、親王の側近官［平田二〇一一：二四五〜二四六頁］。「庫直」とも記す

〔羅豊一九九六、四四六～四四七頁〕。安元寿と同じ昭陵に陪葬の「豆盧仁業碑」〔『昭陵碑石』八〇・二〇九頁〕には「即時□□蒙授秦王府庫真、□於北門」とあり、「史索巖墓誌」（顕慶三年（六五八））に「開皇中、解巾為晋王広庫真……頓挫於門欄、駈馳於警衛」とある。両石刻史料から、この庫真は、門衛の任務もあったと考えられる〔ソグド人墓誌研究ゼミナール二〇〇八、二八八～二八九頁〕。

㉔「嘉猷門」　長安大極宮の西面にある掖庭宮（あるいは太倉）へ通じる二つの門のうち、北側の門。後掲【図表3】参照。

㉕「右千牛備身」　正六品下の職事官。禁軍の一つ千牛衛に属す。三品以上の職事官の子孫あるいは四品の清官の子で、容姿端麗で、武芸ができる者をあてたとされる〔『旧唐書』巻四三、職官志二、一八三三頁〕。その職掌は、弓を携えて宿衛し、武器を管理することと、朝会の際、帝の左右に侍すこと〔『旧唐書』巻四四、職官志三、一九〇二頁〕。

㉖「貞観元年、突厥の頡利可汗、徒卅萬の衆を擁して便橋に来寇し、太宗親ら精兵を率いて出討す」　貞観元年（六二七）、頡利可汗が渭水にかかる便橋（西渭橋）まで迫った事件〔二、考察2．頡利可汗の来寇参照〕。

㉗「東羅可汗」　史書中に見られず、不詳。西突厥の乙毗沙鉢羅葉護可汗のことか〔二、考察4．東羅可汗への冊封と阿史那賀魯の乱参照〕。

㉘「左領軍衛嬀泉府果毅都尉」　左領軍衛の嬀泉府の果毅都尉（副長官）。張沛『唐折衝府彙考』〔二一三頁〕では、嬀泉府は、嬀州（現在の河北省懐来県の北）ではないかとする。果毅都尉は、上府が従五品下、中府が正六品上、下府が従六品下であるが〔『旧唐書』巻四二、職官志一、一七九五～一七九七頁〕、嬀泉府がいずれに当たるのかは不明。

㉙「滅性」父母の喪に遭って悲しみ生命を滅ぼすこと。『礼記』喪服四制〔下、九五五頁〕に「三日而食、期而練、毀不滅性、不以死傷生也」とある。

㉚「左屯衛蘄川府果毅」左屯衛の蘄川府の果毅都尉。張沛〔二〇〇三：二五一頁〕では、蘄川府は、蘄州（現在の湖北省浠旧水県一帯）に属する。

㉛「灰琯」灰管。楽器の律管に葭莩（アシの内部にある薄い膜）の灰を入れておき、その変化で気候を占った。

㉜「墨縗」喪中、軍戎に従う時に、喪服に黒色を加えること。「縗」は喪服の一種で、長さ六寸、幅四寸で胸の前につける布。

㉝「奪情」喪中に出仕を命ずること。国家に大事がある場合に、父母の喪中にある人でも徳望と才能があれば、詔を発して喪服のまま職に就かせること。「情を奪う」とは、親の喪に服する孝心を奪うの意。

㉞「益州武威府果毅」益州武威府の果毅都尉。益州は、現在の四川省成都市一帯。史書にこの武威府の記載はない。

㉟「永徽年中に至り、賀魯扳することと常にて、沙塞を驚擾す」太宗の死を機に阿史那賀魯が起こした乱〔二、考察4．東羅可汗への冊封と阿史那賀魯の乱参照〕。「沙塞」は、沙漠にある砦。「驚擾」は、驚きみだれること。

㊱「貳師に旅を振えれば……實に偏裨の伍を藉す」この一節は、安元寿が同行した、永徽六年（六五五）の葱山道行軍大総官の程知節による討伐の様子を述べる。「弐師」は、大宛が良馬を隠したとされる城の名で、この大宛の良馬獲得のために漢武帝に弐師将軍に任じられた李広利をも指す〔『史記』巻一二三、大宛伝、三一七四～三一七五頁〕。「五道分麾」は、軍を五つの道に分けること。漢代以降、対匈奴戦などには、五将軍が道を分けて出兵した記事が見られる〔『漢書』巻七〇、常恵伝、三〇〇四頁〕。唐代になっても、貞観二一年（六四七）からの亀茲の

討伐などに見るように、西域方面に出兵する時には、将軍ごとに軍を分割して進軍した〔『新唐書』巻一一〇、阿史那社尒伝、四一一五頁・『新唐書』巻二二一上、西域伝上、亀茲、六二三一頁〕。永徽六年（六五五）の賀魯討伐の際も『旧唐書』巻四、高宗本紀上〔七四頁〕に「（永徽六年（六五五））夏五月癸未、命左屯衛大将軍・盧国公程知節等五将軍帥師出葱山道以討賀魯」とあるように、五将軍を派遣しており、おそらく前例の如く軍を分けたと見られる〔『冊府元亀』巻九八六、外臣部、征討五、一一四一〇頁には五将軍のうち程知節の他三名を掲載〕。

㊲「葱河道撿校軍馬使」使職。新旧唐書・『元和郡県図志』に葱河道は見えない。「葱山道」の誤りか〔二、考察4.東羅可汗への冊封と阿史那賀魯の乱参照〕。

㊳「右武衛義仁府折衝都尉」右武衛の義仁府の折衝都尉（長官）。義仁府は、史書になく、張沛〔二〇〇三：二八〇頁〕でも比定されていない。折衝都尉は、上府が正四品上、中府が従四品下、下府が正五品下である〔『旧唐書』巻四二、職官志一、一七九三～一七九五頁〕。

㊴「押は玉にて貞に同じく、壺は冰にて潔に比ぶ」「押」は、公文書など文字や符号を署すること。転じて行政事務のことか。「壺」は、閫（門の扉止め）に通じ、兵を城外に率いている武将の意。

㊵「右驍衛郎将」右驍衛の翊中郎将府の郎将のこと。正五品上の職事官。

㊶「左監門衛中郎将」正四品下の職事官。監門衛は、宮城の門を司る禁軍の一つで、中郎将は、特に諸門を監督し、出入のチェックを取り仕切る〔『旧唐書』巻四四、職官志三、一九〇二頁〕。

㊷「禪を告し郊を云い、岱岳に升中す」「禪」は、泰山の南の梁父山に土壇をつくり地をまつること。「郊」は、郊祀のことで、天子が冬至（十一月）に天を、夏至（五月）に地をまつること。「岱岳」は泰山。「升中」は、天をまつり、成功を告げること。この一節は、郊祀から封禅までを示す。太宗は、麟徳三年の正月に封禅を終えると

直ちに乾封に改元した。この封禅の様子は、『旧唐書』巻四・五、高宗本紀上下［八七～九〇頁］・『新唐書』巻三、高宗本紀［六五頁］・『資治通鑑』巻二〇一、高宗麟徳二年（六六五）［六三四四～六三四七頁］に詳しい。

㊸「忠武将軍」　正四品上の武散官。

㊹「雲麾将軍」　従三品の武散官。

㊺「欄錡」　蘭錡。兵器をかける架。一般の兵器をかけることを蘭、弩をかけることを錡という。

㊻「藏壑の遷り易し」　安定した大地でさえも日夜変化していること。万物の変化によって死が避けられないことを喩える常套句。『莊子』内篇、大宗師［上、二五五頁］の「夫藏舟於壑、藏山（汕）於沢、謂之固矣。然而夜半有力者負之而走、昧者不知也」が出典。

㊼「晉臣、隧を疏して、自ら芒阜の前に居り」　「晉臣」は杜預のこと。杜預の墓については、『晉書』巻三四、杜預伝［一〇三一～一〇三三頁］に以下のようにある。かつて杜預が職務で通りかかった密県の山上には塚があり、それは春秋鄭の祭仲あるいは子産の墓であるという。その墓地は四方が望め、新鄭の都城が見渡せる場所であった。また、墓道（隧道）を塞がずに、珍宝がないことを示していた。杜預は、これを真似て、洛陽城の東の見渡しの良い場所に自らの墓域を定め、墓道を空けたままとしてほしいとした。杜預墓は、現在の河南省偃師県城郷杜楼村に比定されている［『中国文物地図集』河南分冊、一二六頁］。この「芒阜」は、河南省洛陽市北側の邙山とは無関係で、大きな丘の意。

㊽「漢将、壙を開きて、終に茂陵の側に依る」　「漢将」は霍去病、「茂陵」は漢の武帝の陵墓のこと。『漢書』巻五五、霍去病伝［二四八九頁］に「（霍去病）元狩六年（前一一七）薨。上悼之、発属国玄甲、軍陳自長安至茂陵、為冢象祁連山」とあり、霍去病は武帝によって葬られた。現在、霍去病墓は、茂陵博物館となっている。

㊾「右武衛良社府果毅」　右武衛の良社府の果毅。張沛〔二〇〇三：七九頁〕によると、良社府は、邠州（現在の陝西省彬県一帯）に属す。

㊿「宅を筮いて」　埋葬時に、墳墓位置が適当であるか否かを占うこと。『儀礼』士喪礼〔Ⅳ、二二六頁〕の「筮宅、冢人営之」の鄭玄注に「宅、葬居也」とある。

51「龍勒」　漢の燉煌郡龍勒県。北魏以降は寿昌県となる。玉門関はこの県の西北境に位置する〔『旧唐書』巻四〇、地理志三、河西道、沙州下、一六四四頁参照〕。

52「逐菟」　逐兎。兎を追う。帝位を争うことの喩え。逐鹿に同じ。

53「武賁」　虎賁に同じ。周の夏官に属し、王の出入に先後して儀衛を掌り、漢代には宿衛を掌るようになった。虎賁は勇奮の様子が、猛虎の奔るようであるという意からとった。唐代に太祖の諱を避けて「虎」を改めて「武」とした。

54「鷹揚」　鷹が空を飛ぶように、ゆったりとして武勇を奮うこと。雄壮なさま。魏武帝以降、将軍の号としても使われた。

55「電發たる銅首」　「電發」は、稲妻のように勢いがはげしく、行動が迅速なさま。「銅首」は、銅頭に同じく、「銅頭鉄額」は、はなはだ勇敢な喩え。

56「鏌鋣」　呉の名剣の莫邪。『荀子』性悪〔下、七一〇頁〕に「闔閭之干将莫邪、巨闕辟閭、皆古之良剣也」とある。

57「紫綬に班を升り、金章に位を列ぬ」　「金章紫綬」は「金印紫綬」と同じ。金の印と紫の印綬。秦漢時代には丞相などに、晋代には光禄大夫に用いた。転じて貴顕の意。

㊽「虞谷は輝を馳せ、魯川は水を閲ぶ」「虞谷」は、「虞淵」。「虞淵」は、太陽が没するところ、日の沈むところ。「魯」は現在の山東省済寧市一帯（当時の兗州）を指す。「魯川」は、水が流れ最終的に集まる川を意味するか。

㊾「繢車は宵に警め、銅池は暁に躍む」「繢車」は彩った車。柩車のことか。「銅池」は、銅製の棺の装飾のこと。『大唐開元礼』凶礼、三品以上喪之二、将葬の条［六六三〜六六六頁］によると、夕から柩車を準備し、朝、葬列が墓地に出発するとされる。

㊿「吊鶴」「吊」は「弔」の俗字。「弔鶴」は、弔客をいう。晋の陶侃の弔客が悲しみのあまり鶴になって飛びたったという故事が出典［『晋書』巻六六、陶侃伝、一七六九頁］。

（四）　現代語訳

大唐の故右威衛将軍・上柱国、安府君の墓誌銘幷びに序。国子監祭酒の郭正一撰。

思うに、天は星の並びを整えて、文昌という星座に勇将の名を伝え残し、地は小河をまとめて大河として、宿将の雅号をうち建てたのである。それゆえ、かの周が王朝を始める際には、兵を司る位に就き、かの漢が混乱を統一した時には、民衆を指揮する将軍の位にあった。そのようであるので、有能な者を選定して部下に任じ、士人を選抜して腹心とするのである。これを古くからの書物と比べてみれば、代々そのような人がいるのである。

君は、諱は元寿、字は茂齢、涼州姑臧の人である。その地は、川は玉門関の横を流れ、その人々には強く勇ましいものが多く、その地勢は西方に接していて、その習俗は堅固な気質を帯びていた。関西の騎士は、漢の将軍辛武賢の時代に兵を用いる方法を習い、隴右の良家は、かの名将趙充国の家から剣術を伝えられた。曾祖の弼は、北周の侯の位にあった。幼いころから優れた人となりは抜きん出ており、早くから人望があることで知られた。丹山の鳳凰の羽のような美しさは、朝日の光に輝きを増し、神仙の居所で上昇する龍のような立派な様は、夕暮れに光り輝いた。祖の羅は、北周の開府儀同三司で、隋の石州刺史・貴郷県開国公であった。その性質は宝玉のようにすばらしく、その才器は宗廟に供える器を思わせるほど貴重なものであった。官吏として中華王朝の政治を助ければ、その様子は国を治めるほどとなり、鍾や鼎が北周王朝から遷って王朝が替わっても、その徳化の姿勢は多くの職権を得させた。父の興貴は、唐の右驍衛将軍・左武衛将軍・冠軍将軍・上柱国・涼国公で、それとは別に綿・帰の二州の租税を生活にあて、実封は六百戸であった。よく働いたので封六百戸の位に就いた。その働きには貞操があって、我が身を顧みずに節操を守った。その功績から詔によって爵を受けたので、土地を賜うという光栄に与かり、その人徳から官に任命されたので、葬る際に玉を口に含む事が許される身分となった。

公は、このすばらしい家の幸福からこの世に送り出され、この高貴な家から秀れた才能をもって生み出されたのである。忠信を実践して出世し、恭謙を行って物事に対応した。広く学術に通じており、すべての教養に習熟していた。かの楚の剣のような鋭利さは、深水に住む蛟を浮かび上がらせるほどで、かの燕の弓のような秀美な様は、雲中の雁を落とすことができるほどであった。土で陣を作っては、幼少から編軍についての考えを懐き、帛を裂いて旗を作成しては、若くから用兵を学んだ。いまだ年若くして、時代は新しい王朝へと変わった。（唐朝との）和議を河西にもたらしたのは、後漢の竇融が漢に領国を返還したのに同じく、才能を隴右に隠していたのは、諸葛亮がしかるべき時を待ったのに等しい。

武徳五年（六二二）、秦王（李世民）の指令をうけて、幕府に入り、右庫真を拝命した。その身を天子の旧居（太宗となる前の李世民の居所）である鳳邸に託せば、受けた恩沢は天子に許された車に手厚く表れ、その名を前漢梁王劉武が築き多くの人材が集まったというかの兎園にまでとどろかせれば、被った恩恵は臣下（安元寿）からの献上に匹敵するものである。ちょうどこの時、王朝は創建されたばかりであったが、二人の悪人（李建成・元吉）が反逆した。公は、特に駆使（使者）を仰せつかり、腹心であることから、勅を奉じて嘉猷門で武装して宿衛した。こうして内乱は除かれ、太宗が皇帝の位についた。ここで爵禄が設けられて、まず武装して宮殿を警護した労を報奨され、次に賞賜が加えられて、障害を取り除いた功績への報いとされた。特に、公を右千牛備身とした。

貞観元年（六二七）、突厥の頡利可汗が、三〇万の兵を擁して長安城の北西の便橋に来寇した際、太宗は自ら精兵を率いて討伐した。頡利が使者を遣わして投降することを願い出た際、使者は左右の者をその場から退けることを要求したが、太宗は唯だ公一人だけを帳中に留めて自衛した。太宗が公を信頼するのは、多くの場合これほどまでのものであった。

貞観三年（六二九）になると、涼国公（父の安興貴）は、河西が唐王朝に服属したばかりで、家業が多忙であることを理由に、公が本貫に帰って検校（監督）することを願い出たところ、詔があってこれが許された。公は、ふるさとの田舎でゆったりとすること十数年。その後、恩勅によって、公を西域への使者として、東羅可汗を冊拝させた。唐王朝の栄華が遠方まで広がれば、その名声は遠い未開の地にまで伝わり、天子の節が高々と掲げられれば、その国威は遠い地域にまで及んだ。使者から帰還すると、詔によって左領軍衛嫣泉府果毅都尉を授かった。いくつもの軍営を監察する立場に任じられれば、じつに兵を掌る能力は十分であり、千人の兵を統率することを司れば、まことに外敵の来襲を防ぐたのみとされた。

まもなく、涼国公（父）の喪に遭遇し職を去った。この報せに非常に悲嘆し、まるでその悲しみで死んでしまうほどであった。喪が明けると、転じて左屯衛蕲川府果毅を授かった。公は、母が年老いたので、職を解いて帰郷して世話をすることを願い出たところ、勅によって公が秦王府時代からの臣下であることから、特別に令により官を帯びたまま母の世話をすることが許された。また母の喪に遭って任を解かれた。灰琯の占いの結果がおもわしくなかったが、喪服のままで出仕を命ぜられて、益州武威府果毅を授けられた。

永徽年中（六五〇〜六五六年）、阿史那賀魯は反抗を繰り返し、沙漠の城塞を侵していた。かの漢の李広利が派遣された弐師に向けて、軍隊を整えれば、いまにも皮衣を着た北方民族の害を一掃しそうであり、軍を五つの道に分ければ、確実に各将軍たちの軍隊を徴用するのである。別に帝からの使者があって公を葱河道検校軍馬使とした。賊は平定され軍を帰還させたので、さらに右武衛義仁府折衝都尉を授けられた。軍を統括する様は玉のように貞節であり、兵を城外に率いる様は氷のように高潔である。公明正大に政務を見れば、悪賢い官吏はその本心を現し、実直に職務に当たれば、邪な人はその法を乱すことができなかった。戈を宮城に粛然とさせるには、才能を考慮して公に頼り、戟を宮殿で司るのには、公を任用するのが最も適切であった。龍朔三年（六六三）、遷されて右驍衛郎将を授けられた。麟徳元年（六六四）、また加えて左監門衛中郎将を授けられた。麟徳二年（六六五）、帝が郊祀を行い、泰山で封禅をして天地を祀った。公は、自ら壇上に供奉し、詔によって加えて忠武将軍を授かった。咸亨元年（六七〇）、また雲麾将軍を加えられた。武器を棚に管理するのには、まずその能力のある者を待ち望み、皇帝の住まいの護衛を掌るのには、必ず忠勇ある者を頼りとする。咸亨三年（六七二）、加えて右驍衛将軍をいただいた。上元元年（六七四）、また遷って右威衛将軍を授かった。忠誠心をもって政治を執り行えば、その仕事ぶりは西方の六種の異民族に知れわたり、節操を磨き鍛えて任務に当たれば、その功績は有力な将軍たちに伝わったのである。

ところが、逝く川の水は止まることはなく、安定した大地でさえも日夜移り変わるように、死期を延ばそうとしても、死は突然訪れるものである。永淳二年（六八三）八月四日、病気となって洛陽河南里の私第に逝去した。享年は七七であった。天は公が生きながらえることを許さず、夫人を泣かせた。優れた人の死亡は、道行く人々をも悲感させた。詔によって公が太宗の即位前からの側近として、数多くの勲功をたてたことから、特に令により昭陵に陪葬させ、再びかつてを偲ぶこととし、葬事で必要なものは、すべて政府が支給した。晋の臣下である杜預は、墓道を塞がず、自ら見渡しの良い大きな丘の上を墓とし、漢の将軍である霍去病は、武帝が墳墓をつくり、ついに茂陵の側に陪葬されたのである。後継ぎの右武衛良社府果毅の神感などが、このような惨状（父の死）にあって、焼けるような哀しい思いをするように、親を慕うのは子供心の常である。地を裂いても昔に戻ることはなく、天に訴えてもきりがない。竜の形をした璋で墓の位置を占って、その棺を永く安置し、美しい篆書で銘を記して、その美徳を子孫に伝えようと願うものである。その銘は次のとおりである。

安氏は、嬀水（アム河）を源として、涼州武威を故郷とする。一族を象徴する天の星は勇猛果敢な動物を象っていて、地上では龍勒（玉門関）の内側に属すようになった。その一家は優れた人を輩出し、その一門は美徳を伝えている。広々とした朝野では訓令を尊び、儀礼を執り行う台では儀則を明らかにした。第一の銘である。

隋王朝の運気は終わりを告げ、時代は新たな唐王朝という高まりをみせた。天は下界を眺め、雲がこの世を覆った。先代は奮起して、唐に帰属した。ただ君（安元寿）は節を掲げて、興国の王に仕えたのである。第二の銘である。

皇帝（高祖）が王朝を創業し、国家は歩き出したがなおその道は険しい。北方勢力が外を侵し、李建成・元吉が内に反乱を起こした。公は戈戟の兵を任され、腹心の臣下として信頼された。太宗の帳中をまもり、西門（嘉猷門）を防いだ。第三の銘である。

太宗が帝位にのぼり、天子の法は受け継がれた。その即位についての功労を論ずるにあたって、そのすばらしい功績が記録された。行賞は皇帝の恩恵によるもので、官位などの栄光は皇帝の寵愛の表れである。白い軍帥の旗は兵を統制し、青い旗をひるがえした皇帝の軍隊は寇を一掃した。第四の銘である。

公が宿衛の兵を取り仕切るその様は、勇猛で華やかであった。公の威力は暴力を制止し、勢威は不正を防止するのに十分であった。公は稲妻のように迅速かつ勇敢で、さらにかの名剣干将莫邪のように切れ味が鋭い。大きな謀は石を集めるように的を射ていて、小さな計画は沙を集めるほど緻密であった。第五の銘である。

公は紫綬の位に昇進し、金印の位となった。大通りでは戟を輝かせて進み、立派な家の門は四頭立ての馬車を納める。士人を愛したが乗る車は別とし、賓客を尊敬したが贈り物をやめるというように分別をわきまえていた。美玉を棄てて宝のような貴重な存在となり、財産を捨てて忠義を立てた。第六の銘である。

太陽はかの虞淵に沈み、水はかの魯川に合流するのが常である。路上のつむじ風は消えやすく、夜の河は頼りにはできないものである。大樹はここに倒れ、哲人は逝ってしまった。その哀しみは深いもので（女性に）機織りの仕事をやめさせるほどであり、その悲しみははなはだしいもので（商人に）市を閉鎖させるほどであった。第七の銘である。

攻め太鼓の音を聞いて公を思い出しては、悲しさをなぐさめる。皇帝からの恩沢は詔によって葬ることに均しく、恩恵は墓を賜うことに等しいほどであった。立派な墳丘を構え、墓の大きな建物が形作られた。恩寵は生前から死後にも及び、葬儀は哀しさと豪華さとの両方を極めていた。第八の銘である。

人の一生には限りがあり、死しては再び起きることはない。葬るために彩った車は夜に準備し、銅の棺は暁の中を進んだ。（渭水にかかる）橋の北側が墓域であって、北狄の南側にあたるこの地に葬るのである。路では葬列の馬車馬が哀しみのあまりその進路を変え、庭では弔客がその悲しみのあまり鶴となって天に高く飛びたった。第九の銘である。

生まれてきた嗣子（神感）は、その善良な性質はすべて落ち着いたものである。父を思ってなきむせび、母を慕って心を痛める。墳丘を月が昇る山に作り、雲がかかる峰に設けた。敬って金石に銘を彫り、良い評判が永く伝わることを願うものである。第十の銘である。

光宅元年（六八四）甲申、十月己卯朔、二十四日壬寅、ここに葬る。

二、考　察

（一）武威の安氏

武威の安氏は、中国へ移住したソグド人の中で最も長い期間にわたってその消息が分かる一族である。

彼らが中国に至ったのがいつ頃なのかは明確ではないが、『新唐書』巻七五下、宰相世系表、武威李氏の条［三四四五〜三四四六頁］に「後魏有難陀孫婆羅、周・隋間、居涼州武威為薩宝」とあることから、北魏あるいは北周期から、涼州武威に定住し「薩宝」の役割を果たしていたとされる［栄新江一九九九a：七二頁、呉玉貴一九九七：三〇〇頁］。そもそも涼州武威は、中国と西域とを結ぶ出入口として、後漢の時代にはすでに日に四度も市が立つほど発達していた場所である。(2) また、「薩宝」とは、「隊商のリーダー」を示すソグド語 sārtpāw の漢字音写で［吉田一九八八：一六八〜一七一頁］、北朝期には「ソグド人聚落の統治者」を指し、唐代には「祆教および祆教徒の管理者」を指すと考えられている［荒川一九九八・一九九九］。すなわち、武威の安氏は、おそくとも北周期以降、涼州に存在した商業を主な生業とするソグド聚落を取りまとめる役割を果たしていたと推測されるのである。

この安氏を名族としたのが、安興貴・安修仁の兄弟である。新旧両唐書によると、(3) 隋末の混乱期、兄の興貴は、唐の初代皇帝となる李淵に仕えていた。一方、弟の修仁は涼州武威を拠点とした隋末の群雄李軌の重臣中の重臣であった。その彼らが、唐の建国の功臣となった理由は、唐が長安を抑え、勢力が安定化し始めると、この興貴・修仁兄弟は相談・協力して李軌を倒し、涼州勢力を引き連れて、唐王朝に帰属したことにある。この事件からソグド人の一族が動乱期に中国で生き抜くために一つの勢力だけに加担しないという工夫、すなわち森安［二〇〇七ａ：一三二～一三六・二六七～二六八頁］の言う「安全保障」を行っていたことが分かる。以上の安興貴・修仁の活動から、彼らの世代には、代々行ってきた商業活動ではなく、武人として活躍していた事が分かるのである［山下二〇〇五・蘇航二〇〇五］。

次に詳細に分かるのが本墓誌訳注の墓主安元寿であり、彼の生涯については後述する。

その次の世代で、この一族の第二のポイントとなってくるのが、安史の乱の平定に軍人として活躍した李抱玉(4)・抱真である。特に李抱玉は、もとの姓名が安重璋であったが、天宝末年（七五五）の河西の戦いでの功績から「抱玉」の名を賜り、その後、安史の乱の際、乱の首謀者安禄山と同姓であることを恥じたために、粛宗から国姓の「李」を賜わった人物である。代宗の時、本貫を長安への移すことも自ら願い出て認められ、その際、一族も李姓に改姓したという。ちょうどこの時期は、安史の乱で勢力の弱った唐に付け込んで、吐蕃が中央アジア・河西回廊へ進出し、唐から中央アジア方面への交通が寸断されつつあった。この時期の安氏一族の長安への移住は、これまで拠点としてきた涼州を見限り、放棄したとも言えよう。

最後に、その動向が分かるのが、抱真の曾孫にあたる李振という人物で、『旧五代史』梁書、巻一八、李振伝［二五一～二五三頁］・『新五代史』巻四三、李振伝［四六九～四七一頁］に立伝されている。李振は、唐の崩壊～五代期に生きた人物で、朱全忠、のちの後梁の太宗に重臣として仕え、後梁政権の樹立に関わった。政治の実権が唐から後梁に移り、そして間もなく後梁から後唐へと移ると、後梁の重臣であった李振は処刑され（九二三年）、一族も誅殺され

【図表1】　復元武威安氏一族家系図

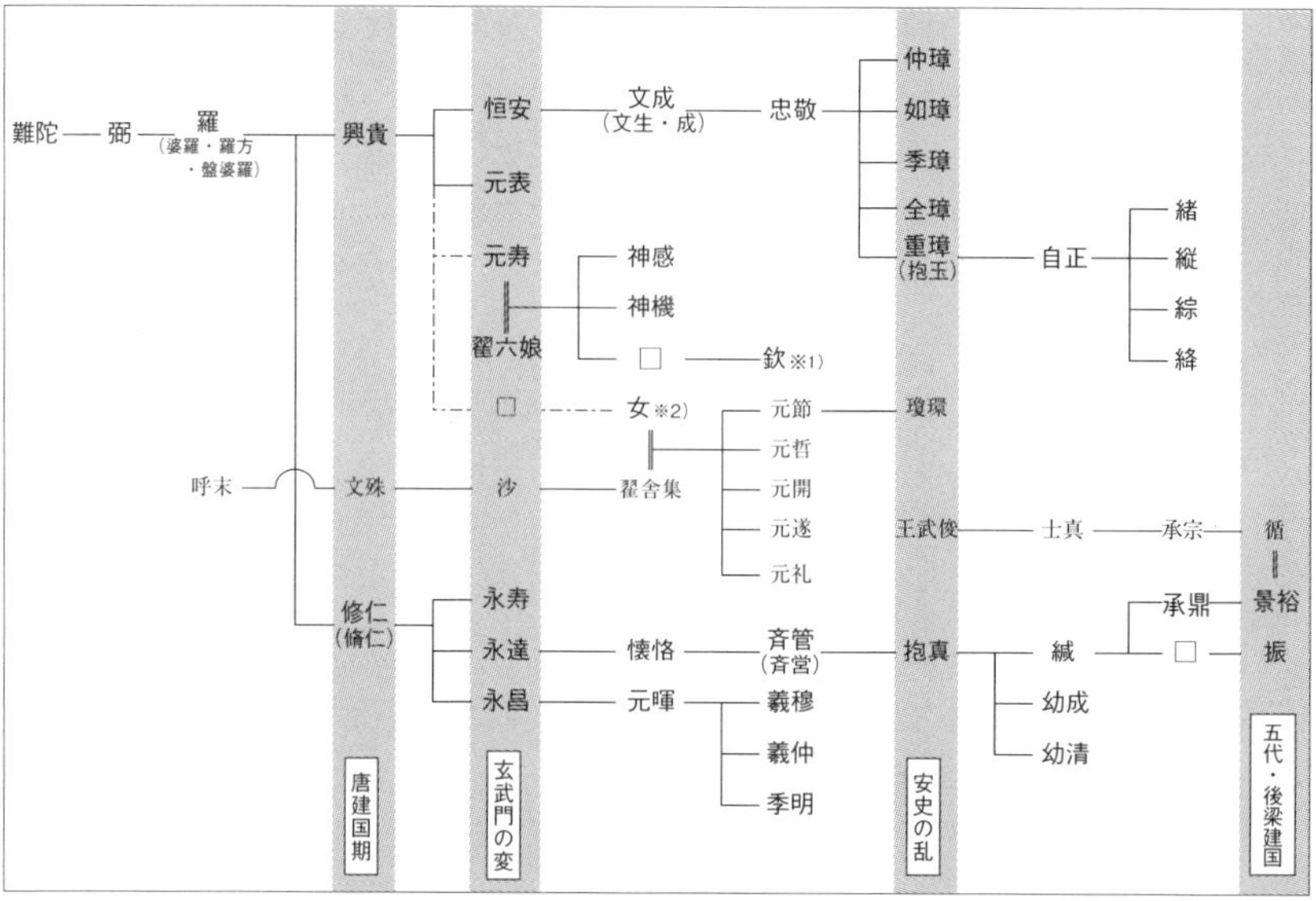

※「安元寿墓誌」の他に、「安元寿妻翟氏墓誌」[『昭陵碑石』pp.87・218]・「安忠敬碑」[『文苑英華』巻917、pp.4828-4829]・「李抱真墓誌」[『文苑英華』巻937、pp.4926-4928]・『新唐書』巻75下、宰相世系表、武威李氏の条[pp.3445-3448]・『元和姓纂』巻4[第1冊、pp.500-502]・『旧五代史』巻18、李振伝[p.251]をもとに作成。参考として「翟舎集墓誌」[黎大祥1998：pp.181-182]・「李景裕妻王循墓誌」（注（5）参照）より判明する情報も附した。

※1）欽は、元寿の孫であるが、父の名は不明。父が神感・神機の可能性もあるが、ここでは□で示す。

※2）の場合も同様。

た。安興貴・修仁の時のように、一族の中には、別の権力下にあって、生き延びた人物もいた可能性もあるが、今のところ、これ以降の武威の安氏一族をたどっていくことはできない(5)。

この一族の家系図を再現すると【図表1】のごとくになる。ただ、この安氏一族の世系を載せる『新唐書』には、不思議なことに安元寿が掲載されていない。陳志謙[一九九五：七〇四～七〇五頁]は、『新唐書』の記載が誤ったのであろうと考え、三つの可能性（Ⅰ恒安は元寿の誤り、Ⅱ元表は元寿の誤り、Ⅲ単に元寿が欠落）を示した。【図表1】は、Ⅲに従って作成したものである。

（二）　墓主安元寿の生涯

安元寿の生涯を年表にすると【図表2】のようになる。隋の六〇七年に生まれ、一

【図表２】　安元寿関連年表

皇帝	年		年齢	安元寿の生涯と唐の主な出来事
隋：煬帝	607	大業 7	1	安元寿生まれる。
	610	大業 6	4	のちに妻となる翟氏生まれる。
	617	義寧 1	11	李軌、武威に政権樹立。
	618	義寧 2 武徳 1	12	煬帝、揚州で殺され、唐が建国。
唐：高祖	619	武徳 2	13	安興貴・修仁兄弟が李軌を捕らえ、河西の地を唐に献上。
	622	武徳 5	16	秦王の指令によって幕府に入り、右庫真となる。
	626	武徳 9	20	玄武門の変。嘉猷門で宿衛 右千牛備身となる。
太宗	627	貞観 1	21	突厥の頡利可汗と便橋での和約調印に立ち会う。
	629	貞観 3	23	家業が多忙なために、武威に帰る。
	630	貞観 4	24	唐、東突厥を滅ぼす。　10数年間故郷にいる。
	640ころ	貞観14	34	西域に派遣、東羅可汗を冊拝させる。
				左領軍衛嬀泉府果毅都尉となる。
				父の安興貴死亡。
				左屯衛蘄川府果毅となる。
				母が年老いたので、任を解く。母が亡くなるが喪章をつけて戦いに出る。
				益州武威府果毅となる。
高宗	650	永徽	44	
	651		45	阿史那賀魯、反す。鎮圧のために北庭方面に出征。
				葱河道検校軍馬使となる。
	655		49	
	663	龍朔 3	57	右驍衛郎将を授かる。
	664	麟徳 1	58	左監門衛中郎将。
	665	麟徳 2	59	封禅の儀式に参加。　忠武将軍となる。
	670	咸亨 1	64	雲麾将軍となる。
	672	咸亨 3	66	右驍衛将軍となる。
	674	上元 1	68	右威衛将軍となる。
	679	調露 1	73	唐、霊州～夏州に六胡州を設置。
	681	永隆 2	75	夏州群牧使の安元寿が上奏（『唐会要』巻72下ほか）。
	683	永淳 2	77	安元寿、洛陽の河南里の自宅で死亡（8月4日）。
中宗　武后	684	光宅 1		安元寿、昭陵に陪葬される（10月24日）。
	698	聖暦 1		妻翟氏、長安の懐遠里の自宅で死亡（10月16日：89才）。
玄宗	727	開元15		妻翟氏、合葬（2月29日）。

※森安［2007］の年表を参考として作成。

三才の時（六一九年）に、父安興貴と叔父安修仁によって河西が唐へ帰属するという大事件があり、その三年後には、李世民の幕府に入って右庫真となった。その出仕の経緯は、墓誌に記されていないので不明だが、牛致功［一九九九：三八頁］は、安元寿が李世民に出仕した時期は、李世民が李建成と争うようにその勢力を強大化している時期であったことを指摘している。こうして、安元寿は、李世民の配下として、玄武門の変に立ち会うこととなるのである。

1．玄武門の変

玄武門の変は、唐高祖の武徳九年（六二六）六月四日の早朝、長安城の玄武門（北門）において、高祖の次男李世民が、兄の建成と弟の元吉とを殺害した事件である。その後、世民は唐の実権を掌握し、太宗として即位する。この玄武門の変は、一般的には高祖李淵の太原挙兵以来、最も功績の大きかった世民が、建成・元吉から排除されそうになったために、やむを得ず実力行使したクーデタであるとされている。ただ、この玄武門の変に関する基本史料が李世民側の立場から記されているために、その実情は判然としたものではない。しかしながら、近年、いくつかの墓誌史料から、史書に記されている以上に多くの人が関わっていたことが分かってきている。

この安元寿墓誌も玄武門の変について記している。墓誌12〜13行目によると、安元寿はこの変に際して、奉勅によって、武装した状態で嘉猷門に宿衛している。嘉猷門は、宮城の西北に位置し、掖庭宮（あるいは太倉）へと繋がる門である（【図表3】参照）。すなわち、この記事は、この事件が玄武門だけではなく、その他の門も計画的に塞いでいたことを示しており、さらには宮城全体を封鎖していたことをも推測させるのである。

なお、玄武門の変に関わっていたソグド人は安元寿だけではない。それは、ソグド人墓誌研究ゼミナール［二〇〇五：二二〇〜二二二頁］が明らかにするように、「史訶耽墓誌」には「勅北門供奉進馬」とあって、史訶耽は玄武門の変の際に軍馬を供給して、この事件決行の一翼を担っていた。この二件の墓誌は玄武門の変でソグド人が重要な働きをしていたことを示している。

2．頡利可汗の来寇

墓誌14～15行目は、突厥の頡利可汗が玄武門の変における唐の混乱に乗じて、西安のすぐ北を流れる渭水の便橋まで迫った事件について記す。墓誌では、貞観元年（六二七）のこととしているが、史書では[6]、武徳九年（六二六）八月あるいは九月のこととする。

墓誌14行目で、「太宗親率精兵出討」とするのは、『旧唐書』巻一九四上、突厥伝上［五一五八頁］などに見える、太宗が玄武門から、高士廉・房玄齢・周範馳などとたったの六騎で渭水に赴いた出来事を指すとみられる。この六騎のうち一騎は安元寿であったのだろう。そして、史書によると、太宗が川を隔てて頡利可汗と言葉を交わし、頡利可汗はその日のうちに和平を求めたという。本墓誌には、太宗と頡利可汗との直接会談とは別に、太宗と突厥の使者とが会談をしていたことが記されており、これは、史書中には見られない記事である[7]。また、安元寿がこの会談の際、近臣も排される中でただ一人同席したとあり、太宗の安元寿への信頼の篤さを物語っている。安元寿の同席には、もちろん太宗を衛る目的

【図表3】　長安宮城図

※妹尾達彦［2001：p.123］をもとに作成。

もあっただろうが、その任務に安元寿ただ一人が選出された理由には、おそらくは、彼がソグド人ネットワークの拠点である武威を代々統括する武威の安氏の出身であるので、突厥情勢に通じ、さらには突厥（古代トルコ／テュルク）語を操ることさえも可能であったためであろうと推測される。

3．家業への専念

墓誌15～16行目に、安元寿は家業が忙しいために官職を離れたことが記されている。呉玉貴［一九九七：三〇〇～三〇八頁］・山下［二〇〇四：六九頁・二〇〇五：八～九頁］は、この家業を「商業であろうか」としているが、具体的には何を指すのであろうか。

近年、これまで「商業の民」と考えられてきたソグド人の唐王朝下における武人としての活躍が指摘されており、その武人化の経緯に注目が集まっている。このソグド人の武人化を示す史料となるのが武威の安氏と固原の史氏(8)の事例なのである。森安［二〇〇七a：一三五～一三六頁］は、武威の安氏の事例から、ソグド人は、大量の馬を保持することによって、馬を商品とし、馬とラクダの機動力に頼る東西交易に従事する一方で、騎馬を中心とする軍事力を兼ね備える武装集団となったとする。それを受けて、山下［二〇〇八］は、ソグド人（特に武威の安氏や固原の史氏）に頻見される牧監の官を分析し、彼らの生業は軍馬の生産であり、その生業こそが彼らを武人化へと導いたとする。本墓誌の墓主安元寿については、『唐会要』巻七二、馬の条［一五四二～一五四三頁］掲載の、夏州群牧使安元寿の上奏（永隆二年（六八一））から、(9)彼が牧馬の管理を行っていた背景を分析し［五四六～五五三頁］、また、本墓誌21行目に見える阿史那賀魯の征討の際に就いた「葱河道検校軍馬使」は、おそらく軍馬調達を任務とした使職であろうとした［五六三頁］。以上から山下［二〇〇八：五五六頁］では、安元寿の「家業」とは、安氏一族が代々私的に営んできた「牧馬」

であったと改めた。

筆者は、基本的に山下氏の意見に賛成である。しかしながら、妻翟氏が死亡した場所が、長安の西市の真南の懐遠坊であったこと（「安元寿妻翟氏墓誌」10～11行目）、叔父の安修仁の家が、洛陽の南市のすぐ北西に位置する恵和坊の官舎であったこと〔『唐両京条坊考』巻五、東京、一五七頁〕は、武威の安氏一族が、涼州・洛陽・長安を結び、交易活動も行っていたことを推測させる。そのため、安元寿墓誌の「家業」とは、山下・森安両論を併せて、私的に馬を養う牧馬業と、その馬を商品としても、交易の手段としても利用した商業とすべきであろうと考える。

4．東羅可汗への冊授と阿史那賀魯の乱

墓誌16～17行目に「後奉恩勅、遣公充使西域、冊拝東羅可汗」とある。この東羅可汗は、史書中にその名が見られない。山下〔二〇〇八：五五二頁〕は、この「東羅」を鉄勒諸部の「同羅」の誤記と思われるとする。同羅は当時漠北にあって、薛延陀の支配下にあった。安元寿墓誌にはこの冊授の派遣先は「西域」とあるので、この時期ならば、むしろ西突厥の可汗だと考えられるのではないだろうか。それならば、この東羅可汗とは、いったい誰なのであろうか。

安元寿が西域に派遣され東羅可汗を冊拝させた時期は、彼が墓誌15行目に貞観三年（六二九）に本貫の武威に帰ることが許され、その十数年経った後であるので、貞観一四年（六四〇）以降であることが分かる。そこで、史書中に当時の西突厥への冊封の記事を探してみると、貞観一五年（六四一）に乙毗沙鉢羅葉護可汗への冊授が行われている。『通典』巻一九九、辺防一五、北狄六、突厥下の条〔五四五八頁〕には、以下のようにある。

乙毗可汗既立……貞観十五年、令左領軍将軍張大師冊授焉、賜以鼓纛。

乙毗（沙鉢羅葉護）可汗既に立つ……貞観十五年（六四一）、左領軍将軍の張大師をして冊授せしめ、鼓纛を以て

賜う。

これと同様の記事が『旧唐書』〔五一八四～五一八五頁〕・『新唐書』〔六〇五九頁〕・『資治通鑑』〔六一六八頁〕に掲載されており、『資治通鑑』は、張大師に命じたのを貞観一五年七月甲戌（一五日）のこととしている。

『旧唐書』巻一九四下、突厥伝下〔五一八五頁〕には、貞観一五年（六四一）に乙毗咄陸可汗を廃して乙毗射匱可汗へも印璽を送り冊封したとあるが、これは内藤〔一九八八、二〇三～二〇四頁〕によってこの年ではないことが確認されている。したがって、安元寿の関わった冊封の記事が史書に記録されていない可能性を除けば、東羅可汗は乙毗沙鉢羅葉護可汗であると考えられ、安元寿は使者の張大師に同伴して西域に派遣されたと考えられる。(10) 以上のとおりであるとすると、安元寿が派遣された西域とは、おそらく乙毗沙鉢羅葉護可汗の牙庭とされる砕葉（Suyab）の北であった〔内藤一九八八、一九七頁〕と推測されるのである。

なお、『資治通鑑』巻一九六、唐太宗貞観一五年（六四一）〔六一六八～六一六九頁〕には、張大師に使者を命じる記載の直後に以下のような記事がある。(11)

上又命使者多齎金帛、歴諸国市良馬、魏徴諫曰「可汗位未定而先市馬、彼必以為陛下志在市馬、以立可汗為名耳。使可汗得立、荷徳必浅、若不得立、為怨実深。諸国聞之、亦軽中国。市或不得、得亦非美。苟能使彼安寧、則諸国之馬、不求自至矣。」上欣然止之。

上、又た使者に命じ、多く金帛を齎《あた》えて、諸国を歴し良馬を市《か》わしめんとするに、魏徴諫めて曰く「可汗の位未だ定まらずして先ず馬を市えば、彼必ず以為らく、陛下の志は馬を市うに在りて、可汗を立つるを以て名と為すのみ、と。使して可汗立つるを得れば、徳を荷うに必ず浅く、若し立つを得ざれば、怨を為すに実に深からん。諸国之を聞き、また中国を軽んぜん。市うも或いは得ず、得るもまた美にあらず。苟しくも能く彼をして安寧せしむれば、則ち諸国の馬、求めずして自ら至らん」と。上、欣然として之を止む。

以上より、太宗が乙毗沙鉢羅葉護可汗に使者を送った背景には、良馬の獲得という目的があったことが窺える。上述したように、馬の育成は当時のソグド人の重要な生業である。この記事では、魏徴に諫められて断念したことになっているものの、安元寿が冊授に同行した目的の一つには良馬の獲得があったと言えるであろう。さらに一歩進んで考えれば、安元寿が乙毗沙鉢羅葉護可汗の冊拝に赴いたことは、ソグド人の馬の供給元の一つが、砕葉（Suyab）周辺であったことをも示していると考えられよう。

ところで、墓誌20行目「至永徽年中、賀魯扳常、驚擾沙塞」の賀魯とは、阿史那賀魯のことである。賀魯は、室点密可汗の五世の孫、曳歩利設射匱特勤の子とされ、突厥王族の出身である。彼は、当初従属していた乙毗咄陸可汗が吐火羅に逃げると唐に帰順し、左驍衛将軍や瑶池都督に就任したが、太宗の崩御を機に、自立を企てた。これがいわゆる阿史那賀魯の乱である。史書によると、[12]賀魯が多邏斯の牙城（現在のEmil河流域Yaris平原［内藤一九八八、二五二頁］）で沙鉢羅可汗を自称し独立したのは、永徽元年（六五〇）末あるいは翌年の正月のことで、以降、顕慶二年（六五七）賀魯が石国（Tashkent）で捕らえられるまでこの反乱は続いた。墓誌21行目を見ると、安元寿はこの乱に際して「葱河道検校軍馬使」に就任している。「葱河道」という地名は史書中には見えない。ただし、永徽六年（六五五）に程知節が葱山道行軍大総管に任じられ、賀魯の討伐に出ていることから、[13]「葱河」は「葱山」の誤りで、安元寿は軍馬調達と管理を任務としたであろう軍馬使として、程知節の征討に参加したと考えられる［山下二〇〇八、二五頁］。程知節の行軍目的地は、その軍の名称となっている葱山（葱嶺／Pamir）[14]であると考えられ、[15]そこは、賀魯が永徽二年（六五七）に乙毗射匱可汗を破り、西突厥を統一して以降、本拠地とした砕葉（Suyab）の牙庭のさらに西側に位置する。史書によれば、程知節軍は、葱嶺や砕葉に達することはなかったようである。[16]ただ、安元寿がこの地を目標とした軍馬使に就任したことは、先述の東羅可汗への冊授に派遣された事も考え合わせれば、安元寿が天山北路一帯の馬の状況に熟知していたためだと考えられるのである。

すなわち、安元寿が唐の対西突厥戦略に用いられ、種々の重要な役割を果たしたこと、これらはすべて彼が現地の地理や情勢に詳しかったために抜擢された結果であったと推測できる。

おわりに

本章では、ソグド人の名族である武威の安氏の中でも、太宗の昭陵への陪葬を許されるほどの名誉を得た安元寿の墓誌を解読した。彼の墓誌には、玄武門の変・頡利可汗の来寇・阿史那賀魯の乱など特に太宗・高宗時代の重大事件が次々と記されており、それぞれの記載が史書を補う重要な情報を提供するものである。墓誌によると、安元寿は、これらの事件に対して、主に武人として参加し、特に突厥との交渉で活躍した様子が見られた。また、本墓誌には、家業（本章では「馬の育成と商業」と解釈）に専念するといった、私的な面も見えた。

安元寿は、墓誌によって存在が知られるソグド人の中で最も出世した事例であって、これが当時のソグド人すべての様子を示しているものではない。ただし、彼の背後、すなわち涼州武威のソグド人聚落や、武威と繋がるソグド＝ネットワーク上などには数多くのソグド人がいたはずである。このように考えれば、「安元寿墓誌」に見られたような、安元寿と唐の重大事件との関わりは、その背景にソグド人社会が存在していたことを示しており、さらに言えば、それは決して安元寿個人に限定的なことではなく、多くのソグド人が同様に関わっていたと見るべきであろう。このようなソグド人が、唐代中国における国際的な社会の形成の一翼を担っていたと言えるのである。

注

（1）本墓誌を掲載する資料は、以下の通りである。①昭陵博物館［一九八八：三七～四九頁］、②『昭陵碑石』七三頁（拓本写真）・二〇一～二〇四頁（録文）、③李昊陽主編、胡元超編著［二〇〇六：二七六～二八〇頁（録文と現代漢語訳）］、④『隋唐五代墓誌彙編』陝西三―九八頁、⑤『唐代墓誌彙編続集』光宅〇〇三、⑥『全唐文新編』三―一九五八～一九五九頁、⑦『全唐文補遺』一―六七～六九頁、⑧『全唐文補編』上―二二六～二二七頁、⑨『新中国出土墓誌』陝西一―八九、⑩『中国西北地区歴代石刻彙編』二―一一〇、⑪『陝西碑石精華』六六。また、氣賀澤No.一六七三である。なお、「安元寿妻翟氏墓誌」の所在は、氣賀澤No.二九六四に掲載。

（2）『後漢書』巻三一、孔奮伝［一〇九八頁］

（3）『旧唐書』巻五五、李軌伝［二二五一～二二五二頁］・『新唐書』巻八六、李軌伝［三七一〇～三七一一頁］。

（4）『旧唐書』巻一三二、李抱玉伝［三六四五～三六四七頁］・『新唐書』巻一三八、李抱玉伝［四六一九～四六二〇頁］。

（5）李振の従兄弟、もしくは兄弟にあたる李景裕の妻王循の墓誌（開成元年（八三六）六月埋葬：氣賀澤No.五二八四）が出土している。この墓誌は、李振の処刑（九二三年）以前に作成されているので、残念ながら武威の安氏一族の後裔が生き残った証拠にはならない。ただし、この王循は、成徳節度使の王武俊の曾孫にあたる人物で、武威の安氏の後裔が河朔三鎮の有力な一族と婚姻関係にあったことは非常に興味深い。

（6）この事件は以下に掲載される。『旧唐書』巻二、太宗本紀［三〇頁］・巻一九四上、突厥伝上［五一五七～五一五八頁］：『新唐書』巻二、太宗皇帝本紀［二七頁］・巻二一五上、突厥伝上［六〇三三～六〇三四頁］：『資治通鑑』巻一九一、唐高祖武徳九年（六二六）［六〇一九～六〇二〇頁］：『貞観政要』巻九、議征伐三五［四七一頁］。なお、本墓誌では、頡利の兵はその数三〇万とするが、『旧唐書』［五一五八頁］・『新唐書』［六〇三二頁］は一〇万、『資治通鑑』［六〇一九頁］は執失思力が見たところ一〇〇万、『貞観政要』［四七一頁］は一二万とする。その数は少なくとも一〇万以上であったと見られる。

（7）史書では、太宗が便橋へ出征する前に、突厥側から長安の様子を見に来た執失思力を太宗が捕らえたとする。牛致功［二〇〇一］は、思力の弟の「執失善光墓誌」（開元一一年（七二三）、昭陵出土）に見えるこの事件に関する記事から、思力は事態の打開策（財物を与えること）を太宗にもたらし、太宗がそれに応じたとする。また、「安元寿墓誌」に見える太宗と頡利の使者との会談は、太宗と頡利の面会の後、突厥が兵を引くまでの間に行われた具体的な和睦の条件交渉の場であったと見る。

(8) 固原の史氏とは、北周〜唐代にかけて、原州（現在の寧夏回族自治区固原市）に住んだソグド人で、共に史姓をもつ二系統の一族。一九八七年以降、固原市南郊村から発掘された古墓群から計七件のソグド人墓誌が発見され、その活動の様子が明らかとなった［寧夏回族自治区固原博物館・羅豊一九九六・ソグド人墓誌研究ゼミナール二〇〇四〜二〇一〇］。

(9) これと同様の記事は、『冊府元亀』巻六二一、卿監部二、監牧［七一九六頁］・『資治通鑑』巻二〇二、唐開耀元年（六八一）七月の条［六四〇二頁］にも見える。

(10) 乙毗沙鉢羅葉護可汗は『新唐書』［六〇五九頁］では畢賀咄葉護（Bayatur Yabγu）とされ、そこには「東羅」という音が見られない。「安元寿墓誌」でなぜ「東羅可汗」と呼んだかという問題が残る。

(11) 同様の記事は、『旧唐書』巻七一、魏徴伝［二五五九〜二五六〇頁］・『貞観政要』巻二［一〇七〜一〇八頁］にあるが、ここでは、簡潔にまとめられている『資治通鑑』を引用する。

(12) 『旧唐書』巻四、高宗本紀［六四頁］・巻一九四下、突厥伝［五一八六〜五一八七頁］；『新唐書』巻四、高宗本紀［五三頁］・巻二一五、突厥伝下［六〇六〇〜六〇六二頁］。

(13) 『旧唐書』巻六八、程知節伝［二五〇四頁］；『新唐書』巻三、高宗本紀［五六頁］・巻九〇、程知節伝［三七七三頁］・巻二一五、突厥伝下、西突厥の条［六〇六二頁］。

(14) 『資治通鑑』巻一九九、唐高宗永徽六年［六二八八頁］胡三省の注に「葱山即葱領」とある。この葱領は葱嶺の誤りと見られる。

(15) 阿史那賀魯が叛した翌年の永徽二年（六五一）、唐は梁建方と契苾何力とに弓月道行軍を率いさせて討伐した。松田［一九三〇：三五三頁］は、西突厥における弓月城の重要性などを説き、弓月道行軍の目的地は、賀魯が根拠を据えていた弓月城であったとする。すなわち、行軍目標地を軍の名称としたことが分かる。

（16）『冊府元亀』巻九八六、外臣部、征討五［一一四一〇頁］・『資治通鑑』巻二〇〇、唐高宗顕慶元年（六五六）［六二九八～六三〇〇頁］によれば、程知節の軍は歌（葛）邏禄と処月を楡幕谷で破り、副将の周智度が突騎施・処木昆などを咽城を陥落させて破った。さらに、程知節軍は、応娑川で西突厥軍と鼠尼施軍との戦いに勝利したが、その後、西突厥軍を追跡せずに、怛（恒・嘗・常）篤城に入城し、多くの胡人を殺してその財産を略奪した。この中の地名で応娑川は Yulduz であるとされるが［松田一九二九：二七九～二八〇頁］、その他は未詳である。

第三章　唐の中央アジア進出とソグド系武人
――「史多墓誌」を中心に――

はじめに

本章で扱う「史多墓誌」（【図表1】）は、二〇〇九年に趙振華氏の論文「唐代粟特人史多墓誌初探」で初めて報告された。そこには拓本写真と墓誌録文とともに解釈も掲載された。趙氏も指摘するように、墓主の史多は、史姓であることに加えて、墓誌文の冒頭で「西域の人なり」と記されるので、本書第一部第一章で記した基準に照らせば、ソグド人であると考えられる。

本墓誌で特に問題となり、注目したいのは、墓主史多の唐への帰属がどのように行われたかについてである。この点について、趙振華［二〇〇九：七九頁］の摘要には以下のようにまとめられている。

「史多墓誌」が新たに世の注目を集めるのは、それが中央アジア史国城主を代々世襲した後裔のものだからである。曾祖父の達官、祖父の史味は、東方文明を敬慕して隋に通じた。唐が建国されると、城主は子の史曰を質として長安に入れて、宗主国への忠信を示した。唐は彼に玉門関の鎮守を命じることで、シルクロードの険要の地で円滑な交通を確保したのである。第二代目の質子の史多は、太宗の命によって中郎将となり、長い間長安の王宮で宿衛し、一心に主に仕えた。……この出土文献は、ソグド諸国と中国との信頼と友好の往来という背景の下、史国の貴族が唐に移住して官途に就き、帰還せずに洛陽の人となり、ついには華化した子孫を残したという

【図表１】「史多墓誌」拓本

本拓本は、科学研究費補助金基盤研究（B)「ソグド人の東方活動に関する基礎的研究」(研究代表：森部豊、関西大学文学部教授）2009年度調査にて洛陽を訪れた際、趙振華氏より譲り受けたものである。

文明の歴史を明示しているのである。

以上のように、趙振華氏は、墓主の史多とその父親の史曰はソグディアナの史国（キッシュ：Kish）からの人質として唐に入ったと考えている。確かに、趙振華［二〇〇九：八〇～八一頁］で指摘するように、ソグド人の墓誌には、「米継芬墓誌」(1)や「何文哲墓誌」(2)のように質子として来朝したことが記されたものがある。ただし、以下で考察するように「史多墓誌」の場合は、これらの事例と同様に扱うことはできないと考えられる。

そこで本章では、まず「史多墓誌」を解読し、その後に史多の唐への帰属の問題を中心として、彼をとりまく国際情勢について考察したい。

一、「史多墓誌」訳注(3)

趙振華［二〇〇九：八〇頁］によれば、本墓誌は、洛陽から出土したもので、一辺四六㎝、厚さ一〇㎝の青石（青黒い石灰岩）とされるが、この墓誌の具体的な出土地、発見された経緯、伴出物の有無などの詳細は不明である。また、残念なことに、筆者は実見することができていない。

なお、本墓誌の訳注部分は、二〇一〇年度早稲田大学大学院文学研究科の石見清裕教授の特論で講読した成果を取り入れている。講読では、6行目「公之是也」までを石川澄恵氏、13行目「礼也」までを産方晃彦氏、17行目「威振細柳」までを森田智子氏、銘文部分を福島が担当した。

（一）録　文

【図表２】「史多墓誌」関係年表

王朝	西暦	年号	事がら		史多の年齢
隋	609	大業 5	4月 伊吾、隋に遣使。 6月 伊吾の吐屯設等が西域の数千里の地を隋に献上。		
	610	大業 6	隋、薛世雄を伊吾に遠征させる。 隋、伊吾郡を設置。		—
唐	618	大業14 武徳 1	隋の煬帝が殺される。李淵（高祖）、唐を建国。 史多、誕生。		0
	630	貞観 4	3月 頡利可汗が捕えられて東突厥が崩壊。 9月伊吾の石萬年ら7城の城主が唐に来朝して帰属。	史多、 中郎将 ↓ 冠軍大将軍・ 上柱国・ 右領軍衛中郎将	13
	640	貞観14	唐、麹氏高昌国を滅ぼす。		22
	648	貞観22	唐、亀茲を征服。		30
	657	顕慶 2	唐、阿史那賀魯の乱を鎮圧。		39
	658	顕慶 3	唐、康居都督府を設置。		40
	718	開元 6	史多、死亡。		101
	719	開元 7	史多、洛陽城の南に葬られる。		

1 大唐故冠軍大將軍史北勒墓誌并序
2 公諱多、字北勒、西域人也。建土鹿塞、代貴龍庭。交贄往来、
3 書于曩策。公其後也。曽祖達官、本蕃城主、自天縦知、神朗
4 宏達。不由文字、晤暗古今。率彼附容、遠欽　皇化。祖味嫡
5 襲、不墜忠貞。父曰、夙使玉関、作鎮金塞。乃礼遣長子削袵
6 来庭。公之是也。公至、自皇上嘉其誠款、特拜授中郎將。自
7 参侍丹墀、綿歴年祀、嘗無纎犯、聲譽日聞。又加冠軍大將
8 軍、進位上柱國、轉右領軍衛中郎將。擁虎賁之猛士、警翼
9 皇圖、運豹韜之奇籌、弥摧匈寖。公素知止足、不尚矜華。謝
10 病丘園、甘寢私苐。歳時月見、二三而已。谷神不死、徒着五
11 千之賢、聖□歸、終化一棺之土。以開元六年十月廿六日
12 薨於里苐、春秋一百一。七年四月十五日遷厝於洛陽城
13 南、礼也。其處則迩接華陽、依紫微於北極、俯臨伊渚、竒琇
14 控於南山。瑞則仙鶴吊人、圖則神龜占地。絶漿哀子、痛甚
15 曽参。樹劔良朋、悲深呉札。沿茲銘典、以勒泉門。翼播金聲、
16 永存玉策。其詞曰、
惟徳動天、無遠不届。赫々宗唐、四
17 方是拜。英々公族、則為蕃首。聲聞中華、威振細柳。粤自龍
18 庭、入侍鳳闕。削袵拖紳、解辮冠鬟。翼々警衛、亹々歳月。忠

19 懇日聞、礼數時越。功踰衛霍、績出韓彭。玉門擁節、金嶺麾
20 旌。不尚矜華、屢乞骸骨、謝病歸家、星離寡罶。日逗纖隙、人
21 生斯須。忽如過客、羃歴草隧。蕭瑟風柏泉路、一分幽明永
22 隔。名冀与兮天壤倶、雕茲石兮勒銘策。

（二）訓読

大唐の故①冠軍大將軍史②北勒の墓誌并びに序

公、諱は多、字は北勒、西域の人なり。土を③鹿塞に建て、代々④龍庭に貴たり。⑤贄を交えて往來し、⑥囊の策に書さる。

公は其の後なり。曽祖の⑦達官、⑧本蕃城主なり。⑨天より知を縦《ゆる》され、神朗宏達たり。文字に由らず、晤《あき》らかに古今を暗ず。彼の⑩附容を率い、遠く皇化を欽う。祖の味、嫡襲し、忠貞を墜さず。⑪父の曰、夙に⑫玉関（関）に使いし、金塞に作鎮す。乃ち礼もて長子を遣わし、⑬削袵して来庭せしむ。公は之れ是なり。

公至れば、皇上の其の⑭誠款を嘉するを自《もっ》て、特に拜して⑮中郎將を授けらる。自ら⑯丹墀に參侍し、年祀を綿歴して、嘗て纖犯無く、聲譽は日々聞こゆ。又、冠軍大將軍を加えられ、位を⑰上柱國に進められ、⑱右領軍衛中郎將に轉ず。⑲虎賁の猛士を擁し、⑳警《いまし》めて皇圖を翼《たす》け、㉑豹韜の奇籌を運《めぐ》らし、弥《ことごと》く㉒匈寇（寇）を摧《くじ》く。公、素より止足を知り、華を矜《ほこ》るを尚ばず。㉓丘園に謝病し、私第に㉔甘寝す。歳時に㉕月の見《まみ》えること、二三のみ。㉖谷神は死せずして、徒だ㉗五千の賢を着《あらわ》（著）すも、聖□歸、終に㉘一棺の土と化す。開元六年十月廿六日を以て里第に薨ず。春秋一百一。七年四月十五日、洛陽城南に遷厝す。礼なり。其の處（處）は則ち迩《ちか》く㉙華陽に接し、㉚紫微を北極に依り、俯して㉛伊渚に臨み、㉜琇控を南山に奇（倚）る。瑞は則ち仙鶴人を弔《とむら》（弔）い、圖は則ち㉝神龜地を占う。㉞絶漿の哀子、痛ましきこと曽參より甚だし。㉟樹

劔の良朋、悲しみは呉札より深し。茲の銘典に沿い、以て㊱泉門に勒《きざ》む。翼《つつ》しみて㊲金聲を播き、永く㊳玉策に存《たも》つ。其の詞に曰く、

惟れ徳は天を動かし、遠く届かざる無し。赫々たる宗㊴唐、四方是れ拜す。英々たる公の族、則ち蕃首と為る。聲は中華に聞こえ、威は㊵細柳に振るう。粤に龍庭より、入りて㊶鳳闕（闕）に侍す。祗を削り㊷紳を拖き、㊸辮を解き髮を冠す。㊹翼々たる警衛、㊺亹《び》々たる歳月。忠懇もて日々聞こえ、㊻礼數もて時に越ゆ。功は㊼衛霍を踰え、績は㊽韓彭を出づ。㊾玉門に擁節し、金嶺に麾旋す。華を矜るを尚ばず、㊿屢々骸骨を乞う。謝病して家に歸し、(51)星離にて罶に寡《すく》なし。日の逗《とど》まるや纖隙にして、人の生くるや(52)斯須たり。忽として(53)過客の如く、(54)草隧を冪歴す。(55)蕭瑟たる風は泉路を柏《う》ち、一たび(56)幽明を分かてば永く隔たらん。名は(57)天壤と倶にするを冀い、茲の石に雕みて銘策を勒す。

（三）語　釈

①「冠軍大將軍」　正三品の武散官。

②「北勒」　文献史料中の漢人の名には見られない。いずれかの言語の漢字音写であろうか。中古音は puək lək。仮に、古代トルコ語の漢字音写であると仮定して復元すれば、Bäglig となるだろうか。bäg は支配者階層に属する「族長」の意〔護一九六七：九九頁〕、-lig は「—の資格がある者、—のある者」を表す接尾辞であり、「ベグの資格を持てし者、ベグの地位にある者」と解釈できる〔cf. Clauson1972：p.326a〕。ただし、古代トルコ語 Bäglig が漢語で「北勒」と表記された前例はないこと、そして、現在までに比定されている古代トルコ語の漢字音写の中には古代トルコ語の語頭音 b- を漢語の p- で写した例は存在しないことから、現時点でこれは「不確かな音写」と見なさざるを得ない。その反面、古代トルコ語には借用語を除いて p- で始まる単語は存在せず〔cf. Erdal 2004：

p.65〕、「北勒」を古代トルコ語として復元するには b- と読む以外に方法はない。また、「北勒」が Bäglig であるとすると、当時この単語が人名として使用されたのかという問題も出てくる。以上の復元は、あくまでも「北勒」が「古代トルコ語」であるという前提に立った上のものであり、断定するには多くの問題がある。それゆえに他言語の人名要素である可能性も捨てきれず、更なる検討が必要である。(4)

③「鹿塞」　鹿寨、鹿砦、鹿柴。木の枝などを立てて鹿の角のようにし、敵の侵入を防ぐ。さかもぎ。転じて、辺境の要塞。

④「龍庭」　北方遊牧民族の王庭。本墓誌では、突厥の王庭を指す。隋煬帝が突厥啓民可汗の牙帳を訪れた際に、喜んで詠んだ詩に「鹿塞鴻旗駐、龍庭翠輦廻」とある〔『隋書』巻八四、北狄伝、突厥、一八七五頁〕。

⑤「贄を交えて往來し」　礼物を贈り交わし、使者を往来させること。『春秋左氏伝』成公、伝一二年〔二、七五八頁〕に「交贄往来、道路無壅」とある。

⑥「曩の策に書さる」　「策」は竹簡、または竹簡を綴じた竹冊のこと。『春秋左氏伝』杜預「春秋左氏伝序」〔一、二五頁〕に「大事書之於策、小事簡牘而已」とあり、史多の先祖の事績が重要事項として記録されたことを意味する。

⑦「達官」　突厥碑文に見られる tarqan の漢字音写。tarqan は、可汗の行政幹部を形成した官僚のことで〔護一九六七：一一二頁〕、「達干」とも書く。tarqan の語源については諸説あって、漢語の「達官」に由来するともされる〔羽田一九三〇：三三一頁、護一九六七：一四九頁（註七六）、森安一九九一：一九五～一九六頁〕。曾祖父の官職名か、あるいは人名かは不明瞭である。

⑧「本蕃城主」　「本」は「もとの」の意。「本」には「この」の意もあるが、ここでは意味が通じない。「蕃」は

中国周辺の地域・民族のこと。「城主」は一城の君主。

⑨「天より知を縦され」　天によって知恵を持つことを許されたこと。生まれもって知恵があること。『論語』子罕（一九五頁）の「大宰問於子貢曰、夫子聖者與。何其多能也。子貢曰、固天縦之将聖。又多能也」をふまえた表現。

⑩「附容」　附庸。「容」は「庸」の仮借。天子に直属せずに大国に附属する小国のこと。「庸」は小城のこと。

⑪「父の曰」　拓本で見る限り、「日」にも見えるが、ここではより近い「曰」を採ることとする。

⑫「玉関に使いし、金塞に作鎮す」「玉関」は玉関、玉門関。唐代は瓜州（現在の甘粛省酒泉市瓜州県鎖陽城）の北に置かれていた。「金塞」は西方の要塞。金方は西方のこと。「作鎮」は鎮守すること。『文選』贈答二、潘安仁「為賈謐作贈陸機」〔一一五四頁〕に「藩岳作鎮、輔我京室」とある。

⑬「削袵」　袵は襟。左前の襟を取り去ること。すなわち胡服をやめること。

⑭「誠款」　誠実でいつわりのないさま。

⑮「中郎将」　中郎将は、左右衛の親府など五府、および左右驍衛・武衛・威衛・領軍衛など禁軍の左右翊中郎将府に属し、各府で校尉以下の宿衛する者を統括する〔『唐六典』巻二四、六一八頁〕。正四品下。この他、唐の中郎将には、武散官の懐化中郎将（正四品下）・帰徳中郎将（従四品下）もあるが、貞元一一年（七九五）の設置のため、これにはあたらない〔『唐会要』巻一〇〇、帰降官位、二一三七頁〕。

⑯「丹墀」　宮殿前の石の階段とそれに続く庭のこと。丹砂で赤く塗り込められていたため。

⑰「上柱國」　正二品の勲官。

⑱「右領軍衛中郎將」　右領軍衛の左右翊中郎将府の中郎将で正四品下（前掲語釈⑮参照）。

⑲「虎賁」　文意により補う。虎賁は周代に天子の警護を行う勇士のこと。漢代になると賁虎郎将として宮中の宿衛に当たった。勇奮なさまが猛虎の走るようであることからいう。

⑳「警めて皇圖を翼け」「皇図」は天子の版図、またその王朝。ここでは、禁衛の警備によって、唐王朝に仕えたことを示す。

㉑「豹韜の奇籌」「豹韜」は兵法書『六韜』の篇名。「籌」ははかりごと。なお、豹韜は唐の禁衛の名（光宅元年（六八四）～神龍元年（七〇五）に設置）でもある。

㉒「匈寝」「寝」は「寇」。「匈寇」は悪者、つまり北方異民族（当時は突厥）が侵略すること。

㉓「丘園に謝病し」「丘園」は隠居の地。「謝病」は病気を理由に君命を断ったり、辞職すること。

㉔「甘寝」　安らかに眠ること。

㉕「月の見えること」「月」は臣下のこと。『詩経』国風、邶風、日月［上、一二三頁］に「日居月諸」とある。ここでは史多が人と会見することか。

㉖「谷神は死せず」　天地万物を生みだす力は不死不滅であること。『老子』成象［一一頁］「谷神不死、是謂玄牝」が出典。

㉗「五千の賢」　五千年に一人の賢者。『孟子』尽心下（五一二頁）や『史記』巻一三〇、太史公自序［三二九六頁］などには「五百年にして聖人が現れる」とあり、ここではこの「五百年」を誇張した表現と見られる。なお「史道徳墓誌」にも同様の表現として「応五百之賢人」が見える［ソグド人墓誌研究ゼミナール二〇一〇語釈㉙参照］。

㉘「一棺の土」　死後、棺に納められた肉体は土と化して無形になること。『淮南子』精神訓［上、三三九頁］の「吾生也有七尺之形、吾死也、有一棺之土。吾生之比於有形之類、猶吾死之淪於無形之中也」をふまえた表現。

㉙「華陽」　戦国時代に魏と韓の邑であった華陽を踏まえ、ここでは漢魏以来の京師洛陽を指す。

㉚「紫微を北極に依り」　「北極」は北極星。「紫微」は北極星を中心として北斗七星の北にある一五の星の名。天帝の居所を護衛しているとされる。

㉛「伊渚」　伊水。熊耳山の南麓に発し、洛陽の南を経て洛水に注ぐ。

㉜「琇控を南山に竒る」　「琇」は玉のように美しい石。「控」はひかえ、たくわえ。「南山」は洛陽の南の竜門山。「竒」は「倚」の通仮字。

㉝「神龜地を占う」　亀甲を用いて墓地を占うこと。卜宅兆。唐代の官僚の喪葬礼については、『大唐開元礼』凶礼に掲載される。墓誌に記載される喪葬儀礼、特に墓地の選定については、ソグド人墓誌研究ゼミナール［二〇〇九、三三九～三四一頁］に詳しい。

㉞「絶漿の哀子、痛ましきこと曾參より甚だし」　子が親の死を悲しみ、喪に服する様子。「曾参」は曾子。曾子が父の喪に服した際に七日間、水や液体さえも口にしなかったという故事［『礼記』檀弓上、上、九五～九六頁］。

㉟「樹劔の良朋、悲しみは呉札より深し」　友の死を悲しむ様子。「呉札」は呉季札。呉季札が亡き友である徐君のために自らの剣を徐君の墓前の樹木に掛けたという故事［『史記』巻三一、呉太伯世家、一四五九頁］。

㊱「泉門」　墓の門。死後に行く地下世界（黄泉）への門。

㊲「金聲」　鐘や鉦の音色。転じて、よい評判。

㊳「玉策」　玉で作った札。玉冊。書物の美称。

㊴「宗唐」　「宗」はおおもと、中心。ここでは、唐王朝が天下で従うべき中心であること。

㊵「細柳」　伝説上の地名。『論衡』説日［中、七五六頁］に「日旦出扶桑、暮入細柳……細柳西方野也」とあり、

西方の太陽が没する所を指す。

㊶「鳳闕」「闕」は「闕」の異体字。鳳闕は、宮城の門。鳳門。両観の上に銅製の鳳凰を飾り付けてあるためにいう。転じて宮城も指す。

㊷「紳を拖き」朝服の上に帯をすること。「紳」は大帯。『論語』郷党［一二三頁］に「疾、君視之、東首加朝服、拖紳」とある。

㊸「辮を解き髮に冠す」遊牧民のする辮髪を解いて、中華王朝の冠を被ること。「辮」は辮髪。髪を編んで後ろに垂らした遊牧民の髪型。なお、『旧唐書』巻一九八、西戎伝、康国の条［五三一〇頁］に「丈夫翦髪或辮髪」とあって、ソグド人にも辮髪の者がいたとされる。

㊹「翼々」敬い慎む様子。『詩経』大雅、大明［下、三四〇〜三四一頁］に「惟此文王、小心翼翼」とあり、鄭玄は「小心翼翼は、恭慎の貌なり」とする。

㊺「亹々」勤勉で怠らないこと。『詩経』大雅、崧高［下、五〇五頁］「亹亹申伯、王纘之事」とある。

㊻「礼數」身分によって定められた礼儀、待遇、礼節。『春秋左氏伝』荘公、伝十八年［一、二〇一頁］「王命諸侯、名位不同、礼亦異数」とある。

㊼「衛霍」漢武帝期の名将衛青と霍去病。ともに匈奴と戦い勝利をおさめた。

㊽「韓彭」楚漢戦争期の名将韓信と彭越。ともに楚を倒すにあたって功績があった。

㊾「玉門に擁節し、金嶺に麾旌す」「玉門」は玉門関。「節」は天子が使臣に持たせる証拠。割符は軍隊を動かす際の節。「金嶺」はアルタイ山脈。「麾旌」は軍を指揮するための旗。なお、「玉門」と「金嶺」、および語釈⑫の「玉関」と「金塞」は単なる対句表現で「玉門関」や「アルタイ山脈」を具体的に指すものではないとも考えら

れようが、墓主が西域の人であること、「玉関」「玉門」に対となる語として「金地」「金階」「金闕」などのような西方と無関係なものが選択されていないことから、西方の特定の地域を想定していると考えられる。

㊿「骸骨を乞う」　官吏が辞職を願い出ること。乞骸《きつがい》・乞身《きっしん》とも言う。

51「星離にて罶に寡なし」「星離」は星のように数が多い様子。また、分散している様子。「罶」は魚を捕る道具の「うえ」。寡婦でも容易に捕れるという。『詩経』小雅、苕之華〔下、三一三頁〕に「三星在罶」とあり、罶には魚が無く星が映るばかりだという意。ここでは、罶に魚が多いので星が映ることは少なかったという意。

52「斯須」　わずかな間。須臾に同じ。『礼記』楽記〔中、五九八頁〕に「君子曰、礼楽不可斯須去身」とある。

53「過客」　通行する人。旅人。旅客。来客。同様の表現に『文選』詩己、雑詩上、古詩一十九首〔一三四四頁〕「人生天地間、忽如遠行客」とある。

54「草隧を羃歴す」「隧」は墓道。墓室に通じる斜めに掘り下げた道のこと。「羃歴」は広く覆い尽くすさま。

55「蕭瑟たる風は泉路を柏ち」「蕭瑟」は（秋）風で樹木が揺れる音の形容。また、物悲しいさま。『楚辞』九辯〔二八二頁〕「悲哉秋之為気也。蕭瑟兮、草木揺落而變衰」とある。「泉路」は黄泉、あの世。

56「幽明」　深く暗くて見えないことと、露わで明るくて見えること。暗と明。転じて、冥途と現世。

57「天壌」　天と地。天地。転じて、懸隔の甚だしい喩。極まりない喩。広大な喩。『戦国策』斉策、襄王、燕攻斉取七十余城〔上、五〇九頁〕「故業与三王争流、而名与天壌相敝也」とある。

（四）現代語訳

大唐の故冠軍大将軍、史北勒の墓誌幷びに序公の諱は多、字は北勒、西域の人である。（公の先祖は）辺境の砦を居所とし、代々突厥の王庭で高貴な身分であった。礼物を贈り交わして使者を往来させ、竹冊に記録された。公はその後裔である。曾祖父の達官は、もとの蕃域の城主であった。天から生まれながらにして知恵を持つことを許され、このうえなく聡明で物事を知っていた。記録に頼ることなく、現在と過去のあらゆる事を諳んじていた。自分の小城を率いて、遠方の天子の徳を仰ぎ敬った。祖父の味は、その父の後を継ぎ、節操が固いさまは変わらなかった。父の曰は、早くに玉門関に使いに出て、西方の塞を鎮守した。そうして礼節を以て長子を派遣し、胡服を改めて来庭させた。これこそ公のことである。

公は唐に至り、皇帝から誠の心を褒め称えられ、特に中郎将の官を授けられた。公は自ら皇帝の側に仕え、長い年月を経たが、些細な過ちもなく、評判は日に日に聞こえるようになった。これにより、冠軍大将軍を加えられ、位を上柱国に進められ、右領軍中郎将の職に転じた。勇猛な宮中衛兵を従え、つつしんで皇帝の計略を助け、豹韜のごとき奇策を用いて、凶悪な賊をことごとく挫いた。公は、平素から分相応な程度をわきまえ、華美を誇ることを良しとはせず、病と称して隠居し、私邸で安らかな生活を送った。一年に史多が人と会うのは二三回のみであった。万物を生み出す力は不滅であり、五千年に一人の賢者を世に遣わすが、やがてはその聖人も天に帰し、一塊の土と化してしまうものである。公は開元六年（七一八）一〇月二六日に郷里の邸宅で亡くなった。享年一〇一であった。七年（七一九）四月一五日に洛陽城の南に埋葬した。礼に適ったことである。

その墓地は、洛陽に近く、天子の居処の側に位置し、伊水を臨み、優れた美石を蓄える南山の傍にある。鶴に乗った仙人が弔いに訪れるという瑞兆が現れ、神亀で占うことで墓地が示された。遺された子が喪に服して哀しむ様子は、親孝行で知られるかの曾参にも勝るものであり、良き友が墓前で悲しむ様子は、友人思いで知られるかの呉季札をも凌ぐものである。功績を記録した文献をもとに、ここに墓門に刻む。崇敬して立派な功績を広め、永くこの石に刻み残そうとするものである。そこで次のように詞を作った。

徳の力は天をも動かし、遠くまで及ばないことはない。明らかな中心である唐は、四方から拝され、優れた公の一族は、異民族の首領となった。その名声は中国にまで聞こえ、その権威は西方で振るっていた。ここに突厥の王庭より、中華の宮城に仕え、衿を整え帯を締め、辮髪を解いて冠を被る。謹んで禁衛での警護を行い、日々飽きることなくつとめた。その忠義の様は常々世に聞こえ、その礼節の様は時に丁重すぎるほどであった。その偉功はかの衛青・霍去病を超え、その業績はかの韓信・彭越に抜きんでていた。玉門関で軍の指揮を振るい、金嶺で軍旗を率いた。公は、華かさを尚ばず、屢々辞職を願い出て、ついに病気を理由に隠居し、家では豊かに暮らした。日が出ているのは僅かで、人がこの世にいるのは僅にすぎない。日月は旅人のように速やかに過ぎ去り、墓道は覆い隠された。もの悲しく風に吹かれた柏の音が響く黄泉、少しの冥途と現世の差が長く隔てる。名を天地にそろって伝わることを願い、この石を雕り銘を策に勒す。

（五）墓誌文の構成と墓主の生涯

本墓誌の構成は、誌題（1行）、誌序（2～16行）、銘（16～22行）となる。銘は、四章立てで、唐帝国の偉大さと墓主一族の隆盛の様（第一銘：威振細柳まで）、墓主の唐への帰属と出仕（第二銘：礼数時越まで）、墓主の功績と引退（第三銘：星離寡罶まで）、墓主の死と埋葬の様子（第四銘）からなる。誌序には、（1）発辞（3行「曩策」まで）、（2）先祖の記述（6行「来庭」まで）、（3）墓主の事績（10行「甘寝」まで）、（4）墓主の死去（13行「礼也」まで）、（5）子や友人の悲哀、から成る。墓主の史多は、開元六年（七一八）に一〇一才で死亡しているので、煬帝が殺され、唐の高祖が即位した六一八年（大業一四年・武徳元年）に生まれたこととなり、高祖から玄宗にかけて、初唐から盛唐にかけてを生きた人物であった。

二、史多一族の中華王朝への帰属について

（一）「史多墓誌」の問題点

以下で考察する史多一族の帰属については、本墓誌の2〜6行目に記されている。ただし、墓誌の情報だけでは曖昧な点が多いので、これを解釈するには在来史料などをもとに補って考える必要がある。以下は、この一族の帰属について、墓誌文の内容と趙振華［二〇〇九：八〇〜八一頁］の考えとを簡略に示したものである。趙氏が解釈のために補った部分を〔　〕で示した。

①曾祖父の達官は、〔隋代に〕城主の身分で〔史国王の狄遮に追随して〕中国と友好的に通じた。

②祖父の史昧は、城主を世襲し、中国との友好関係を保持した。

③父の史曰は、〔その父の昧によって唐に〕派遣され〔人質として長安に入り、異国の政治制度を学び、儒家文化の薫陶を受け、信任を得て、能力を備えた後、地方（玉門関・金塞）での官に当たっ〕た。

④墓主の史多は、〔おそらく父と共に強大な軍隊が守る玉門関に住み、第二代目の人質として〕父によって唐の都に送られた。

①については、趙氏の指摘のように、史多が七一八年に一〇一才で没していることから逆算すれば、曾祖父が通じたのは、隋の煬帝期のことであると考えられる。さらに趙氏は、曾祖父が史国王の狄遮に追随して隋と通じたとするが、これは『新唐書』西域伝に「隋煬帝の大業中に史国の君主の狄遮が初めて中国に通じた」[5]という記事があるため

で、この推測は理解できるものである。③では、趙氏は父の史曰が史国からの質子として唐に派遣され、玉門関・金塞で唐の武官としてその任に就いたとする。これに基づいて④では、史多は質子の二世代目であり、おそらく父が鎮守する玉門関で生まれ育ったと解釈した。以上の解釈には、特に③④のように解釈するには、次の疑問点が残される。

　第一は、父の史曰の来朝についてである。趙氏の主張のように史曰が唐への質子であれば、朝貢の際に来朝した可能性が最も高いと考えられよう。ただし、史国の朝貢は、唐の建国以後、貞観一六年（六四二）正月（史多二四才）[6]が初めてで、当時の史曰の年齢は五〇前後だと推測されるので、その後に唐の政治・文化を習得して任官され玉門関に派遣されるようになるには高年齢すぎる。唐の建国後間もなく朝貢使節と関係なく派遣されたとも推測できようが、現在のところ、史曰が入朝したであろう契機を史書中から見つけ出すことはできない。また、趙氏が推測するように史曰が唐の重要な任務を負って玉門関に派遣されたのであれば、その官職名が息子の「史多墓誌」に記載されるのが一般的であろうが、記されておらず、この点も不自然である。

　第二は、「史多墓誌」の「代々龍庭に貴たり」（2行目）との「粤に龍庭より入りて鳳闕に侍す」（17〜18行目）の表現についてである。「龍庭」とは一般に「遊牧民族の王庭」を意味し、当時の場合は突厥を指す（語釈④）。ただし、趙氏は、史多の一族を史国出身と見ているので「龍庭」＝「史国」と解釈している。

　第三は、史多が入朝する際に「削袵」（5・18行目）・「解辮」（18行目）したという点についてである。語釈⑬㊸に記したように「削袵」は左前の襟を取り去る、つまり胡服をやめること、「解辮」は辮髪を解くことである。「削袵」と「解辮」の事例を見てみれば、開皇五年（五八五）に突厥・沙鉢略可汗が隋・文帝に臣従した際に送った文書に[7]「削袵解辮」と「革音従律」（民族音楽を廃止して中国音楽を導入すること）は未だに改められない、つまり、それだけは免じてほしいと申し出ている。また、大業八年（六一二）に高昌の麹伯雅が隋から帰国した時のこととして、高昌の庶人以上に「削衽解辮」を命じたという事例がある。[8] ソグド人墓誌には「削衽」の表現は見られず、「解辮」については「阿史那氏妻安氏墓誌」（開元二一年（七三三）作成）の「廻首請帰于声教、解辮願章于冕服者、所従来久矣（首を廻らせ声教（＝天子の教え）に帰せんことを請い、辮を解き冕服（＝礼装用の冠と服）を章《あき》らかにせんことを願い、従い来たるところ久し）」に「解辮」が見えるのみである。この阿史那氏妻の安氏は、東突厥の崩壊によって唐に帰附したソグド人で、六胡州[9]の一つである魯州の刺史を代々担当した家の出である〔石川二〇一一：四一〜四五頁〕。テュルク人墓誌を見れば、「阿史那毗伽特勤墓誌」（開元一二年（七二四）作成）には、墓主の生涯を振り返る部分で、唐に帰附したことを取り上げて「金章解辮而飾腰、紫綬削衽而加体（金章は辮を解きて腰に飾り、紫綬は衽を削して体に加う）」としている〔石見一九九二〕。また「契苾李中郎墓誌」（天宝三載（七四四）作成）には「解其左衽、万里入臣（其の左衽を解き、万里もて入臣す）」とあって、墓主が長安入りし死亡した年は、突厥第二可汗国がウイグル・カルルク・バスミール連合軍によって破られた年で、これらは彼の長安入りの背景の一つだと見られている〔石見一九九〇b：二二三頁〕。以上のように「削衽解辮」して入朝するということは、自らの習俗を漢風に改めて唐への服従を示していると言えるであろう。趙氏の解釈に従えば、史多はその父の史曰が職務にあたっていた玉門関（これは唐の内側）で生まれ育ったことになるが、その彼が「削衽解辮」したというのはおかしい。史多が「削衽解辮」したというのは、彼の代で初めて唐に入朝したことを意味するはずである。

以上のような疑問が生ずるのは、史多を史国出身の質子とすること、つまり「史多墓誌」に見る「本蕃」を「史国」と解釈することにその原因があるのではないだろうか。そこで、以下では「本蕃」の所在を探ってみたい。

（二）「本蕃」の所在

まず「史多墓誌」の曾祖父から史多までの記事を再度見てみたい。「本蕃」で城主を務めた曾祖父の達官は「率彼附容、遠欽皇化」とあって、その城を率いて当時の中華王朝（隋煬帝大業年間（六〇五～六一八年）と推測される）に帰属した。祖父の味は「嫡襲、不墜忠貞」とあり、その城主の地位と中華王朝への忠貞の態度を継承した。父の曰については「夙使玉関、作鎮金塞」とあるだけで、玉門関に派遣され、金塞で鎮守したが、その目的・経路・時期は不詳である。そして、墓主の史多は「削衽」「解辮」して唐に入朝した。その時期は、史多の年齢や唐入朝後の官歴から貞観年間中（六二七～六四九年：史多九～三一才）が最も妥当であると考えられよう。

以上から、まず「本蕃」から中華王朝への帰属は、曾祖父の達官の時（隋煬帝大業年間）と史多の時（唐太宗貞観年間）との少なくとも二度に渡って行われていることが分かる。ただし、祖父が曾祖父の跡を継いでいることから、曾祖父の代に隋へ帰属の意を示したものの中国内地に移住したのではなく「本蕃」に住み続けていたことが分かる。

ここで「本蕃」という語について考えれば、これは「以前は蕃域であった」、つまり「墓誌作成時点に蕃域ではない（＝中華の支配下）」という意であると考えられる（語釈⑧参照）。中華王朝への二度の帰属のうち、曾祖父の時は完全なものではなかったこと、史多が「削衽」「解辮」して（＝蕃域での風習を改めて）入朝していることを考えれば、史多の入朝と同時、あるいはその後に唐の支配下になったと推測される。

このような「史多墓誌」の記載に合致するものはないかと考えてみれば、本墓誌の「本蕃」の所在として比定しうる場所を見い出すことができる。それは、天山山脈の東端、カルリク山の南麓に位置する伊吾（現在の新疆ウイグル自治区哈蜜《ハミ》）である。

伊吾が、隋～唐にかけてイラン系商胡の群れる植民地、つまりソグド人の植民聚落であったことは、羽田［一九三〇〕・松田〔一九六一〕によってすでに明らかにされている。ここで、本墓誌に関係する隋の大業年間から唐の貞観年間にかけての伊吾について改めて整理すれば、以下のようになる。

伊吾は、大業初年から数年間は、西隣の高昌・焉耆とともに、貧汗山の北に拠点を構えた鉄勒の契苾部の易勿真莫《えきこつじんばく》何《が》可汗に従っていた(10)。大業五年（六〇九）四月になると、伊吾は隋に遣使し、六月には「伊吾の吐屯設等が西域の数千里の地を献じた」とされる(11)。松田〔一九六一：四五四～四五五頁〕によれば、これには裴矩に多大な商利による勧誘が背景にあって(12)、この伊吾の献地は、中国と外国との交渉においてしばしば見られた〝奉図〟（地図の献上）に過ぎないとする。

大業六年（六一〇）になると、「沙州・伊州地志」残巻（敦煌文書 S.367）伊州の条に「於城東買地置伊吾郡（城東に地を買いて伊吾郡を置く）」と見える。松田〔一九六一：四五四頁〕は、この伊吾郡の設置は、隋によって玉門道行軍大将に任じられた薛世雄による伊吾遠征(13)の結果だとしている。伊吾の人々は、薛世雄の伊吾遠征軍が伊吾までは到達できないだろうと、その軍に備えなかったが、すでに沙磧を渡ったと聞いて、これを大いに懼れて降伏したという。つまり、伊吾はここで隋に完全に帰属したこととなる。

その後の伊吾は「沙州・伊州地志」残巻に「隋乱復没於胡（隋が乱れて復た胡に没せり）(14)」とあるように、隋末の騒乱によって、中華王朝による支配が及ばなくなり、「胡人」によって治められたことが分かる。なお、ここには「復た」とあるので「胡人」による統治は、隋大業中に伊吾が隋に帰属する以前からあった。

唐の貞観四年（六三〇）に伊吾は唐に降り、唐はそこに西伊州を置いた。伊吾の投降について各史料は以下のように伝えている。

「沙州・伊州地志」残巻（敦煌文書 S.367）伊州の条

貞観四年、首領石萬年、率七城来降（貞観四年、首領の石萬年、七城を率いて来降す）

『元和郡県図志』巻四〇、隴右道下、伊州の条（一〇二九頁）

貞観四年、胡等慕化内附（貞観四年、胡等化を慕い内附す）

『冊府元亀』巻九九九、外臣部、入覲（一一五五五頁）

（貞観）四年九月伊吾城主来朝（（貞観）四年九月、伊吾の城主来朝す）

これらの記事から、この時に唐に降った伊吾の城主は石萬年であること、そして、彼は石姓の胡人であるのでソグド人であると考えられ、伊吾がソグド人の植民聚落であったことが分かる。上述の隋代の記事に「胡人」と示されたのはソグド人と見てよい。また、伊吾のソグド人の植民聚落は、『新唐書』突厥伝に「伊吾城の長は素より突厥に臣たり」[15]と示すように東突厥の配下にあり[16]、さらに『新唐書』西域伝下に「頡利滅するや、七城を挙げて降る」[17]とあるように、石萬年の来降は三月に頡利可汗が唐に捕らえられ東突厥が崩壊したことが契機であることが分かる。すなわち、東突厥の配下にあったこの伊吾のソグド人聚落が唐に降ったのである[18]。

なお、この伊吾の帰属を皮切りに、唐は麹氏高昌国を滅ぼし（貞観一四年（六四〇））、亀茲を征服（貞観二二年（六四八））、阿史那賀魯の乱を鎮圧（顕慶二年（六五七））、康居都督府を設置（顕慶三年（六五八））して、中央アジアへの進出を果たしていく。ソグド人聚落伊吾の帰属は、唐にとってはそれ以後の対中央アジア政策を決定づける重要な出来事であるが、唐と境を接する伊吾のソグド人にとってはさらに生死をかけた重要な選択であった。

以上のような伊吾と隋唐の関係を念頭に置くと、「史多墓誌」は以下の事を示しているように考えられる。曾祖父の達官の「率彼附容、遠欽皇化」は、大業四年の遣使から六年の伊吾郡の設置、すなわち伊吾が隋へ帰属する一連の出来事を指していると考えられる。また、史多が唐に至ったのは、貞観四年（六三〇）の石萬年以下七城の城主が唐に降った際であったと考えられるのである。

このように史多を伊吾のソグド人だと考えると、先述の疑問点がすべて氷解する。まず、父の史曰が玉門関に派遣されたのは、唐の中央からではなく伊吾からの派遣だと理解でき、史曰を質子と見る必要がなくなり、「史多墓誌」に官職名が不記載な点も何ら不自然ではなくなる。当時の玉門関は瓜州の北にあり、伊吾のソグド人が唐に帰属した六三〇年の前年に玄奘が瓜州から伊吾に至っている。『大慈恩寺三蔵法師伝』には、当時、瓜州から伊吾へは、玉門関を通過するルート、いわゆる「莫賀延磧道」が頻繁に使用されていて、それも多くのソグド人が往来する様子が記されている。(19) 史多一族が伊吾のソグド人だと考えれば、父の史曰の記事「夙使玉関、作鎮金塞」は、この「莫賀延磧道」を使って玉門関に派遣されたと解すべきであろう。さらには、石萬年が伊吾の七城を率いて唐に降った時、史多が唐に入朝した時にもこの道が使われたと想定できよう。また「龍庭」を無理に「史国」と解釈する必要はなくなり、東突厥の支配下からの投降であればまさに「削衽」「解辮」して服従を示さなくてはならないであろう。

解決するのは先述の疑問点だけではない。史多が唐への帰属後に得た中郎将についても自然と理解できよう。中郎将は、語釈⑮に記したように、左右衛・左右驍衛など禁軍の各府で校尉以下の宿衛を統括する者のことである。『貞観政要』巻九、議安辺［五〇三頁］(20)には、東突厥の崩壊後の中郎将について次のような状況があったとする。

自突厥頡利破後、諸部落首領来降者、皆拝将軍・中郎将、布列朝廷、五品以上百余人、殆与朝士相半。

突厥の頡利破れしより後、諸部落の首領の来降する者は、皆、将軍・中郎将に拝せられ、朝廷に布列し、五品以上は百余人、殆ど朝士と相半す。

突厥から降った首領は、その者が率いる聚落の大きさや部衆の数などに応じて、将軍や中郎将など禁軍の官職が与えられた。史多の曾祖父・祖父は「城主」を務めていたこと、そして曾祖父は「達官（タルカン）」と記されること、さらに史多の字は、古代トルコ語で「ベグ（族長）の地位にある者」を意味する「北勒」であった（語釈②・⑦参照）。このように代々首領を務める家柄の史多が中郎将に任命されるのは、然るべき待遇であると理解できるのである。(21)

以上のように、現存する史料からは「史多墓誌」の「本蕃」とは「伊吾」を指し、史多は伊吾のソグド人植民聚落の出身で、東突厥の崩壊に伴って唐に降ったと解するのが最も妥当だと考えられるのである。

おわりに

本章では、近年その存在が公開された「史多墓誌」を解読し、墓主の唐への帰属の問題を中心に考察した。その結果として、最も重要なことは、墓主の曾祖父・祖父が代々城主を務めてきた「本蕃」をソグド人の植民聚落が営まれていた「伊吾」と解するべきだという点である。本墓誌に見える曾祖父の達官と墓主の史多との二度の中国への帰属は、伊吾の大業四年から六年の伊吾郡設置までの隋への服属、そして東突厥の崩壊を契機に伊吾がそのソグド人首領の石萬年を筆頭に唐に降ったその時のことであると考えられる。墓主の史多は、東突厥の崩壊から唐の中央アジア進出へと向かう激動の国際情勢の中を生き抜いた人物だったのである。

では、史多が伊吾の植民聚落のソグド人であることは、何を意味するのであろうか。

近年、ソグド人の研究は、墓誌など石刻史料の研究によって、それまでの商人としてのソグド人から武人としての姿が明らかとなり、新たな展開を見せている。例えば、山下［二〇〇五・二〇一二など］は北朝～唐初にソグド人がソグド人聚落の郷兵を率いて軍事活動に参加していた様子を明らかにし、また、森部［二〇一〇］は唐後半～五代の藩鎮体制下において突厥の影響を受けて騎射などの遊牧文化を備えたソグド人が活躍する様子を指摘し、これを「ソグド系突厥」と呼ぶ[22]。これらは、同じソグド人の武人についての指摘であるように見えるが、山下氏の指摘するソグド人は唐の建国以前から交易のために中国内に形成されていた植民聚落を拠点とし、森部氏のいう「ソグド系突厥」は東突厥の崩壊後に唐に降った六州胡に代表されるように、突厥から唐に到った者を指し、一線を画するのである。この両者がどのような関係にあったのかという問題については、これまで未解決であった。

本章で扱った「史多墓誌」は、この問題に対して一石を投じるのではなかろうか。史多は、植民聚落を拠り所としたソグド人でありながら、東突厥の崩壊によって唐に降り、禁軍に武人として仕えた。このことから、唐後半期以降に活躍するソグド武人の中には、ソグド人の植民聚落出身、つまり交易に従事していた者（あるいはその子孫）が含まれていたことを想定する必要性が生じる。これはすなわち、武人として活躍するソグド人であっても、それが全て遊牧文化を身につけた「ソグド系突厥」であったとは限らず、シルクロード上の交易活動に携わるオアシス民が唐に帰附してきた場合にも、武人としてのソグド人の形態はありえたということを意味しているのである。

注

（1）「米継芬墓誌」（永貞元年（八〇五））「父諱突騎施、遠慕皇化、来于王庭……公承襲質子」米国（マーイムルグ）は開元一六年（七二八）四月と開元一八年（七三〇）四月に唐に使節を派遣しているので、いずれかの際に来朝した可能性が高いと考えられている［葛承雍二〇〇一：二三七頁、中田二〇一一：一八一〜一八二頁］。拓本・録文の所在は氣賀澤№四五九九参照。

（2）「何文哲墓誌」（大和四年（八三〇）作成）「公本何国王丕之五代孫、前祖以永徽初款塞来質、附於王庭」何文哲の本貫は霊州であり、父の遊仙が宝応功臣であったことを重視して、何文哲が六州胡（ソグド系突厥：詳しくは後述する）とする見解もある［中田二〇〇七：五一頁・森部二〇一〇：一三九頁注一八五］。拓本・録文の所在は氣賀澤№五一六〇参照。

（3）本墓誌を掲載する資料は、以下のとおりである。①趙振華［二〇〇九：見開き（拓本写真）・八〇頁（録文）］、②齊運通編『洛陽新獲七朝墓誌』［七一七頁：拓本写真］。本章で掲載した録文は、極力テキストの字体を忠実に写し、一部異体字は本字に改めた。改行・空格もテキスト通りとし、便宜上、句読点を付けた。訓読と語釈の見出しの字体は録文に従い、それ以外は常用漢字を使用した。訓読は現代かなづかいとした。文字が判読できない箇所は□と記し、文字の一部が欠けているものを補った文字は□で囲った。

（4）本語釈中の古代トルコ語に関しては、鈴木宏節氏・笠井幸代氏のご教示による。また、中古音は、Karlgren［1957］による。

（5）『新唐書』巻二二一下、西域伝下、史［六二四八頁］「隋大業中（六〇五～六一七年）、其君狄遮始通中国、号最彊盛、築乞史城、地方数千里。」

（6）『冊府元亀』巻九七〇、外臣部、朝貢［一一二三〇頁］。なお『貞観政要』巻九、議征伐［四七六～四七七頁］や『新唐書』巻二二一下、西域伝、康［六二四四頁］には、貞観五年（六三一）に同じソグディアナの康国（サマルカンド）の帰附の願いを太宗がその遠さを理由に断った記事がある。当時の太宗にはソグディアナまで領土を拡大する意欲はなかったことが分かる。

（7）『隋書』巻八四、北狄伝、突厥［一八七〇頁］「至於削衽解辮、革音従律、習俗已久、未能改変。」年号は『隋書』巻一、高祖帝紀［一三頁］による。

（8）『隋書』巻八三、高昌伝［一八四七～一八四八頁］「（大業）八年……下令国中曰『……其庶人以上皆宜解辮削衽。』帝聞而甚喜之」。

（9）六胡州が、東突厥の崩壊に伴って唐に降ったソグド人を配置したもので、その住民を「六州胡」と呼ぶことについては、小野川［一九四二］・森部［二〇一〇：九八～一一〇頁］参照。

（10）『隋書』巻八四、北狄伝、鉄勒［一八八〇頁］「（大業元年（六〇五））遂立俟利発俟斤契弊歌楞為易勿真莫何可汗、居貪汗山。……処羅可汗既敗、莫何可汗始大。莫何勇毅絶倫、甚得衆心、為鄰国所憚、伊吾・高昌・焉耆諸国悉附之」。

(11)『隋書』巻三、煬帝紀上［七三頁］「(大業五年四月)壬寅、高昌・吐谷渾・伊吾並遣使来朝。……(六月)壬子、高昌王麴伯雅来朝、伊吾吐屯設等献西域数千里之地。上大悦」。

(12)『隋書』巻六七、裴矩伝［一五八〇頁］。

(13)『隋書』巻六五、薛世雄伝［一五三三〜一五三四頁］。

(14)隋末の動乱に際して伊吾が胡人の聚落であったことは以下の史料にも記されている。
『旧唐書』巻四〇、地理志、伊州の条［一六四三頁］「隋末、西域雑胡拠之」。

『元和郡県図志』巻四〇、隴右道下、伊州の条［一〇二九頁］「隋乱、又為群胡居焉」。

(15)『新唐書』巻二一五上、突厥伝上［六〇三六頁］「(貞観四年)伊吾城之長素臣突厥、挙七城以献、因其地為西伊州」。

(16)『旧唐書』巻一九八、西戎伝、高昌［五二九四頁］には「伊吾先臣西突厥」とあり、『新唐書』巻二二一上、西域伝上、高昌［六二二一頁］には「伊吾嘗臣西突厥」とするが、当時の伊吾が西突厥と関係ないことは、松田［一九六一：四五六頁］参照。

(17)『新唐書』巻二二一下、西域伝下［六二五七頁］「貞観四年、城酋来朝。頡利滅、挙七城降、列其地為西伊州」。

(18)唐へ帰属後の伊吾について、辻［二〇〇七：七六頁］は、伊吾には羈縻政策が用いられ、その西伊州の刺史には降附してきた首領(＝石萬年)を任命したと思われるとする。

(19)『大唐大慈恩寺三蔵法師伝』巻第一、瓜州［一二頁］「(貞観三年(六二九))法師因訪西路。或有報云『従此北行五十余里有瓠蘆河、下広上狭、洄波甚急、深不可渡。上置玉門関、路必由之、即西境之襟喉也。関外西北又有五烽、候望者居之。各相去百里、中無水草。五烽之外即莫賀延磧、伊吾国境』」。
玄奘が瓜州で出会ったソグド人石槃陀が連れてきたソグド人の老人(老胡人)は、伊吾と瓜州の間を三〇余回、その老人が引く痩せた赤馬は一五回往復しているとされる。

(20)『旧唐書』巻一九四上、突厥伝上［五一六三頁］・『新唐書』巻九九、李大亮伝［三九一一〜三九一二頁］にも同様の記載あり。

(21) 蕃望の規定については石見［一九八八］参照。

(22) 中田［二〇〇九］は、突厥とソグドとの混血が進んだ結果、ソグド姓を名乗っている突厥人を「ソグド系突厥」としている。

第四章　青海シルクロードのソグド人
――「康令惲墓誌」に見る鄯州西平の康氏一族――

はじめに

本章で主に取り扱う「康令惲墓誌」については、二〇〇〇年に発表された王育龍による「唐長安城東出土的康令惲等墓誌跋」〔王育龍二〇〇〇〕が初めてで唯一の報告である。この報告によれば、康令惲墓の発掘の様子は以下のとおりである。

康令惲墓は、一九九八年五月、西康（西安―安康）鉄路の建設時に、唐代墓の重要な分布区域である西安市東郊の国棉六廠の東、馬家溝村の北より発見された。墓葬の形式は、長斜坡墓道・天井（五本）・過洞（五本）・壁龕（六つ）と墓室から成り、壁面に施されていた壁画はすべて崩れ落ちていた。早い時期に盗掘に遭ったようで、随葬品の多くは盗まれていたが、幸いなことに墓室西側の棺槨の下に銅盆（一件）が残されていて、中には銅に金メッキされた龍・亀・ヤギが入っていた。また、この他に二頭の腐食の激しい鉄牛も発見されたという。王育龍は、「発掘過程所見能擁有五個天井的規格、足見其生前地位非同一般（発掘過程で見られた五本の天井を持つという墓の規模からみて、墓主の生前の地位が一般的なものでないことは明らかである）」とする〔王育龍二〇〇〇：三九五・三九七頁〕。

本墓誌の墓主の一族は、その姓が「康」であることからソグド人であると考えられる。(1) ただし、王育龍はこの点を指摘していない。筆者は、この「康令惲墓誌」をソグド人のものだと認識した上で見れば、この墓誌はこれまで史料的制約のために判然としなかった青海シルクロード上の隴右地方におけるソグド人の活動や安史の乱直前のソグド人の動向を知ることができる極めて重要な史料であると考えるが、未だ充分な考察が行われていないのが現状である。そこで、本章ではまず「康令惲墓誌」を解読し、その後に考察を附して本墓誌の位置づけを明らかにしたい。

一、康令惲墓誌

王育龍［二〇〇〇：三九六頁］によれば「康令惲墓誌」は、方形で縦横七二cm、厚さ一三cmで、周囲には唐草文様が彫られており、上部に刻された墓誌文は三〇行、三〇文字、縦横に薄く二・五cm間隔の格子が入り、合計九〇〇マスができていて、そのうち空格は七一マスであるという。また、同墓中より発見されたという墓誌蓋は、覆斗形で上部には篆書で「大唐故康府君墓誌銘」と記され、その傾斜面には四神（上辺に青竜・下辺に白虎・左辺に朱雀・右辺に玄武）が線刻されており、底部は縦横七七cm、上部は縦横五二cm、厚さ八・二cm、傾斜面の長さ一三cmであるという。残念なことに拓本の写真は未公開であるので、王育龍の報告に基づき墓誌の録文を再現すると以下のようになる。[2] なお、本章の墓誌解釈部分は、二〇一四年度に早稲田大学大学院文学研究科の石見清裕教授の特論で講読した成果を取り入れている。講読では、6行目「安」までを平林美理氏、11行目「卒歳」までを洪性珉氏、14行目「寧伏」までを植田喜兵成智氏、19行目「幕府」までを渡邊美樹氏、24行目までを林美希氏、銘文部分を福島が担当した。

（一）録　文

1 大唐范陽郡節度副使·都知兵馬使·冠軍大將軍·左威衛大將軍·上柱國·山陰

2 縣開國子、康府君墓誌銘并序。
3 君諱令惲、字善厚、其先汲人也。昔武王伐殷、康叔封衛、耿光烈以文著□績、蔚
4 其康興。周之宗盟、異姓爲後。世濟其美、因而氏焉。漢・魏踵繼、晋・宋肩仍、皆佩寵
5 光、不勸堂搆。本枝百代、桑梓永懷。雖三秦漢京、而漆沮周土、不忘舊國、家於長
6 安。曾祖朝、王佐嶽秀、侯度玉立。屬隨季天壓、　唐初日躋。　天子龍飛於晋陽、
7 諸侯駿奔於寰宇。亦猶高祖起沛、先議蕭何之功、成湯自陑、必酬伊尹之效。以
8 公折衝樽俎、拜爲驃騎將軍。名遂功成、樂天知命、以保終吉、歿無其他。祖慈感、
9 孝廉擢第、名以彰於拾芥、榮不登於起草、行藏委命、卷舒任時。解褐拜西平郡
10 椽曹、且鴻漸有階、而驥足未展、官卑未能利俗、祿薄其可代耕。遂高臥丘園、以
11 自卒歲。公天地純粹、山河精氣、挺生殊材、資　國武用。楊祐識環之歲、以蓄性
12 心、項王學劍之辰、早懷秘略。願弘信布之武、志運張陳之謀。豈能讀顏孔之書、
13 面爲腐儒耳。乃東髮從官、不徒言哉。東逾冷邢、拊林胡之背、西蹈積石、扼犬戎
14 之喉。自授鉞　禁中、分麾塞外。不怒刑而三軍敬悚、不振威而七戎寧伏。笑
15 起翦爲兒戲、輕衛霍如弱人。每建勳庸、皆異今古、不數軍實、讓功歸
16 君。臣道克明、　帝念是屬。特承優渥、起拔等倫。　勅賜金銀器有千
17 品、錦綺繒帛、向盈萬端。形寄丹青、名載良史。方材楚將、空負拔山之名、比德漢
18 臣、虛竊尋河之績。彼蒼不憖、殲我將軍、未至夢楹之秋、俄臨易簀之夜。艾官之
19 歲有五、忽寢疾於漳濱、大蔟之月旬七、迺薨年於幕府。嗣子積石軍副使・昭武

20 校尉・右驍衛翊府中郎將・内供奉・上柱國承獻、撫膺流血、叩地無聲。久而不蘇、
21 幾爲滅性。所爲奉先思孝、不忘寧親、侍護亡靈、西歸　京兆。五月而葬、同盟之
22 限已過、一紀不塋、安厝之儀未備。權殯於勝境寺、暨天寶四載二月十四日、遷
23 窆於灞陵原、禮也。高天降兆、揺悲子晋之棺、廣野開墳、永痛滕嬰之馬。尚慮海
24 移桑變、代移人亡、岸谷不分、高卑莫辯、託文紀德、刊石勒銘、其詞曰、
25 惟嶽降神兮、飛將雄雄、自天生德兮、惟孝惟忠。威讋北狄兮、風靡西戎、夷虜即
26 叙兮、車書混同。聚米生妙兮、畫地成功、彼蒼不憖兮、殲我康公。白鹿原西兮素
27 滻東、密邇　青門枕　皇宮。大墜融融兮深泉中、落日沈沈兮昏碧空。不
28 見鼓鼙增猛氣、唯聞楸栢起悲風。　東海梁僕射孫徐昂相地襲吉、敢附銘曰、
29 勝氣朝浮、佳城鬱鬱、華蓋吐雲、龍崗抱日、衆靈扶護、永居此室、施於子孫、迺爲
30 至弼。

(二)　現代語訳

大唐の范陽郡節度副使・都知兵馬使・冠軍大将軍（正三品、武散官）・左威衛大将軍（正三品、職事官）・上柱国（正二品、勲官）・山陰県開国子（正五品上、爵官）、康府君の墓誌銘并びに序。

君の諱は令惲、字は善厚、その先は汲（現在の河南省汲県）の人である。昔、武王が殷を討伐し、康叔は衛に封建された。その先祖の輝かしい徳や功績は著しく……であり、その康を盛んにして興した。周が同盟を結ぶ際は、（同姓を先にして）異姓を後とした（ので一族は優先された）。代々、その偉大な功績を受け継ぎ、そのためこれを氏とした。

漢・魏が次々と後を継ぎ、晋・宋が肩を並べたが、いずれの時代でも君主から寵愛され、父祖の業績を継承した。一族は長く栄え、先祖への敬意を永く抱き続けた。三秦の地は漢の都となったが、漆水・沮水のほとりは周の故地であり、かつての国を忘れず、長安に家を構えた。

曾祖の朝は、王を補佐しては高潔で、諸侯の法を守っては貞潔であった。隋が滅び、唐が建国した。天子（李淵）が晋陽で挙兵し、家臣たちが天下平定に奔走した。これは、漢の高祖が沛から起こると、まず蕭何の功績を議論し、殷の成湯が陑から起こると、必ず伊尹の手柄に報いたのと同じである。公の敵との談判による勝利によって、驃騎将軍を拝命した。名声を得て功績をあげ、天命に順応して楽しみ、良い人生の最期を迎え、死んでも遺恨はなかった。祖父の慈感は、孝廉によって及第し、名は広く知られたけれども、その栄誉は文書で報告されなかったので、出処をわきまえて身を天運に委ね、進退は時に任せた。官に就いて西平郡椽曹（西平郡の属官）を拝命し、昇進して階を有すようになったが、その才能は未だに発揮されることはなく、官が低く世間を良くすることはできず、俸禄が少なくどうして耕さずに食べていくことができるだろうか。遂に郷里に隠居して、自然にその生涯を終えた。

公は、（その気質は）天地のような純粋さで、山河のような奥深さがあり、生まれつき傑出していて、国を助ける武人として役立つ性質であった。かの晋の羊祜が金の環の存在を知った歳（五歳頃）には、四端や四徳を備えており、項羽が剣を学んだのと同じ齢には、早くも韜略の兵法を考えていた。その願いは韓信や英布のような武略を広めようとし、志は張良や陳平のような謀略をめぐらそうとするものであった。どうして顔回や孔子の書を読んで腐れ儒者になるようなことがあるだろうか。そこで元服して官吏に従うと、ただ無駄に言葉を弄さなかった。東方では冷邢山（現在の内蒙古巴林右旗西北壩後）を越えて、契丹・奚の背後をつき、西方では積石山（現在の甘粛省積石山保安族東郷族撒拉族自治県）におもむき、吐蕃の喉を押さえた。鉞を禁中で授かり、塞外で兵を与えられて以降、刑罰を用いずとも全軍は敬い恐れ、威勢を張らなくても西方の異民族は降伏した。秦の白起や王翦を子供の戯れだと笑うほど、漢の衛青と霍去病をも見劣りして弱人に見えるほど優れた名将であった。戦で立てた手柄は、そのどれもが古今にないほど素晴らしいもので、戦利品をいちいち数えず、その功績を譲って君主に帰した。臣下としての道は明らかで、帝はその功績に心を寄せられた。特に厚い恩寵を受け、その起用は同輩たちに抜んでた。詔によって下賜された金銀器は千品にも及び、様々な絹織物は一万疋にも達するほどであった。その姿は絵画に収められ、その名は良い歴史書に載せられた。才能を項羽にならべれば、その山を動かす程とされる強大な力も空しく、人徳を張騫に比べれば、その黄河の源を尋ねたという功績も虚しい。しかしかの蒼天は少しも待ってくれず、わが将軍の命を奪ってしまった。死期を察するような年齢に達する前なのに、突如として危篤に至った。五五歳の時、漳水のほとりで病床に臥し、正月一七日、幕府で亡くなった。嗣子の積石軍副使・昭武校尉（正六品上、武散官）・右驍衛翊府中郎将内供奉（正四品下、職事官の寄禄官）・上柱国（正二品、勲官）の承献は、胸を叩き血の涙を流し、地を叩いて声が出ないほど悲しんだ。（悲しみのあまり）しばらく気絶し、危うく命を失うところであった。そこで彼は祖先に仕えるのには孝を心掛け、親を安心させることを忘れず、亡き父の霊魂を守るために、西方の都に帰還させた。五月に葬ろうとしたが、同盟諸侯の使者たちが葬るという期限が過ぎたので、一紀（一二年間）墓所を作らず、葬送の儀礼は未だに行われなかった。勝境寺で仮殯し、天寶四載（七四五）二月一四日に遷して灞陵原に埋葬した。礼にかなったことである。天帝が高い空から棺を下して王喬を天に召したように、逝ってしまったことを悲しみ、夏侯嬰が自分の馬に従って墓地を決めたように、今墓所を定めてその死を悼むのである。そして、蒼海が桑田になるほど世の中が変わり、公を知る人がみな亡くなるほど時が過ぎ、そして高い岸と深い谷の差がなくなるほど地形が変わり、貴賤の別がなくなるほど時間が経過することを考慮して、文に託して徳を記し、石に刊んで銘を勒し、其の詞に曰うには、聖なる山は神霊を生み下し、その優れた武将は大変勇ましい。天から聖なる徳が生じて、この人はまさに忠孝である。その威勢は北方異民族を安撫し、その威風は西方異民族を服従させた。異民族たちは秩序正しくなり、国が纏まり、車軌幅と文字は統一された。地勢を熟知した巧妙な作戦を生み、線を引いて土地の境界として功績をたてた。かの蒼天は少しも待ってくれず、康公の命を奪ってしまった。墓地は、白鹿原の西、滻水の東に位置し、長安城の東門の近隣で皇宮を望む。大きな墓道は黄泉へとつながり、日が落ち夜がふけると暗い青緑の空となる。戦場で攻め太鼓が勇気を奮い起こさせるのを見るのではなく、墓地で梓や柏の木にもの悲しい風が吹く音をただ聞く。

東海の梁の僕射（徐勉）の子孫の徐昂が墓地を占って吉兆を得、あえて銘を付け加えていうには、

この地にはすぐれた気が朝に浮かび、墓地には木々がこんもりと茂り、華蓋のような墳丘は雲を吐きだし、龍崗は太陽を抱くようである。諸神の守護は、永くこの墓室に留まり、子孫たちに施され、この上ない助けとなるであろう。

（三）　墓誌文の構成と墓主の生涯

本墓誌の構成は、誌題（1～2行）、誌序（3～24行）、銘（25～28行）、附銘（28～29行）となる。誌序は、（1）発辞（6行「安」まで）、（2）先祖の記述（11行「卒歳」まで）、（3）墓主の事績（18行「尋河之績」まで）、（4）墓主の死去（19行「幕府」まで）、（5）子や友人の悲哀、から成る。墓主の康令惲の生没年は墓誌中に明記されていない。ただし、天寶四載（七四五）に埋葬されていて、その埋葬まで「一紀」すなわち一二年間墓が造営されなかったとある（22行目）[3]ので、単純に計算すれば、開元二二年（七三四）に死亡したことになる。また、「艾官之歳有五（＝五五歳）」で病気となり、次の正月（＝おそらく五六歳）没したので、調露元年（六七九）に生まれたことになる。高宗の末期から玄宗の前半期までを生きた人物であった。

二、康氏一族と吐蕃

（一）「青海シルクロード」とソグド人

「はじめに」で記したように、筆者は、本墓誌を青海地域東端の隴右地方におけるソグド人の活動、より詳しくは、唐の対吐蕃の最前線でソグド人の一族が活躍していたことを示す重要な史料だと考える。というのも、墓誌によれば、祖父の慈感は「西平郡椽曹」（9～10行目）という官職に就き、墓主の令惲は「西蹈積石、扼犬戎之喉」（13～14行目）とあり、息子の承献は「積石軍副使」（19行目）であることが根拠の一つである。「西平郡」は鄯州（現在の青海省西寧市楽都県）のことで、(4)開元二一年（七三三）には隴右節度使が設置された青海東端の中心都市である。また、「積石軍」は鄯州の東南隣の廓州（現在の青海省化隆回族自治県の西）の領内に儀鳳二年（六七七）に設置されたもので現在の青海省貴徳県に位置する。(5)共に祁連山脈の南側に位置し唐の隣国である吐蕃と境を接していたので、必然的に対吐蕃の最前線となった場所である。康氏一族が代々隴右地方で対吐蕃戦に臨んでいたことが分かるのである。

この国境地域の吐蕃側は、六六三年に吐蕃に征服されるまでは吐谷渾の地であった。松田壽男は「吐谷渾遣使考」［松田一九三七］で、吐谷渾が東西交通・貿易の媒介者または中継者として、五～七世紀の東アジアの国際関係に大変重要な作用を営んだことを明らかにし、青海地域が中央アジアと中国（華北と華南）、そしてチベット、さらにはモンゴル地域を結ぶ、いわば古代アジアの五叉路として伝統的に重要な場所であることを指摘した。吐谷渾が北朝にも南朝にも数多くの遣使をしたのは史書に明らかであるが、特に注目されるのは、次の『北史』巻九六、吐谷渾伝［三一八七頁］(6)の記事である。

是歳、夸呂又通使於斉。涼州刺史史寧覘知其還、襲之於州西赤泉、獲其僕射乞伏觸状・将軍翟潘密、商胡二百四十人、駝騾六百頭、雑綵絲絹以万計。

是の歳（西魏廃帝二年（五五三））、夸呂又た斉に通使す。涼州刺史の史寧其の還るを覘知し、之を州西の赤泉に於いて襲うに、其の僕射の乞伏触状・将軍の翟潘密、商胡二百四十人、駝騾六百頭、雑綵糸絹以て万を計るを獲。

松田［一九三七：一〇二頁］はこの記事について以下のように述べる。「（西魏の涼州刺史の）史寧が涼州の西方で獲得した吐谷渾の使者一行は、僕射・将軍のような吐谷渾の重臣に引率されていたと認められる。しかも一行中に少なくとも二四〇人を算えた商胡が加わっていた点や、万を以て計る程の絹が一行によって運ばれつつあった点は、東西陸路の貿易上における吐谷渾の役割をあまりにも明瞭に告げるものといわざるを得ないであろう。何となれば、前者は吐谷渾の手引によってその一行に伍し北斉に赴いて交易を営んだ西域の商賈であり、後者は一行が北斉から齎し来った主要商品に違いないからである」。上記『北史』吐谷渾伝の「商胡」、そして松田の言う「西域の商賈」は、具体的には「ソグド商人」を指すと見られ、ソグド人が青海地域にも進出し、吐谷渾の東西交通・貿易を担っていた事が分かる。彼らがどのようなルートで吐谷渾に至ったかについては、北魏の神亀元年（五一八）に胡太后の命により仏典を求めて烏萇（ウディヤーナ）・乾陀羅（ガンダーラ）に赴いた宋雲と恵生との紀行である「宋雲行記」『洛陽伽藍記』巻五、二五一～三四九頁］を見れば明らかである。彼らは、武威・張掖・酒泉・敦煌を結ぶいわゆる河西回廊ではなく、祁連山脈を隔てた南の青海地域、すなわち吐谷渾の地を通過した。そのルートは、西寧地方から青海の南辺を経て、ツァイダム盆地を抜け、ロプ地方の鄯善でタクラマカン砂漠の南辺を走るシルクロードの西域南道に入るもので、「青海道」と呼ばれる。(7)

松田［一九三七：一一四頁］は、宋雲らが北インドに赴く以前から唐の太宗期まで、吐谷渾がロプ地方の鄯善・且末を支配していたことから、「西域南道を経由した西方の商賈や貨物は鄯善から敦煌に送られずに吐谷渾領内に入り、更にシナへと転送されていたに違いない」とし、このことが吐谷渾の国際貿易上の地位を絶対的なものとしたとする。さらに、隋・唐の吐谷渾征討の目的は、「シナと西域との貿易を南道の一角において中断し、その利益を独占していた吐谷渾の商業的勢力を破壊し、鄯善・且末を経営して南道諸国を直接河西に結びつけんとする貿易開拓の運動であったと断言できよう」とも指摘する。青海地域はロプ地方で西域南道と繋がることで、ユーラシアの東西を結ぶ場所としてその重要性が増したのである。また、松田［一九六四：一四五～一四六頁］は、七世紀末から次の世紀にかけての吐蕃の東トルキスタンや華北における活躍は、六六三年に吐谷渾を滅ぼして青海地域を手に入れたことから導かれるとも指摘する。

ところで、ソグド人はその交易の目的地やその途中に植民聚落（＝ソグド人聚落）を形成し、ネットワークを張りめぐらせていた［池田一九六五、栄新江一九九九a・二〇〇七、荒川二〇一〇：三三六～三四〇頁］。青海地域の東端に位置する隴右地方の中心であり、中華地域とを繋ぐ最も重要な都市である鄯州西平にも、その規模や人口は不明ながらも、次の事例から北朝期以降にソグド人聚落があったとみられている。

二〇〇三年に陝西省西安市の北郊から発見された「史君墓誌」（北周・大象二年（五八〇））のソグド文面に、墓主ウィルカクの妻の康氏（ウィヤーウシー）の出身地、そして五一九年に夫妻が婚姻した地としてsynpynと記されるが、吉田豊はこれを「西平」のソグド語表記だと解釈した［吉田二〇〇五：三四頁・二〇一一b：七二～七一頁］。栄新江・石見清裕は、他にも西平に関係するソグド人の事例が存在することを示して、東晋十六国時期ころから（遅くとも北朝期以降には）、ある程度の戸数によって形成されるソグド人聚落が存在していたとする［栄新江二〇〇七：二八～三〇頁・石見二〇一一a：八四～八六頁］。例えば、一九八一～一九九五年に寧夏回族自治区の固原から合計七件の史氏一族（史射勿系統と史索巖系統の二系統）の墓誌が発掘されたが［羅豊一九九六］、「史索巖墓誌」（顕慶元年（六六一））に「曾祖羅、後魏寧遠将軍・西平郡公、食邑八百戸。……祖嗣、鎮遠将軍・通直散騎常侍、襲爵西平郡公、鄯廓二州諸軍事・鄯州刺史」とあり、(8) またもう一つの系統である「史道洛墓誌」（顕慶三年（六五八））にも「祖多悉多、周鄯州刺史・摩訶薩寶」とある。この他、栄新江［二〇〇七：三〇頁］は、西寧から出土した大量のササン朝ペーローズ王（在位四五九～四八四年）の銀貨の存在［夏鼐一九五八］を、ソグド人が当地で商業を行っていた証左であるとする。

上述のように「青海道」はロプ地方で西域南道に繋がることでその重要性が増すが、さらにここで記したいのは、そのロプ地方にはソグド人聚落があったとされていることである。「沙州・伊州地志」残巻（敦煌文書S.367）や「晋天福十年写本寿昌県地鏡」によれば、貞観年間（六二七～六四九年）にソグド人の首領である康艶典がこの地方の石城鎮・新城・蒲桃城・薩毗城などを修築していて、このうち薩毗城には頻繁に吐谷渾や吐蕃の人々がやって来るとされる［羽田一九三〇、森一九四七、森安一九八四：二六～二七頁］。「沙州図経」（敦煌文書P.2005）祥瑞、蒲昌海五色の条には、天授二年（六九一）に石城鎮将の康拂躭延と弟の地舎撥の名が記されており、彼らはその姓からソグド人であるとみられる。その聚落の規模は不明であるが、七世紀末期になってもロプ地方にソグド人がいたことが分かるのである。この地方の勢力が及んでいたが、安史の乱前の七四〇年代には既に吐蕃の支配下にあったとする。つまり、遅くとも七四〇年代以前までの青海シルクロードは、吐蕃の領域であるツァイダム盆地を挟んで、ロプ地方と隴右地方は唐の勢力下にあったことになる。このように支配勢力が異なることでそのネットワークは遮断されたかといえば、そうではない。それはツァイダム盆地に位置する青海省都蘭県熱水と徳令哈市郭里木にある吐蕃墓の出土遺物が示している。七世紀後半から八世紀にかけての墓葬とされる都蘭吐蕃墓群から出土した金銀器は、ソグド系統であるとされる［許新国一九九四]。大量に出土した絹製品にはササン朝ペルシア錦やソグド錦など西方由来のものもあるが、現在の四川省成都製の蜀錦も含まれている。同様の文様の蜀錦が高昌からも出土していることから、蜀錦が四川から青海の道を通り、西域南道から高昌などへ運ばれていたと考えられている[許新国・趙豊一九九一、横張二〇〇一：一一七～一八二頁、Tao Tong 2013：pp.112-116]。また、Tao Tong（仝涛）は、八世紀末の墓葬とされる徳令哈吐蕃墓から出土した木棺画が北朝期に作られたソグド人の石棺床（安伽墓やミホミュージアム所蔵）のモチーフやソグディアナの壁画と近似しており、そこに描かれた吐蕃人の服装はソグド人のものを採用していたとする[Tao Tong 2013：pp.151-160]。無論、唐から西域へのメインルートは、全ルートを唐が支配していた河西回廊であるとみられるものの、これらの出土遺物は、この時期にも青海の道が充分に機能していたことを示しており、おそらくそこにはソグド人が行き交っていたはずで、彼らのネットワークが維持されていたことをも示していると言えよう。なお、吐蕃はのちに安史の乱による唐の混乱に乗じて広徳元年（七六三）に鄯州西平・廓州寧塞を陥れ、翌年にはさらに涼州武威を得て河西・隴右地方を取り、唐の西域への道は遮断してこの地域の交通・交易を独占する事態に発展していくことになる。

以上をふまえて「康令惲墓誌」の祖父の慈感・墓主の令惲・そして子の承献の記事を見れば、この康氏一族の本拠地は隴右地方、おそらくはその中心の鄯州西平にあったとみられ、この地域に代々拠点を置くソグド人の一族として初めての具体的な事例となる。ただ、ここで注意しなくてはならないのは、本墓誌に本貫が明記されておらず、5～6行目に「家於長安」と記されていることである。長安に居住するようになった時期は明確に記されていないものの、曾祖父の康朝が就任した「驃騎将軍」から彼は長安のソグド人軍府・軍団を率いて李淵に帰順したと考えられるという[山下二〇一六：五六五～五六六頁]。しかしながら、本墓誌の康氏一族が、この鄯州西平を中心とする隴右地方と強い結びつきがあることは、以下に見る息子の康承献の動向からも明らかである。

（二）子の康承献の動向

本墓誌の墓主の康令惲は、在来史料中にその名を確認できないが、息子の承献は、この墓誌以外に以下【史料A】と【史料B】に名前を見つけることができ、その史料の背景を整理しつつ記せば次のようになる。

【史料A】魏季随撰「霊巖寺記」［魏文斌・呉葒二〇〇一：一三一～一三二頁］

開元十九春三月龍集未六□□……使・御史大夫・上柱国・魏県開国侯崔琳、判官・鴻臚寺丞王攸……吏部選何献鼎……□州金□府別将康思暕……品子康胡子……雲騎尉・緋魚袋康承献……上柱国史元信……隴右節都支度営田副大使・雲麾将軍・右羽林将軍□御史中丞・検校鄯州都督上柱国張守珪、朝散大夫・使持節河州諸軍事・試河州刺史兼知平夷五門守捉及当州営田使上柱国王諝

【史料A】の「霊巖寺記」は、開元一九年（七三一）に唐から吐蕃へ派遣された使者が残した炳霊寺石窟の摩崖碑刻で、炳霊寺下寺区北部の第一四八窟外面北壁に位置し、高さ一・三二m、幅〇・九八m、楷書陰刻で、全三〇行、一行につき四三字前後が刻されているという［魏文斌・呉葒二〇〇一：一三一頁］。碑の作成年は本文の末尾から開元一九年（七三一）春三月であることが分かる。その本文の後ろには使節の代表者である崔琳以下七二人の名が記されており、この中には隴右節度使の張守珪、河州刺史の王諝など在来史料中に名前を確認できる人物も含まれていて［張宝璽一九九三：一九〇頁］、ここに康承献の名が見える。また、康承献の他にも、何献鼎・康思暕・康胡子・史元信といったソグド姓を持つ者が複数おり、彼らもソグド人だと見てよいと思われる。

この碑に記された康承献の「雲騎尉・緋魚袋」とは、「雲騎尉」は正七品上の勲官のこと、そして「緋魚袋」は身分の貴賤を示す緋色の服と魚符を入れた袋とのことである。緋色の服は四品・五品の者が身につけ、魚袋は五品以上

の者が佩びる。[10]つまり、「緋魚袋」は四品あるいは五品の身分であることを示すことになるが、ここでは正七品上の雲騎尉と品階が一致しない。雲騎尉以外の官職を持っていた可能性も否定できないが、唐代の中後期、特に開元年間になると、主に使職の発生や散官の地位低下などの原因から、官職と官品の間に生じた不具合を解決するために、上位の官人の服色や魚袋を本来は着用の資格を持っていない者に下賜することが盛んに行われるようになったという［布目一九六二：二六七～二七二頁、石曉軍二〇〇六：六七頁］。おそらく康承献の場合もそのようであったと見られる。

【史料A】の吐蕃使が派遣された経緯を見れば、次のようである。中宗景龍四年（七一〇）に、かねてからの吐蕃の求めに応じて、金城公主が吐蕃王（チデックツェン）に降嫁した。ただし、七世紀中頃に文成公主が吐蕃に降嫁した時とは異なって、金城公主の入蔵によって唐と吐蕃との間に和平が齎されたのでなく、その後も唐と吐蕃との間でしばしば激しい戦いが繰り広げられた。開元一七年（七二九）に特に激戦となった石堡城を唐の信安王禕が奪還して以降、吐蕃は和平の道を採り、使者が往来するようになる。開元一八年（七三〇）一〇月に吐蕃から唐に到着した使者の返礼として開元一九年（七三一）正月に派遣されたのが、【史料A】「霊巖寺記」を残した崔琳を代表とする遣吐蕃使であった。[11]この時、唐と吐蕃との講和の内容が交渉されたようで、吐蕃は、馬を赤嶺（現在の青海省湟源県西南日月山）で交換し、甘松嶺（現在の四川省松潘県境）で互市することを願ったとされる。唐は宰相裴光庭の「甘松嶺は中国内の険要の地であるので、赤嶺を許した方がよい」という意見を採用し、赤嶺を唐と吐蕃との境界とすることにして、大きな碑を立ててその面に盟約を記すことになったという。[12]開元二一年（七三三）には赤嶺に盟約碑が建立され、[13]その後、数年間は平和が訪れることとなった。

この吐蕃への使節には上述したように康承献以外に四名ものソグド人が含まれていたが、ソグド人が各国の使者として派遣された事例は、いくつも見られる。例えば、突厥からササン朝ペルシアや東ローマに派遣されたマニアク、[14]

北魏・東魏と柔然との間を双方の使者として行き来した安吐根[15]、西魏から突厥に派遣された安諾槃陀[16]が挙げられよう。これらの事例を参考にすれば、康承献やその他ソグド人数名が唐から吐蕃への使節に含まれていたことは何ら不思議な事ではない。また、そこで馬の交換や互市といった交易について論じられたことが記録に残るのは単なる偶然ではないとさえ思える。

康承献の名が見えるもう一つの史料は、次の通りである。

【史料B】『冊府元亀』巻一二八、帝王部、明賞二［一三九七頁］[17]

（天寶）十三年《ママ》（七五四）三月、隴右節度使哥舒翰破吐蕃洪済・大莫門等城、并収九曲、其将咸来策勲、翰採摭具奏。……隴右同経略副使・右金吾衛員外大将軍・兼寧塞郡太守康承献、……並加雲麾軍将軍、余如故。

【史料B】は、天宝一二載（七五三）に哥舒翰率いる唐軍が吐蕃の洪済・大莫門等の城を陥落させ、九曲の地を収めたことに対する褒賞についての記事で、康承献は哥舒翰の配下の武将の一人としてその名が記されている。

康承献が哥舒翰に従った時期は、おそらく天宝六載（七四七）に哥舒翰が隴右節度副使・都知関西兵馬使・河源軍使となった前後だと考えられる。というのも、「康令惲墓誌」19～20行目によれば、康承献は墓誌の作成された天寶四載（七四五）時点で「積石軍副使」であったが、この頃の積石軍について次のような話が残っているからである。吐蕃は麦が熟す時期になるたびに積石軍に来て略奪することが続いており、唐・吐蕃双方で積石軍を「吐蕃麦荘」と呼ぶようになっていたという。そこに哥舒翰が王難得・楊景暉などに兵を率いて積石軍で吐蕃軍を待ち伏せさせ、吐蕃兵を一人も還すことないほどの大勝を収めたという[18]。この積石軍での戦いがいつだったのか確定することはできないが、哥舒翰が隴右節度副使などに就任した天宝六載（七四七）前後数年のことであると考えられ、それは康承献が積石軍副使であった時期に重なるとみられるので、彼はこの積石軍の戦い以降その配下にあったと考えられよう。

さて、【史料B】によれば、康承献の官職は隴右同経略副使（隴右節度使下の使職）・右金吾衛員外大将軍（正三品）・寧塞郡太守であった。このうち、実質的な役職は「寧塞郡太守」である。「郡太守」とは天宝元年（七四二）に玄宗が州を郡に改め、その長官である刺史を太守に改めたものであり、また寧塞郡は廓州のことなので[19]、廓州刺史（正四品下）[20]と同等ということになる。先述したように墓誌19行目で康承献が軍副使となっていた積石軍はその領内にある。

ここで、試みに康承献の年齢を推計したい。調露元年（六七九）生まれである父の令惲の二五歳の子だと仮定すれば、承献は神龍元年（七〇五）に生まれたことになり、遣吐蕃使として派遣された開元一九年（七三一）は二九歳、「康令惲墓誌」が作成された天宝四載（七四五）は四三歳、哥舒翰の武将として褒賞を得た天宝一三載（七五四）は五二歳だったことになる。つまり、生涯を通して青海地域で対吐蕃政策の最前線にあったと言えよう。

なお、哥舒翰の軍勢は天宝一四載（七五五）に安史の乱が起こった際に反乱鎮圧に向かうことになる。その武将には【史料B】にも記されていた王思礼・火抜帰仁・管崇嗣などの名が見えるが[21]、残念ながら康承献の名は見られない。実際は従軍していたが史料に掲載されなかった、あるいは上述した年齢の推計によれば、承献はすでに五〇歳を過ぎているので、官を辞して隠居して従軍しなかったとも考えられるが、いずれにせよ彼が安史の乱の際、どのように動いたのかは不明である[22]。

ところで、哥舒翰とソグド人との関係は、康承献とだけではない。当時、吐蕃との戦いで第一線に立っていた哥舒翰は隴右節度使であると同時に河西節度使も兼任しており、その拠点は涼州武威であった。武威は、中国と西域を繋ぐメインルートである河西回廊に位置した重要都市で、北魏期以降ソグド人聚落が形成され、その聚落は安氏一族によって代々統括されてきたことが知られる［呉玉貴一九九七：三〇〇頁、栄新江一九九九a：七二頁］。哥舒翰はその武威のソグド人たちも配下に従えていたのである。中田［二〇〇七］は、哥舒翰が天宝一三載（七五四）に武威に招聘したソグド人仏教僧の不空がその地で哥舒翰配下の一兵卒に至るまですべてに灌頂を授け、安史の乱で哥舒翰が死去した後も、哥舒翰配下にあった涼州を基盤とするソグド系の武将たちは引き続き不空の長安での仏教事業を支えていたことを明らかとした。また、不空が武威で灌頂を授けた中には安氏一族の安重璋（のちの李抱玉）もいたとする。康承献は、このような安氏を代表とする武威のソグド人とともに哥舒翰に従い、対吐蕃戦に臨んでいたことになる。

なお、時代は遡るが、武威の安氏が対吐蕃戦で活躍していたことを示す史料もある。「河西節度副大使安公碑銘」(23)によれば、武威安氏の安忠敬が永昌元年（六八九）以降の唐と吐蕃との攻防戦の中で登用され、その後も吐蕃との境界地帯を統括する職を歴任したが、その中でも牧馬官への就任は安氏が代々河西で営んできた馬産の経験が活きたようで、河西一帯の防備にとって非常に功績があったとされる［山下二〇〇八：五五三～五五八頁］。

鄯州西平と涼州武威とは交通上の要地にあり、それぞれ隴右節度使と河西節度使とが置かれたことからも分かるように、共に唐の西方における重要な軍事と経済の拠点であり、伝統的にソグド人聚落があった場所である。その西平と武威のソグド人が共に対吐蕃の最前線で戦い、同じ哥舒翰の麾下で繋がりを持っていたことになる。唐の成立と共にソグド人聚落は唐の州県体制下に置かれ、聚落のソグド人は漢人との区別なく、一様に唐の州県「百姓」にされたと考えられているが［荒川一九九八］、以上の武威と西平のソグド人の関係は、植民聚落のソグド人の繋がりを示す一事例だと言えよう。

三、康令惲と范陽

墓誌1行目の誌題には墓主の康令惲が「范陽郡節度副使」であったと記されている。范陽郡は、現在の北京に比定されるが、以上で述べてきたように、本墓誌の康氏一族が隴右地方で対吐蕃の最前線にいたということになると、なぜ墓主が范陽郡の役職にあったのかが疑問になる。

そもそも「范陽（郡）節度使」は、天宝元年（七四二）に「幽州節度使」から改名したものである。[24] 先述したように康令惲の死亡年は墓誌に明記されていないが、「康令惲墓誌」は天宝四載（七四五）の作成であり、22行目に「一紀不塋」（一二年間墓が造営されなかった）とあるので、逆算すると死亡年は開元二二年（七三四）となる。「范陽節度副使」が死後の贈官でないとすれば、康令惲が死亡した開元二二年（七三四）に「范陽節度副使」であり得るはずがなく、正しくは「幽州節度副使」と記すべきところを墓誌作成時の名称で記されたと考えられる。そうすると、康令惲の上司である幽州節度使は【史料A】で隴右節度使として吐蕃へ派遣されていた張守珪だということになる。張守珪が隴右から幽州に異動した時期は、先述した赤嶺の盟約碑の建碑を監督した後のことで、[25] より厳密には『冊府元亀』巻九七九、外臣部、和親二〔一一三三四頁〕に「（開元）二十一年二月、金城公主上言『請以今年九月一日樹碑于赤嶺、定蕃漢両界』」とある記事のように建碑されたとすれば、開元二一年（七三三）九月以降のこととなる。[26] 墓誌13～14行目には「東逾冷邢、拊林胡之背、西蹈積石、扼犬戎之喉」とあって、康令惲には東方では林胡（＝契丹・奚）と西方では犬戎（＝吐蕃）との戦歴があったことが分かる。この記事では東方が先に、西方が後に記されているが、これは慣用的に東西の順に記したものであって、必ずしも実際の戦闘時期の前後を示すものではないとみられる。また、19行目に「酒薨年於幕府」とあって幕府で死亡したことが分かり、さらに21行目に「西歸京兆」とあり、遺体を西方の長安に移していることが分かるので、死亡地は長安の東方であったことになる。つまり、康令惲の「范陽節度副使」は贈官だとみるよりも、康令惲が西平を拠点に吐蕃と戦っていた張守珪の直属の部下として従っており、張守珪の幽州への異動に同行し、その幕府で死んだその時の官職であったと考えるのが最も自然である。墓誌19行目に「忽寝疾於漳濱」とあるのは、漳水（現在の山西省平定県東南の沾嶺を源とする清漳水と長子県発鳩山を源とする濁漳水とが河南省渉県東南で合流し、河北省滄州市で永済渠に合わさり、天津市で渤海に注ぐ）の辺で発病したことを意味する。「漳濱」という語は、『文選』劉公幹「贈五官中郎将四首」[27]に「余嬰沈痼疾、竄身清漳濱」とあることから、唐代には病気で寝込む様子を示すようになるものの、本墓誌の場合は、張守珪の異動に従った幽州への道中あるいは到着後に病を発したその場所がまさに「漳水の辺」だったと考えられよう。

ところで、幽州節度使時代の張守珪と言えば、後に安史の乱を起こす安禄山を取り立てたことで有名であるが、康令惲が張守珪に従っていたとなると、安禄山と康令惲は同じ張守珪の配下にあったことになる。上述のように、康令惲は張守珪の幽州異動後間もなくして病で死亡するのだが、康令惲がもう少し長く生きていれば安史軍に含まれていた可能性があったことになる。このことはすなわち、安禄山麾下のソグド人つまり安史の乱時における安史軍中のソグド人勢力には、康令惲のように代々ソグド人の植民聚落を拠点としていたソグド人が含まれていた可能性も視野に入れる必要があることを示していると言えるのではないだろうか[28]。

これまで安史の乱における安史軍中のソグド人勢力の中心は、東突厥の崩壊に伴って唐に亡命したソグド人から成る「六州胡」と突厥第二帝国の動乱によって唐に亡命したソグド人で構成されていたと考えられており［小野川一九四二：二〇一～二〇二頁、森部二〇一三：三〇～三一・三九頁］[29]、このような突厥で騎射などの遊牧文化を備えたソグド人は「ソグド系突厥」と呼ばれている［森部二〇一〇：一〇八頁］[30]。つまりここには康令惲のような交易のために築かれた北朝以来の植民聚落を拠点とするソグド人は想定されてこなかったのである。ただし近年、植民聚落を拠点とするソグド人にも武官職に就く事例が知られるようになってきた。山下［二〇〇五・二〇一二］は、北朝～唐初にソグド人がその植民聚落の郷兵を率いて軍事活動に参加していた様子を明らかにした。また、筆者は本書第二部第三章で「史多墓誌」（開元七年（七一九））から、禁軍に仕える武人である墓主の史多は、東突厥の崩壊によって唐に降った伊吾（現在の新疆ウイグル自治区哈密）のソグド人聚落の出身者とみるべきで、唐後半期の武官職に就くソグド人には植民聚落出身者を想定すべきだとした。また、彼らのようなソグド人が唐の武官へ就くと本来の交易活動との関係が無くなるのかという問題については、例えば武威の安氏の事例を見れば、唐代になると唐王朝から武官職を得ていると同時に私的に馬を養う牧馬業を行っており、さらにその馬を商品としても、交易の手段としても利用した交易活動も行っていたとみられる［本書第二部第二章参照］。

もちろん、先述したように安史の乱が起こり河西隴右節度使であった哥舒翰が討伐軍の将軍に起用されると、彼の管轄下にあった河西・隴右の兵（異民族兵も含めて）が動員され、そこにはソグド人聚落に居住し唐の百姓となっていたソグド人が含まれているとみられる。つまり、河西・隴右にあったソグド人の植民聚落は唐軍側であった。ただし、安史軍がソグド人の伝統的な植民聚落と無関係かと言えば、安禄山が唐の各地にいたソグド商人にモノを売買させて蓄財していたことが知られるので(31)、むしろ彼らの交易ネットワークを利用していたと考えられよう［森部二〇一三：二四〜二八頁］。また、武威では、至徳二年（七五七）正月に安史の乱に呼応したとみられる反乱が起きている。この乱は、九姓商胡（ソグド商人）の安門物と河西兵馬使の蓋庭倫とによるもので、武威の七城のうち、五つをソグド人が占拠した大規模なものであったが、唐が派遣した支度判官の崔称が残りの二城の兵を鼓舞し、乱勃発の一七日後に鎮圧したという(32)。この反乱について、森安［二〇〇七a：三三二頁］は「乱の首謀者の一人である安門物が明らかにソグド商人であり、反乱軍の中心が胡であることから判断して、これが安史の乱に無関係だったとは考えられない。安門物が率いたのも……『涼州のソグド人軍団』以外には考えられず、おそらくこれが安史の乱に合流しようとしたのであろう」と指摘する。安史軍中に河西や青海の植民聚落出身のソグド人がいれば、その連絡はより容易だったと言えよう。さらに、当時のソグド人のネットワークが強固であったことを示す史料としては、森安孝夫が解読したいわゆる「五人のホル人の報告」（敦煌文書P.t.1283）［森安二〇〇七ａ：三一六～三三四頁］がある。この史料は、八世紀中葉の遅くとも七六〇年代後半（あるいは七七〇年代）までに、ホル国王に命じられて五人のホル人がユーラシア北方の情勢を報告したものであるが、森安［二〇〇七ａ：三三一～三三四頁］は、このホルは涼州武威のソグド人であると見る。当時の植民聚落のソグド人がいかに広域で詳細な情報を収集していたかが分かると同時に、このように情報収集してくるには五人のソグド人の力だけでは不十分で、おそらく各地に延びるネットワーク上のソグド人からの情報も得ていただろうことが窺える。上述のように安禄山はソグド人のネットワークを使用したとみられるが、そうするには「ソグド系突厥」よりも植民聚落出身のソグド人がいればより直接的で有効であったと考えられるのではないだろうか。つまり、安史の乱における安史軍中のソグド人勢力に康令惲のようなソグド人聚落出身者がいるとなると、安史軍と各地の植民聚落を繫ぐ伝統的なソグド人ネットワークとがより直接的に結びついていたことを示していると考えられよう。

さらにここで記さなければならないのは、安禄山が張守珪の隴右節度使時代に河西にいて、その時から張守珪の配下にあったとする説の存在である。安禄山は、開元四年（七一六）頃に突厥第二帝国の黙啜可汗が死亡した際の混乱のために、唐（嵐州：現在の山西省呂梁市嵐県）に亡命してきたとみられるが［E・G・プーリィブランク一九五二：四九頁］、それ以後は「諸蕃互市牙郎（異国と唐との商人の仲介業者：任地は不明）」に就いていたこと以外、開元二一年（七三三）頃に張守珪の麾下の軍人として史料に現れるまで彼の動向は不詳である。一説には、安禄山が青年時期から東北地方（より具体的には『旧唐書』などが安禄山の本貫とする「営州柳城」（現在の遼寧省朝陽市））に腰を据え、当地で「諸蕃互市牙郎」に就任したために、奚・契丹事情に精通することとなり、それが彼の目覚ましい昇進に繫がったとも理解されている〔藤善一九八四：二七〜三五頁、栄新江二〇一〇：二七四頁〕。その一方で、安禄山と共に唐に亡命してきたともされる叔父の安波注（波主・波至）とその子である安思順に河西で唐軍に属していた経歴があり[33]、さらに安禄山がその安波注に養育されたとする史料があることから[34]、安禄山は彼らを頼って河西にいたとも考えられている。E・G・プーリィブランク〔一九五二：五〇頁〕は「安禄山も先づ叔父と共に西北に行き、適齢に達してそこの唐軍に入ったと考へることは、大いに可能である。……張守珪は、七三三年、西北から河北に来たが、おそらく安禄山も同時に河北に来たのであり、安禄山と東北の関係はこの時から始まったのであろう」とする。それは、開元二一年（七三三）から翌年の冬に出されたとされる勅書「勅幽州節度（副大）使張守珪（等）書」[35]の冒頭に「勅張守珪・安禄山」とあることが根拠の一つで[36]、この時期は、張守珪が東北に地位を得た直後であるにもかかわらず、当時の安禄山は明らかに極めて重要な地位の将校だったことが分かるためであり、「若し安禄山が既に七三三年の末、この勅書に言うように高い地位にあったとしたら、張守珪が東北に来てから安禄山を『見出した』ということは全くあり得ない〔五四頁〕」と指摘している。

また、「大唐博陵郡北嶽恒山封安天王之銘」（天宝七載（七四八））〔『金石萃編』巻八八、一四八六〜一四九一頁〕では、安禄山を「常楽安公」とするが、この常楽とは唐代の瓜州（現在の甘粛省瓜州県）の属県である。これについて、常楽を彼の先祖あるいは安波主・思順が居住していた「族望」だと見る考えもあるが[37]、森部〔二〇一三：二九〜三〇頁〕は「安禄山が唐へ亡命した後の一時期、河西にいたと考えると、常楽を本貫としたのもうなずけよう」とする。なお、この常楽を本貫とするソグド人が数多く見られることも指摘されている〔栄新江一九九九a：五九〜六二頁、本書第一部第一章参照〕。

以上のように、安禄山が唐への亡命後の一時期に河西にいたとすれば、当地の植民聚落のソグド人との直接的な関係がすでに築かれていたことになる。また、彼が張守珪の幽州異動前からその配下にあったとすれば、康令惲と安禄山との関係はより長く、そして共に張守珪の異動に同行するような直属の部下であったとみられるのでその関係は緊密だったことになる。このことは、安史軍がソグド人のネットワークとよりいっそう密接に繋がっていた可能性を示している。

おわりに

以上に述べてきたことをまとめると、「康令惲墓誌」からは以下のことが言えよう。

青海地域東端に位置し隴右地方の中心都市である鄯州西平には、遅くとも北朝期以降ソグド人の植民聚落が存在していた。「康令惲墓誌」に記されたその祖父と息子の官職号と墓主の戦歴とは、共通して鄯州西平を中心とする隴右地方であるので、康氏は代々この地を拠点としていたソグド人であったと言える。特に墓主の息子である康承献については、『霊巌寺記』には開元一九年（七三一）の唐から吐蕃への使者の一員としてその名が記され、「康令惲墓誌」では作成された天宝四載（七四五）に吐蕃との国境にほど近い「積石軍」の軍副使であったことが分かり、さらに『冊府元亀』では隴右節度使である哥舒翰の武将の一人として天宝一三載（七五三）に対吐蕃戦での褒賞を受けており、生涯を通じて隴右地方で唐側から対吐蕃政策の最前線にあたっていたことがわかる。

以上のような「康令惲墓誌」の記載によって、ソグド人聚落間での繋がりも見えてきた。鄯州西平と河西回廊の中心都市であり北朝期以来のソグド人の植民聚落が築かれていた涼州武威とのソグド人は、共に対吐蕃戦で戦っていたことが分かった。特に代々武威のソグド人聚落を統括していた安氏のうち、安重璋（のちの李抱玉）はその他数多く

【康令惲墓誌関係地図】

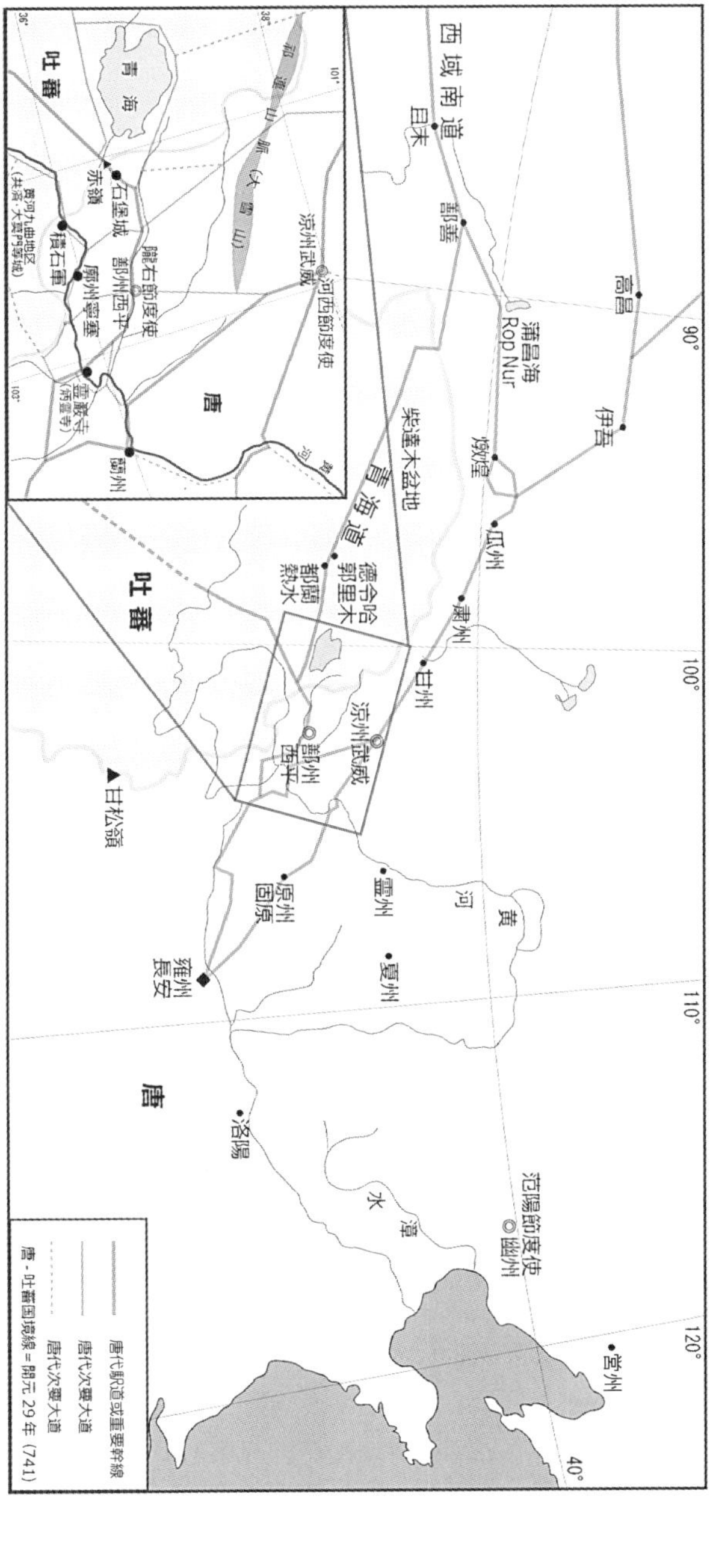

譚其驤［1982］・厳耕望［1985］をもとに作成。

のソグド人と共に河西隴右節度使の哥舒翰の麾下にあったとされていたが、同時期に康承献も哥舒翰の配下にあって吐蕃との戦いに臨んでいたのである。また、鄯州西平と西域南道上に位置するロプ地域とは、いわゆる青海シルクロードで繋がることでその価値が増すとされてきた。このロプ地方には、ソグド人による植民聚落が開元年間から七世紀末までは築かれていたことが確認されており、またツァイダム盆地から発見された七世紀後半から八世紀の吐蕃墓の遺物から見て、この鄯州西平とロプ地方を繋ぐ青海シルクロードは当時も機能していることが分かった。青海シルクロードでは、唐と西域とを繋ぐメインルートである河西回廊とも連動しつつ、ソグド人のネットワークが維持されていたと言える。

また、墓主の康令惲は、墓誌では「范陽郡節度副使」であったとされることから、後に安史の乱を起こす安禄山と共に張守珪の直属の配下にあったことが分かった。すなわちこれは、これまで「ソグド系突厥」が中心だと考えられてきた安史の乱における安史軍中のソグド人勢力には、康令惲のようなソグド人の植民聚落出身者がいる可能性があることを示すと同時に、安史軍と各地の植民聚落を繋ぐ伝統的なソグド人ネットワークとがより直接的に結びついていたことを示していると言えるのではないだろうか。

注

（1）本書第一部第一章で記したように、康姓を持つ墓誌を網羅的に分析した結果、唐代において康を姓に持つ者は、ほぼソグド人であると言える。

（2）第6・15・16・27行目には空格が入るはずであるが、王育龍［二〇〇〇：三九六～三九七頁］には何角がどこに入るのか記されておらず、また、26～27・29～30行目の改行の位置はおそらく誤りである。そこで、本章では最も適当だと思われる箇所に仮に補塡した。なお、王育龍は第27行目「青門」と「枕皇宮」との間に「兮」が脱字しているとして補塡している。

筆者は、第二届絲綢之路国際学術討論会〝粟特人在中国：考古発現与出土文献的新印証〟（於中国寧夏銀川柏悦酒店、二〇一四年八月一三日）で本章の内容を報告し、「康令惲墓誌」の所蔵先などの情報の提供を求めた所、本墓誌が現在は陝西考古研究院で所蔵されていることが分かった。

（3）『国語』巻一〇、晋語四、［三三七〜三三八頁］に「文公在狄十二年、狐偃曰『……吾不適斉・楚、避其遠也。蓄力一紀、可以遠矣』」とあり、韋昭は注で「十二年、歳星一周、為一紀」という。この他にも、一年（「楚相孫叔敖碑」、（清）馬邦玉『漢碑録文』六一五二〜六一五四頁）、四年（『素問』巻一九、六微旨大論、一四〇頁）、三〇年（『素問』巻一九、天元紀大論、一三二頁）、一五二〇年（『詩経』大雅、文王之什、序、疏、（正義：一一一七頁）がある。後に詳述する墓主の子康承献に関する記載との整合性からも、三〇年・一五二〇年ではあり得ない。本墓誌は『詩経』・『書経』・『論語』・『春秋左氏伝』などの古典から引用している箇所が多いので、一二年とするのが現在は最も妥当であるとみられる。

（4）『通典』州郡四、古雍州下、西平郡、［四五五一頁］「後魏置鄯州。後周置楽都郡。隋初郡廃、置鄯州、煬帝初州廃、置西平郡。大唐因之」。

（5）『通典』州郡二、序目下［四四八二頁］は、隴右節度使下の軍の一つとして積石軍をあげ、「寧塞（＝廓州）西百八十里、儀鳳二年置、管兵七千人、馬一百疋」とする。

（6）『周書』巻五〇、異域伝下、吐谷渾［九一三頁］にも同様の記事がある。

（7）本章ではロプノール（蒲昌海）から鄯善（チャルクリク）・且末（チェルチェン）を含む地域とする。

（8）「史道徳墓誌」（儀鳳三年（六七八））には「曾祖度、河・渭・鄯三州諸軍事」とある。史索巖の祖父の嗣と史道徳墓誌の曾祖父の度とは、諱の表記が異なり、官職もすべて一致するわけではないが共通性が見られるため、同一人物であろうとする［羅豊一九九六：四六七頁、ソグド人墓誌研究ゼミナール二〇一〇年：三六二〜三六五頁］。

（9）なお、都蘭吐蕃墓出土の（ソグド製の）銀製の装飾のついた木製容器がソグディアナの納骨器と同じ用途であったとも指摘されている［霍巍二〇〇五：九六〜九七頁、阿米・海勒二〇〇三：三四頁］。

（10）服の色については、『唐会要』巻三一、輿服上、章服品第［六六三〜六六四頁］に貞観四年（六三〇）八月一四日の詔勅として「於是三品已上服紫、四品・五品已上服緋、六品・七品以緑、八品・九品以青」とし、また上元元年（六七四）八月二一日の詔勅として「文武三品已上服紫……四品服深緋……五品服浅緋……六品服深緑……七品服浅緑……八品服深青、九品服浅青」とする。魚符については『唐六典』巻八、符宝郎［二五三～二五四頁］に「随身魚符、所以明貴賤、応徴召」とあり、また随身魚符之制について注して「随身者、仍著姓名、並以袋盛。其袋三品已上飾以金、五品已上飾以銀。六品已下守五品以上者、不佩魚」とする。また『唐会要』巻三一、輿服上、魚袋［六七六～六七七頁］によれば永徽二年（六五一）四月二九日に「開府儀同三司及京官文武職事四品五品、並給随身魚袋」としたのが始まりで、景雲二年（七一一）四月二四日の敕文では「魚袋、著紫者金装、著緋者銀装」として、服の色とともに身分を示すようになる。

（11）『旧唐書』巻八、玄宗本紀上［一九六頁］「（開元）十九年春正月……辛卯、遣鴻臚卿崔琳入吐蕃報聘。……二月甲午、以崔琳為御史大夫。三月乙酉朔、崔琳使于吐蕃」。
崔琳が吐蕃に派遣されたことは、この他に『旧唐書』巻一九六上、吐蕃伝上［五二三一頁］・『新唐書』巻二一六上、吐蕃伝上［六〇八五頁］・『冊府元亀』巻六五四、奉遣部、恩奨［七五四三頁］などに見える。

（12）『新唐書』巻二一六上、吐蕃伝上［六〇八五頁］「帝遣御史大夫崔琳報聘。吐蕃又請交馬於赤嶺、互市於甘松嶺。宰相裴光庭曰「甘松中国阻、不如許赤嶺。」乃聴以赤嶺為界、表以大碑、刻約其上」。

（13）赤嶺碑の建碑の時期については、後注（25）参照。なお、盟約文の内容は、『冊府元亀』巻九七九、外臣部、和親二［一一三三四頁］に掲載される。

（14）「東ローマの歴史家メナンドロスの記録」。内藤［一九六三］。

（15）『北史』巻九二、恩幸伝、安吐根［三〇四七頁］。後藤［一九八八］。

（16）『周書』巻五〇、異域伝下、突厥［九〇八頁］。『北史』巻九九、突厥伝［三二八六～三二八七頁］。後藤［一九六八：四〇頁］。

（17）『資治通鑑』巻二一七、玄宗天宝一三載（七五四）［六九二六頁］にも哥舒翰の武将たちへの褒賞が記録されているが、ここには康承献の名は見えない。

(18)『旧唐書』巻一〇四、哥舒翰伝［三二一二頁］「天宝六載（七四七）擢授右武衛員外将軍、充隴右節度副使・都知関西兵馬使・河源軍使。先是、吐蕃毎至麦熟時、即率部衆至積石軍穫取之、共呼為『吐蕃麦荘』、前後無敢拒之者。至是、翰使王難得・楊景暉等潜引兵至積石軍、設伏以待之。吐蕃以五千騎至、翰於城中率驍勇馳撃、殺之略尽、余或挺走、伏兵邀撃、匹馬不還」。『新唐書』巻一三五、哥舒翰伝［四五六九〜四五七〇頁］にも同様の記事が見られる。

(19)『通典』州郡四、古雍州下、寧塞郡［四五五〇〜四五五一頁］「大唐復為廓州、或為寧塞郡」。

(20)『元和郡県図志』巻三九、隴右道上、廓州［九九三頁］によれば、廓州は下州とされ、開元時には戸数三九六四であった。

(21)『新唐書』巻一三五、哥舒翰伝［四五七一頁］「(天宝)十四載、禄山反、封常清以王師敗。帝乃召見翰、拜太子先鋒兵馬元帥、以田良丘為軍司馬、蕭昕為判官、王思礼・鉗耳大福・李承光・高元蕩・蘇法鼎・管崇嗣為属将、火抜帰仁・李武定・渾萼・契苾寧以本部隷麾下、凡河・隴・朔方・奴剌等十二部兵二十万守潼関」。

(22)前節で記したように森安［一九八四：四四〜五〇頁］によれば、ロプ地方は七一〇年頃までは唐の配下にあり、七四〇年代にはすでに吐蕃の勢力下にあったとする。このことが康承献の動向に影響を与えた可能性もあろう。

(23)『張説之集』巻一六［一〇二〜一〇三頁］。

(24)『新唐書』巻六六、方鎮表三［一八三六頁］「更幽州節度使為范陽節度使」。

(25)『冊府元亀』巻九七九、外臣部、和親二［一一三三四頁］「時李暠使于吐蕃、金城度其還期暮秋、故有是請。及樹之日、詔張守珪・李行禕与吐蕃使莽布及同観樹焉。既樹、吐蕃遣其臣随漢使分往剣南及河西・磧西、歴告辺州使曰『両国和好、無相侵掠。』漢使随蕃使入蕃、告亦如之」。

『新唐書』巻二一六上、吐蕃上［六〇八五頁］「帝又令金吾将軍李佺監赤嶺樹碑、詔張守珪与将軍李行禕・吐蕃使者莽布支分諭剣南・河西州県曰『自今二国和好、無相侵暴』」。

(26)『旧唐書』巻八、玄宗本紀［二〇一頁］では開元二一年六月に赤嶺の盟約碑を建てたとしているが、佐藤［一九五八：四六六頁］は『冊府元亀』巻九七九、外臣部、和親二［一一三三四頁］に収録される赤嶺の碑文中に「開元二十一年」とあることから、菅沼［二〇一〇：一三七〜一四一頁］は張守珪が開元二一年には確実に幽州節度使であったことから、ともに開元二一年建立であるとする。また、張守珪へ着任後間もなく出された勅書「勅幽州節度（副大）使張守珪（等）書」〔『曲江集』巻八五四三～五四五頁〕について校注した熊飛は、何格恩『張曲江詩文事迹編年考』に従って開元二一年八月前後に出されたものとする。

(27)『文選』巻二三、贈答一、劉公幹「贈五官中郎将四首」〔一一一一頁〕。

(28) 例えば、安史の乱以来の軍を維持した藩鎮である成徳節度使の李宝臣の麾下であった康日知は、六胡州で起こった康待賓の乱の平定で活躍したことで知られる康植を祖父に持つ。反乱を起こした六州胡には唐朝へ帰順した者がいるので康植も同様だとされ、また『新唐書』康日知伝で本貫とする霊州は、霊州から夏州の南境に六胡州を置いたとされる場所であることから、「ソグド系突厥」であると見られてきた。その一方で、康日知は会稽郡王に封ぜられ（『新唐書』康日知伝）、その子志睦は会稽郡公になり（「康志睦碑」『宝刻叢編』巻七、三七葉）、志達は会稽人とされる（「康志達墓誌」：氣賀澤№四九七七）など康日知一族のルーツはむしろ会稽であったとみられる。この会稽とは、越州会稽郡（現在の浙江省会稽）の可能性もあるが、唐代の瓜州に属す地名にも会稽がある（『晋書』地理志、涼州、『通典』瓜州）。瓜州は河西回廊に位置し、ソグド人聚落があったと見られる。後者だとすると、康氏一族は六州胡ではなく、ソグド人聚落の出身と考えるべきなのではないだろうか。この問題については、以下を参照。小野川〔一九四二：一九九頁〕、栄新江〔一九九九a：五九～六二頁、二〇〇三：九六～九七・一〇八～一〇九頁〕、森部〔二〇一〇：一三五～一四四頁〕。

(29) この他、安史の乱前後に（ソグディアナから直接）安禄山に従属したとされるソグディアナの私的傭兵部隊「柘羯（赭羯）」も含まれていたとされる〔森部二〇一二：三〇頁・二〇一三：三八～三九頁〕。

(30) ただし、中田〔二〇〇九〕は、突厥とソグドとの混血が進んだ結果、ソグド姓を名乗っている突厥人を「ソグド系突厥」とする。

(31)『安禄山事迹』巻上〔八三頁〕。『新唐書』巻二二五上、逆臣伝上、安禄山の条〔六四一四頁〕。

(32)『旧唐書』巻一〇、粛宗本紀、至徳二年（七五七）〔二四五頁〕「二載春正月……丙寅、武威郡九姓商胡安門物等叛、殺節度使周佖、判官崔称率衆討平之」。

『資治通鑑』巻二一九、唐粛宗至徳二年（七五七）［七〇一五頁］「河西兵馬使蓋庭倫与武威九姓商胡安門物等殺節度使周泌、聚衆六万。武威大城之中、小城有七、胡拠其五、二城堅守。支度判官崔称与中使劉日新以二城兵攻之、旬有七日、平之」。

また、「大唐河西平胡聖徳頌」［『文苑英華』巻七七四、四〇七六～四〇七七頁］も安門物の乱について記す。

（33）「河西破蕃賊露布」［『文苑英華』巻六四八、三三三三～三三三四頁］によれば、安波注・思順は天宝元年（七四二）に河西節度使王倕配下の武将として吐蕃との戦いに臨んでいる。また、安思順は『旧唐書』の玄宗本紀［一七三頁］と王忠嗣伝、三一九七頁及び『新唐書』王忠嗣伝、四五五一頁にも、開元二年（七一四）七月に吐蕃が隴右に入寇した際、薛訥の配下として、杜賓客・郭知運・王晙らと共にその名がみえる。

（34）「代郭令公請雪安思順表」［『文苑英華』巻六一九、三二一〇～三二一一頁］「安禄山牧羊小醜、本実姓康、遠自北番、来投中夏。思順亡父波主、哀其孤賤、収在門闌」。

（35）『曲江集』巻八（『張九齢集校注』）、五四五～四五六頁。

（36）熊飛［『曲江集』五四六頁］は、開元二二年（七三四）一〇月の勅書ではないかとする説をあげる。そうであったとしても、安禄山の出世の早さは驚異的である。

（37）唐長孺［一九八九：二九六～二九七頁］は「禄山祖先和他自己似乎都没有和這個常楽郡発生関係……禄山既自称安氏、並与思順為兄弟、則常楽這個族望必就是安波主・思順的族望。（禄山の先祖や彼自身はこの常楽郡との関係はなさそうである……禄山が既に安氏を自称し、安思順と兄弟としている、ということは、常楽という族望は安波主・思順の族望のはずである。）」とする。また、栄新江［二〇一〇：二七一頁］は、安禄山の誕生前に彼の先祖が常楽にいて、そこから突厥へ移動したと解釈する。

小結

以上、第一部・第二部で述べてきたソグド人墓誌の変遷について、簡単にまとめたい。

近年、続々と公表されている墓誌史料には、ソグド人のものも数多く含まれている。そこで、ソグド姓（安・康・米・石・史・何・曹・翟）を有する墓誌を網羅的に収集した結果、三六五件の墓誌、四七七名分の記載を確認することができた。ただし、ソグド姓の中には、漢人が名乗る姓でもあるので、ソグド人として判別する基準（①ソグド人である・②ソグドである可能性が高い・③ソグドであるか不明）を設けて、分類すると、ソグド人として扱うことのできる①②に該当する者は、一六四名であった。また、第一部第一章で明らかにしたように、安・康・米の三姓を有する場合はソグド人である可能性が極めて高いので、彼らを③→②と分類し、①②と合計すると一八八名をソグド人として扱うことができる。彼らソグド人の墓誌記載内容を分析するにあたって、さらに、生年の判明する男子に限定すると、一〇三名となった。

この一〇三名を生年順に捉え、墓誌の記載内容（本貫・先祖の記載・墓主の官位・人名・婚姻関係）を分析すると、六五〇年出生を境として、その前後で差異が見られた。また、この前後では世系の連続性が見られず、彼らは別系統のソグド人であると考えられた。そこで、六五〇年出生以前を「前期ソグド人」、以後を「後期ソグド人」と区別することとした。

これまで見てきたそれぞれの特徴をまとめると、以下のとおりとなる。

前期ソグド人

・生　　年：六五〇年以前
・本　　貫：ソグド人の聚落のあった、ソグディアナから長安・洛陽へのルート上に位置することが多い。
・先祖の記載：曾祖父・祖父・父の名・官職が年代の経過とともに徐々に漏れなく記される。
・墓主の官位：低級の散官に就くことが多い。
・人　　名：ソグド語で解される人名は年代の経過に従い減少傾向にある。
・そ の 他：薩宝や祆主に就任する者が、本人あるいは先祖に見られる。

これらの特徴から、前期ソグド人の人々は、商業活動のために中国に訪れ、植民聚落を拠り所に商業活動を行ったソグド人あるいはその後裔と捉えられる。なお、七世紀後半に洛陽には多数のソグド人が商業活動の盛んな南市の周辺に居住し、ソグド＝コミュニティを形成している様子がみられたが、これは時期から見て前期ソグド人に属する者たちであったとみられる。

後期ソグド人

・生　　年：六五〇年以後
・本　　貫：未記入なものが増加し、判明する者は長安・洛陽以東に広がる傾向にある。
・先祖の記載：七世紀半～八世紀半ば生まれの世代に曾祖父・祖父・父の記録が一時希薄な時期が見られるが、その後は再度徐々に漏れなく記されるようになる。

・墓主の官位：高級武官に就き、兼職することも多い。
・人　　名：七世紀半ば以降、再度ソグド語・テュルク語で解される人名が見られる。

後期ソグド人は、主に突厥を経由して中国に入った人々、すなわち森部豊氏が提唱する「ソグド系突厥」であり、六胡州や沙陀に属していた人々であると考えられ、これらの人々は安禄山に代表されるように河北地域で安史の乱を引き起こした勢力である。ただし、唐全体においてソグド人はこの勢力だけになった訳ではない。後期ソグド人の一部には、康令惲のように植民聚落出身のソグド人も依然として残されていて、武官として唐に仕える者もいた［本書第二部第四章参照］。また、七世紀半ば～八世紀にかけて刻々と変化する国際情勢下で唐に質子や使者として来唐した者や安史の乱の際に唐の救援のために来た兵士も含まれているとも考えられる［後掲第三部第二章参照］。つまり、ソグド人の移住は北魏以来断続的に行われたが、その移住のルートや経緯に応じて、ソグド人が唐国内で果たす役割に差が生じたことで、ソグド人は唐の後半期により多様な活動形態をみせるようになると考えられるのである。

なお、前期ソグド人の墓誌が減少したその原因は、墓誌にソグド人であることを明記しなくなった者やソグド姓どうしの婚姻を行わなくなった者、そして武威の安氏が国姓の李を賜ったようにソグド姓でなくなった者を想定できる。また、両者に接触や関係があったかについては、康令惲のようにソグド人聚落と安史軍との関わりが見える事例もある。今後のさらなる墓誌史料の増加に期待が高まるところである。

第三部　東西交流中のソグド人

第一章　罽賓李氏一族攷
——シルクロードのバクトリア商人——

はじめに

二〇〇五年一〇月二一日付『中国文物報』第一面に、「西安で北周の婆羅門の後裔の墓葬が発見された」との報道があった。伏羲女媧・火壇・四神などが線刻された石棺とともに発見された墓誌から、この墓の墓主が、北周時代に死亡した罽賓出身の李誕であることがわかったのである。罽賓人の墓はこれが初めての発見であった。それに加えて、この墓地が近年注目を集めていたソグド人墓、すなわち安伽墓（二〇〇〇年発掘）・史君墓（二〇〇三年発掘）・康業墓（二〇〇四年発掘）と極めて近い距離にあったこともあり(1)、李誕墓は大いに注目を集め、広く報道された(2)。これらの報道および報告書の多くは、墓誌にみえる李誕の出身地「罽賓」をインド（カシミール）とみなしているが(3)、実はここに問題がある。すなわち、「罽賓」の所在については、これまで多くの学説があり、安易に彼をインド出身と決め付けることはできないのである。また、この罽賓が中国の仏教の発展に大きな影響を与えた場所であったこと、墓誌中で李誕が「婆羅門（バラモン）種」とされることから、李誕が中国に至ったのには、仏教と関わりがあるだろうとされているが［程林泉・張翔宇・張小麗二〇〇五：三〇六頁、程林泉二〇〇六：三九八頁］、この解釈についても、罽賓の所在とともに、再検討する必要がある。

そこで本章では、まず「李誕墓誌」を解読し、次にこの李誕に関わる別の新史料を提示した上で、李誕の出身地である罽賓の所在地を明らかにし、さらに、李誕が中国へ至った目的とその意義を考察する。

一、史料の解読

（一）「李誕墓誌」（保定四年（五六四）埋葬）[4]の解読と問題の所在

「李誕墓誌」は、二〇〇五年西安市南康村より出土し、現在は、西安市博物館地下一階展示室に石棺とともに展示中である。誌石の大きさは縦四一・九～四二、五cm、横四三・八～四四cm、厚さ約八cmであり、誌文は全一一行、毎行一二字である。なお、墓誌蓋の大きさは横上辺四三・五cm、縦左辺四三・五cmで、字は刻されていない。

〔録文〕

1 周故邯州刺史李君墓誌銘
2 君諱誕、字陁娑、趙國平棘人。其
3 先伯陽之後。祖馮何世為民酋、
4 考傍期不頽宗基。君稟玄妙氣、
5 正光中自罽賓歸闕、　大祖以
6 君婆羅門種、屢蒙賞。君春秋五
7 十九、保定四季歳次甲申四月
8 九日、薨萬季里宅。　皇帝授君

9 邯州刺史。其季閏月、塟中郷里。
10 長子槃提、恐山移谷徙、聲謚无
11 聞、敬礡玄石、以傳不朽。

〔訓読〕

周の故邯州刺史、李君の墓誌銘

君、諱は誕、字は陁（陀）娑、趙國平棘[5]の人。其の先は伯陽[6]の後なり。祖の馮何は世々民酋と為り[7]、考の傍期は宗基を頽さず。君、玄の妙氣を稟《う》け[8]、正光中（五二〇～五二四）闞賓より闕に歸し、大（太）祖、君の婆羅門種たるを以て、屢ば賞を蒙る。君、春秋五十九にして、保定四季（年）歳次甲申（五六四）の四月九日、萬季里の宅に薨ず。皇帝、君に邯州刺史を授く。其の季の閏月[9]、中郷里に塟る。長子の槃提、山移り谷徙りて[10]、聲謚の聞こゆること无きを恐れ、敬んで玄石に礡（鎸《ほ》）り、以て不朽に傳えんとす。

〔口語訳〕

周の故邯州刺史、李君の墓誌銘

君は諱を誕、字を陀娑といい、趙国平棘の人である。先祖は老子の子孫である。祖父の馮何は、代々受け継ぐ領民酋長となり、父の傍期は、家系の高貴な礎を崩さず引き継いだ。君は、天の霊妙なる気を授かり、正光中（五二〇～五二四）に闞賓から天子の宮闕（北魏）に帰属し、北周の太祖宇文泰は君が婆羅門（バラモン）であったために、君はたびたび賞賜を受けた。君は享年五九で、保定四年甲申（五六四）四月九日に、万年里の邸宅で亡くなった。そこで皇

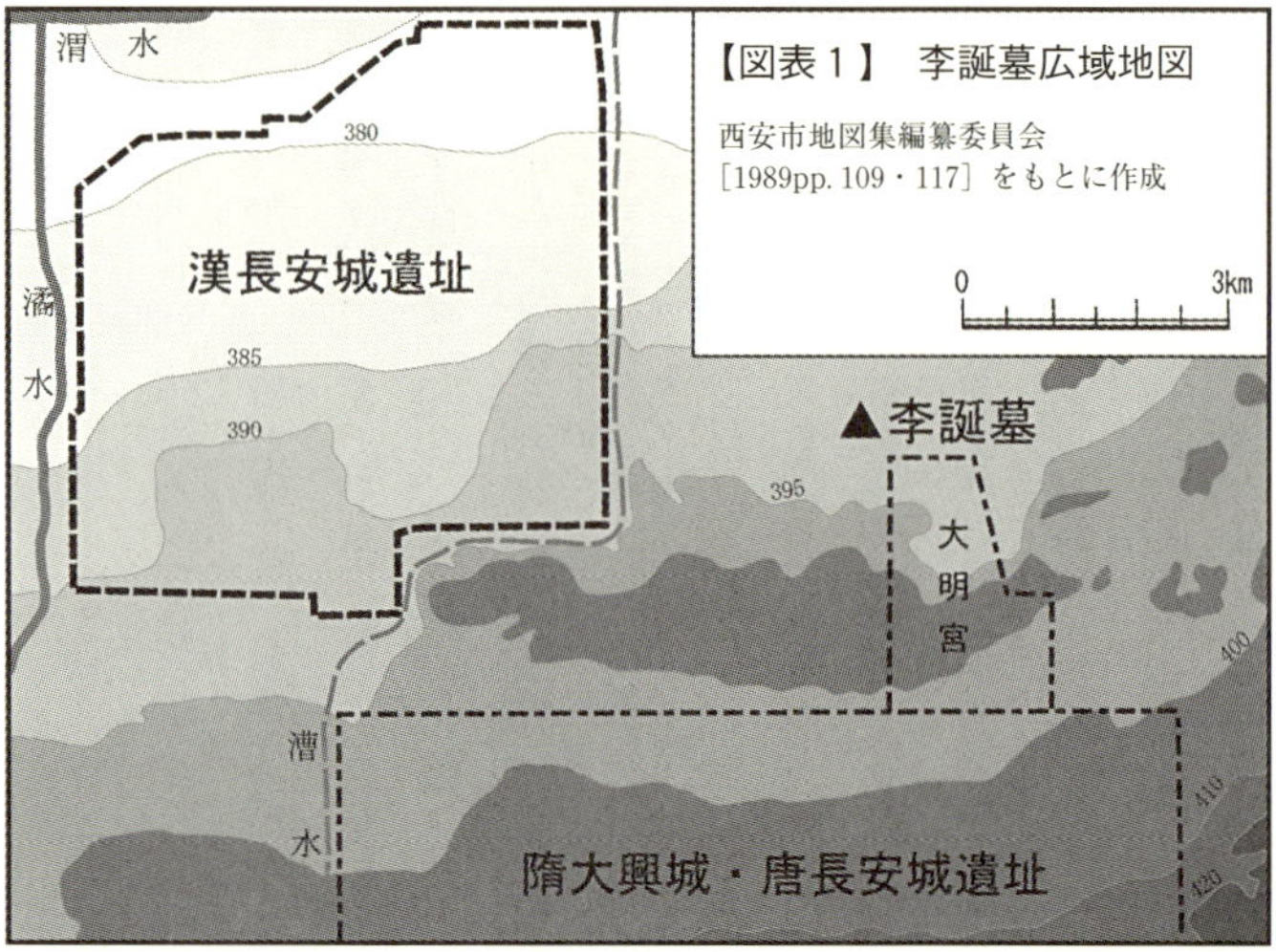

【図表1】　李誕墓広域地図
西安市地図集編纂委員会［1989pp. 109・117］をもとに作成

帝（武帝宇文邕）は君に邯州刺史を贈った。その年の閏月、中郷里に葬った。長子の槃提は、山や谷が移動するほどに時間が移り変わり、君の名声や謚号が聞かれなくなってしまうのを恐れて、つつしんでこの文を黒い石に彫り、君の業績を朽ち果てることなく永遠に伝えようとしたのである。

本墓誌から判明する内容を簡単にまとめると以下のとおりである。墓主の李誕は、正光年間（五二〇）に罽賓から北魏へと至り、北周太祖期には、「婆羅門種」であったことから度々賞を得た。保定四年（五六四）に長安（いわゆる漢長安城[11]）の万年里で死亡し、その後、長子の槃提がこの墓誌を作成し、葬った（【図表1】）。李誕は死亡時に五九歳であったとされるので、正始三年（五〇六）に生まれたことになり、北魏～北周期に生きた人物であることが分かる。

本墓誌文中において最も重要な問題点は、墓主李誕の出身地「罽賓」の所在である。また、北周太祖からの褒賞理由として李誕が「婆羅門種」であるとされること、李誕の死後贈官された「邯州刺史」の「邯州」の所在の二点も罽賓の所在に関連する問題点である。これらの点において、次章以降で考察したい。

（二）「李陀及妻安氏墓誌」・「李吁墓誌」の解読

「李誕墓誌」を検討するにあたって、参照とすべき新史料がある。それが、「李陀及妻安氏墓誌」・「李吁墓誌」の親子の墓誌である。

　これまでこの「李陀及妻安氏墓誌」・「李吁墓誌」は、特に衆目を集めるものではなかった。これらは、共に一九九五年冬に洛陽城（洛陽市孟津県）東呂廟村のレンガ工場から出土し（【図表2】）、現在は洛陽市考古所に保存されているという。発見から三年後の一九九八年、『書法』第二号〔趙君平一九九八〕に「李陀及妻安氏墓誌」のみの拓本写真（全景はなく文字部分のみ）が公開され、書の観点からのごく短い紹介が掲載された。その後、二〇〇四年『邙洛碑志三百種』と二〇〇七年『隋代墓誌銘彙考』に両墓誌の拓本写真が掲載された。これによって、「李陀及妻安氏墓誌」と「李吁墓誌」が同時に出土したこと、彼らが親子関係にあることが明らかとなった。

　「李誕墓誌」を検討するにあたって、なぜこの李陀・李吁親子の墓誌を参照すべきなのかと言えば、彼ら親子と李誕との関係が、李誕を一代目とした父・子・孫の関係にあると考えられるためである。これまで、罽賓人李誕に李陀・李吁という子・孫がいたことは知られておらず、「李氏一族」という視点から罽賓人李誕をめぐる問題について考察されることはなかった。したがって、李陀・李吁の墓誌を検討に加えることは、これまで李誕墓誌だけでは未解明であった問題点を解く有力な手がかりとなるのである。そこで、以下にこれら二件の墓誌史料を提示したい。

「李陀及妻安氏墓誌」（大業一二年（六一六）埋葬）[12]

1　大随大業十二年歳次丙子潤五月丙

2 辰朔五日庚申。皇朝将軍、姓李、諱陁、出
3 壟西、河南郡雒陽縣帰淳郷人也。春秋
4 六十有九、去開皇十九年六月三日、薨
5 於雒陽縣常平郷。大壙於北芒山邊。南
6 臨伊洛、北坎明津、西挟迴城、東餘洛邑。
7 四華之地、欝目堪延。但陁父甘州刺使、
8 諱娑、為人素結青梁、餘存裁宿。陁夫人、
9 姓安、春秋卌有九、去開皇十七年二月
10 廿三日薨。今将大合、夫人肯結。行淳心
11 孝、意自浪然、神素超遊、智如雲絶、義染
12 九州、節充三世。故有恒終、千支共別。乃
13 為銘曰、其新曰、　山觚嚮絶、聞水莨流。
14 風聲野切、孺幼不伍。於今全壌、万世千
15 終。春来夏往、具拝逞秋。
16 重歸。寒風切郷、遊路莨辞。

〔口語訳〕

大隋の大業一二年丙子（六一六）閏五月丙辰朔の五日庚申の日。隋王朝の将軍、姓は李、諱は陀は、隴西の出身で、

河南郡洛陽県帰淳郷の人である。享年六九で、去る開皇一九年（五九九）六月三日、洛陽県常平郷で亡くなった。そこで、北邙の山辺に盛大に埋葬した。その場所は、南は伊水・洛水に臨み、北は黄河の渡し場の盟津で低くなっており、西は回洛城がそばに位置し、東はかつての洛邑が残る(13)。この四方の華やかな地は、目蓋を閉じたとしても、いつまでも残り続ける。陀の父は甘州刺使で、諱は娑といい(14)、その人柄はもともと細かなことをないがしろにせず、さらにその立ち居振舞いは慎み深い。陀の夫人は、姓は安といい、享年四九で、去る開皇一七年（五九七）二月二三日に亡くなった。そこで、今まさに盛大に夫人とともに合葬しようとしたのである。李陀の行いは孝敬心に厚く、気持ちはあるがままで、精神は楽しみの極みを求め、才智は雲が晴れるほど高尚で、義心は全土に及び、節義は三代にまで充溢した。ただし、そもそも人の人生には必ず終りはあるもので、行く末は人それぞれに違うものである。そこで銘を作り、また新たに次のように言う。

偉大な山（陀の存在）は先に絶えてしまったが、そこから流れる水の音はいつまでも聞こえている。風の音（陀の教え）が野に響いても、その残された幼い子供はまだ弱々しい。今、この大地は永遠である。春が来て夏が過ぎ、秋の終わりに皆で葬儀の礼を行った。

再び帰る(15)。冬の風は切に響き、通り道にいつまでもその音を残している。

「李吁墓誌」（大業一二年（六一六）五月五日）(16)

1　大随大業十二年歳次丙子潤五月丙辰朔

2　五日庚申。皇朝将軍姓李諱吁、出壟西、河南

3　郡雒縣帰淳郷人也。春秋五十有九、去大業

4 六年五月十三日、薨於雒陽縣常平鄉。大壙
5 於北望山邊。南臨伊洛、北坎明津、西挟迴城、
6 東餘洛邑。四華之地、欝目堪延。但吁典祖為
7 甘州刺使、父皇朝将軍。吁典為人存脩禮讓、
8 抱信餘恩。栽素超遊、情深遠察、慈繼化民、及
9 於三世。故有恒終、會別遇木、千年共同此界。
10 乃為銘曰、　其辞月、　曠幽萇別、界有會離。
11 如何今日、播逐愧飛。千年永世、誰能重歸。寒
12 風切嚮、遊路萇辞。
13 吾壙後三千年、有崔智[貝+票]所破。

〔口語訳〕

大隋の大業一二年丙子（六一六）閏五月丙辰朔五日庚申。皇朝将軍姓は李、諱は吁、隴西の出身で、河南郡洛陽県帰淳郷の人である。享年五九で、去る大業六年（六一〇）五月一三日、洛陽県常平郷で亡くなった。そこで、北邙の山辺に盛大に埋葬した。その場所は、南は伊水・洛水に臨み、北は黄河の渡し場の盟津で低くなっており、西は回洛城がそばに位置し、東はかつての洛邑が残る。この四方の華やかな地は、目蓋を閉じたとしても、いつまでも残り続ける。吁典の祖は甘州刺使となり、父は皇朝将軍であった。吁典の人柄は、礼儀正しく謙譲する気持ちを身につけていて、心は信念を抱いて恩義を人にほどこした。風格はもとから他を超越し、情は深遠にまで明らかで、慈しみの心

で民を教化することは三代に及んだ。ただし、そもそも人の一生には必ず終りはあるもので、出会いそして別れても、樹木の枝葉が必ず幹で結ばれるように、その本は長い間世界を共とする。そこで銘を作り、その辞で次のように言う。

非常に長い別れであるが、この世界では出会いと別れがある。今日悲しみをどうしたらいいのであろうか、昇天する魂を追いはらうことになろうとは。これは、永遠であって、いったい誰が再び帰ることができるであろうか。冬の颪は切に響き、通り道にいつまでもその音を残している。

私の埋葬の後、三千年で、崔胥𧸘がこの墓を破るであろう。(17)

二、罽賓李氏一族

（一）　李誕・李陀・李吁の関係

上記の「李誕墓誌」・「李陀及妻安氏墓誌」・「李吁墓誌」の墓誌文をふまえて、李誕・李陀・李吁が父・子・孫の関係にあることを以下で検証したい。

まず、これら各墓誌の人名を整理すると次のようになる（【図表3】参照）。「李誕墓誌」に見られる墓主の字「陀娑」（2行目）、長子の「槃提」（10行目）は、「李陀及妻安氏墓誌」では、それぞれ「娑」（8行目）、「陀」（2行目）と省略して記されていると考えられる。これは、以下の事例と同様であると見られるからである。固原出土の「史射勿墓誌」（隋大業六年（六一〇））では、墓主の字を「槃陀」とするが、息子「史訶耽墓誌」(18)（唐咸亨一年（六七〇））では、父を「陀」と略記している。加えて、この「史射勿墓誌」の墓主の字「槃陀」（中古音でbuan da）と、「李誕墓誌」の長子の名「槃提」（中古音でbuan dei）は、ともにソグド語で「僕」を意味するvandakの音写である。(19)そのため、「李誕墓誌」において、「槃提」と記され、「李陀及妻安氏墓誌」で異なる文字の「陀」と略記されていたとしても不思議なことではない。したがって、人名の表記から、彼らが父・子・孫の関係にあると見ることが可能なのである。

次に、人名の表記の他に問題となるのは、以下の二点である。第一点目は、「李誕墓誌」(1・9行目)に見られる李誕(陀娑)の贈官である「邯州刺史」と「李陀及妻安氏墓誌」(7行目)に見られる陀の父娑の官職「甘州刺使(史)」を同一のものと見ていいのかということである。李誕墓の発掘を知らせた『中国文物報』では、邯州を現在の陝西省彬県としているが[程林泉・張小麗・張翔宇二〇〇五]、ほぼ同執筆者で記した『芸術史研究』の記事では、「隋唐以前の文献にはなく、具体的な位置は考察できない」としている[程林泉・張翔宇・張小麗二〇〇五：三〇四頁]。「邯」の付く地名は、「河北省邯鄲(北斉の鄴(司州)あるいは襄国郡に属す)」のほかには「青海省の西寧・化隆付近にある川(鄯州に属す)」で、ともに邯州が置かれた形跡はない。それゆえ、この「邯州」は「甘州」(現在の甘粛省張掖市)の異表記と見るべきであろう。

第二点目の問題は、墓誌の出土地に関してである。先述のように、この三墓誌は、李誕墓誌は西安(長安)から、李陀・李吁墓誌は洛陽からと出土地が離れている。各墓誌文によると、それぞれ死亡地と同地域に埋葬されていることが分かり、彼らが父・子・孫の関係であるとすると、李誕の死後、李陀の世代に、長安から洛陽へ移動したこととなる。これは、どのように解されるのであろうか。

まず、李氏三墓誌から彼らの移動した可能性のある時期を考えると、北周保定四年(五六四)の李誕の長安での死亡・埋葬の後、次に居場所が確認できるのは、李陀が洛陽県常平郷で死亡した隋開皇一九年(五九九)である。李陀の妻安氏はその二年前(開皇一七年(五九七))に死亡しているが、その死亡地は墓誌に記されていない。ただ、安氏の死亡から李陀の死亡までの二年の間に、洛陽へ移動したとも考えにくく、妻の安氏も洛陽で死亡したために同地に夫と合葬されたと考えるほうがより自然である。とすれば、その移住時期は五六四～五九七年の約三〇年間に限定される。

そこで、この三〇年間の時代背景を見てみると、李誕の死亡した五六四年時点では、洛陽は北周と華北の覇権を争っていた北斉の支配下にあった。この状況は、五七七年の北斉の滅亡まで継続する。李氏一族が北周の勢力下に一貫して居続けたのであれば、五七七年までは洛陽に移動することは考えられず、李氏一族の移動の時期は、さらに五七七～五九七年の二〇年間に絞られてくる。この二〇年の間でもっとも可能性が高いと考えられるのは、北斉滅亡直後の時期である。北魏の都であった洛陽は、北魏の東西分裂以降、東魏・北斉と西魏・北周との激しい衝突地となり、荒廃していた。そこで、華北統一を果たした北周武帝が、洛陽に往時の繁栄を取り戻すべく旧都復興策を実行し、その詔[20]の中で、

　洛陽旧都、今既修復。凡是元遷之戸、並聴還洛州。此外諸民欲往者、亦任其意。
　洛陽の旧都は、今既にして修復す。凡そ是れ元遷の戸は、並な洛州に還るを聴せ。此の外の諸民の往かんと欲する者も、亦た其の意に任せよ。

と述べている。この内容は、そもそも（北魏の東西分裂以前に）洛陽にいた「元遷の戸」はもちろん、「此の外の諸民の往かんと欲する者」であっても洛陽に移動してよいという趣旨である。この詔をきっかけに洛陽に移動したのならば、李氏一族の動向には、二つの可能性が考えられる。「元遷の戸」に該当する場合は、李氏一族は、罽賓から洛陽へ、洛陽から長安へ、長安から再び洛陽へと、洛陽―長安間を往復していることが想定できる。「此の外の諸民の往かんと欲する者」に該当する場合は、罽賓から長安へ、長安から洛陽へと、一貫して東方へ移動していることとなる。ここでは、李氏一族は前者の「元遷の戸」に該当すると考えるのが妥当であると思われる。それは、「李誕墓誌」に

【図表２】「李陀及妻安氏墓誌」「李吁墓誌」出土地広域図

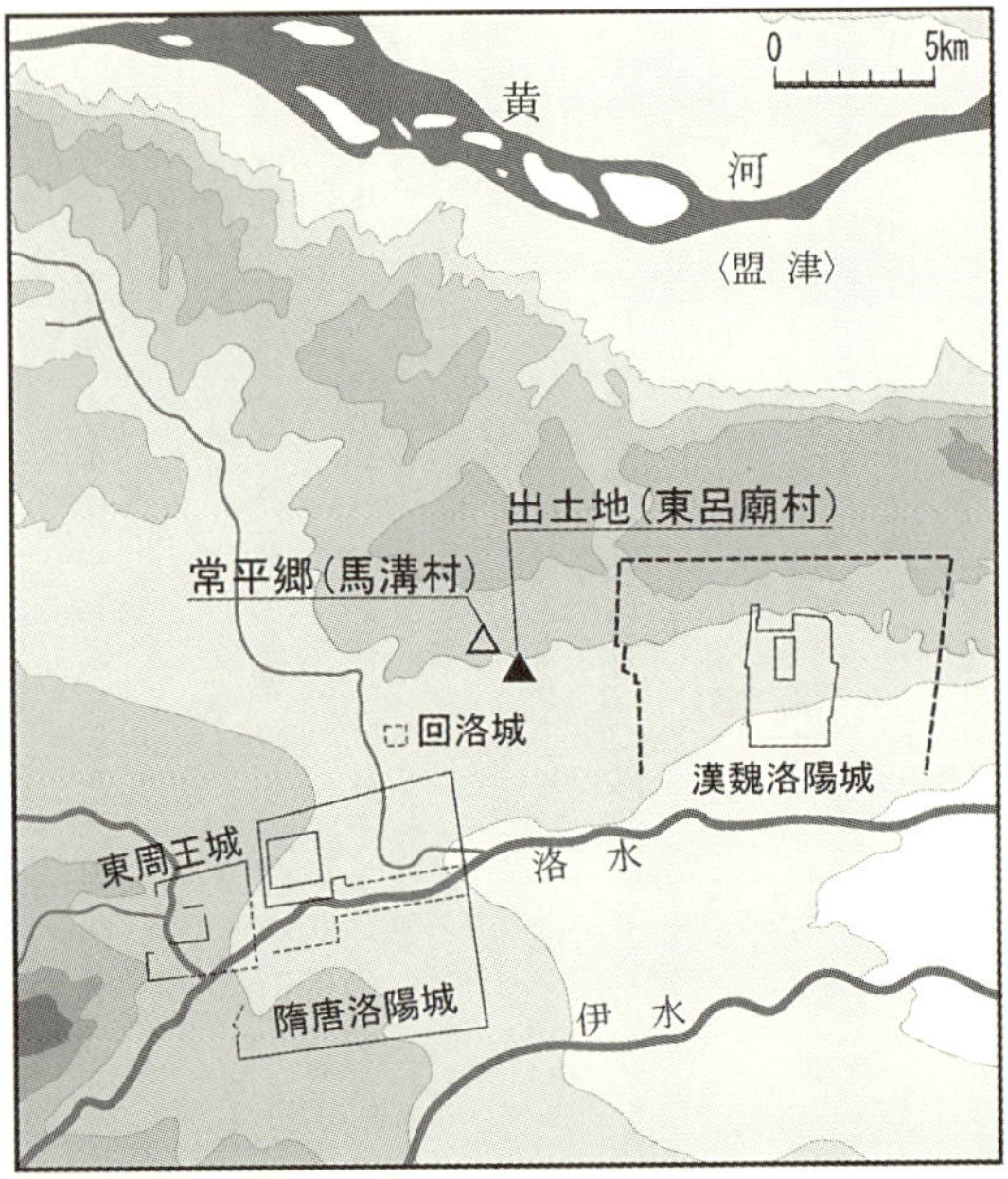

塩沢［2006：pp.15・30］、愛宕［1981：pp.92・93］をもとに作成。

は、五行目に「自闕賓帰闕」とあり、この「闕」は天子の居所・宮殿をいうので、当時の北魏の都の洛陽を指すと考えられるからである。すなわち、北魏の都洛陽に帰属した李氏一族は北魏の分裂の際に、洛陽から長安へ移動し、この詔に従って、長安から洛陽へ再び移動したと解することができるのである。[21]

洛陽移住後の李氏一族を見てみれば、五八一年に北周は隋に継承されたが、洛陽に関する大きな政策の方向転換がなされる前に、妻安氏・李陀がたて続けに死亡した。その後、仁寿四年（六〇四）、皇帝に即位した煬帝は、それまでの洛陽城の西一〇kmほどに新たな都城の建設を始め、そこを事実上の都とした。大運河を掘削し、洛陽を中心に商業の活発化を図った煬帝は、洛陽に大商人を集め、[22]さらに、裴矩の勧めに応じて、商胡招致策を行い、[23]洛陽には以前にも増して、多くの諸外国の商人が交易のために足を伸ばすようになった。このような状況の中で、六一〇年、李吁は死亡した。李吁は、父の陀の死亡地と同じ「雒陽縣常平郷」で死亡しているので、新洛陽城へは移動していなかったことが分かる。余扶危・張剣［二〇〇二：七六〜七七頁］によれば、常平郷に葬られた墓誌のうち、出土地が詳細に判明する三件の墓誌が、いずれも漢魏洛陽城と隋唐洛陽城との間に位置する馬溝村付近から発見されているので、常平郷は馬溝村を指すと考えられ、李陀・吁親子の死亡地も馬溝村であったと推測できる（【図表2】参照）。

この後の李氏一族を追うことはできないが、六年後に彼らを合葬したのは、おそらくその親族だったと考えられ、少なくとも隋末期までこの一族の子孫が洛陽に住んでいたと見てよいであろう。以上のように、李誕と李陀・李吁の墓誌出土地が異なる問題も歴史的背景から十分に理解できることなのである。

以上の二点からも、彼らは一族であると見てよいであろう。

（二）　李氏一族とソグド人

墓誌文によると、李氏一族三代は、北魏～隋（李誕は北魏～北周、李陀・李吁は北周～隋）の華北分裂・中国統一という激動の時代を生きた人々であった。この時代の主な動向と彼らの事跡を年表に示したものが【図表4】である。

彼らの生涯と墓誌の作成年代との関係を簡単にまとめると次のようになる。五〇六年に生まれた李誕は、五二〇～五二四年に（一五～一九才で）罽賓から北魏に帰属し、(24) 五六四年に五九才で長安にて死亡した。李誕の墓誌は、五三一年出生の長子の槃提（陀）によって、この時作成されたものである。なお、李誕生存中の五五二年には、孫の李吁が誕生している。李誕の死後、五九七年に四九才で李陀の妻である安氏が、五九九年に六九才で李陀が、六一〇年に五九才で李吁がたて続けに死亡し、この三人は六一六年洛陽に合葬された。「李陀及妻安氏墓誌」と「李吁墓誌」の二墓誌は、この際に作成された。そのため「李陀及妻安氏墓誌」1～7行目と「李吁墓誌」1～6行目はほぼ同文である。このように同年に埋葬されて墓誌文が親子で酷似している事例としては、「阿史那施墓誌」・「阿史那哲墓誌」が知られており、父の施の墓誌が、息子の哲の墓誌に一部基づいて作成されたと考えられている［石見一九九〇a：一九一頁］。この李陀・吁父子の場合も、先に子の李吁の墓誌が作成され、それに基づいて父の李陀とその妻安氏の墓誌

【図表3】　李氏一族系図

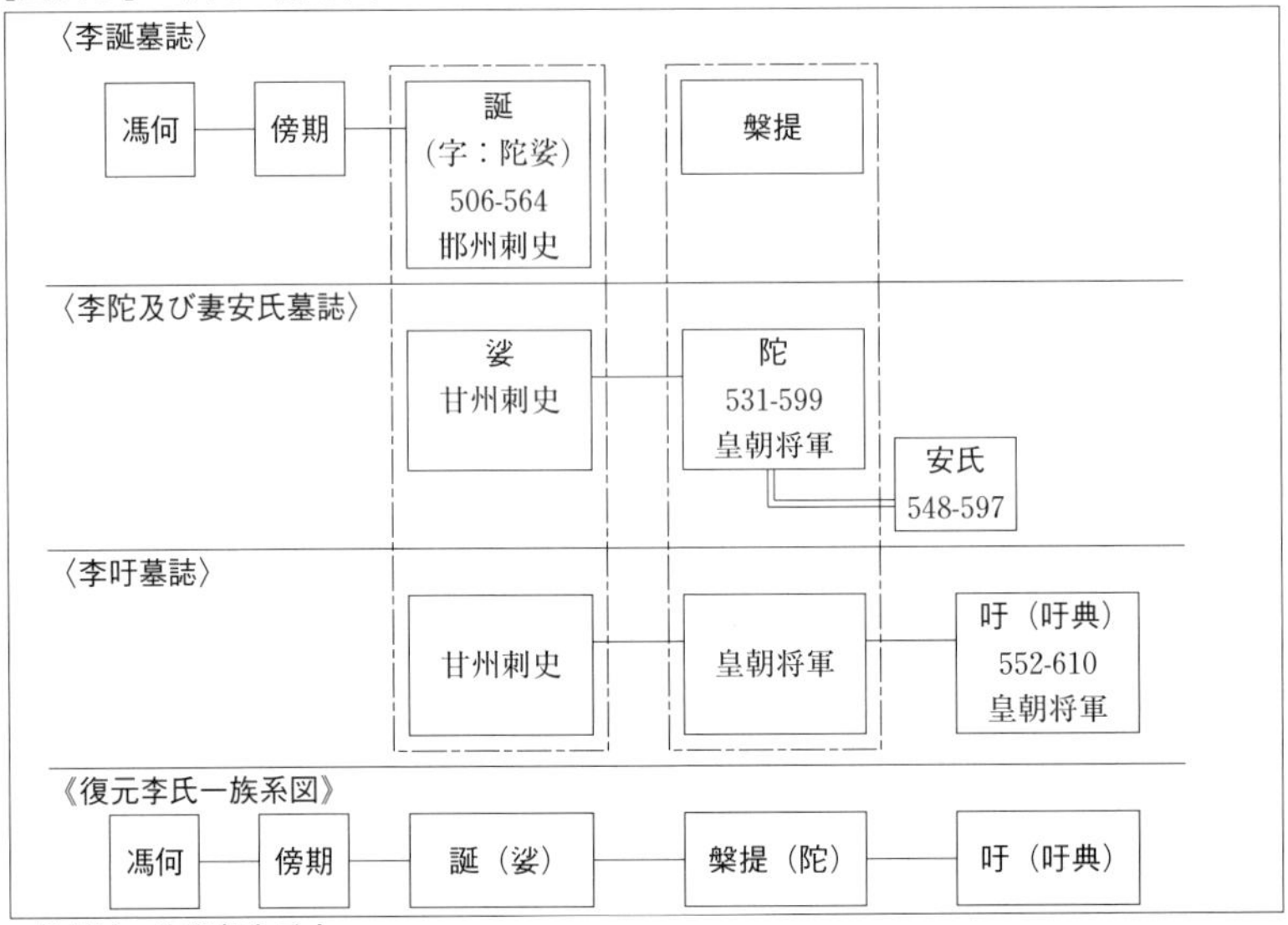

年号は、生没年を示す。

【図表4】　李氏一族関係年表

王朝	年号	西暦	事件	生存期間
北魏	正始3	506	李誕、誕生。	李誕
	正光年間	520-524	李誕、北魏に帰属。	
	普泰1※	531	李陀、誕生。	李陀
西魏	大統1	535	北魏、東西に分裂。	
	大統14	548	李陀の妻安氏、誕生。	李陀妻安氏
	廃帝1	552	李吁、誕生。	李吁
	恭帝2	555	ジナグプタ、ガンダーラ出発。（その後、カピシーを経て557年に鄯州到着）	
北周	孝閔帝1	557	北周の成立。	
		558-562頃	エフタル、突厥とササン朝に挟撃され、崩壊。	
	保定4	564	李誕、長安万年里の邸宅で死亡（59才）。長安中郷里に葬られる。	
	天和6	571	*康業、死亡（60才）。*	
	建徳6	577	北斉、北周に滅ぼされる。	
	大象2	579	*安伽、死亡（62才）。　史君、死亡（86才）。*	
隋	開皇1	581	隋の成立。	
	開皇9	589	陳が滅び、隋が全国を統一。	
	開皇17	597	李陀の妻安氏、死亡（49才）。	
	開皇19	599	李陀、洛陽県常平郷で死亡（69才）。	
	仁寿4	604	煬帝が皇帝となり、洛陽が実質上の都となる。	
	大業6	610	李吁、洛陽県常平郷で死亡（59才）。	
	大業12	616	李陀及び妻安氏・李吁、洛陽北山の辺に合葬される。	

※『東方年表』によると、2月まで建明2年、2月～10月普泰1年、10月以降中興1年。
ゴシック体は李氏一族の動向。*斜体*はソグド人墓作成年代。

が作成されたと思われる。その理由の第一は、父の「李陀及妻安氏墓誌」の銘文の前（13行目）に「其新曰」とあることで、これは「李吁墓誌」の銘が作成された後に、新たに作られた事を意味していると解釈されるからである。第二は、「李陀及妻安氏墓誌」の最後の一行「重帰。寒風切郷、遊路莨辞」である。この一行は、わざわざ改行して書き始められているので、前の行とは連続性を持たず、この行だけで整合性があるはずだが、「重帰」の部分はそれだけでは意味が通じない。このようになったのは、この一行が「李吁墓誌」の11行目の下から三文字目から、意味を重視せずにそのまま引用してしまったためだと考えられる。以上の理由から、「李吁墓誌」に基づいて「李陀及妻安氏墓誌」が作成されたと考えてよく、さらに、李陀と妻の安氏の墓誌作成のきっかけは、李吁の死亡であったことが推測できるのである。(25)

なお、彼らの生存期間について、李誕と李陀との年齢差が二五才、李陀と李吁との差が二一才と、共に二〇代の頃の子供であって、李誕・李陀・李吁の三世代には、年齢的な矛盾はない。しかし、李陀と妻安氏との年の差は一七才と比較的離れていて、李吁と安氏の年齢差はわずかに四才であるので、李吁は安氏の実子ではありえない。おそらく李陀には、本妻の安氏のほかに前妻あるいは妾がいたと考えられる。

以上のように李陀・李吁が罽賓人李誕の子・孫であることは明らかである。これにおいて、最も重要で注目されるべきは、李陀の妻の姓が「安」であって、彼女はその姓からソグド人であると考えられることである。ソグド人は、現在のウズベキスタンとタジキスタンの一部、アム＝ダリアとシル＝ダリアとの間のソグディアナ地方と呼ばれるオアシスに住んでいたイラン系の人々である。彼らは、北朝～唐にかけてシルクロード交易の中心を担った商人として知られる。李陀の妻の姓「安」は、そもそもは伝統的な漢人の姓ではなく、安息（パルティア）人あるいはこのソグド人が冠した姓である。斉藤［二〇〇七a：七～一三頁・二〇〇九］は、漢代から南北朝時代にかけての安姓の胡人の史書の記録を考察し、ソグド姓としての安姓の成立は、『周書』巻五〇、異域伝下、突厥の条［九〇八頁］の大統一一年（五四五）安諾槃陀の記事以前のことであるとした。(26)また、筆者が南北朝期の墓誌を網羅的に調査したところ、安姓を有する墓誌には、墓葬や墓誌からソグド人であると認められている「安伽墓誌」（大象一年（五七九））が存在し、一方安息人の安姓の墓誌は存在しないので、この時期の安姓はソグド人と見てよいと思われる。つまり、安諾槃陀・安伽と同時期を生きた李陀の妻安氏は、ソグド人と見てまず間違いない。(27)

罽賓李氏一族とソグド人との関係を示すのは、この婚姻関係だけではない。李誕墓は西安市の北、唐の大明宮の付近から発見された。「はじめに」で少し触れたように、李誕の墓の周辺からは、ソグド人墓が集中して出土しており、李誕墓から康業墓までは南に約五〇〇m、安伽墓までは南に約六五〇m、史君墓までは東に約二〇〇〇mの距離にある（【図表5】）。彼らの生年・死亡年・埋葬年・及び享年を示すと次のとおりである。

李誕（五〇六年出生、保定四年（五六四）死亡、保定四年（五六四）埋葬、享年五九）
康業（五一二年出生、天和六年（五七一）死亡、天和六年（五七一）埋葬、享年六〇）
安伽（五一八年出生、大象一年（五七九）死亡、大象一年（五七九）埋葬、享年六二）
史君（四九四年出生、大象一年（五七九）死亡、大象二年（五八〇）埋葬、享年八六）

この四人は、みな同世代であり、約一五年間に次々と同じ地域へ埋葬されている。(28)そのため、彼らが生前に無関係であったとはとても思われないのである。

また、先述した李誕に贈官された甘（邯）州刺史の甘州（張掖）は、河西回廊内に位置し、隣接する涼州（武威）と同様に、ソグド人が多数居住した場所である。甘州刺史（官位は七命(29)）は、李誕の死後（保定四年（五六四））に北周武

【図表５】　李誕墓位置図

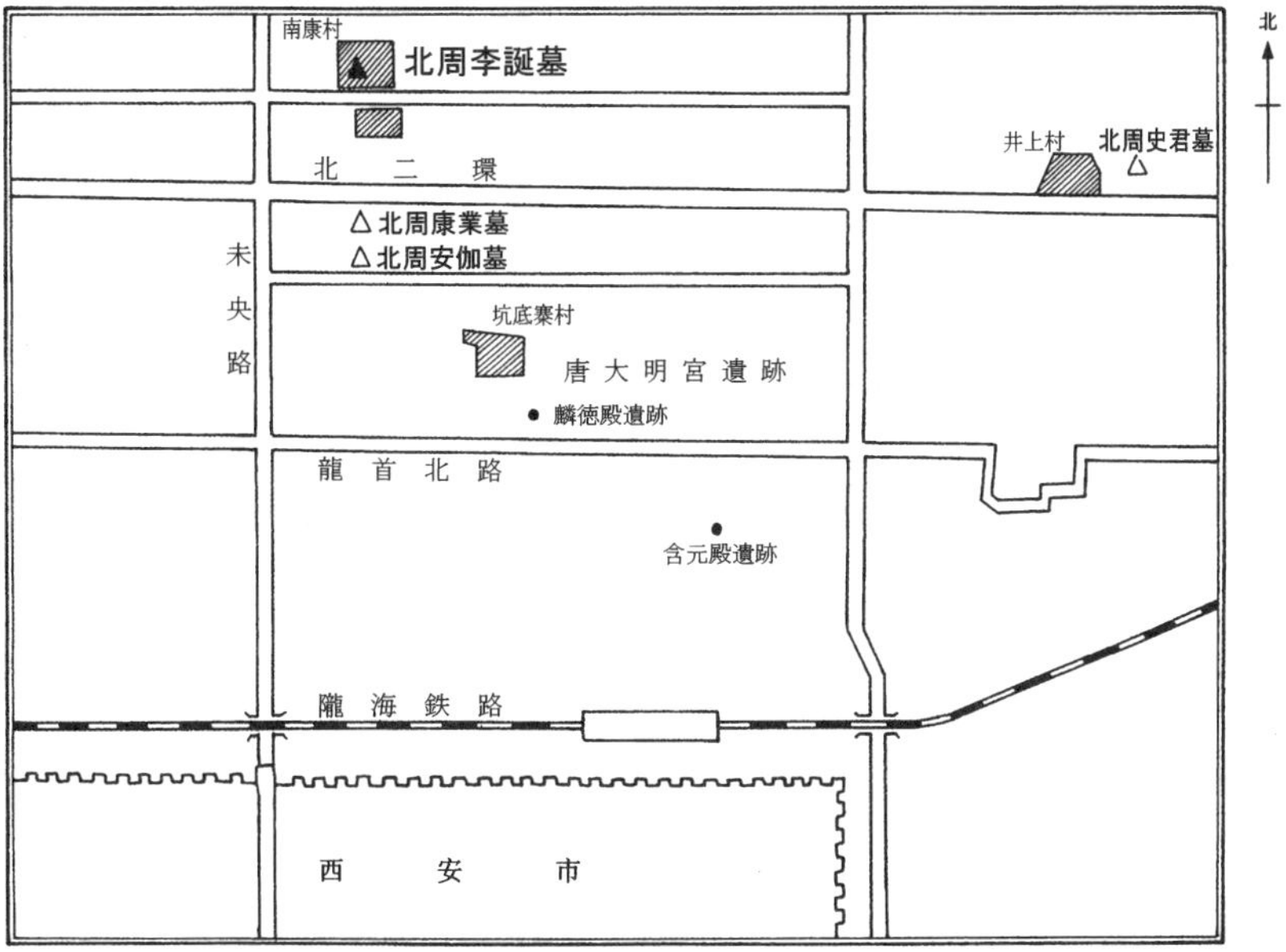

程林泉［2006：p.391］をもとに作成

帝（宇文邕）より贈られたものであるが、李誕死亡の七年後、同じ武帝期（五七一年）に死亡した康業にも同じ甘州刺史が贈官されている。これは、北周王朝が、罽賓人李誕とソグド人康業とを同一の枠組みの中で捉えていたことを示している。その他にもソグド人の墓誌を見ると、[30] ソグド人にはたとえすでに甘州を離れた場合であっても甘州を本貫とし、中国における拠り所とする者が少なからずおり、さらにこの地の名を冠した官職を授与される傾向が見られる。これは、おそらく彼らソグド人が河西（甘州）を経由して中国に入ったことによると推測できる。すなわち、罽賓から中国に渡った一代目の李誕に甘州刺史が贈官されたことは、彼らが中国に至るには河西（甘州）を経由していたことを示唆していると考えられる。

以上に見てきたように、罽賓李氏一族とソグド人とは、さまざまな面で共通点をもち、非常に密接な関係を持っていたと言える。この中でも特に重要なのは、罽賓人李誕の子である李陀がソグド人安氏と結婚していたことであって、これによって、罽賓人とソグド人とが婚姻関係で結ばれていた事実が判明したのである。

三、罽賓について

このようにソグド人と密接な関係にあった「罽賓人」とは一体何者なのであろうか。そもそも「罽賓」とはどこを指すのであろうか。

「罽賓」という地名は、『漢書』西域伝（三八八二頁）に現れて以来、唐代まで頻出するが、これまでパミールの南のどこに位置するのかという地理的所在が議論となってきた。その研究史を簡略に記すと、Lévi, S.［1896］は、唐代に罽賓はカピシーを指すとした(31)。それをうけて白鳥［一九一七］は、漢文史料に見られる「罽賓」は、前漢〜晋時期にはカブール川下流のガンダーラ（おそらくカシミールも属国として含むとする）を、晋〜南北朝期にはカシミールを、隋唐期にはカブール川上流のカピシーあるいはカシミールを指すとした。その後、Petech, L.［1950］は、この「罽賓」は、仏教側文献と非仏教側文献とで峻別されるべきであるとし、Pulleyblank, E. G.［1962］は、罽賓をカシミールという地名の音写であるとした。

これらの研究をうけて、カピシー・ガンダーラについて詳細な研究をしたのが桑山正進である［桑山一九八一・一九九〇、桑山（編）一九九二：一一五頁「罽賓王」］。罽賓について、南北朝期は仏教側文献では確かにカシミールを指すこともあるが、ガンダーラ、特にナガラハーラを指す事例も多く見られることを明らかにした［桑山一九九〇：四三〜五九頁］(32)。また、『続高僧伝』中にみえる、那連提黎耶舍（ナレーンドラヤシャス）・闍那崛多（ジナグプタ）・達摩笈多（ダルマグプタ）の中国へ渡った時期とルートの分析から、以下のように推論した。五五〇年代後半にエフタルの勢力がガンダーラから後退し、ガンダーラの地位が低下したために、宋雲などが利用したこれまでの幹線路であるカラコルム道ではなく、カピシーを経由してヒンドゥー＝クシュの西を迂回する交通路が史書に見られるようになった。そのため、カピシーが交通上の要地として登場するようになり、唐代のはじめまでは、カピシーが罽賓と呼ばれるようになった［桑山一九八一：八八～九〇頁・一九九〇：九一～一六二頁］。その罽賓（カピシー）を治めた土着の馨孽王朝の領域は、以前に罽賓と呼ばれていたガンダーラ地域（インダス川北岸まで）を含んでいた。さらに、七世紀末にカピシーの馨孽王朝がカブールの突厥王朝に王位を簒奪されたために七世紀末以降の罽賓はカブールを指すとする［桑山一九八一：二六六～二六八頁・一九九〇：二六二～二七四頁、桑山（編）一九九二：一一五頁「罽賓王」］。なお、隋代の罽賓は、依然としてカシミールを指していた可能性があり、『隋書』では、漕国がカピシーを指しているともしている［桑山一九八一：九五頁・一九九〇：一七三頁］。

以上の議論を簡単にまとめると以下の通りとなる。

・罽賓はカシミールの音写である。
・仏教関係文献では、時代を問わずカシミールを指す傾向がある。
・漢から南北朝時代には、ガンダーラ・カシミールのどちらか、あるいは、カシミールを含むガンダーラ地域を指しており、史料によって異なる。
・隋代では、依然としてカシミールを指していた可能性があり、唐代に罽賓と呼ばれるようになるカピシーは隋代には漕国と呼ばれていた。
・唐代のはじめはカピシー（馨孽王朝）を指し、七世紀末以降はカブール（突厥王朝）を指す。

では、「李誕墓誌」に見る「罽賓」とはどこを指すのであろうか。上記のように罽賓の所在を論ずる際には、まず、いつの時代であるかが重要な決め手となる。李誕墓誌の罽賓の場合、その時期として李誕来朝時期（北魏正光年間（五二〇～五二四））と李誕墓誌作成時（北周保定四年（五六四））との二つの可能性がある。

前者の李誕来朝時の場合、北魏時代なので、カシミールもしくはガンダーラということになる。まさに同時期の史料としては、正光年間（五二〇～五二四年）に西域から帰朝した宋雲・恵生の記録である『洛陽伽藍記』巻五、宋雲行記［三一七～三二八頁］がある。罽賓について、以下のように記している。

至正光元年（五二〇）四月中旬、入乾陀羅国。……本名業波羅国、為嚈噠所滅。遂立勅懃、為王治国已来、已経二世。……自恃勇力、与罽賓争境連兵戦闘已歴三年

正光元年（五二〇）四月中旬に至り、乾陀羅国に入る。……本の名は業波羅国にして、嚈噠の滅す所と為る。遂に勅懃を立て、王、国を治めて已来、已に経ること二世と為る。……自ら勇力を恃み、罽賓と境を争いて兵を連ねて戦闘すること已に三年を歴る

この記事では、明らかに乾陀羅国（ガンダーラ）と罽賓とを書き分けており、さらには、宋雲の旅程から、この記事の罽賓はカシミールを指すと考えられる。とは言うものの、この史料だけを根拠として李誕の罽賓がカシミールを指すとまでは言えない。

もう一つの可能性、後者の李誕墓誌作成時、北周保定四年（五六四）の罽賓の場合は、北周という時期だけから考えると、カシミールあるいはガンダーラということとなる。しかしながら、上述のように桑山［一九八一・一九九〇］は、罽賓がカピシーを指すようになったのは、五五〇年代後半に、エフタルがガンダーラ地域から撤退して当地が没落したのに伴って、カピシーが交通の要地として登場してきたためと見ている。この点を重視して考えると、李誕墓

誌作成当時（五六四年）の罽賓が、既にカピシーを指していてもおかしくないこととなる。[33]

現に、五五五年にガンダーラを出発して、五五七（あるいは五五八）年に鄴州に着き、北周に入った闍那崛多（ジナグプタ）は、カラコルム道ではなくカピシーを経由するルートをとっており［『続高僧伝』巻二、四四三〜四三四頁］、西北インドの政治情勢が北周に伝わっていても不思議ではない。また、白鳥が『大唐貞元続開元釈教録』巻上の迦畢試の注［七五五頁］に「言罽賓者訛略」とあることを根拠として述べるように、中国（北周）では五五〇年代後半には、罽賓を迦畢試（カピシー）の対音として混同していたと考えられる［白鳥一九一七：三五一頁］。さらに、李誕の石棺から出土した東ローマ金貨もまた、中央アジアから中国へ物事が常時伝達されていたことを示している。この東ローマ金貨には、東ローマ皇帝ユスティニアヌス一世（在位五二七〜五六五年）が描かれているが、彼の即位は李誕が北魏に到着した後のことである。つまり、これはこの金貨が、ユスティニアヌス一世の即位後、遅くとも李誕埋葬（五六四年以後まもなく）までには、中央アジアを経由して李氏一族のもとに届いていたことを意味する。おそらく、李氏一族はこの東ローマ金貨と共に、中央アジアからの品物や情報をリアルタイムで入手していたはずであり、ここから彼らが西北インドの政治情勢の変化を知っていたと考えることができるであろう。以上の状況から、「李誕墓誌」に見る「罽賓」とはカピシーを指しているとも考えられるのである。

ここで注目したいのが、このカピシーからカブール地方が、「バクトリア語圏」であると考えられていることである。バクトリア語は、ソグド語と同じ中世イラン語の東方方言の一つで、主に使用されたのは、ヒンドゥー＝クシュ山脈の北側である。しかしながら、その南側でもカブール＝シャー（Kabul Shah）の貨幣銘や、トーチ（Tochi）渓谷出土の八五〇〜八七〇年の碑文にも使用されているので、そこもバクトリア語圏内だとみなされているのである［桑山（編）一九九二：一五三頁「言音與諸国別」（吉田豊担当）］。実は、李誕の字である「陀娑」（中古音で da sa）は、このバクトリア語であると見られる。この「陀娑」は、そもそもはサンスクリット語で「僕」を意味するdāsaの音写で、「〇〇陀娑」というように本名の一部であったと考えられ、同類の事例としては、四～五世紀のグプタ朝期の詩人カーリダーサ（kāli-dāsa「女神カーリーの下僕」の意）がある。(34)ただ、このdāsaはサンスクリット語の人名だけに見られる訳ではなく、近年発見されたバクトリア文書中にもサンスクリット語からの借用と考えられるdasaという人物名が見られるのである［Sims-Williams, N. 2007：pp.109・115］。この李誕の字「陀娑（dasa）」が記される「李誕墓誌」には同時に李誕の長子の名「槃提」が記されていて、この「槃提」がソグド語vandakの音写であることを考えれば、李誕の字「陀娑」はソグド語と同じ中世イラン語に属すバクトリア語であると見るのが自然であろう。つまり、李誕は、バクトリア語の使用者であり、そのバクトリア語を使用する李誕の出身地の「罽賓」とは、カシミールではなく、カピシーを指すと考えられるのである。

北朝期における、このバクトリアと中国との関係は、以下の出土文物から窺われる。「人物文水差」（一九八三年寧夏回族自治区固原市北周李賢夫妻墓（五六九年）出土）は、ササン様式とギリシア様式との二様式を混合したバクトリア様式であり［B.I.マルシャーク・穴沢咊光一九八九：五四～五六頁］、また「海獣文八曲杯」（一九七〇年山西省大同市南郊北魏平城遺跡出土）は、グプタとササンとの両様式が混合した五世紀のバクトリア地域に見られるものであって、杯の外側にはバクトリア語で「キンギラ（khingila）所有」と記されている［Marshak, B. I. 2004：pp.151-152］。(35)これらの出土例は、おそらくガンダーラ没落（五五〇年代）前から、バクトリアと中国が直接往来する関係にあったことを強く示唆している。

以上のように、「李誕墓誌」がカピシーの重要性が高まった後に作成され、李誕の字「陀娑」はバクトリア語であると見られること、墓誌作成当時バクトリア人が中国に来ていても不思議ではないこと、さらには李氏一族がイラン系ソグド人と親密であることを考え合わせると、李誕墓誌の罽賓とは、カピシーを指しており、李誕一族は、イラン系バクトリア人である蓋然性が最も高いのである。

四、バクトリア人とソグド人との商業活動

それでは、バクトリア人李誕が中国に至った目的は何であったのであろうか。ここで問題となってくるのは、「李誕墓誌」5～6行目に「大（太）祖以君婆羅門種、屢蒙賞」に見えるように、その褒賞理由が、李誕が「婆羅門種」であるということである。この「婆羅門」とは、一般にインドのカースト（四姓）のうち最高位で祭祀を司る僧侶・文人階級にあたるバラモン（brahman）とされる。程林泉を中心とする西安市文物保護考古所では、罽賓をカシミールと捉え(36)、この罽賓が中国の仏教（特に阿毘曇）の発展に大きな影響を与えたことを理由として、李誕の褒賞理由を「婆羅門種」という高貴な身分であり、中国で仏経講義活動をしたためであろうと解釈する〔程林泉・張翔宇・張小麗二〇〇五：三〇六頁、程林泉二〇〇六：三九八頁〕。

確かに、罽賓の出身者や罽賓で学んだ多くの僧が、中国仏教の発展に寄与したことは、誰しもが認めるところである。しかしながら、墓誌文を見る限りでは、李氏一族に仏教的要素を見出すことはできない。また、李誕の褒賞理由となった「婆羅門種」は、以下にあげる漢籍史書中の用例から、インド人だけに限定されるものではない。林邑国（現在のベトナム中部）では、貴族が婆羅門を称し、婆羅門が婚姻の際に花婿と花嫁を引き合わせる祭祀を司るという記載が見られる(37)。赤土国（現在のマラッカ海峡地域）では、王の左右に数百人の婆羅門が侍したとされる(38)。康国（現在のウズベキスタン、サマルカンド）では、婆羅門が星や気候を見て吉凶を定めている(39)。これらのインドから離れた地で

インド人の僧侶・文人が政治や祭祀を司っていたとは考えにくく、婆羅門と言えば即ちインド人であるとは言えないのである。(40) 以上の用例から、婆羅門とは、出身地を示すのではなく、政治・祭祀などを行う能力のある知識人・文人・賢者などという認識で用いられていたと見られ、李誕を「婆羅門種」としたのも、おそらくこれらと同様であったと推測できるのである。(41)

ここで、李誕の中国へ至った目的を解く鍵となるのは、ソグド人との関係であろう。吉田［二〇一一a：一八～二一・五一～五二頁］は、ソグド商人が、バクトリア商人・ガンダーラ商人から商業を学んだ可能性が高いとし、とりわけバクトリア商人は後々までソグド人のライバルであり、同業者であったと考えている。

そもそも、バクトリア人は、商業の民として名高く、『史記』巻一二三、大宛列伝、大夏の条［三一六四頁］には、エフタルが勃興する以前、クシャーン朝支配下のバクトリア（大夏）について、「善賈市（善く賈市す）」とあって、さらに、その次の条に、張騫が前一二九年ころにバクトリアで見た邛（四川省西昌）の竹杖と蜀の布は、バクトリアの商人が身毒国（インド）で購入したという記事が続いている。また、西暦六〇～七〇年にギリシア商人によって記されたとされる『エリュトゥラー海案内記』第六四節［九〇～九一頁］には、中国からの絹がバクトリアを経由してインドの西海岸に運ばれたとされ、さらにここからペルシア湾・紅海を経て、ローマに渡ったと考えられている。おそらく、この交易にはバクトリア商人たちが介在していたことであろう。

このようなバクトリア人とソグド人との連携関係について、言語的に見て象徴的なのは、ソグド人が中国で就任した官職である「薩宝」という語である。この薩宝はソグド語の「隊商のリーダー」を意味する sārtpāw の音写であり、サンスクリット語の sārt に本来のソグド語形の -pāw を組み合わせた複合語であるが［吉田一九八八：一六八～一七一頁］、これはサンスクリット語から直接ソグド語となったのではなく、バクトリア語を仲介してソグド語に用い

【図表6】北インド・中央アジア地図

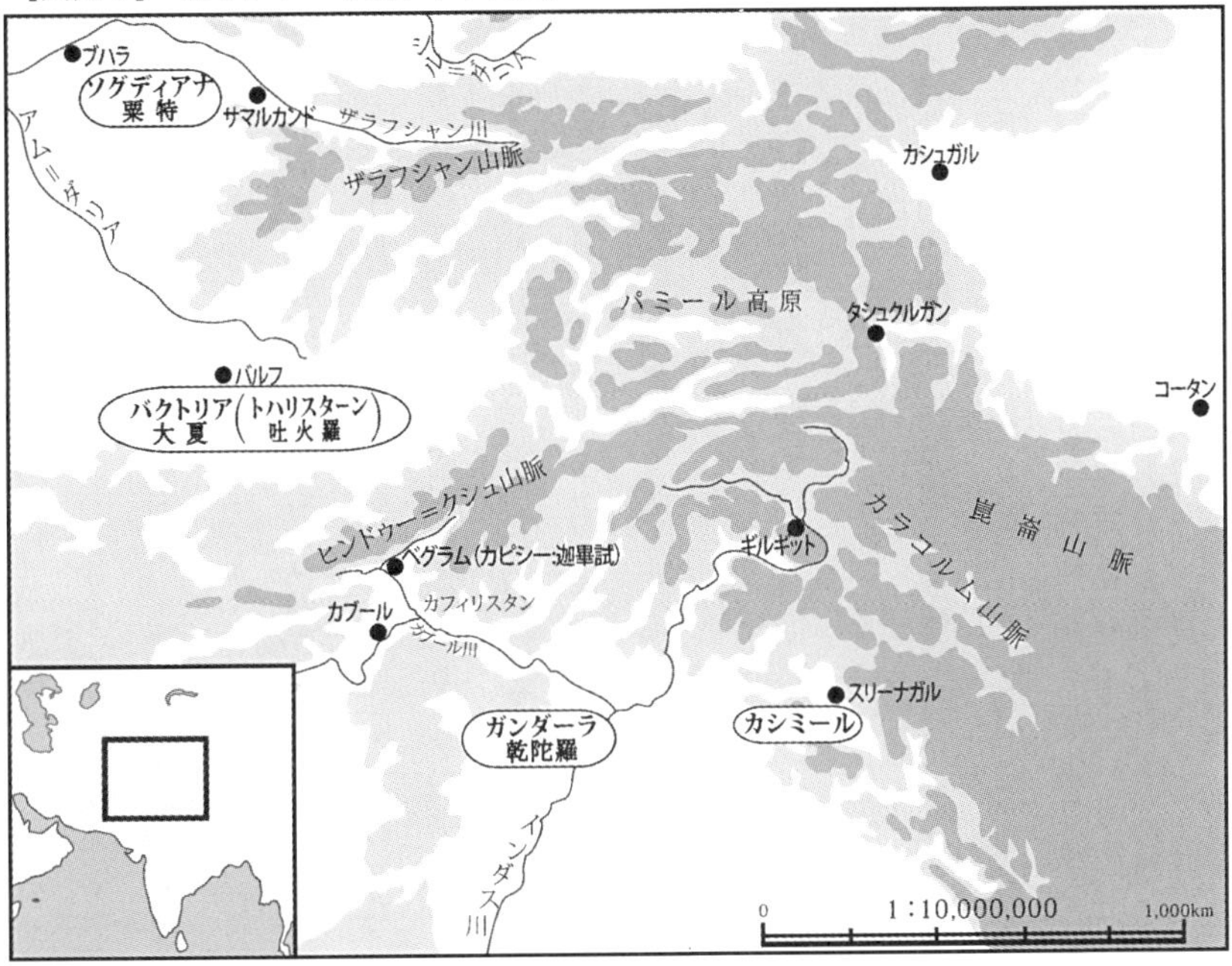

松田壽男・森鹿三［1966：pp.102-103］をもとに作成

られたと考えられているのである［Sims-Williams. N. 1996：p.51］。

考古史料としては、パキスタン北部インダス川上流、ギルギットに近いチラス（Chilas）で発見された石刻資料（河岸の岩石に残された絵と文字）も、ソグドとバクトリアの商人が活発に活動していた様子を示している。この石刻資料は、カロシュティー文字・ブラフミー文字・漢字などのさまざまな文字と言語で記されているが、その中の約六〇〇件の中世イラン語に属する銘文は、ペルシア語（二件）・バクトリア語（六件）とソグド語（残りのすべて）から成る。これらは、四世紀（三世紀に遡る可能性もある）から六世紀の間に当地まで来ていた商人たちの名前などを記したものと考えられている［Sims-Williams. N.1989：p.8・1997：pp.67-68］。ソグド人と共にバクトリア人もインダス川上流にまで及んでいたことが分かる（【図表6】）。

さらに、時代が下った唐代でもバクトリア商人とソグド商人との連携が見られる。トゥルファン文書中に見られる垂拱元年（六八五）の過所には、ソグド商人が吐火羅姓の商人（吐火羅・土火羅はトハリスタン、即ち旧バクトリアの地域を指す）と同行していたことが記されている［荒川一九九七：一七九〜一八〇頁］。また、大暦三年（七六八）には、ソグド人と共に土火羅国の羅文成が得度している事例もある［中田二〇〇七：五四〜五七頁］。

ここで、再度李誕墓について見てみると、先述した安伽墓（李誕墓の南約六五〇ｍ）から出土した石屛パネルの画像には、安伽が他の民族（一説に突厥）と交易する姿が描かれている［葛楽耐（Grenet, F.）二〇〇五：三一三頁］。すなわち、李誕のごく近くにも、安伽のように交易活動を行うソグド人が存在していたことになる。

以上から、李氏一族が中国に来た背景としては、仏教的要因を挙げるよりも、やはり交易活動を想定する方が妥当であると考えられる。(42) つまり、この李氏一族の三墓誌の考察を通して、バクトリア人とソグド人との交易活動における連携、すなわち婚姻関係という具体的な一形態を明らかにすることができたのである。

おわりに

本章では、まず罽賓人「李誕墓誌」を解読した。次に、この「李誕墓誌」を考察するにあたって参考とすべき「李陀及妻安氏墓誌」・「李吁墓誌」を提示した。これら三墓誌の墓主である李誕・李陀・李吁は、その墓誌中の名の表記や官職名がほぼ一致することなどから、父・子・孫の関係にあると判断される。このような、罽賓出身者の三世代に渡る墓誌は、これまで報告例がなく、従来の史料を補う極めて貴重なものである。

まず、この史料を考察することで判明したのは、罽賓人とソグド人との密接な関係であった。李陀の妻安氏は、その姓からソグド人であると見られる。そのため、罽賓人とソグド人が婚姻関係を結んでいたことが判明したのである。また、李誕墓の周囲からは、同時期に埋葬されたソグド人墓が三基見つかっていること、李誕へ贈官された邯州刺史は同世代のソグド人康業にも与えられていることから、罽賓李氏一族はソグド人と多くの共通点を持ち、その関わりは相当深いものであることが分かった。

この罽賓李氏一族は、以下の理由からカピシー出身のバクトリア人であると考えられる。李誕墓誌の作成時は、かつて罽賓と呼ばれていたガンダーラ地方がエフタルの退潮によってその地位を低下させ、交通の要地としての地位をカピシーに奪われたために、中国で指す罽賓の場所がカピシーへ移動した時期にあたる。そのカピシーは、ソグド語と同じ中世イラン語の東方方言であるバクトリア語圏であって、李誕の字である陀娑（dasa）はバクトリアの人名にも見える。「李誕墓誌」にはこの「陀娑」とソグド語のvandakの音写である「槃提」が共に記されている。ここから、「李誕墓誌」に見える罽賓とはカピシーを指し、彼ら一族はイラン系バクトリア人であるとみなされる。また、バクトリア人はソグド人とともに商業の民として名高いことから、李誕が中国へ至った目的は、仏教的なものではなく、交易活動にあると考えられる。

これまで、ソグド人が東方進出するにあたって、いくつかの事例からソグド人はバクトリア人と協力関係あるいはライバル関係にあったことが推定されてきたが、具体的な様相は依然として未解明であった。しかし、本章で論じてきたように、李氏一族の三墓誌によって、バクトリア人とソグド人とが婚姻関係を結び、連携して交易を行っていたことが初めて明らかとなったのである。つまり、ソグド人とバクトリア人とが強固な繋がりを持っていた具体的な証拠が現れたこととなり、今後、ソグド人の東方進出を論じる際にはバクトリア人の姿を想定することが必要となったと言えよう。

なお、本章では墓誌史料を中心に考察したが、李誕墓からは、墓誌のほかに先述したユスティニアヌス一世が描かれた東ローマ金貨や線刻された石棺が出土している。今後、これらを含めた墓葬全般から見た多角的な分析によって、ユーラシアにおけるヒトと文化の移動に関する研究がさらに進展することが期待される。

注

（1）安伽墓については、陝西省考古研究所［二〇〇一・二〇〇三］、史君墓は、西安市文物保護考古所［二〇〇四・二〇〇五b］、康業墓は西安市文物保護考古所［二〇〇五a・二〇〇八］、程林泉・張小麗［二〇〇五］を参照。

（2）日本でも、「井真成墓誌」の発見（二〇〇四年）が注目を浴びていたこともあって、「長安に外国人墓地群――遣唐使やインド人ら埋葬」（『産経新聞』二〇〇六年一月二二日、東京版、朝刊、第三〇面（大阪版は、同日朝刊第二九面に同様の記事を掲載））と報じられた。

（3）李誕墓発掘を報告した資料は、①『中国文物報』二〇〇五年一〇月二一日、第一・七面、［程林泉・張小麗・張翔宇・李書鎖二〇〇五、程林泉・張小麗・張翔宇二〇〇五］、②程林泉・張翔宇・張小麗［二〇〇五］、③程林泉・張小麗・張翔宇・王磊・李書鎖［二〇〇六］、④程林泉［二〇〇六］である。これらの記事では、罽賓の所在を史料から確定することは難しいとするものの、①第七面・②三〇二～三〇三頁・④三九六～三九七頁では、『中国大百科全書』外国歴史Ⅰ、罽賓［四三六頁］の「漢から唐まで、罽賓とはカフィリスタンからカブール河中下流域の河谷平原を指し、ある時期はカシミール西部も含んだ」という説を紹介しつつ、譚其驤［一九八二：第四冊、一七～二二頁］に従って、カシミール地域一帯を罽賓とした地図を掲載している。なお、王維坤［二〇〇八：七一頁］でも、これに倣って現在のカシミールのスリーナガル付近、パキスタンとインドの両国に跨る地域としている。

（4）筆者は、科学研究費補助金基盤研究（A）（一般）「シルクロード東部地域における貿易と文化交流の諸相」（研究代表森安孝夫、大阪大学文学研究科教授）による二〇〇六年夏季調査時に西安市文物保護考古所を訪れ、程林泉所長のご好意によって、墓誌石を実見することができた。本墓誌を掲載する主な資料は、前注（3）掲①～④である。拓本写真は③一二八頁に、録文は④三九三～三九四頁に、墓誌文の解釈は①・②三〇一～三〇四頁・③一二五～一二六頁・④三九三～三九八頁に、墓室の構造・出土遺物・発掘調査の過程は①・②二九九～三〇一と三〇四～三〇七頁・③一二三～一二七頁・④三九一～三九三と三九八～三九九頁に掲載。なお、本録文は、拓本写真及び二〇〇六年夏季調査の成果をもとに録文を作成した。

（5）「趙國平棘」は、現在の河北省石家荘市趙県付近。後漢・魏以来の山東の名望家である平棘李氏（趙郡李氏）は、ここを本貫とする〔『元和郡県図志』巻一七、河北道、趙州平棘県の条、四九〇頁・『新唐書』巻七二上、宰相世系表二上、趙郡李氏の条、二四七三～二四七四頁〕。李誕はこれに仮託している。

（6）「伯陽」は、老子の字。老子の姓が李で、李誕と同姓であるので、先祖として仮託している。

（7）「民酋」は領民酋長の略。本墓誌と同様の事例としては、「宇文猛墓誌」（北周保定五年（五六五））に「惟祖・惟父、世為民酋」がある。『周書』巻二〇、叱列伏亀伝〔三四一頁〕「遂世為第一領民酋長」・『北斉書』巻二七、破六韓常伝〔三七八頁〕「其父孔雀、世襲酋長」に見るように、本墓誌でも領民酋長を輩出する家柄であることを示す〔勝畑一九九三〕。領民酋長は、一般的に北魏から北斉・北周にかけて北方遊牧民のリーダーに与えられた号であるが、ソグディアナあるいはその周辺出身とされる「虞弘墓誌」（隋開皇一二年（五九二））にも先祖（おそらく祖父）の記載に、「□□奴栖、魚国領民酋長」とあって〔山西省考古研究所・太原市文物考古研究所・太原市晋源区文物旅游局二〇〇五：八六～九四頁〕、必ずしも北方遊牧民だけを対象とする官職でないことが分かる。また、虞弘の先祖も李誕の祖父も中国来朝以前に領民酋長になったと推測されるので、ここでは、出身した地域とその民を統括していたことを示していると考えられる。

（8）玄は天の意。『釈名』巻一、釈天〔二葉〕に「天又謂之玄」とある。妙気は霊妙なる気。同様の表現としては、『芸文類聚』巻七七、内典部下、寺碑〔下、一三一六頁〕に「共稟玄徳」とあり、「賈瑾及子晶墓誌」（北魏普泰一年（五三一）：梶山№四九四）に「君、稟玄中之妙気、資海岳之沖精」とある。

（9）陳垣〔一九五六〕によると、この年の閏月は九月。

（10）「山移り谷徙り……を恐れ」という表現は、墓誌を作成する理由としての常套句。山谷（あるいは山壑）は、永久不滅の形容。山谷が移動することは、時勢の変遷が甚だしいことの喩え。

（11）李誕が保定四年（五六四）に死亡した万年里は、王仲犖［一九八〇：巻一、関中、雍州、京兆郡、一四頁］では、「長安大城中の里坊には万年里がある」としている。北周時代の長安城は、隋唐長安城の北西約三kmに位置する漢代以降の長安城を利用しており、この城内に李誕の住居があったと見られる。

（12）「李陀及妻安氏墓誌」を掲載する資料は次のとおり（梶山No.一八五一）。①趙君平［一九九八］、②『邙洛碑誌三百種』［五四頁］、③『新出魏晋南北朝墓誌疏証』［六三四頁］、④『隋代墓誌銘彙考』五［三〇七～三〇九頁］。拓本写真は①二八～三一頁・②・④三〇七頁に、録文・墓誌文の考察は④三〇九頁に、墓誌の大きさ・出土地など基本情報は①・②・④三〇九頁に掲載。また、③は存目の条に墓誌の表題のみを掲載する。なお、墓の構造・副葬品の情報はなく、墓誌蓋が出土したかは不明。本訳注の録文は、拓本写真及び④の録文をもとに作成した。誌石の大きさは縦三三・五cm、横三三・〇cmで、誌文は全一六行、毎行一五字である。

（13）墓域の四囲の表現「南のかた伊洛に臨み、北のかた明津に坎み、西のかた迴城を挟み、東のかた洛邑を餘す」は、「李誕及妻安氏墓誌」および「李吁墓誌」で共通している。「迴城」は、東魏元象元年（五三八）東魏と西魏との邙山の戦いの際、劣勢となった東魏軍が続々と撤退する中で、兵を留めて動かなかった万俟洛を恐れた西魏軍が撤退したために、東魏高祖（高歓）が回洛城と名付けた場所［『北斉書』巻二七補、万俟洛列伝、三七六頁］。また、「洛邑」は、周の東都成周のこと。周の成王五年に、殷の民衆をここに移し、周公旦が、都としたのに始まる。現在の河南省洛陽市の西部。遅くとも漢代のころには、この周の洛邑の「王城」と「成周」とは別の場所、すなわち前者は現在の洛陽市の西部（西洛）、後者は漢魏時代の洛陽城の場所（東洛）に位置すると誤解されていた［楊寛一九八七：五七～六五頁］。ここでも「東の洛邑」とは漢魏洛陽城の地を指す（【図表2】参照）。

（14）趙君平［一九九八：四一頁］は、この部分を「甘州刺史、諱婆」と釈すが、各拓本と比較すると、その字体は明らかに「娑」である。

（15）「李陀及妻安氏墓誌」最終行は、前文と文脈が通じない。この文は、後掲「李吁墓誌」銘文の末尾と全く同文であり、これを借用したと考えられる。これについては、本章二、(二)李氏一族とソグド人参照。

(16)「李吁墓誌」の掲載資料は次のとおり(梶山№一八五〇)。①『邙洛碑誌三百種』四八頁、②『隋代墓誌銘彙編附考』五、三一〇～三一二頁。本墓誌の拓本写真は①・②三一〇頁に、録文・墓誌文の考察は②三一一・三一二頁に、墓誌の大きさ・出土地など基本情報は①②三一一頁に掲載。なお、墓の構造・副葬品の情報はない。本訳注の録文は、拓本写真・②の録文をもとに作成した。なお、誌石の大きさは縦三三cm、横三一・五cmで、誌文は全一三行、毎行一七字。墓誌蓋が出土したかは不明である。

(17)「李吁墓誌」13行目は、筮術や占いを示す一節。これと同様の事例として、「元子邃墓誌」(北斉天保六年(五五五):梶山№七五五)の墓誌文の最後に「今葬後九百年、必為張僧達所開、開者即好遷葬、必見大吉」と見える。他の事例については、『漢魏南北朝墓誌集釈』巻一一、一一三葉参照。

(18)本章の中古音は藤堂明保・加納喜光(編)[二〇〇五]による。

(19)このソグド語で「僕」を意味するvandakを漢字音写した人名は、他の漢文史料中にも見られる。『周書』巻五〇、異域列伝下、突厥の条[九〇八頁]の「安諾槃陀」・「安懐及妻史氏墓誌」(長寿二年(六九三):氣賀澤№一九三二)の夫人史氏の父の名の「盤陀」。

(20)『周書』巻七、宣帝紀[一一七～一一九頁]「(大象元年(五七九))二月癸亥、詔曰『河洛之地、世称朝市……自魏氏失馭、城闕為墟……朕以眇身、祇承宝祚……一昨駐蹕金墉、備嘗遊覧、百王制度、基趾尚存、今若因修、為功易立。宜命邦事、修復旧都。奢倹取文質之間、功役依子来之義。北瞻河内、咫尺非遙、前詔経営、今宜停罷。』於是発山東諸州兵、増一月功為四十五日役、起洛陽宮……(辛卯)又詔曰「洛陽旧都、今既修復、凡是元遷之戸、並聴還洛州。此外諸民欲往者、亦任其意。……」。

(21)『洛陽伽藍記』巻三、城南、龍華寺[一三〇～一三二頁]によると、洛陽城の南に四夷館・四夷里があり、そこに東西南北それぞれの帰順者を住まわせた。罽賓が含まれる西夷の帰順者は、崦嵫館に住まわせ、三年経つと慕義里の邸を与えたという。李誕も洛陽で北魏に帰属した場合、この待遇を受けたと思われる。李陀及び安氏・李吁は、その墓誌中にその本貫地として「洛陽県帰淳郷」と記されている。この帰淳郷は、史書中になく、さらには今知られている墓誌中にも見出されないいために、所在が不明である。「帰淳」は「帰順」のことであるととると、彼らの本貫は、この帰順者たちの集落（四夷館・四夷里）であると考えることができるのかもしれない。

(22)『隋書』巻三、煬帝紀上、大業元年［六三頁］「徙天下富商大賈数万家於東京」。

(23)『隋書』巻六七、裴矩伝［一五七八〜一五八〇頁］・『旧唐書』巻六三、裴矩伝［二四〇六〜二四〇七頁］。

(24)前注（3）掲、④程林泉［二〇〇六］は、李誕の祖父「馮何」・父「傍期」の名前は、胡名ではなく、おそらく中国へ来てから用いた漢名であろうと推測し、そこから、李氏一族は遅くともその祖父の時に中国へ来たとする［三九六頁］。李誕は禅学の勉強のために中国から罽賓に戻り、正光年間に再び中国に戻ってきたと解釈している［三九八頁］。しかし、「馮何」・「傍期」を漢名とすることのみをもって、李誕が中国と罽賓を往復したと考えるのは、いささか強引であろう。

(25)「李吁墓誌」に基づいて「李陀及妻安氏墓誌」が作成されたとすると、「李陀及妻安氏墓誌」が誌石の全面に文字が刻されている一方で「李吁墓誌」は誌石の左側に五行分ほどの空行があるという誌石と墓誌文の割合がアンバランスであるという問題も理解できる。これは、さしあたり「李吁墓誌」を作成した後に、文字数を計算して計画的に「李陀及妻安氏墓誌」を作成したためであると推測できる。ただし、それでも末尾に一行分の空白が生じたので、「李吁墓誌」銘文の一節を転用して埋めたのであろう。

(26)隋唐代の安姓について、桑原［一九二六：三一九頁］は、「（史書に現れる）安姓は大体に於て西域の胡人、若くばその裔と認めて差し支えない」とした。また、本書第一部第一章で記したように、唐代のソグド姓墓誌の分析結果から、「安姓を持つ者はほぼソグド人である」と考えられる。

(27)李陀の妻安氏については、その生存期間から見れば、安伽の娘であった可能性すら推測できよう。

(28)この墓地群が、西域人の埋葬地として北周王朝に指定されたのか、それとも共通のコミュニティに属した彼らが独自に墓地を選んだのかという問題は依然として残る。

(29)王仲犖［一九七九：巻一〇、州牧刺史、六五五頁・巻一〇、命品、六六八頁］の官位の記載に基づき、さらに『隋書』巻二九、地理志上、張掖郡（のちの甘州）の条［八一五頁］の「戸六千一百二十六」を採用した場合。

（30）「史訶耽墓誌」（咸亨元年（六七〇）：氣賀澤No.一二五一）「夫人康氏甘州張掖人也」。「康敬本墓誌」（咸亨元年（六七〇）：氣賀澤No.一二五六）「元封内遷家張掖郡……曾祖默、周甘州大中正」。「安懐及妻史氏墓誌」（長寿二年（六九三）：氣賀澤No.一九三二）「河西張掖人也。祖隋朝因宦洛陽、遂即家焉。曾祖朝前周任甘州司馬」。

（31）日本語表記では、カピサ・カーピシー・カピシなどと記すこともあるが、本章ではカピシーで統一する。

（32）なお、森安孝夫［桑山（編）一九九二：一〇〇〜一〇一頁「蒲桃」］は、『漢書』西域伝の罽賓とは、ガンダーラ説とカシミール説の両論を調和した両方を含む広い範囲を指したものとみなすべきかもしれないとする。それは、『漢書』西域伝の罽賓国で米と葡萄を生産しているという記事は、慧超の『往五天竺国伝』や『冊府元亀』のガンダーラとカシミールに関する記述に鑑みれば、ガンダーラのみならずカシミールの情報も混在していると考えられるためである。

（33）桑山が、隋代の罽賓は依然としてカシミールを指していた可能性があるとしたのは、『旧唐書』罽賓国の条［五三〇九頁］に「隋煬帝時、引致西域、前後至者三十餘国、唯罽賓不至」とあるが、『隋書』漕国の条［一八五七頁］には大業年間に漕国が朝貢したとあるので、罽賓は漕国ではないと考え、さらに『新唐書』巻二二一、天竺の条［六二三七頁］に煬帝時に天竺が来朝しなかったとあることから（この記事は『旧唐書』巻一九八、五三〇七頁にも見られる）、この罽賓は天竺中にある罽賓、すなわち『大唐西域記』迦濕彌羅に玄奘が「旧、罽賓と謂う。訛なり」と注記したカシミールを指すと考えたためである［桑山一九八一：九五頁、一九九〇：一七三頁］。ただし、隋代の罽賓にカシミールを指すものがあるとしても、ガンダーラもしくはカピシーを指すものがなかったとまでは言えない。

（34）固原出土の「史射勿墓誌」の墓主の名は、諱と字とをあわせた「射勿槃陀」がソグド語の「第一一の月の女神の下僕」を意味する。このように、李誕の場合も諱と字とをあわせた「誕陀娑」が本名である可能性もあろう。

（35）キンギラはエフタルの五世紀半ばから末頃の王名に見られる。ただし、Marshak は、この銘のキンギラは、エフタル王とは別人であるとする。

（36）前注（3）参照。

(37)『梁書』巻五四、諸夷伝、南海諸国、林邑国の条［七八五～七八六頁］「其国俗……其大姓号婆羅門。嫁娶必用八月、女先求男、由賤男而貴女也。同姓還相婚姻、使婆羅門引壻見婦、握手相付、呪曰『吉利吉利』、以為成礼」。

(38)『隋書』巻八二、南蛮伝、林邑の条［一八三二頁］「毎有婚媾、令媒者齎金銀釧・酒二壺・魚数頭至女家。於是択日、夫家会親賓、歌舞相対。女家請一婆羅門、送女至男家、壻盥手、因牽女授之」。

『隋書』巻八二、南蛮伝、赤土の条［一八三三～一八三四頁］「王宮諸屋悉是重閣、北戸、北面而坐……婆羅門等数百人、東西重行、相向而坐。其官有薩陀迦羅一人、陀拏達叉二人、迦利蜜迦三人、共掌政事、倶羅末帝一人、掌刑法」。

(39)『旧唐書』巻一九八、西戎伝、康国の条［五三一〇頁］「有婆羅門占星候気、以定吉凶。頗有仏法」。

(40)次のように、インドとの関わりのない人物名に婆羅門が使われている事例も見られる。

『魏書』巻八〇、侯莫陳悦伝［一七八四頁］「侯莫陳悦、代郡人也。父婆羅門、為駝牛都尉、故悦長於河西」。

『魏書』巻一〇三、蠕蠕伝［二三〇〇頁］「阿那瓌来奔之後、其従父兄俟力発婆羅門率数万人入討示発、破之……推婆羅門為主、号弥偶可社句可汗、魏言安静也」。

『隋書』巻五〇、宇文慶伝［一三一五頁］「協弟皛、字婆羅門、大業之世、少養宮中」。

『旧唐書』巻二九、音楽志二、四夷之楽［一〇六九頁］「後魏有曹婆羅門、受亀茲琵琶於商人、世伝其業、至孫妙達、尤為北斉高洋所重、常自撃胡鼓以和之」。

また、「婆羅門種」というように「種」がつく場合も、『洛陽伽藍記』巻五、宋雲行記［二〇九頁］「(乾陀羅)国人民悉是婆羅門種」、『大唐西域記』巻七、戦主国の条［一八頁］「至摩訶娑羅邑。並婆羅門種」に見るように、通常は具体的な地名を伴って用いられ、単独で用いられることはないので、特定の民族・地域を指すのではないと言えよう。

(41)『大唐西域記』巻一、迦畢試（カピシー）の条［三五頁］には、王が利利種（クシャトリア）であったと記しているが、この地方にインドの武士（クシャトリア）階級がいたとも考えにくく、単に僧侶・文人（バラモン）ではなく、武士であることを示すと見られる。

(42)李誕は、朝貢使節として来朝した可能性もある。李誕が来朝した正光年間（五二〇～五二四年）、カピシーはエフタルの支配下にあった。そのエフタル（嚈噠）は、正光年間には、正光五年（五二四）の閏二月と一〇月との二回朝貢しており、李誕がこの使節の一員であった可能性もある。このような朝貢使節の目的の一つには、交易があり、商業を生業とする者も多く含まれていた。このような事例としては、『漢書』巻九六上、西域伝上、罽賓国の条〔三八八四～三八八七頁〕がある。

第二章　唐代における景教徒墓誌
――新出「花献墓誌」を中心に――

はじめに

「景教」は、中国に伝来したキリスト教のネストリウス派の呼び名である。ネストリウス派は、四三一年にエフェソスの宗教会議でその説が異端とされ禁止されたが、その後ペルシアを経由して、貞観九年（六三五）に波斯僧の阿羅本によって唐に伝えられた。景教の伝来の経緯や隆盛の様子は、在来の典籍史料中にも断片的に見えるが、明末（天啓三年（一六二三）あるいは天啓五年（一六二五））に西安より発見された「大秦景教流行中国碑」（建中二年（七八一）作成：章末【付録史料1】：以後「景教流行碑」とする）の記載によってより詳細に知られる所となった。ところが近年、景教に関する石刻史料の出土が相次いでおり、より具体的な景教徒の姿が見えてきた。そこで本章では、二〇一四年に公開されたばかりの「花献墓誌」（大和二年（八二八）二月一六日作成：【史料5】）を中心に景教徒とされる墓誌（全六点）と二〇〇六年一〇月に発見が報じられた「洛陽景教経幢」（大和三年（八二九）二月一六日の題記[1]：章末【付録史料2】）を紹介・比較し、唐代景教史及び東西交渉史の展開中での彼らの位置づけを明らかにしたい。

一、唐における景教

景教徒墓誌を取り上げる前に、以下では「景教流行碑」や『唐会要』巻四九、大秦寺〔一〇一一〜一〇一二頁〕など典籍史料に基づいて、唐に伝来した景教の歴史を概観したい。

景教が唐に伝えられたのは、貞観九年（六三五）のことで、波斯僧の阿羅本による。三年後の貞観一二年（六三八）には、詔によって唐王朝公認の宗教となり、長安城の義寧坊にネストリウス派のために「波斯胡寺（あるいは波斯寺）」が建設された。ここで言う「波斯」とは、ササン朝ペルシアのことである。当時、ササン朝ペルシアの首都であるセレウキア・クテシフォンにはネストリウス派の総本山があった。つまり、ササン朝ペルシアはネストリウス派の伝来国となるので、ネストリウス派は「波斯教」、その僧侶は「波斯僧」、その寺院は「波斯寺」と呼ばれた〔桑原一九一五：三四二頁、佐伯一九三五：一二二・三二六頁〕。則天武后の聖暦年間（六九八〜七〇〇年）には仏教側からの攻撃を受け、玄宗の先天末（七一三年）にも何らかの排斥運動に遭ったという。しかし、その後の玄宗の天宝期になると、再び唐王朝の篤い保護を受けた。天宝初年には、玄宗は高力士を派遣して景教寺院に五帝の像を贈ってこれを掲げさせ、あわせて絹百疋を賜り、天宝三載（七四四）には、大徳僧佶和（ゲオルゲス）をはじめとする一七人の景僧を興慶宮に迎えて功徳を修めさせたという。天宝四載（七四五）には、詔によって「波斯胡寺」から「大秦寺」へ改称された。この「大秦」とは、ローマ帝国あるいはその東方領土のことで、当時はすでに現実の地理的名称としてはその意義を失っていたが〔森安一九八二：二七一頁〕、『唐会要』巻四九、大秦寺〔一〇一二頁〕には「波斯経教、出自大秦」とあって、キリスト教がローマ帝国で生まれたためにこのように改称したことが分かる。粛宗期（七五六〜七六二年）には、「霊武等五郡」に景教寺院が建てられ、さらに代宗期（七六二〜七七九年）にも庇護を受け、続く徳宗の建中二年（七八一年）には「景教流行碑」が建造された。「景教」という名称はこの碑が最初の使用例であり、そこには「真常之道、妙而難名、功用昭彰、強称景教」とあって、「景」は「大なる光明」の意であり、メシア即ちキリストが世の光であることなどからこのように名付けたとされる［佐伯一九三五：二六～三〇頁］。その後、会昌五年（八四五）武宗によって道教以外の一切の宗教を禁止する詔が出されたことで、唐代の景教は大打撃を受けたとされる。

このように展開した唐代景教でその信者たちの様子を伝えるのが次に紹介する墓誌である。

二、景教徒墓誌

今日までにその存在が知られる景教徒とその家族の墓誌は、【史料1～6】に示した六件である。以下では各墓誌について、なぜ景教徒だとされているかを中心に概観する。なお、【史料1～6】では、景教徒の根拠とされる部分を太傍線で、その他本章で特に言及した部分を細傍線で示した。

（一）「阿羅憾丘銘」[2]（景雲元年（七一〇）作成：【史料1】）

「阿羅憾丘銘」は、かつて清の端方が所蔵していたもので、その文面が初めて公開されたのは『陶齋蔵石記』［巻二一、第九～一一葉］であった。「阿羅憾丘銘」の記載内容を要約すれば次のようになる。波斯人である阿羅憾は、顕慶中（六五六～六六一年）に高宗によって将軍に取り立てられ、宿衛の任に就いた。その後、「拂林国諸蕃招慰大使」に任ぜられて拂林の西堺《ママ》に碑を立てた。また、天冊万歳元年（六九五）に則天武后が万国頌徳の紀念のために諸外人の協力を得て天枢を建造した際にも功績をたてた。そして、景雲元年（七一〇）四月一日に東都（＝洛陽）の私第にて九五歳で死去した。

彼を景教徒であると初めて指摘したのは羽田［一九一三：三八八頁］で、「阿羅憾丘銘」（7～9行目）の「宣伝聖教、実称蕃心。諸国粛清、于今無事。豈不由将軍善導者、為功之大矣」に見える「聖教」について、唐代の波斯人が宣伝できた宗教には祆教・マニ教・景教の三つがあったが、阿羅憾が「拂林国諸蕃招慰大使」として派遣された「拂林」ではネストリウス派キリスト教が信仰されていたことから、この「聖教」とは景教であろうとした。以来この説は多くの研究者たちに支持されてきた〔向達一九三三：三三頁、羅香林一九五八：六〇～六二頁、朱謙之一九六八：六四～六六頁、謝海平一九七八：一七〇～一七一頁〕(3)。

ただし、ここで注意が必要なのは、「波斯」と「拂林」との二つの地名が何を意味するのかということである。「波斯」とは、先に記したように、本来はササン朝ペルシアを指すが、景教が伝来した貞観九年（六三五）と「阿羅憾丘銘」が作成された景雲元年（七一〇）とでは状況が変わっていた。ササン朝ペルシアの皇帝ヤズディギルド三世は、六四二年にニハーヴァンドでイスラーム勢力と戦って敗れた後、ホラーサーンのメルヴへ逃れたものの六五一年に暗殺され、ここにササン朝ペルシアは滅亡した〔榎一九四四：一一三頁、前嶋一九五八～五九：一三八～一四六頁〕。阿羅憾の死亡の年（景雲元年（七一〇））とその年齢（九五歳）から、生年を算出すれば隋の大業一二年（六一六）となる。つまり、阿羅憾の生存中にササン朝ペルシアは滅亡したことになる。

このような複雑な当時の世界地理の概念を図示した資料として「蓮華台蔵世界図（蕃漢対照東洋地図）」の写本があり、ここにも「波斯」・「拂林」の地名が掲載されている。森安〔二〇〇七ａ：三九一～三九二頁〕の考察によれば、この地図は「阿羅憾丘銘」にやや遅れた八世紀末～九世紀中葉に記されたとされ、「波斯」・「拂林」についても先行研究をふまえて以下のように地名比定している。

まず、「波斯」には二つの候補があるとする〔森安二〇〇七ａ：三八六～三八七頁〕。第一の候補は、ヤズディギルド三世とその子のペーローズ（卑路斯）がトハリスタン（旧バクトリア）の方へ東走して建てようとしたササン朝亡命政権であるとする。父のヤズディギルド三世は先述のように逃亡中に落命したが、息子のペーローズは唐に援助を求めて、六六一年に唐より波斯都督に任命された。しかし、その波斯都督府はまもなくタジク（ウマイヤ朝）の手に落ちたため、ペーローズはトハリスタンに逃げて吐火羅葉護の保護を受け、六七〇年代に唐に亡命し、その後長安で死亡した。その子ナルセス（泥涅師）は唐の西域経営に翻弄されながらもトハリスタンに戻り、そこに少なくとも八世紀初頭までは勢力を維持したとされ、その残党は八世紀中葉くらいまでは余燼を保ったとみられている［榎一九四四：二三〇～二三四頁、前嶋一九五八～五九：一三八～一四六・一六五・一九六～一九七頁］。第二の候補はネストリウス派キリスト教徒集団であるとする。イスラーム勃興後も信教の自由を確保していた彼らの本山はクテシフォンにあったが、その東方の大司教区がホラーサーン～トハリスタンにあった蓋然性は歴史的に見て決して低くなく、さらにそれは吉田［一九九四：二九九頁］によって明らかにされた不空訳『宿曜経』に見える七曜日の「波斯名」が実は「キリスト教徒が使う曜日の名前」であったことからも窺えるとする。

次に「拂林」（拂菻とも記す）についてである。白鳥［一九〇四］はイラン系の言語でローマを指すフローム（Frōm/Hrōm）に対して使用された漢字表記であるとし、後にPelliot, P.［1914］もこの説を採用した。その後白鳥［一九三一～四四］は自説を大幅に増補・訂正し、榎［一九四四］はそれに補説を加え、さらにそれを簡潔にまとめた森安［二〇〇七a：三八八～三九〇頁］によれば、唐代の拂林の用法は以下の通りとなる。①東ローマの東方領土であったシリア・パレスチナ地方（主邑はアンチオキア）、②小アジア以西の東ローマ帝国（首都コンスタンチノープル）、③イスラーム勃興後もクテシフォン（ササン朝の首都）に総主教カトリコス＝パトリアク（Chatholicos Patriarch）のいる本山があり、④ササン朝タジク（ウマイヤ朝）内部で信教の自由を得ていたネストリウス派キリスト教徒集団、いわば景教世界、発祥の地であり、その最後の皇帝となったヤズディギルド三世が即位前に身を潜めていたファールス州のイスタフル

(Istaxr)、⑤トハリスタンの主邑バルフの東方二日行程にあるフルム（忽懍、Khulm)。以上のうち、榎［一九四四：二三六～二三八頁］は「阿羅憾丘銘」の場合については⑤であろうとする。「阿羅憾丘銘」（5～7行目）にみえる阿羅憾の「又差充拂林国諸蕃招慰大使。并於拂林西堺立碑」という記事は、『通典』や『唐会要』に見る、[4]龍朔元年（六六一）に吐火羅道置州県使の王名遠が唐の西トルキスタンの経営を記念して『西域図志』を進献したのと同時に、当時の唐の勢力圏の最西端である吐火羅（トハリスタン）に記念碑を建立したことを指すとし、そしてその碑を立てた場所は、トハリスタンの拂林、つまり同一音であるフルム「忽懍」であろうとした。さらに道宣（五九六～六六七年）の『釈迦方誌』巻上［九五三頁注一八］の注記に「忽懍」を「拂菻」とも記すとしていることも指摘した。[5]確かに阿羅憾がローマまで派遣されて碑を立てたとは考えにくいので、波斯人の彼が派遣された拂林をフルムだとするのは首肯できる。

先述したように、羽田［一九一三］は、阿羅憾を景教徒とし、それを数多くの研究者が支持してきた。彼の派遣先がフルムであったと見ても、そこでも景教が信仰されていたので、彼が景教徒であろうとする解釈に問題はないように思われるが、この点については異論も出ている。佐伯［一九三五：五一九～五二〇頁］は「聖教を以て直に景教と断言することは出来ない」とし、榎［一九四四：二三九頁］は「文章の続き工合から見て、聖教は聖徳乃至は支那の徳教などというほどの意味で、彼が払菻の西堺に碑を立て大唐の聖天子の徳を謳歌宣伝して蕃人の招撫に成功したことを言ったものと解すべきであろう」とし、Forte, A.［1996：pp.386-391］も「聖教」の「聖」は皇帝を指すとする。また、馬小鶴［二〇〇四］は、阿羅憾はササン朝の王族でゾロアスター教徒であるとし、森安［二〇〇七ａ：三八九頁］は、阿羅憾を「波斯都督府すなわちササン朝の亡命政権か、あるいはホラーサーン～トハリスタンにあったキリスト教徒集団にかかわる重要人物」とする。つまり、現時点では阿羅憾を景教徒と言い切ることはできないのである。

阿羅憾が景教徒かどうかという問題を複雑化させているのは、阿羅憾が関係する「波斯」と「拂林」はともに地名（国（政権）名・地域名・都市名と複数の候補があり、時期も要考慮）であると同時に景教徒そのものを指す用語であったことにある。また阿羅憾とササン朝ペルシアの亡命政府や景教徒集団の関係も判然としていない。ただ、この問題によって、阿羅憾が関係した当時の「波斯」（＝トハリスタンのササン朝ペルシアの亡命政府）や「拂林」（＝トハリスタンのフルム）には景教徒集団が存在していたと言え、当地が唐に対する景教布教の重要拠点であることが見えてきた。

【史料1】　阿羅憾丘銘（景雲一（七一〇））

1 大唐故波斯國大酋長·右屯衛將軍·上柱國·
2 金城郡開國公·波斯君丘之銘
3 君諱阿羅憾、族望波斯國人也。顯慶年中、
4 高宗天皇大帝、以功績可稱、名聞□□、出使
5 召來至此、即授將軍北門[木]領、侍衛駈馳。又
6 差充拂林國諸蕃招慰大使。并於拂林西堺
7 立碑、峩峩尚在。宣傳　　聖教、實稱蕃心。
8 諸國肅清、于今無事。豈不由將軍善導者、爲
9 功之大矣。又爲　　則天大聖皇后、召諸
10 蕃王、建造天樞。及諸軍立功、非其一也。此即
11 永題驎閣、其於識終、方畫雲臺、沒而須錄。以

12 景雲元年四月一日、暴憎過隟、春秋九十有
13 五、終於東都之私第也。風悲壟首、日慘雲端。
14 聲哀鳥集、涙久松乾。恨泉扃之寂寂、嗟去路
15 之長嘆嗚乎哀哉、以其年□月□日有子倶
16 羅等号天、罔極、叩地無從、驚雷遶墳銜涙石、
17 四序増慕無輟於春秋、二禮尅脩不忘於生
18 死、卜君宅兆、葬於建春門外、造丘安之禮也。

出土地：河南省洛陽市　　サイズ：（拓本）縦四五・五㎝、横四六㎝　　楷書

所蔵地：不明

　桑原［一九二六：二八五頁］に「この碑石はもと清末の端方の所蔵であったが、今は東京博物館の所有に帰した（頁）」とあり、これ以来「東京国立博物館」にあると考えられてきた［林梅村一九九五：九五頁］。今回、東京国立博物館に調査依頼をしたところ、原石はないものの、拓本（一九一一年田中慶太郎より購入）はあることが分かった。また、桑原が上記のように記した一九二六年当時に「東京博物館」と呼ばれていた現在の国立科学博物館や中国の石刻を数多く収蔵する書道博物館にも所蔵確認をしたが、無いとの回答を得た。

掲載書：『陶齋蔵石記』［巻二一、第九―一一葉］『石刻題跋索引』一八一左上　『北京図書館臧中国歴代石刻拓本彙編』二〇―一一〇　『唐代墓誌銘彙編附考』一五―一四九六　『隋唐五代墓誌彙編』洛陽八―一四四　『唐代墓誌彙編』景雲〇〇一　『全唐文新編』二二―一四八五九　『全唐文補遺』五―三〇〇　氣賀澤№二五二〇

拓本は、京都大学人文科学研究所所蔵石刻拓本資料 文字拓本（http://kanji.zinbun.kyoto-u.ac.jp/db-machine/imgsrv/

takuhon/type_a/html/tou0966x.html）で公開される（京大人文研によれば、本拓本は内藤湖南旧蔵拓本であると言う）。

※本録文は東京国立博物館蔵拓本をもとに作成。４行目の未解読文字を『陶齋蔵石記』は「□□」、林梅村［一九九五：九五～九六頁］は「西域」とする。また林梅村［一九九五：九五～九六頁］は、５行目「□」を「右」、14行目「涙久松乾」を「涙落松乾」、16行目「衙涙石」は「衙涙刊石」とすべきであるとする。

（二）「米継芬墓誌」（永貞元年（八〇五）一二月一九日作成：【史料２】）

「米継芬墓誌」は、一九五五年に陝西省西安市西郊三橋から出土したとされる[6]。４行目に「其先西域米国人」とあることから、米国（＝マーイムルグ）にルーツを持つソグド人であることが分かる。祖父の伊□[7]は本国の長史であったが、父の突騎施は質子として長安に来て、墓主の継芬はその質子の身分を継承したという（４～７行目）。『冊府元亀』巻九七五、外臣部、褒異［一一二八四～一一二八五頁］によれば、開元一六年（七二八）四月と開元一八年（七三〇）四月に米国からの使節が唐に来ており、その際に継芬は父と共に唐に至ったと考えられている［葛承雍二〇〇一：二三七頁、中田二〇一一：一八一～一八二頁］。

米継芬が景教徒とされるのは、13～14行目の「幼曰僧恵圓、住大秦寺[8]」という記載による。賀梓城［一九八四：四〇～四一頁］と閻文儒［一九八九：一五八～一五九頁］は、この記事から息子の恵圓が米国人の景教徒であることを指摘し、葛承雍［二〇〇一：二三九頁］は、米継芬の子が大秦寺の景教僧であることは、米継芬の一族が代々（米継芬の父・祖父が米国にいた時から）景教を信仰していたことを暗示しており、そうでなかったとしても米継芬が景教を信仰していなければ息子を景教僧にするはずがないとし、その説を中田［二〇一一：一八一～一八二頁］も支持している。ネストリウス派の主教座は、七世紀までにはサマルカンドに置かれ、その布教活動が頂点に達したとされるティモテオス一世（在位七八〇～八二三年）がカトリコス（総主教）であった時代には、ブハラとタシケントにも主教座がおかれたとするので［森安（達）一九七八：二四〇頁］、この時期にソグド人に景教徒がいても全く不思議なことではない。

この米継芬について、景教徒であることの他に注目されるのは、米継芬が米国からの質子であったことに加えて、「神策軍故散副将」（1行目）にも就任していることから、『資治通鑑』に見える貞元三年（七八七）の宰相 李泌の提言に基づく処置を受けた具体例だと見られているためである[9]［栄新江一九九九a：七九～八〇頁］。李泌の提言とは、吐蕃による河西・隴右地域への進出によって帰路を絶たれ、長期に長安に滞在する西域諸国からの使者たち（胡客）に対して、王子・使者はその散兵馬使あるいは押牙に、残りはみな兵士として「神策軍」に編入することで、唐の負担を削減するというものであった。そもそも「神策軍」は、天宝一三載（七五四）、隴右節度使の哥舒翰が吐蕃から獲得した占領地確保のために創設されたが、安史の乱（天宝一四載（七五五）～広徳元年（七六三））・吐蕃の入寇（広徳二年（七六四））・涇原の兵乱（建中四年（七八三））を契機に徐々に力をつけ、李泌の提言の処置により、四千人の胡客が神策軍に編入され、さらに勢力を増したとされる［小畑一九五九・一九六八、何永成一九九〇］。この米継芬の他に例えばこの後で触れる李素の長男景位がそうであるように、神策軍中には相当数のソグド人が所属していたことも指摘されている［中田二〇一一：一七二頁注一三・一五］。

ここで米継芬と同時期に神策軍に所属していた羅好心という人物について取り上げたい［中田二〇一一：一五六～一五八・一六一頁］。彼は、神策軍の武人（右神策馬軍十将[10]）でありながら、密教僧の般若の『大乗理趣六波羅蜜多経』（以下『六波羅蜜経』とする）の翻訳事業に一役買った人物である。般若は、八世紀後半に唐で活躍した罽賓国（当時はカーピシー）出身の密教僧で、羅好心とは従兄弟の関係であったとされる。

この翻訳事業について考察した中田［二〇一一：一五六～一五七頁］によれば、般若は建中二～三年（七八一～七八二）

に広州に漂着し、その後、羅好心と長安で再会し、羅好心を訳経施主として『六波羅蜜経』を翻訳した。『六波羅蜜経』は二度翻訳されたが、徳宗に経典の流布を認められなかった一回目の翻訳では、「胡本」の『六波羅蜜』を波斯僧の景浄と共に翻訳したという。この波斯僧の景浄は、大秦寺の高僧で『景教流行中国碑』の撰者である。なぜ、ここに景教僧の景浄が関わってくるのかについて、中田［二〇一一：一八四〜一八五頁］によれば、中央アジアから唐にやってきた人々を多く取り込み、宗教的バックグラウンドも様々であった神策軍において、安史の乱以降に特に景教徒が勢力を伸ばす中で、仏教徒の羅好心は景教徒を取り込むために、景教徒代表の景浄と仏教徒代表の般若とが「共同」で翻訳し、その経典を皇帝認可のもとに天下に広めるという一連の「パフォーマンス」こそが重要な役割を果たすとみなしたとする。また、仏教・景教の協力体制は、吐蕃の脅威に対抗する唐朝の対外政策としても、禁軍の軍事力を背景に政治勢力を維持したい宦官としても必要があったとする。

さらに中田［二〇一一：一七三頁］は、羅好心の出自について史料中に明記されていないが、羅姓であることから吐火羅（トハリスタン）出身のバクトリア人とし、(11)また般若の出身地は「罽賓」とされているが、羅好心の父と般若の母は兄妹であり、かつ羅姓であることから、彼もまた吐火羅出身の可能性があるとする。景浄の出身地については、「景教流行碑」の大施主であり同時代の伊斯（イズブジッド）の出身地「王舎城」が、「景教流行碑」のシリア語文からネストリウス派の一中心地であるトハリスタンの主邑バルフ（Balkh）であると分かることから、伊斯が唐に移り住む際の一行に景浄も含まれていたのではないかとして、景浄もトハリスタンの出身と見てよいだろうとする［中田二〇一一：一七六頁］。

伊斯がいつ唐に移住したかは明確ではないが、「景教流行碑」（21〜24行目）に「大施主金紫光禄大夫・同朔方節度副使・試殿中監・賜紫袈裟僧伊斯、……遠自王舎之城、聿来中夏……始効節於丹庭。乃策名於王帳。中書令汾陽郡王郭公子儀、初惣戎於朔方也。粛宗俾之従邁。」とあって、彼は安史の乱の際に朔方節度使 郭子儀の率いる反乱鎮圧軍で活躍した武将だったことがわかる。伊斯が朔方軍に入ったのは、郭子儀が朔方節度使だった天宝一四載（七五五）一一月から乾元二（七五九）年初め頃までとみられ、この時期から、伊斯は安史の乱鎮圧のために、西域諸国から送られた援軍として来唐したと見られている［中田二〇一一：一七八〜一七九頁］(12)。

以上より少なくとも八世紀後半の唐において、ソグディアナ出身の米継芬やトハリスタン出身の伊斯は、景教徒である一方で、当時大きな勢力を振るった神策軍や朔方軍に属していたことが分かる。これは、景教徒が当時の唐王朝の軍事力の一端を担い、皇帝やその政治と近い関係を築いていたことを示していると言えよう。

【史料2】米継芬墓誌（永貞元年（八〇五））

1 大唐左神策軍故散副將・游騎將軍・守左武衛大將軍同正、兼
2 試大常卿・上柱國京兆米府君墓誌銘 并序
3 鄉貢進士翟運撰并書
4 公諱繼芬、字繼芬。其先西域米國人也。代爲君長、家不乏賢。祖
5 諱伊□、任本國長史。父諱突騎施、遠慕　皇化、來于　王庭。遐
6 質京師、永通國好。特承　恩寵累踐班榮。歷任輔國大將軍・
7 行左領軍衛大將軍。公承襲質子、身處禁軍。孝以敬　親忠以奉
8 國。四善在意、七德居心。信行爲遠邇所稱、德義實閭里咸荷。風
9 神磊落、度量宏深。爰以尊年、因嬰疾疢。何啚積善無慶、

10 奄従逝川去永貞元年九月廿一日、歿于醴泉里之私第。春秋九十二。
11 以其年十二月十九日、安厝于長安縣龍門郷龍首原。禮也。夫人米
12 氏痛移天之终、恨居孀之苦。公有二男。長曰國進、任右神威軍
13 散將・寧遠將軍・守京兆府崇仁府折衝都尉同正。幼曰僧惠圓
14 住大秦寺。皆號慕絶漿、哀毀過禮。攀恩罔極、悶擗崩摧。慮
15 陵谷遷移、以貞石永固。運奉招紀　徳、實慙陋於文。銘曰、
16 國歩頃艱兮忠義建名。　雄雄英勇兮膺時閒生。
17 甞致命兮竭節輸誠。　弥兇孽兮身授官榮。
18 位崇班兮是居　禁營。　壽既尊兮遘其疾苦。
19 高堂兮永歸泉戸。　列松栢於　鳳城之西。
20 封馬漕於漕渠之滸。

出土地：一九五五年陝西省西安市西郊三橋　サイズ：縦四八cm、横四七cm　楷書
墓誌蓋：「大唐故／米府君／墓誌銘」　縦四七cm、横四五cm　篆書
所蔵地：西安碑林
掲載書：『隋唐五代墓誌彙編』陝西二―一五　『唐代墓誌彙編続集』永貞〇〇三　『新中国出土墓誌』陝西弐―一九一　『全唐文新編』一一―七七二二　『全唐文補遺』三―一四三　『西安碑林全集』八四―三三三四　氣賀澤№四五九九
※本録文は、早稲田大学大学院文学研究科の石見清裕教授の特論で講読した成果を踏まえている。

（3）「李素墓誌」（元和一四年（八一九）五月一七日作成）と「李素妻卑失氏墓誌」
（長慶三年（八二三）四月一三日作成）：【史料3・4】

「李素墓誌」と「李素妻卑失氏墓誌」は、一九八〇年一月に陝西省西安市東郊国営西北第四綿紡織廠職工子弟学校操場にて発見された［『隋唐五代墓誌彙編』陝西四—七九・八七］。「李素墓誌」（2～4行目）によれば、李素は波斯人で、祖父の益が天宝中（七四二～七五六年）に来朝して質子となったとされる。栄新江［一九九八：二四四～二四五頁］は、当時はすでにササン朝ペルシアは滅んでいて国王による正規派遣は無理であるので、李益が使者として来朝したというのは疑わしいとし、国王ペーローズに付き従い、唐に亡命した王妃一族の出身とする。また、中田［二〇一一：一八〇頁］は『冊府元亀』［巻九七一、外臣部、朝貢四］には天宝四～一〇載（七四五～七五一）に六回（七四五年三月、七四六年七月、七四七年四・五月、七五〇年四月、七五一年九月）にわたって波斯国からの使者が来朝しているので、李益はこのいずれかの時に使者に随行して唐に来た可能性があるとする。

李素一族が景教徒であると初めて指摘したのは、栄新江［一九九八：二五四～二五七頁］であり、以下をその根拠とする。①李素の六人の男児全員の名に「景」の字がついている。②敦煌発見の景教写巻『尊経』（P.3847）の目録中に掲載される『四門経』の翻訳は、司天台の司天監[13]であった李素によって監督されたとみられる。『尊経』に掲載されるその他多くの景教経典は先述した「景教流行碑」の撰者である景浄によって建中・貞元年間に翻訳されたものであり、これは李素の組織が『聿斯四門経』を翻訳した時期と同じである。『四門経』と『聿斯四門経』が同一であるかは不明だが、両者の間には必ず関係があると言える。③李素の字の「文貞」が「景教流行中国碑」の左面に「Luka／文貞」として見え、李素の年代と事跡から見て同一人物だとみられる。以上の栄新江氏の説を批判する論文はこれまでのところ出されていない。

以下では、李素一族の婚姻関係を見たい。李素の妻の卑失氏はその姓からテュルク人であることが分かる。(14)「李素妻卑失氏墓誌」（6～7行目）によれば、卑失氏の父の嗣先は「朔方節度衙前兵馬使」であり、朔方節度使下のテュルク系武人であったことが分かる。中田［二〇一一：一八一頁］は、卑失氏の父が活躍した時期は、卑失氏の嫁いだ時期などから判断して、代宗から徳宗期の初めと推測でき、とすると卑失氏の父は「景教流行碑」の施主でもあった朔方節度副使の伊斯と同僚である可能性が高く、朔方軍管内の景教の流行をふまえれば、彼も景教徒であった可能性も高いとする。

また、「李素墓誌」（17行目）によれば、長女は羅氏に嫁いだとされる。羅姓は先述したように、吐火羅（トハリスタン）出身のバクトリア人である可能性がある。当時トハリスタンで余燼を保っていた波斯人の李素一族と婚姻関係を結んだと考えれば、相手はバクトリア人であり、景教徒であると考えるのが自然であろう。つまり、「李素墓誌」と「李素妻卑失氏墓誌」から、景教徒である波斯人の李氏、テュルク人の卑失氏、バクトリア人の羅氏の婚姻関係が窺えるのである。

【史料3】　李素墓誌（元和一四（八一九）年五月一七日）

1　大唐故隴西郡李公墓誌銘并序　　郷貢進士王正拱撰并書
2　公諱素、字文貞、西國波斯人也。累纘貴裔、代襲弓裘、是謂深根固蒂、枝葉繁
3　茂。公則本國王之甥也。榮貴相承、寵光照灼。祖益、初、天寶中、銜自　君命、来
4　通國好、承我　帝澤、納充質子、止衛中國、列在戎行。拜銀青光禄大夫・検校

5 左散騎常侍兼右武衛将軍賜紫金魚袋、特賜姓李、封隴西郡、因以得姓也。
6 父志、皇任朝散大夫・守廣州別駕・上柱國。公即別駕之長子也。公天假秀氣、
7 潤生奇質、得裨竈之天文、究巫咸之藝業。握筭樞密、審量權衡、四時不愆、二
8 儀無忒。大暦中、特奉　詔旨追赴　闕庭、考試既多、人莫能測。三年在内、累
9 授　恩榮、蒙　勅賜妻王氏、封太原郡夫人、兼賜荘宅・店舗、遂放還私第、与
10 夫人同歸于宅、仍令高品四人監臨奏對、除翰林待　詔。四朝供奉、五十餘年、
11 退食自公、恪勤無替。夫人有子三人、女一人。長子及女早歳淪亡。至貞元六年、不幸夫
12 人傾逝。仲子景佚、朝請大夫・試太常卿・上柱國・守河中府散兵馬使。季子景伏、朝散大
13 夫・試光禄卿・晋州防御押衙。時遭禍罹、咸悉幼稚、漣々泣血、不絶哀聲、同顧悌之絶漿、
14 得王褒之孝道。公愍念偏露、愛育無人、喪禮既終、再議婚娶。以貞元八年、禮娉卑失氏、
15 帝封為隴西郡夫人。有子四人、女二人。長子景亮、襲先君之藝業、能博學而攻文、身没
16 之後、此乃継體。次子景弘、朝議郎・試韓王府司馬。少子景文、前　太廟齋郎。幼子景
17 度、前　豊陵挽郎。長女禮適羅氏、更歳而喪。在室之女、囙疾而亡。嗚呼。公往日歴司
18 天監、轉汾・晋二州長史、出入丹墀、栖翔鳳館、曽無疾疹、暴起禍飛、天灾流行、掩鍾斯
19 釁、國喪其寶、人之云亡。時元和十二年歳次丁酉十二月十七日終于静恭里也。嚮
20 季七十有四。雖身没之後、盛德猶歸、上命宣傳、賑賚繒帛。　帝澤不易、恩渥弥深、遂
21 召子景亮、詰問玄微、對敭無玷、擢昇禄秩、以續闕如、起服拜翰林待　詔襄州南漳
22 縣尉。再立門庭之貴、復登禁掖之榮、冠盖聯緜、形影相吊。隴西郡夫人与長子景佚

23 等毎議安厝、無不流涕嗚咽。告子卜擇、龜筮叶従、罄家有無、以營遷殯。今於萬年縣
24 滻川郷尚傅村観臺里、用置塋壠。時元和十四年己亥歳五月戊寅朔十七日甲午
25 遷葬于此、禮也。故刻石爲紀、顯彰厥徳。銘曰、
26 卓哉李公、天降其聡。潤生秀才、人莫之同。家本西域、身榮漢宗。
27 恪勤荐職、惟公奉忠。其一。鑒燭非愆、辯明不忒。二儀道遠、三光莫測。
28 人豈知之、公爲自得。四朝供奉、一門授職。榮貴及時、用光家國。其二。
29 魂歸壙宅、魄散青天。丘墳暎日、松檟生煙。設陳尸位、號訴于筵。
30 玄堂既掩、刊石留季。其三。

出土地：一九八〇年一月陝西省西安市東郊国営西北第四綿紡織廠職工子弟学校操場　サイズ：縦六六cm、横六五cm　楷書
所蔵地：陝西省考古研究所
墓誌蓋：「大唐故／李府君／墓誌銘」　縦六二cm、横六五cm　篆書
掲載書：『隋唐五代墓誌彙編』陝西四—七九　『唐代墓誌彙編』元和一二八　『全唐文新編』一二—八二三一　『全唐文補遺』三—一七九　『陝西碑石精華』一四九　氣賀澤№四九二七
※本録文は、『隋唐五代墓誌彙編』の拓本をもとに作成。

【史料4】　李素妻卑失氏墓誌（長慶三年（八二三）四月一三日）

1　大唐故隴西郡君卑失氏夫人神道墓誌銘

2　　　前常州義興縣丞李元古撰
3　曰夫珠光者、可以外明於物、玉潤者、然滋於川原。 太夫人族望
4　平盧、家以邠上、鼎盖軒冕、皆累 朝勳、俸受 恩榮、遠近皆仰。曾
5　祖皇朝任右驍衛将軍昂之後矣、匡時屯難、文武簡生、桂林一枝、
6　德揚京國。 祖皇朝任特進守左羽林大将軍諱卓。 父皇朝任
7　開府儀同三司・守朔方節度衙前兵馬使・御史中丞嗣先。皆承
8　邦家重委、以安中外。 夫人德風播揚、累世門閥、劍履相次、恭侍
9　母儀、威容自鮮、麗質殊異。既禮君子、俄深歳年。 夫皇朝授開府
10　儀同三司・行司天監兼晉州長史、翰林待 詔、上柱國・開國公、食
11　邑一千戸李素、上明万象之物源、中為五百之簡生、名烈 朝剽、
12　聲振寰宇。長男右神策軍散兵馬使兼正將・檢校太子詹事景位、
13　次男前晉州防禦押衙景復、次男宣德郎・起復守右威衛長史翰
14　林待 詔、賜緋魚袋景亮、次男前威遠軍押衙景直、次男前鄉貢
15　明經景文、次男太廟齋郎景度、是以家族慶貴。京 國連芳。
16　夫人月桂香吐、鳳林早春、夙彰節義之德、方期榮侍之崇、何穹蒼
17　而不祐、奄從凶咎之殃。 夫薨於元和之末十有二祀季冬之月、
18　首尾六載、不期忽降舜華之美、夜月虧輪、鸞鶴移跡、長慶二年十
19　二月廿八日奄鍾斯禍。男等哀哭 攀戀、僻踴無告。至長慶三年

20 四月十三日、安厝於萬年縣滻川郷上傅村観臺里、祔舊塋矣。用
21 顯鳳儀、以申往恵、刻石陳記、揚于後世。　銘曰、賢哉令母、
22 容質芳著。内以恩布、外以義取。敬愛有則、禮教合度。
23 顯德既彰、禍兮何傷。鸞鶴斯逝、冥魂夜長。至哀志想、
24 有深儀像。刻石陳記、陪增慘愴。千秋不移、戀兮何望。
25 　長慶三年歳在癸卯四月乙酉朔十三日丁酉記。

出土地：一九八〇年一月陝西省西安市東郊国営西北第四綿紡織廠職工子弟学校操場　　サイズ：縦五六cm、横五八cm　　楷書
墓誌蓋：「大唐故隴／西郡夫／人墓誌銘」　縦五四cm、横五六cm　　篆書
所蔵地：陝西省考古研究所
掲載書：『隋唐五代墓誌彙編』陝西四―八七　『唐代墓誌彙編』長慶〇二〇　『全唐文新編』一三―八四八六　『全唐文補遺』三―一八六　『陝西碑石精華』一五二　氣賀澤No.五〇一三
※本録文は陳国英［一九八一：二九頁］・『隋唐五代墓誌彙編』の拓本をもとに作成。

三、「花献墓誌」（大和二年（八二八）二月一六日作成：【史料5】）と「花献妻安氏墓誌」（長慶元年（八二一）一一月二二日作成：【史料6】）

「花献墓誌」と「安氏（花献妻）墓誌」は、二〇一〇年に洛陽東郊にて出土したとされ、毛陽光［二〇一四］によって景教徒の墓誌であることが明らかにされたばかりの墓誌である。

本墓誌での最大の問題点は、花献の出自である。「花献墓誌」によれば、花献は霊武郡（現在の寧夏回族自治区呉忠市。

唐の霊州）の人、妻の安氏は安定郡（現在の寧夏回族自治区涇川県。唐の涇州保定県）の人とされる。妻の安氏はその姓からソグド人であるとみられるが［本書第一部第一章参照］、花献の出自は不明瞭であるとされている［毛陽光二〇一四：八六～八七頁］。花献の出自の手がかりとして典籍や出土史料中に花献やその一族の名を探したが、見出すことはできなかった。それもそのはずで、「花献墓誌」によれば花献は「左武衛兵曹参軍（正八品下）・上騎都尉（正五品の勲官）」（1行目）とあるが、「有位而不登」（6行目）とあって、実際に職務に当たった様子は見られない。また、花献の祖父の移恕、父の蘇隣、そして彼らの三人の息子の慶元・満師・齊雅はいずれも官についた様子はないのである。これに加えて、史書中に見える花姓の人物は大変少ない。そもそも「花」という字は、白川静『字統』［七四頁］によれば、「花は華を形声化した略字。漢・魏以前にはその字がなく、北魏の太武帝の始光二年（四二五）、新字千余を作ったことがあり、そのときのものであろう」とする。唐代の花姓の者を探してみれば、『新唐書』宰相世系表や『元和姓纂』に花姓は見えず、『旧唐書』中にわずかに花大智（調露元年（六七九）単于大都護府の将軍：巻五、一〇五頁）・花驚定（上元二年（七六一）剣南節度使崔光遠の配下の将：巻一一一、三三一九・三三三一頁）・花重武（乾寧四年（八九七）華州防城の将あるいは卒：巻二〇上、七六一頁・巻一七五、四五四五頁）の三名を見出すことができたが、いずれもその出自については不明であった。また、墓誌史料でも「前知虔州雩都県令包府君墓誌」（昇元三年（九三九）作成：徐鉉『騎省集』巻一六、一六六頁）に、「君前娶潁川陳氏、後娶楽安花氏、皆良家之子、淑徳不爽。」と見える程度である。

毛陽光［二〇一四：八六～八七頁］は、花献の出自について漢族である可能性を残しつつも、花献の家族にはある程度の「胡族」の背景があったはずで、その姓は音写の可能性もあるとする。それは一つには、花献が交通と軍事の重要拠点であり、ソグド人の東遷で必ず経由する場所である霊武郡の人であること。そして二つ目として、祖父の名「移恕」・父の名「蘇隣」は共によく見られる漢人名ではなく、外来語の音写とみられることをあげ、「蘇隣」は敦煌写本「摩尼光佛教法儀略」や『儀略』引「老子化胡経」でマニの出生地を意味し、さらに「移恕」はその音が耶蘇・夷数に近く、これは漢訳マニ教文献では光の国の救いの神イエスを意味することから、マニ教徒あるいはマニ教を背景にもつ人物だとする。

ただし、この二つ目の父祖の人名については、あえてマニ教に結びつける必要はない。マニの生誕地とされる「蘇鄰」は、Suristan（<Asuristan, Asōristān）であるとみられ、そのSuristanはセレウキア・クテシフォンを指すことが知られている［Nöldeke, Th. 1879 : p.15 n.3, Chavannes, Ed. /Pelliot, P.1913 : p.122 n.1, 森安一九九一：一頁注一］。現在のところ、漢文史料に現れる「蘇鄰」は、マニの生誕地としての用例以外のものはない。ただし、セレウキア・クテシフォンにはネストリウス派の総本山があったことから、その地を指す「蘇鄰」を名にもつ景教徒がいても全く不思議なことではない。また、祖父の名「移恕」も救世主イエスの音写であっても問題ではない。つまり、その祖父や父がマニ教徒だとあえて想定する必要はなく、以下で見るように息子の花献は明らかに景教徒であることからすれば、これらはむしろ景教徒であることを示す人名であると言える。

しかしながら、花献の出自の所在については、花献とその妻安氏の墓誌の記載内容からだけでは判断が難しいと言えよう。

（一）「花献墓誌」と「景教流行碑」

以上に見てきた四件の景教徒とされる墓誌からも分かるように、墓誌には宗教的な要素は表れにくい。そのような中で、「花献墓誌」は花献が景教徒であることを示す景教的な語句をいくつも用いた珍しい墓誌である。まず取り上げるべきは、銘文の「景寺遺聲」（24行目）で、これは「花献が死んでも景教寺院に彼の声が遺っている」という意で、花献が景教徒であることが明確に分かる。これに加えて、毛陽光〔二〇一四：八七～八八頁〕も指摘するように、景教の教義に関わる用語も使用されている。「景尊」（9行目）・「三常」（10行目）・「无元」（10行目）で、これらは「景教流行碑」にも使用されている語句である。

「景尊」は、「景教流行碑」（6行目）では「景尊 弥施訶」と使われ、「景尊」がメシア・救世主を指すことが分かる。この「景尊」は仏教では仏祖に対して使用される「仏尊」という用語を景教風に改変したものであるとされる〔聶志軍二〇一〇：二九四～二九五頁〕。

「三常」は、「花献墓誌」（10行目）では「内脩八景、外備三常」と見え、「景教流行碑」（7行目）では「制八境之度、錬塵成真。啓三常之門、開生滅死」とあり、また「大秦景教宣元至本経」にも「八境開生、三常滅死」とある。この「三常」の解釈には諸説ある。仏教で「三門」・「三業」と訳される「身体（なすところ）・言語（いうところ）・思想（おもうところ）」とする説〔佐伯一九一一：一四〇～一四一頁、塚田一九七三：六五頁〕、キリスト教〔『新約聖書』コリントの信徒への手紙第一三章第一三節：三一七頁〕の「信仰・希望・愛」だとする説〔Legge, G. 1888 : p.7 n.7〕、中国春秋時代〔『国語』晋語四、韋昭注、三四八頁〕の国家にとっての重要要素である「政の幹、礼の宗、国の常」であるとする説〔貴田・山口二〇〇七：一五～一六頁〕である。「花献墓誌」では、「三常」は「八景」と対になるが、「景教流行碑」・「宣元至本経」では「八境」と対になる。これまで「八境」は、中国を中心とした八方の辺境〔貴田・山口二〇〇七：一六頁〕、景教僧の八級の位〔佐伯一九一一：一四〇頁〕などと解されてきた。ただ、「花献墓誌」の表現は心の内面の問題についてだと見られるので、ここではもう一つの説である『新約聖書』マタイによる福音書第五章第三～一〇節〔六頁〕にみる八福（八つの幸い）[15]〔翁紹軍一九九六：五〇頁〕が相応しく、これに景教徒が「景」字をつけて「八景」と呼んだとしても無理がないと思われる。そうであるならば「三常」の解釈も仏教や中国古代の用法ではなく、キリスト教の用法がよいのかもしれない。

「无元」は、「景教流行碑」では「先先而无元」（3行目）・「无元真主阿羅訶」（3行目）・「真主无元」（26行目）と三か所で使用される。佐伯［一九一一：一三五頁］は、『新約聖書』ヨハネの黙示録一章八節［四五二頁］をもとに「原始の原始なり原因の原因なり、我は初めなり終わりなり「アルハ（α）」なり「オメガ（Ω）」なり」と解釈する。

以上のように、「花献墓誌」には、景教用語を用いて墓主花献の日常が記されていて、彼にとって景教の信仰がいかに重要なことであったかを示している。

【史料5】　花献墓誌（大和二年（八二八）二月一六日）

1 唐故左武衛兵曹参軍・上騎都尉
2 靈武郡花府君公神道誌銘
3 洛陽聖善寺沙門文簡撰
4 公諱獻、字獻、靈武郡人也。祖諱　移恕、考諱　蘇隣。咸嗜道偃仰、浪心清閑、
5 以榮名為怯風之花、逍遙為紺霜之竹。而乃高尚無屈仕焉。延及　府君、
6 纂延素風、有位而不登。弃禄養和、不争名於　朝、澄心履道、嘗隠逸於市。布
7 人信於戚属者、　公不顧嶮艱、迎孀姉於砂塞之外、侍之中堂、聚食歡笑。累
8 歳傾歿、祔葬　先塋、哭泣過制、人皆嗟焉。敷言行於朋從、守直道以度時。不
9 邪諂以嬌媚、是以義聲溢於天下、孝致盈於縉紳。常洗心事　景尊、竭奉教
10 理。為法中之柱礎、作徒侶之筌簀。而内脩八景、外備三常、将證无元、永祇万

11 慮。於戲、日居月諸、否来泰往。忽遘微疾、未越一旬、有加無瘳、色沮神淬。召醫
12 上藥、拱手無所施。方知利劍先缺、甘泉先竭、乹道變衰、而精魂歸乎北斗。以
13 寶暦三年正月八日終於河南縣脩善里之私第、享年七十一。夫人安定郡
14 安氏、明潔宣慈、酌仁怡愉。好音韻、爲絲竹、宮唱商和、禮翔樂優。以温恭而成
15 粧、非粉黛為顏色。故穰穰百福、蓁蓁成陰。坤儀禍生、先歸泉戸、以長慶元年
16 夏四月五日終於舊里。孕子三人、長曰應元、次曰滿師。皆為人傑、不及時禄、
17 芳而不榮、具在前誌。季子齊雅、行操松筠、為席之珎。招賢納士、嚮慕従風、江
18 海之心、罕議儔疋。泣血絶漿、有終天之恨、哭無常聲、毀形過制。龜兆従吉、即
19 以大和二年二月十六日歸葬於洛陽縣感徳鄉栢仁村、啓　夫人故墳、禮
20 及合祔。則龍劍合於下泉、琴瑟永沈蒿里。終天之義、従古如斯。南顧萬安、北
21 背洛涘。左瞻少室孤峯、右占土圭之墅。文簡久承顧眄、眷撫情逾、邀誌之。性
22 多拙直、恐敘事不精、握管抽毫、記刻貞石、用虞陵谷之變。其詞曰、
23 靈武之氏、　代不乏賢。　謐物化洽、　与時為天。　□其葉□、　松明竹鮮。
24 劔合重泉、　琴瑟初掩。　永弥笙簧、　世歿餘念。　景寺遺聲、　芳塵罷占。
25 峩峩淋徳、　克生休命。　履義蹈忠、　含清體正。　如玉之潔、　如金之鏡。
26 三光西沒、　百川東度。　天道運迴、　人隨代故。　倏忽嗟歎、　凄涼薤露。
27 安氏夫人、　祔葬終也。　水合蛟龍、　墳同松檟。　千載九原、　嗣子涙下。

出土地：二〇一〇年洛陽東郊出土　　サイズ：縦五三cm、横五二cm　楷書
墓誌蓋：「唐故花／府君公／墓誌銘」　篆書
所蔵地：不明
掲載書：『洛陽出土鴛鴦志輯録』二一一～二一二、毛陽光［二〇一四］
※本録文は、毛陽光［二〇一四：八五～八六・九一頁］に従った。

（二）仏教勢力との関係

以上の用語だけでも、「花献墓誌」の撰者が景教の教義をよく理解して記していたことが分かるが、この「花献墓誌」そして「花献妻安氏墓誌」の撰者は、驚くべきことにともに洛陽有数の仏教寺院である聖善寺の沙門の文簡である[16]。仏教の僧侶が、異教徒である景教徒の墓誌を撰文したことになり、沙門が撰文したからと言ってその文書や碑文が仏教徒を対象としたものだとは言い切れないことになる。

撰者の文簡が所属した聖善寺は、洛陽城の章善坊にあった洛陽でも有数の仏閣で、中宗の神龍元年（七〇五）二月に「中興寺」という名で建立されたが、翌年則天武后を追福して「聖善寺」と改称したという[17]。残念なことに「花献墓誌」「妻安氏墓誌」の撰者である文簡の名を他の史資料中に見出すことはできず、彼がどのような人物であったのかは辿ることができなかった。ただし、この聖善寺に属す同時代の僧とソグド人とには以下のような強固な繋がりがあった。

まず、僧の文皎である［毛陽光二〇〇九：七六～七八頁］。彼自身の出自については全く不明であるが、聖善寺の高僧智如の事績を記した白居易撰の「東都十律大徳長聖善寺鉢塔院主智如和尚荼毘幢記」（『白氏文集』巻六〇［一〇、四四

一〜四五〇頁〕）に「（智如）年十二、授経於僧皎」とあってその「僧皎」とは文皎を指すとみられている〔王振国二〇〇六：二〇二頁〕。ここから彼には仏教を教授する能力があったことが分かる。その知識を利用してか、文皎は経幢や墓誌をいくつか撰文・書写したようであるが(18)、その中でもここでは「何澄妻墓誌」（元和八年（八一三）作成、毛陽光二〇〇九：七六〜七八頁）に注目したい。「何」姓は、ソグド人が名乗っていた所謂「ソグド姓」の一つである。この墓主である妻の姓は不明なのでその素性は不詳であるが、息子が康氏と婚姻関係にあることが分かるので、夫の何澄はソグド人である可能性が高いと言える〔本書第一部第一章参照〕。残念ながら何澄とその妻がどの宗教を信仰していたかは不明で、文皎との繋がりは見えてこない。ただし、彼らがともに嘉善坊の私弟（第）で死去したことはその関係性を知る手掛かりとなる。この坊は、聖善寺のある章善坊の西側に隣接する坊であって、彼らはごく近距離で生活していたことが分かる。洛陽の南市周辺には、数多くのソグド人が住み、コミュニティを形成していたが〔栄新江一九九九a：八五〜九〇頁、本書第二部第一章【図表6・7】参照〕、中でもこの嘉善坊は住居者数が多いので、そのコミュニティの中心であったと言える。そして後に詳述するように、西隣は花献夫妻の私第や大秦寺のあった修善坊である。

次にあげる如信は、文簡・文皎とほぼ同時期に聖善寺の大徳（学徳の高い長老の僧）であった人物である。白居易撰の「如信大師功徳幢記」（長慶四年（八二四）作成、『白氏文集』巻五九〔一〇、二六八〜二七四頁〕）によれば、如信は姓が康であるとされるので、彼はソグド人だと言える〔本書第一部第一章参照〕。ソグド人が聖善寺の僧と関わっていただけではなく、その寺の大徳という高位に就任していたのである。

以上から洛陽の南市周辺にあったソグド人のコミュニティがこの聖善寺の僧侶たちをも含んで機能していたと言えるのである。

【史料6】花献妻安氏墓誌（長慶元年（八二一）一一月二二日）

1 唐故安氏夫人墓誌銘
2 夫人安氏苗裔、安㝎郡人也。世祖諱晟之女也。繁衍淑女、
3 彩黛紛敷。焜耀華葉、若斯之盛也。　夫人幼而韶□、長而
4 婉穆。金聲玉振、蕣榮蘭茂。恭守箴誡、昭彰六姻、則賢班・姜、
5 無以比也。適花氏之門、實秦晉之好。如琴如瑟、若塤若箎。和
6 鳴鏘鏘、有偕老之譽。保金石齊固、宜享椿松之壽。豈期素無
7 乖違之疾、奄傾西泉之駕。時長慶元年四月五日終於脩善
8 之里、春秋五十八。奈何運有數極、脩短分㝎。金之堅不可
9 腐、松之貞不可不折。巷失規矩、宗傾母儀。夫哭氣塡其胷、
10 男哭血灑其地。古之常制、不可久留。卜兆川原、以為㝎穸之
11 所。用其年十月廿二日葬於洛陽縣感徳郷栢仁村。不耐
12 先塋、別立松柏。南瞻萬安、北背洛汭。長子應元・次子滿師皆
13 幼而不禄、苗而不秀。幼子齊雅、克己復禮、郷黨稱善、友朋
14 敬之。徒跣茹蓼、折肝殞心。扶杖侍　　棺、叫絶道路。屬時多
15 難、慮谷遷于陵、邀余誌之、刊石作紀。文簡不方者、沐
16 恩頗深、敢不課愚。抽毫敘事、乃為銘云、
17 安氏之女、花氏之妻。蘭馨芝茂、如璋如珪。鳳桐半折、

18 孤鸞獨栖。（其一）。孟母其萎、珠沉漢浦。精粹苞蘿、參
19 銜萬古。奚為奇霊、長夜盤暮。（其二）。伊洛之郊、
20 土地豐饒。周姫之□、宇宙之摽。神歸其下、徳音
21 不遙。（其三）。冊名刊日、封乎枝葉。誌其坤房、北邙相接。
22 地久天長、子孫昌業。

出土地：二〇一〇年洛陽東郊出土　　サイズ：縦横三〇cm　　楷書
墓誌蓋：「大唐故／夫人安／氏墓誌」　篆書
所蔵地：不明
掲載書：『洛陽出土鴛鴦志輯録』二一三～二一四、毛陽光［二〇一四］
※本録文は、毛陽光［二〇一四：八六・九一頁］に従った。

四、洛陽における景教界

（一）「洛陽景教経幢」の発見

二〇〇六年一〇月に発見が報じられた「洛陽景教経幢」によって、洛陽の景教徒の姿が新たに判明した。この「洛陽景教経幢」は、二〇〇六年七月に洛陽の骨董マーケットである洛陽古玩市場で売りに出され、翌月上海に搬出された所を、この経幢の情報を得た羅炤（中国社会科学院宗教研究所）・宿白（北京大学）の両氏が国家文物局に通報し、文

物局によって洛陽に返還され、一〇月一一日付の『中国文物報』で発見の記事が掲載された。その後、正式に洛陽市第二文物工作隊の所有となると、同工作隊は出土地とみられる洛陽市洛龍区李楼村角村～斉村一帯を調査（聞き取り調査・ボーリング調査）した結果、隋唐洛陽城の東南角の外側に位置する斉村の東南約一㎞、葉村の西南約六〇〇～七〇〇ｍを「洛陽景教経幢」の出土地と結論づけた（【図表４】）。斉村の村民によれば、一九七六年ころ井戸を掘削した際に地中二ｍ強から出土し、その後村の脱穀場や小学校などで保存されていたが、二〇〇六年五月ころに盗難に遭ったといい［羅炤二〇〇七：三四頁注①、洛陽市第二文物考古隊二〇〇九：一六五～一六六頁］、マーケットに出た時期と一致する。

この経幢の形状は八角柱であり、一面の幅は一四～一六㎝、高さは六〇～八五㎝、外接円の直径は四〇㎝だとされる。下部は斜めに切断されていて未発見である。その切断面はまるで機械で切断したかのように一直線であるが、これは、本経幢はそもそも斜め二層の堆積層から成る水成岩（洛陽周辺の一般的な岩石で、水中に堆積して形成される）であったのが、外部からの打撃により断裂したと考えられている［羅炤二〇〇七：三四～三五頁］。このように切断されているために、碑の下部に記されていた文字は、残念ながら不明である。

経幢を専門に研究した劉淑芬［二〇〇八］によれば、そもそも「経幢」とは、唐代（玄宗開元年間以後）に現れた多面体の仏教石刻で、そのほとんどに『仏頂尊勝陀羅尼経』が刻され、のちに道教でもこの形式を模倣して経幢を作成するようになるという。また、「洛陽景教経幢」もそうであるように、多くの経幢には経文以外に造幢記が付されていて、これには造幢者と制作年月や撰者・書者・刻者などの名や作成にあたっての縁起が記される。形状は、大多数が多角形の石柱で、六角形・四角形も多いものの、「洛陽景教経幢」と同じ八角形が最多だという。建立される場所は、寺院・大通り・墓の傍らあるいは墓中などで、墓域に建てられた「墓幢」が最多である。その建立は、通常は遺族（墓主が僧の場合は僧の師）による。また墓幢は、寺院や大通りのものに比べて小型で、高さ一～二mのものが多く、その建立の目的は、墓主の救済であるとされる。

以上のように見てくると、この「洛陽景教経幢」は、形式上は墓幢の典型的なものと言え、もとは仏教のものを景教でも模倣して作成したことが分かる。上述したような洛陽における仏教徒と景教徒との交流をふまえれば、この景教徒の経幢が生み出されたのはごく自然の流れだと言えよう。(19)

（二）「洛陽景教経幢」の記載内容

「洛陽景教経幢」は、大きく二つの部分から構成されている。第一部分は3～21行目の『大秦景教宣元至本経』であり、これは景教の経文である。そして、第二部分はこの経幢の縁起が記された22～42行目の『大秦景教宣元至本経幢記』（章末【付録史料2】）であり、ここから経幢を作成した景教徒がどのような人物であったのかを知ることができる。ただし、この経幢は下部の約半分が欠損しているために不確定要素が多く、その内容を復元・解釈するには、相当慎重に行う必要がある。試みに確定できそうな個所をあげれば以下の通りになろう。

①この経幢は、亡き母で安国の安氏太夫人の墓域に建てられた。（31行目）

②元和九年（八一四）一二月八日、墓地とするために洛陽県感徳郷柏仁里を崔行本より購入した。（34～35行目）

③安氏太夫人の親族として「弟で景僧（景教の僧）の清素、従兄の少誠、舅の安少連」、「義叔（妻の父あるいは母の弟）の上都の左龍武軍散将兼押衙、寧遠将軍、守左武衛大将軍置同正員〇〇（名の部分は断裂）」が記される。（39～40行目）(20)

④関係者として「大秦寺の寺主法和の玄應（俗姓は米）、威儀大徳の玄慶（俗姓は米）、九階大徳の志通（俗姓は康）」

の三名が記される。（41行目）

⑤大和三年（八二九）二月一六日に葬式などの行事を行って墓を遷した。（第八面上部）[21]

ただ、以上の解釈にも問題がある。例えば、④の大秦寺の三名は、彼らがどのような文脈で、ここに記されたかは不明であり、また、②と⑤では元和九年（八一四）に土地を購入したとすると、大和三年（八二九）の改葬までになぜ一五年も期間があるのか疑問である。墓の造営のためか、それとも土地の購入は母の生前のことであって、母が亡くなるまでの間であろうか。

以上のように経幢の下部が欠損しているために不明な点が多いものの、この経幢記で判明した最重要事項は、墓主の安氏、その親族の景教の僧、そして、大秦寺の三名がいずれもその姓からソグド人であるということで、景教徒には相当数のソグド人がいたことが分かる。

（三）　洛陽における景教徒の所在

「花献墓誌」・「花献妻安氏墓誌」・「洛陽景教経幢」の三つの景教徒関連史料が発見されたことによって、洛陽における景教徒の所在地が分かってきた。これまで、洛陽のソグド人は南市の周辺に居住する傾向がみられた〔栄新江一九九九ａ：八五～九〇頁、本書第二部第一章【図表６・７】参照〕。景教寺院である波斯胡寺は、この南市の西南に位置する修善坊にあるとされ〔『元河南志』巻一、第八葉〕、それは天宝四載（七四五）の詔[22]によって波斯胡寺から大秦寺に改称された。「洛陽景教経幢」の「大秦寺」の僧たちはこの修善坊にいたとみられる。また、花献とその妻安氏が死去した私第も同じ修善坊であった。残念ながら、「洛陽景教経幢」の墓主の安氏一族の居住地の記載はないが、おそらくは彼らも修善坊に、そうでなくてもその近隣に居住していたと推測できる。さらに「花献墓誌」の撰者の文簡の聖善寺は章善坊にあった。以上をふまえると九世紀の洛陽の景教徒（多くはソグド人）は、南市周辺のソグド人コミュニティの中で生活し、異教徒ともかかわりを持っていたこと、そして当時このコミュニティが機能していたことが分かる。

また、墓域についても共通点が見いだせる。「花献墓誌」・「花献妻安氏墓誌」・「洛陽景教経幢」の三つの景教徒関連史料はいずれも感徳郷柏仁里を墓地とする。「洛陽景教経幢」（34行目）によれば当地が墓地とするために購入されたことが分かり、また「花献妻安氏墓誌」（11〜12行目）には「不祔先塋、別立松柏」とあって、感徳郷柏仁里が彼らによってあえて選ばれた墓地であったことが分かる。なお、「阿羅憾丘銘」は、先述したように「建春門外」に埋葬されたとあり、この地は、現在の李楼郷西南部高村一帯で、唐代の感徳郷の範囲内だと見られる(23)［張乃翥二〇〇九、福島二〇一三a：九〇頁］。阿羅憾が景教徒であるとすると、阿羅憾の時期から景教徒用の墓域として使用されていた可能性も出てくることになる。

以上より、少なくとも九世紀の洛陽の景教徒たちは、修善坊に住み、感徳郷柏仁里に葬られるという共通性を持つことが分かった。このことは修善坊に住み、感徳郷柏仁里に葬られた者は景教徒である可能性が極めて高いことを示していると言えよう(24)。

おわりに――花献の出自について――

以上に見てきた景教徒の石刻史料で「阿羅憾丘銘」（七一〇年作成）以外のものは、「景教流行碑」（七八一年作成）から「洛陽景教経幢」（八二九年の題記）までの間の約五〇年間に集中して作成されており、八世紀末から九世紀にかけての景教徒の姿を知ることができるものである。また、これらの景教に関する石刻史料に登場する人物（花献以外）

は、いずれも漢人ではなく、当時の景教徒は波斯人とソグド人がその中心であることが分かった。「波斯人」とあっても、それは時期からササン朝亡命政府に関係する人と見られ、実質はトハリスタン地域の出身者である。つまり、唐に対する景教布教の発信基地は、トハリスタン・ソグディアナであると言える。当時のトハリスタン・ソグディアナは、まさに東漸するイスラーム勢力への対応に追われていた。(25) 開元七年（七一九）頃から安史の乱勃発（七五五年）前に、中央アジア諸国が唐に度々使節を送る様子が見えるが、それはイスラーム軍に対処するために唐朝に支援を要請するためであったとみられる。例えば、開元七年（七一九）二月には康国・安国の王たちが玄宗に援助を求め［『資治通鑑』巻二一二、開元七年（七一九）、六七三五頁］開元一五年（七二七）には吐火羅葉護もイスラームの重税の苦しさを訴えている［『冊府元亀』巻九九九、外臣部、請求、一一五五九頁］。上述した米継芬（開元一六年（七二八）あるいは開元一八年（七三〇）来唐）や李素の祖父（天宝中（七四二～七五六年）来唐）はこの時期に使節に同行して唐に来たと考えられており、この支援要請の動きが景教徒を唐に至らしめた一つの契機となったとみることができる。また、中田［二〇一一：一七八～一七九頁］が「景教流行碑」の施主である伊斯もそうであろうと指摘するように、安史の乱の際の中央アジアからの救援兵にも多くの景教徒が含まれていた可能性もあると思われる。このような景教徒移民やその後裔たちが、八世紀後半以降に「景教流行碑」や「洛陽景教経幢」、そして上で紹介した墓誌など景教関連の石刻史料を残したと考えられる。

以上のようであると、やはり疑問として残るのは、「花献墓誌」の墓主一族である花氏がどこの出身であるかという問題である。「花（華）」（中古音 γwa）(26) 姓は、ソグド人と同様に出身地名に由来すると考え、その地は唐へのネストリウス派キリスト教布教の中心だったトハリスタン・ソグディアナやその周辺だとすれば、最も適切な場所は、ホラズム（フワーリズム、コラズム、Khorezm）であるとみられる。(27) ホラズムは、アム＝ダリアの下流に位置する地域で、

『新唐書』〔巻二二一下、西域伝下、六二四七頁〕には「火尋」（火の中古音 xuâ-）・「過利」（過の中古音 kuâ-）、『大唐西域記』〔巻一、九六～九七頁〕には「貨利習弥伽国」（貨の中古音 xuâ-）と記され、時代が下るが『元史』〔巻六三、地理志、西北地附録、一五七〇頁〕では「花剌子模」とする。古代ホラズムの遺跡 Mizdakhkana（現在のウズベキスタン カラカルパクスタン共和国 ホジェリ（Khojaly）の西郊）より出土した納骨器やコインには十字架が描かれていることから、当地には遅くとも七世紀の終わりか八世紀の初めにはキリスト教の信仰があったとされていて〔Неразик. E. E. 1999 : p.46. Grenet. F.1984 : p.146〕、上述してきたような景教徒の中にホラズム人がいても全く不思議なことではない[28]。花献がホラズム人であるとすると、洛陽の景教徒にはソグド人とホラズム人がいたこと、さらに彼らは婚姻を結んで密接な連携関係にあったことが分かることになる。また、今のところ、洛陽にはバクトリア人景教徒は見いだされないが、長安における景教界ではバクトリア人とソグド人とは切り離せない関係であった。つまり、ソグド人は両者を結び付ける役割を果たしていたとみられる。このことは同時に、それまでに築かれていたソグド人のネットワークやコミュニティを利用して、唐代景教が維持されていたことをも示しているのではないだろうか。

景教は、会昌五年（八四五）の武宗による仏教弾圧の際に、マニ教・祆教と共に排斥され、それ以降、唐では衰滅したとされる。「洛陽景教経幢」下部の断裂は、この排斥の際に破壊されたとも考えられている様に、「洛陽景教経幢」を建てた安氏一族やソグド人景教僧たち、そして各墓誌を残した景教徒たちはこの排斥に遭遇したはずであり、その後彼らがどうなったのか現在の所は知ることができない。ただ、「花献墓誌」の発見以降にも洛陽の龍門西山紅石溝北崖から景教徒の墓穴（出土遺物の情報はなし）が発見されたといい〔劉志慶二〇一四・焦建耀二〇一三〕、近年景教に関する出土が相次いでいる。今後もこれらの発見に続くような景教徒に関する史料の発掘を期待したい。

注

（1）「洛陽景教経幢」に墓を遷した年号［本章注（21）参照］として記される大和三年（八二九）二月一六日は「花献墓誌」が作成された大和二年（八二八）二月一六日とちょうど一年違いである。偶然の一致の可能性もあるが、この時期はキリスト教徒にとって最も重要な復活祭前の四旬節の期間中のはずであり、これと関係があるか。なお、西暦は、大和二年二月一六日は八二八年三月五日、大和三年二月一六日は八二九年三月二四日［平岡一九五四：二六〇・二六二頁］。

（2）形状は「墓誌」であるが、「丘銘」と記されていることについて、端方は『陶齋蔵石記』巻二一［第一一葉］で「不曰墓誌、而曰丘銘甚新、有所諱耶、抑小陵曰丘見博雅、丘降於陵一等、書此示寵栄耶、昔人偁異名、如玄堂陰堂神空窆域之類甚夥、得此又増一例矣崙矣」とする。また、羽田［一九一三：三九三頁］は、中国の風習に拠らない特殊の形式で葬られたためであるとする。なお、「阿羅憾丘銘」には阿羅憾の死亡年月日を景雲元年四月一日とするが、景雲は景龍四年七月に改元しているので、正しくは景龍四年であるとみられる。

（3）桑原［一九二六：二八六頁］は、阿羅憾とその息子の倶羅の名をそれぞれユダヤ人に多い名前のAbraham、Korahだとし、そこからユダヤ人の可能性もあるとする。その一方で、景教徒としての可能性も否定はしていない。

（4）『通典』巻一九三、辺防九、西戎五、吐火羅［五二七七頁］「龍朔元年、吐火羅置州県、使王名遠進西域図記、并請于闐以西・波斯以東十六国分置都督府及州八十・県一百・軍府百二十六、仍於吐火羅国立碑、以紀聖徳。帝従之」。『唐会要』巻七三、安西都督府［一五六八頁］「龍朔元年六月十七日、吐火羅道置州県使王名遠進西域図記、并請于闐以西、波斯以東十六国、分置都督府、及州八十・県一百一十・軍府一百二十六・仍以吐火羅立碑、以記聖徳。詔従之」。

（5）大正新脩大蔵経版『釈迦方誌』巻上［九五三頁注一八］によれば、元本（一二九〇年）・明本（一六〇一年）にこの注記があるとする。また、拂林には以下の用例もある。七三八あるいは七三九年に即位したカーブル地方のトルコ王（テュルクシャー・カーブルシャー）も「フロムのケサル（拂菻罽婆（娑）・Fromo Kēsaro）」と名乗っている。これは、当地に知られていた四主説（四天子説：世界を四つに区分しそれぞれに支配者がいるとするインド起源の仏教の地理的世界観）と関係があると見られる。このことについては森安［二〇〇七a：三九七～四〇一頁］参照。

（6）賀梓城［一九八四：四〇頁］は一九五六年に陝西省西安土門村で出土したとするが、葛承雍［二〇〇一：二三三〜二三五頁］では西安日林博物館保管部の台帳の記載を根拠にこれを否定している。

（7）葛承雍［二〇〇一：二三三頁］は「伊西」であるとする。

（8）『全唐文補遺』・陝西省歴史博物館［一九五九：一〇七〜一〇八頁］・賀梓城［一九八四：四〇頁］・閻文儒［一九八九：一五四頁］は名を「恵圓」とするが、『唐代墓誌彙編続集』・『全唐文新編』・『新中国出土墓誌』・葛承雍［二〇〇一：二三三頁］では「思圓」とする。拓本写真では、いずれの可能性もあり、判別がつかない。葛承雍［二〇〇一：二三九頁］は、思圓には「思考圓融」あるいは「思索慶験」の意味が含まれていて、これは翁紹軍［一九九六：四九・一八二頁］に見るように景教文献中によく使用されているとする。

（9）『資治通鑑』巻二三二、唐徳宗貞元三年（七八七）［七四九二〜七四九三頁］「初、河・隴既没於吐蕃、自天宝以来、安西・北庭奏事及西域使人在長安者、帰路既絶、人馬皆仰給於鴻臚、礼賓委府・県供之、於度支受直。度支不時付直、長安市肆不勝其弊。李泌知胡客留長安久者、或四十余年、皆有妻子、買田宅、挙質取利、安居不欲帰、命検括胡客有田宅者停其給。凡得四千人、将停其給。胡客皆詣政府訴之、泌曰『此皆従来宰相之過、豈有外国朝貢使者留京師数十年不聴帰乎。今当仮道於回紇、或自海道各遣帰国。有不願帰、当於鴻臚自陳、授以職位、給俸禄為唐臣。人生当乗時展用、豈可終身客死邪。』於是胡客無一人願帰者、泌皆分隷神策両軍、王子・使者為散兵馬使或押牙、余皆為卒、禁旅益壮。鴻臚所給胡客纔十余人、歳省度支銭五十万緡、市人皆喜」。

（10）羅好心は、七八三年の涇原の兵乱の際にその反乱鎮圧に功績のあった神策軍に所属していたことを示す「奉天定難功臣」である。つまり、七八七年の李泌の提言による胡客の編入前から神策軍に所属していたことになり、この点は注意が必要である。

（11）「羅」姓が吐火羅出身の者が称する姓であることは、「羅何含墓誌」（会昌二年（八四二）作成）に明らかである［段志凌二〇一四］。

（12）栄新江［一九九九b］は、七七〇年代後半頃に作成された仏教禅宗史料『歴代法宝記』に禅宗側が景教の「彌師訶」をたことが分かる。

「外道」として描いていることは、朔方軍中の仏教徒の景教徒に対する反発からであるとする。それほど景教徒の勢力が強かったことが分かる。

(13) 天文や暦算を司る。「李素墓誌」・「李素妻卑失墓誌」にみる翰林待詔と司天台については、頼瑞和［二〇〇三］参照。

(14) 東突厥の崩壊後、卑失部は桑乾都督府（龍朔三年（六六三）に定襄都督府より分置）の配下の卑失州に置かれた『新唐書』巻四三下、地理志七下、羈縻州、関内道、突厥、単于都護府、一一二〇頁］。また、永徽二年（六五一年）阿史那賀魯が叛した際に、卑失部は賀魯の配下で庭州を寇したとされる［『新唐書』巻一一〇、諸夷蕃将伝、契苾何力の条、四一一九頁］。

(15) 『新約聖書』新共同訳［六頁］では、「心の貧しい人々・悲しむ人々・柔和な人々・義に飢え渇く人々・憐れみ深い人々・心の清い人々・平和を実現する人々・義のために迫害される人々」の八種の人々がそれぞれ幸いであることを指す。

(16) 「花献墓誌」の銘文25～27行目は、以下のように張説（六六七～七三〇年生存）の作品の銘文を写したり一部改編して用いたものである。

25行目＝「常州刺史平貞眘神道碑」［『文苑英華』巻九二一：四八五二頁］

26行目＝「唐故涼州長史元君石柱銘并序」［『文苑英華』巻七九〇：四一七八頁］

27行目＝「河州刺史冉府君神道碑銘并序」［『文苑英華』巻九二〇：四八四五～四八四七頁］

この点から、Li Tang［2016：pp.38-39］は、よい撰者であれば死者を冒涜するような剽窃はしないはずだとして「花献墓誌」の真偽を疑っている。ただし、「花献墓誌」のように唐代（同時代）の作品を銘文に引用する事例は他にも見られる。例えば①「竇希瓘神道碑」（七五六年作成：撰者不明［李明・劉呆運二〇一四］）と②「張茂宣墓誌」（八一三年作成：竇克良撰［李宗俊・周正二〇一五］）とがあげられる。①「竇希瓘神道碑」の竇希瓘は、李淵の皇后を輩出して以来名族として知られる竇氏の出身で、彼自身も玄宗の舅である。残念ながらこの神道碑の撰者は不明であるが、この血統から一流の名文家が記していると推測される。なお、この神道碑は、二〇〇九年に陝西省咸陽市渭城区底張鎮西蔣村より出土したもので、偽物であるとは考えられない。②「張茂宣墓誌」は西安大唐西市博物館に収蔵されているもので、その出土の場所や経緯などは不明である。ただし、墓主の張茂宣は奚族出身で、墓誌には奚と契丹について在来典籍史料を補う情報が多く含まれているため、真偽を疑う声はない。作成年代からすれば、②は①から引用したことになる。②の撰者の竇克良は、①の竇希瓘の孫にあたる人物である。そのため、祖父の神道碑の撰者の文集から引用した可能性もあるが、そもそもその銘文を知っていて自分が撰者になった時に、ほぼそのまま文言を用いたと考えられよう。

「花献墓誌」で用いられた作品の撰者である張説は、玄宗期の宰相であった一方で、碑文や誌文の名手として当時から広く知られていた。『旧唐書』巻九七、張説伝［三〇五七頁］には、張説の文章の腕前について「為文俊麗、用思精密、朝廷大手筆、皆特承中旨撰述、天下詞人、咸諷誦之。尤長於碑文、墓誌、当代無能及者。」とする。文簡も張説の作品を暗唱し、それを引用したと考えられよう。

なお、Li Tang［2016 : pp.38-39］が真偽を疑うもう一つの根拠とした「拓本（墓誌の誤りか）の現物の所在が不明であること」については、近年特に洛陽から出土した墓誌には所在が確認できないものが多くあり、『洛陽流散墓誌』という拓本集が出版されるほどであるので、このことから偽物だとすることはできない。

(17)『唐会要』巻四八、寺［九九三～九九四頁］「聖善寺　章善坊。神龍元年二月、立為中興、二年、中宗為武太后追福、改為聖善寺。寺内報慈閣、中宗為韋后所立」。

史紅師［一九九九］は、聖善寺が長安と洛陽の両方にあり、洛陽の聖善寺の建立は『資治通鑑』巻二〇八［九九三～九九四頁］の記事により景龍元年（七〇七）九月と見るべきであるとする。なお、景龍元年九月時点で寺主を務めていたのは太平公主から寵愛を受けていた胡僧の会範（慧範・恵範）であり、ソグド人の可能性もある。

(18) 文晈が撰文したものとしては、「龍門奉先寺某僧幢」（貞元一八年（八〇二）、王振国二〇〇六：一二五頁、書写も文晈）・「何氏妻辺氏墓誌」（元和七年（八一二）作成、氣賀澤No.四七七一）がある。後者の「何氏妻辺氏墓誌」について、何姓はソグド人の可能性があり、また上述の何澄の親族の可能性もあるが、その妻の辺氏が死去したのは洛河の北岸に位置する「毓財里」の私弟（第）であって、埋葬地も何澄夫妻は伊川郷伊川村、何氏妻辺氏は平陸郷積閏村と異なっていて、積極的にソグド人であるとは言えない。

(19) 佐伯［一九三五：九三〇～九五六頁］は、現在の北京市房山区の旧十字寺境内にシリア文と十字架が彫刻された大理石があり、それは「晋唐」（五～七世紀）の石幢の一部であるとする。劉淑芬［二〇〇八］を参考にすれば、寺院に建てられた経幢の可能性もある。

(20) 三八行目の「東都右羽林軍押衙、陪戎校尉、守左威衛、汝州梁川府……」がどのような人物かについては、景僧の清素の兄の官職名［張乃翥二〇〇七：九頁］、洛陽地区で官職が最高位の景教信者［羅炤二〇〇七：五二頁］、もとの墓の所在地とみられる汝州梁川府の役人［殷小平・林悟殊二〇〇九：九五頁注②］と諸説ある。

(21) 経幢の作成日かは不明。この経幢は元和九年に作られ、第八面上部に記されている大和三年の題記は改葬した際に付け加えられたとの解釈もある［趙暁軍・褚衛紅二〇〇七：一六一頁、葛承雍二〇〇八：一二八頁］。

(22) 『唐会要』巻四九、寺、大秦寺［一〇一二頁］「天宝四載九月、詔曰『波斯経教、出自大秦、伝習而来、久行中国、爰初建寺、因以為名。将欲示人、必修其本、其両京波斯寺、宜改為大秦寺、天下諸府郡置者、亦准此。』」

(23) 「感徳郷」に「胡人聚落（＝ソグド人聚落）」があったとする見解があるが［張乃翥二〇〇九］、「感徳郷」は経幢が建てられた墓地の所在地だと考えられ、また、洛陽のソグド人墓誌史料からもその地にソグド人が居住していた形跡はみられないので、ソグド人聚落だとは言えない［福島二〇一三a］。

(24) 「修善里」で死去した花献妻安氏以外のソグド人の墓誌としては、「康勝墓誌」（麟徳二年（六六五）作成：『洛陽流散墓誌彙編』〇一二・『秦晋豫新出墓誌蒐佚続編』二―三〇五）がある。墓主の康勝（女性。夫は安氏）は、麟徳二年閏三月二五日に「修善里」の私第で死去し、「城南之野」に埋葬されたとする。残念ながら墓誌の出土地は不明である。墓誌の文面からは景教の要素を読み取ることはできず、今のところ景教徒であるとは言えない。

(25) 当時の中央アジア情勢については、前嶋［一九五八～五九］・稲葉［二〇〇四・二〇一〇］参照。

(26) 中古音は、Karlgren［一九五七］を利用した。

(27) 花献がホラズム人とみられることについては、吉田豊氏にご教授いただき、森安孝夫氏にもご助言をいただいた。なお、「花」に近似する音の国名として、「滑国」（中古音 γuăt/kuət：『梁書』巻五四、八一二頁）・「活国」（中古音 γuât：『大唐西域記』巻一二、九六三頁など）も上げられる。桑山［一九八五］は、「活」は『隋書』西域伝にある吐火羅に相当し、その都城はカラ＝イェ＝ザールにあるバーラー＝ヒサールであると比定し、また「滑国」は「活」にかつていたエフタルを指す中国南朝の理解であるとした。「花」は「活」あるいは「滑」から取った姓だとすると、花献はトハリスタン出身の可能性もある。しかしながら、すでにトハリスタン出身とみられる「滑」姓の人物が敦煌莫高窟第二八五窟北壁第一区（西魏大統五年（五三九））の供養者名に見られ［石松二〇一〇：五四頁、二〇一一：六四～六五頁］、ここであえて「花」姓を使用する可能性は低いように思われる。

(28) 唐在住のホラズム人だと指摘されている事例は、次の一例のみである。龍門石窟の西山老龍窩の上方の断崖に見られる尋威仁という人名は、康法蔵・史誠・曹行基などソグド姓の人物とともに記されているため、火尋人であるとされている［温玉成一九八三：六三頁、羅豊二〇〇〇：二四一頁］。

【付録史料1】「大秦景教流行中国碑」表面上部（シリア文は除く）録文

1 景教流行中國碑頌并序

2 大秦寺僧景浄述。

3 粤若常然真寂、先先而无元、窅然靈虚、後後而妙有。惣玄樞而造化、妙衆聖以元尊者、其唯我
三一妙身、无元真主阿羅訶歟。判十字以乏四方、皷元風而生

4 二氣、暗空易而天地開、日月運而晝夜作。匠成万物、然立初人、別賜良和、令鎮化海。渾元之性、虚而
不盈、素蕩之心、本無希嗜。洎乎娑殫施妄、鈿飾純精、閒平大於

5 此是之中。隟冥同於彼非之内。是以三百六十五種、肩随結轍、竟織法羅。或指物以託宗、或空有以
淪二、或禱祀以邀福、或伐善以矯人。智慮營營、恩情役役。茫然

6 無得、煎迫轉燒。積昧亡途、久迷休復。於是　我三一分身景尊弥施訶、戢隱真威、同人出代。神天
宣慶、室女誕聖於大秦、景宿告祥、波斯覩耀以来貢。圓廿四聖

7 有説之舊法、理家國於大猷、設　三一淨風無言之新教、陶良用於正信。制八境之度、錬塵成真、啓

三常之門、開生滅死。懸景日以破暗府、魔妄於是乎悉摧、棹慈
8 航以登明宮、含靈於是乎既濟。能事斯畢、亭午昇真。經留廿七部、張元化以發靈開。法浴水風、滌浮
華而潔虚白、印持十字、融四照以合無拘。擊木震仁恵之音、東
9 礼趣生榮之路。存鬚所以有外行、削頂所以無内情。不畜臧獲、均貴賤於人、不聚貨財、示罄遺於我。
齋以伏識而成、戒以靜慎為固。七時礼讃、大庇存亡、七日一薦、
10 洗心反素。真常之道、妙而難名、功用昭彰、強稱景教。惟道非聖不弘、聖非道不大。道聖符契、天下文
明。　太宗文皇帝、光華啓運、明聖臨人、大秦國有上徳、曰阿
11 羅本。占青雲而載真經、望風律以馳艱險。貞觀九祀、至於長安、　帝使宰臣房公玄齡、惣仗西郊、賓
迎入内。翻經書殿、問道禁闈、深知正真、特令傳授。貞觀十有二
12 年秋七月、詔曰「道無常名、聖無常體、随方設教、密濟群生。大秦國大徳阿羅本、遠将經像、来獻上京。
詳其教旨、玄妙無為、觀其元宗、生成立要。詞無繁説、理有忘筌。
13 濟物利人、宜行天下」。所司即於京義寧坊、造大秦寺一所、度僧廿一人。宗周徳喪、青駕西昇、巨唐道
光、景風東扇。旋令有司、将　帝寫真、轉摸寺壁。天姿汎彩、英朗
14 景門、聖迹騰祥、永輝法界。案『西域圖記』及漢魏史策、大秦國南統珊瑚之海、北極衆寶之山、西望仙
境花林、東接長風弱水。其土出火綄布・返魂香・明月珠・夜光璧、
15 俗無寇盗、人有樂康。法非景不行、主非徳不立。土宇廣濶、文物昌明。　高宗大帝、克恭纉祖、潤色
真宗、而於諸州、各置景寺。仍崇阿羅本為鎭國大法主、法流十
16 道、國富元休。寺滿百城、家殷景福。聖曆年、釋子用壯、騰口於東周、先天末、下士大笑、訕謗於西鎬。有
若僧首羅含・大徳及烈、並金方貴緒、物外高僧。共振玄網、倶維
17 絶紐。　玄宗至道皇帝、令寧國等五王、親臨福宇、建立壇場、法棟暫橈而更崇、道石時傾而復正。
天寶初、令大将軍高力士送　五聖寫真寺内安置、賜絹百

18 疋、奉慶睿圖。龍髯雖遠、弓劍可攀、日角舒光、天顔咫尺、三載、大秦國有僧佶和、瞻星向化、望日朝尊、
詔僧羅含・僧普論等一七人、與大德・佶和於興慶宮修功德。於
19 是天題寺牓、額戴龍書。寶裝璀翠、灼爍丹霞、睿扎宏空、騰淩激日。寵賚比南山峻極、沛澤與東海齊
深、道無不可、所可可名。聖無不作、所作可述。　肅宗文明皇
20 帝、於靈武等五郡、重立景寺。元善資而福祚開、大慶臨而皇業建。　代宗文武皇帝、恢張聖運、従
事無爲。每於降誕之辰、錫天香以告成功、頒御饌以光景衆。且
21 乹以美利、故能廣生、聖以體元、故能亭毒。　我建中聖神文武皇帝、披八政以黜陟幽明、闡九疇
以惟新景命。化通玄理、祝無愧心、至於方大而虛、專靜而恕。廣
22 慈救衆苦、善貸被羣生者、我修行之大猷、汲引之階漸也。若使風雨時、天下靜、人能理、物能清、存能
昌、歿能樂、念生響應、情發目誠者、我景力能事之功用也。大施
23 主・金紫光禄大夫・同朔方節度副使・試殿中監・賜紫袈裟僧伊斯、和而好惠、聞道勤行。遠自王舍之
城、聿来中夏、術高三代、藝博十全。始効節於丹庭、乃筞名於王
24 帳。中書令・汾陽郡王郭公子儀、初惣戎於朔方也、　肅宗俾之從邁。雖見親於臥内、不自異於行
間、為公爪牙、作軍耳目、能散禄賜、不積於家、獻臨恩之頗黎、布
25 辞毾之金罽。或仍其舊寺、或重廣法堂、崇飾廊宇、如翬斯飛、更効景門、依仁施利。每歳集四寺僧徒、
虔事精供、俻諸五旬。餧者来而飰之、寒者来而衣之、病者療而
26 起之、死者葬而安之。清節達娑、未聞斯美。白衣景士、今見其人。願刻洪碑、以揚休烈。詞曰、　真主无
元、湛寂常然。權輿匠化、起地立天。分身出代、救度無邊。日昇暗
27 滅、咸證真玄。　赫赫文皇、道冠前王、乗時撥亂、乹廓坤張。明明景教、言歸我唐、翻經建寺、存歿舟
航。百福偕作、萬邦之康。　高宗纂祖、更築精宇。和宮敞朗、遍
28 滿中土、真道宣明、式封法主。人有樂康、物無灾苦。　玄宗啓聖、克修真正、御牓揚輝、天書蔚映。皇

圖璀璨、率土高敬。庶績咸熙、人頼其慶。　粛宗来復、天威引
29 駕、聖日舒晶、祥風掃夜。祚歸皇室、祆氛永謝。止沸定塵、造我區夏。　代宗孝義、徳合天地、開貸生
成、物資美利。香以報功、仁以作施。暘谷来威、月窟畢萃。　建
30 中統極、聿修明徳。武粛四溟、文清萬域、燭臨人隠、鏡觀物色。六合昭蘇、百蠻取則。道惟廣兮應惟密、
強名言兮演三一。　主能作兮臣能述、建豐碑兮頌元吉。
31 大唐建中二年歳在作噩太蔟月七日大耀森文日建立　時法
主僧寧恕知東方之景衆也
32 朝議郎前行台州司士參軍呂秀巖書

※本録文は、京都大学人文科学研究所所蔵 石刻拓本資料（http://kanji.zinbun.kyoto-u.ac.jp/db-machine/imgsrv/djvu/bei/tou1406a.djvu）をもとに作成し、標点は基本的に貴田・山口［二〇〇七］に従った。

【付録史料2】「洛陽景教経幢」『大秦景教宣元至本経幢記』録文

第Ⅴ面

22 大秦景教宣元至本經幢記
23 夫至聖應現、利洽無方、我无元真主匠帝阿羅訶……／
24 海、而畜衆類、日月輝照、五星運行、即□……／
25 散、有終亡者、通霊伏識、才會無遺、咸超□……／
26 海、窅窅冥冥。道不名、子不語、世莫得而也。善□……／

第Ⅵ面

27 無始未来之境、則我　匠帝阿羅訶也……／
28 有能諷持者、皆獲景福、況書寫於幢銘乎。……／
29 承家嗣嫡。恨未展孝誠、奄違庭訓。高堂□□……／
30 森沈感囙、卑情蓬心、建茲幢記、鐫經刻石、用□……／

31 尉　亡妣安國安氏太夫人神道及　亡師伯和□……／
32 願景日長懸、朗明闇府、真姓不迷、即景性也。夫求□……／

第Ⅶ面

33 幽魂見在、支屬亦願無諸鄣難、命等松筠、長幼□……／
34 次叙立塋買兆之由。所管即洛陽縣感德鄉柏仁里……／
35 之始、即元和九年十二月八日、於崔行本處買保人……／
36 戚、歳時奠酹、天地志同。買南山之石、磨龔瑩澈、刻勒書經、……／
37 于陵文翼、自慙猥拙、抽毫述文、將來君子、無見哂焉。時……／
38 勅東都右羽林軍押衙・陪戎校尉・守左威衛・汝州梁川府……／

第Ⅷ面

39 中外親族、題字如後　弟景僧清素、　從兄少誠、　舅安少連……／
40 義叔上都左龍武軍散將・兼押衙甯遠將軍・守左武衛大將軍置同政員……／
41 大秦寺　寺主法和玄應俗姓米　威儀大德玄慶俗姓米　九階大德志通俗姓康……／
42 檢校塋及莊家人昌兒　故題記之／

［第Ⅷ面頂部］

其大和三年二月十六
日壬寅遷舉大事

※本録文は、葛承雍（主編）［二〇〇九］をもとに中田美絵氏と共に作成した。

第三章　東アジアの海を渡る唐代のソグド人

はじめに

中国の唐、中国東北部〜沿海地方の渤海、朝鮮半島の新羅、日本の奈良・平安前期の時代に、東アジアの海域において、交易活動やそれに伴う文化交流が繰り広げられたことは、すでに多くの研究者によって指摘されるところである［石井一九七六・一九八七・一九九九・二〇〇一・二〇〇三、酒寄一九七七］。一方、目を西方に転じると、いわゆる「シルクロード」を通じて、隋唐時代の中国には数多くの西方系民族が移り住み、イラン系・インド系などの文化がもたらされたことも多数の研究によって指摘されている［石田一九六七、桑原一九六八、池田一九六五・一九八〇］。このように地域的に広く捉えれば、この時代にシルクロードによる陸上交易と東アジアの海域における海上交易との二つの交易圏が想定されていると言えよう。ここで問題となるのは、この二つの交易圏をつなぐ接点がこれまでの研究では空白となっていることである。

筆者は、この問題を解くカギとなるのが、ソグド人であると考える。ソグド人は、中央アジアのソグディアナ地方のオアシスに住んでいたイラン系の人々である。彼らは、北朝〜唐にかけてシルクロード交易の中心を担った商人として名高く、その活動について盛んに研究が進められてきた(1)。ただし、彼らの活動が東アジア海域にまで及んでいたかについては、史資料の制限もあって、未だに充分な研究が行われていない。そこで、本章では中国の唐時代における陸上・海上両交易圏の接点について、ソグド人の活動を中心に史資料を概観し、その一端を探ってゆくことにしたい。なお、本章は、日本学術振興会アジア研究教育拠点事業「東アジア海文明の歴史と環境」(代表:鶴間和幸、学習院大学文学部教授)の成果の一部として記したものであり、ここでいう「東アジアの海」とは、日本・中国・朝鮮半島・台湾に囲まれた海域を指す。

一、東アジア交易圏とソグド人

東アジア諸国の交流は、唐の前半期、安史の乱が起こる前には、各国が派遣した使節団によるものが中心であったとされ、唐の後半期(安史の乱以降)、特に九世紀になると、それまでの国家間交流にかわって、唐・新羅・日本の間では、民間貿易が盛んに行われ始めるとされる[石井一九七六・一九八七・一九九九・二〇〇一・二〇〇三]。唯一、渤海・日本の間では、九世紀になっても依然として国家間の交流が形式的に行われていたが、後述するように、この交流の実態は、渤海による商業活動であった。すなわち、唐の前半期と後半期とでは、東アジア地域の交流形態が変化したのである。

このような東アジア諸国の交流を検討するにあたって、まず海上ルートについて見てみたい。唐と日本の交流だけを見れば、中国の越州・寧波と北九州の博多とをつなぐルートがあったことが知られているが、東アジア海域の海上ルートは、これだけではない。この時代の東アジアの海域における交流を語る上で欠かせないのは、新羅の清海鎮大使の張保皐の存在である。張保皐は、円仁の旅行記である『入唐求法巡礼行記』などにその様子が記されるように、九世紀の前半に、朝鮮半島南部と中国の山東半島および日本の北九州とをつなぐ海域で唐・新羅・日本の商業利権をおさえていた。この山東半島は、日本・新羅だけでなく渤海にとっても、公使が行き来するいわゆる朝貢道の要所であった。やや時代をくだって、宋・高麗時代になると、この海域交流に福建を中心とする中国南部と東南アジアの交流が加わり、より広い範囲での海上交易が展開されるようになった。また以下にあげる『宋史』巻一八六、食貨志、互市舶法〔四五六〇～四五六一頁〕に記されているように、この時代になっても山東半島は依然として海上交易にとって重要な場所であった。

知密州范鍔言「板橋瀕海、東則二広・福建・淮・浙、西則京東・河北・河東三路、商賈所聚、海船之利顓於富家大姓。宜即本州置市舶司、板橋鎮置抽解務。」

知密州の范鍔言う「板橋は瀕海にて、東は則ち二広（広南西路と広南東路）・福建・淮・浙にして、西は則ち京東・河北・河東三路にして、商賈の聚まる所にて、海船の利は富家大姓に顓せらる。宜しく即ち本州（蜜州）に市舶司を置き、板橋鎮に抽解務（関税として現物徴収する役人）を置くべし」と。

山東の板橋鎮（現在の山東省膠州市）を中心に、海上貿易は展開されていたのである。したがって、山東は唐宋時代を通じて、海上交易の重要な拠点の一つと見なければならず、唐と新羅・渤海および日本の交流を考える際にも、山東は拠点の一つとして重視すべきである〔呂英亭二〇〇三〕。

（一）　文物の交流

陸と海の二つの交易圏の接点を探るにあたって、以下ではまず東アジア海域における文物の交流を概観したい。最初に日本と新羅との関係を見たい。日本の正倉院には七五六年に崩御した聖武天皇の遺品を中心に数多くの宝物が保存されている。その中に「買新羅物解」と呼ばれる一連の史料がある。これは、日本の貴族たちがどういった

「新羅物」を購入したいか上申させた文書で、新羅の毛織物・香料・薬品・鏡や炉などの調度品などが日本の真綿など交換されていた様子が記されている。李成市［一九九七］、東野［一九九二b］によって、当時の新羅・日本の貴族間の交流を物語る史料であることが明らかにされている。新羅と日本との交流を示す資料はこれだけではない。新羅の首都慶州雁鴨池（アナプチ）の出土物と正倉院の宝物とには、青銅製（佐波理）の匙・蝋燭の芯を切るための金銅製のはさみなど、同一型式の文物があり、これらは当時の交流を彷彿とさせる。また、新羅と日本の直接の交流だけではなく、さらにこれらの地域には西方文化の影響が指摘されている文物も残されている。新羅の首都慶州の掛陵の墓道の石像や隍城洞・竜江洞で出土した人俑には、ソグディアナの影響が、慶州博物館に所蔵されている獅子・孔雀文石や雁鴨池出土の瓦当などには、ササン朝の影響が見られるとされており［Kim2005］、日本でも藤原京右京五条四坊出土の木簡には胡人風の人物画が描かれているとされる［和田・竹田一九九三、鈴木一九九九］。新羅慶州の皇南大塚・天馬塚などからの出土品、日本の正倉院・法隆寺の宝物に見られるガラス器や水差しなどには、ササン朝ペルシア風の意匠をもつものがあり、中には実際に西方からもたらされたものもあるであろう。これらの文物が東アジア地域に運ばれた背景には、シルクロード交易の担い手となっていたソグド人が関わっていたことは確かであろう。

渤海と日本との関係について交易品を見れば、『続日本紀』などによると、貂や虎・海豹などの毛皮類・人参・蜂蜜など天然の特産物が多くを占めている(2)。その中でも貂の裘は珍重され、『延喜式』巻四一、弾正台［九一一頁］によると、参議以上の者だけに着用を許されたとされる(3)。ただし、渤海から日本へもたらされる品々は、渤海で産出されたものばかりではなかった。『日本三代実録』元慶元年（八七七）六月二五日条［四〇七頁］には、渤海使のもたらした玳瑁の酒盃について、かつて遣唐使として唐に渡ったことのある春日朝臣宅成が「唐でもこれほどのものを見たことがない」と感嘆したとされる(4)。この玳瑁（南海産の亀の甲羅。いわゆる鼈甲）は唐などとの交流によって渤海に輸入され、渤海から日本にもたらされたと考えられている［石井一九九八］。

ここで日本に現存する外来文物の中でも特に注目したいのは、法隆寺に献納された栴檀香（法一一二号）・白檀香（法一一三号）の二本の香木である。これらには、どちらにもパフラヴィー文字の刻文とソグド文字の焼き印が押され、白檀香には墨書で「字五年」とあることから、天平宝字五年（七六一）に奉納されたと見られている。この香木の文字は、長い間謎の文字だとされてきたが、一九八七年、東野治之・吉田豊・熊本裕によって、銘文はパフラヴィー文字の刻書（人名）とソグド文字の焼印（重さ）であることが判明した［東野一九八七・一九九二a］。また、伊藤［一九八八：九九頁］は、このパフラヴィー文字の刻書を「あなたが救われて（ましますように）」と解読し、ゾロアスター教の影響の可能性を示唆した。さらに、海域を中心としたイスラーム商業史を専門とする家島彦一は、イスラーム文献史料から香木の産地や経由地を考察し、これらの香木の産地は、東南アジアあるいは南アジアで、中国の広州・揚州などの港に集荷され、日本に渡ったと考察している［家島一九八七・一九八九］。

この香木に関して想起されるのは、唐の洛陽の北市における香行（香・香木の同業商人組合）の存在である。龍門石窟にある「北市香行社社人等造像記」（永昌元年（六八九）開鑿：『龍門石窟碑刻題記彙集』No.一八〇〇）は、造像した北市の香行の人名を次のように記録している。

北市香行社

社官安僧達　録事孫香表　史玄策

常行師　康恵登　李才𠮷　孫元楷　陶善意

呂孝敬　郭弘済　王思泰　栢玄泰　劉元祐

劉思言　郝行客　李智緒　蘭敬賓　何難迪

房玄林　□守約　単雅康静智張玄福衛善慶
　右件社人等一心供養
　　永昌元年三月八日起手

この造像記には、康を姓にする人物が二人、安・史・何を姓にする人物がそれぞれ一人ずつ見られる。これらの姓は、ソグド人が名乗っていた姓、いわゆる「ソグド姓」である。ソグド姓は、一般に中国に渡ったソグド人が故地ソグディアナの出身国名を姓としたものとされ、それぞれ康姓はサマルカンド、安姓はブハラ、史姓はキッシュ、何姓はクシャーニャの出身のソグド人とされる。(5) この中でも史姓と何姓は漢人も名乗っていた姓であるため、一概にソグド人だと言うことができないが、この造像記のようにソグド姓が一度に多数見られる場合には、彼らは唐に渡ったソグド人と見て間違いないと言える〔栄新江一九九九ａ：八九頁〕。この事例を考慮すると、このソグド文字の焼印のある正倉院の二本の香木が、ソグド人による香行のあった洛陽から山東半島経由もしくは朝鮮半島・渤海経由で日本にもたらされた可能性も考えなければならないのである。

（二）　日本に渡ったソグド人

ソグド人が関わった文物が日本に渡来しただけではなく、ソグド人が実際に日本に渡ったことを示す史料も存在する。次にあげる『唐大和上東征伝』〔五三二頁〕がそれである。

相随弟子、揚州白塔寺僧法進……揚州優婆塞潘仙童・胡国人安如宝……都廿四人。

相い随う弟子、揚州白塔寺の僧法進……揚州優婆塞の潘仙童・胡国人の安如宝……都て廿四人。

鑑真は、日本への渡航に幾度となく失敗したが、七五三年にやっと日本の大宰府に到着した。右の史料には、彼に随行して日本に渡って来た者の中にブハラのソグド姓を持つ「胡国人」安如宝がいたことが伝えられているのである。(6)『唐大和上東征伝』は、鑑真の弟子思託の書いた『大唐伝戒師僧名記大和上鑑真伝』を元史料として淡海三船が撰した書物であるので、ここに見える「胡国人」とは、唐代中国の表現であり、すなわちソグド人を指すと考えられる。(7)なお、安如宝が唐に渡る前の経歴は、空海の漢詩文集『性霊集』の「招提寺の達嚫文《たつしんもん》」に、「救蟻の年、室に入って写瓶す（八才で師について教えを受けた）」とある程度で不詳である［久野一九七八］。ただし、安如宝がついたこの師が鑑真であれば、安如宝は鑑真のいた龍興寺のある揚州にいたと想定できる。この頃の揚州については、『旧唐書』鄧景山伝(8)に唐の武将田神功が上元元年（七六〇）に揚州で略奪したことを伝える記事があって、その際、商胡（ソグド商人）、大食（イスラーム）・波斯（ペルシア）などの商旅の死者が一度に数千人規模で出たとされる。当時の揚州には、かなり多くの西方出身の商人がいたと推測できる。安如宝はこのような揚州のソグド人の出身であったとも充分考えられる。

その他に日本に渡ったソグド人について、山口［一九九六］は、渤海使の中にソグド姓を有する人物が複数含まれていることから、ソグド人が来日していたと指摘している。改めて六国史を調査すると、渤海から日本への使者には、確かに安貴宝(9)・史都蒙(10)・史遒仙(11)・安歓喜(12)のように、いわゆるソグド姓を有する者が見られる。(13)

渤海使については、『日本後紀』天長三年（八二六）三月戊辰朔の藤原緒嗣の上表で「（渤海使は）実は商旅である」と指摘されているように、(14)渤海使が商業を目的に日本に訪れていたことが知られている。この記事は六国史に見られるソグド姓をもつ渤海使が来航した時期とも重なっている。つまり、彼らソグド姓の渤海使は商業活動を行うために日本を訪れていたと言えるのである。

渤海におけるソグド人については、エルンスト＝V＝シャフクノフ（Shavkunov, E. V.）［一九九八］の研究がある。彼は、セミレチエを出発点としてアルタイ・南シベリア・西モンゴルを経てスルホン川に着き、オホン川やケルレン川に通じ、アムール川（黒竜江）や松花江、ウスリー川、さらには東北アジアの内陸各地へと通じる、いわゆるシルクロードとは別の北の道を、主に運ばれていた品物にちなんで「黒貂の道（セイブル＝ロード）」と名づけた。また、出土遺物を根拠として渤海地域にソグド商人の聚落があったことを指摘し、その黒貂の道での交易は、ソグド人が担っていたとしている。すなわち、ソグド人は、渤海の西方では中央アジアへと続く黒貂の道を行き交い、東方では渤海国の使節として日本を訪れて交易していたと見ることができる。すなわち、渤海から中央アジアと日本にそれぞれもたらされた貂はソグド人の手によるものであったと考えられるのである。

なお、ソグド人には、突厥からササン朝ペルシアや東ローマに派遣されたマニアク〔東ローマの歴史家メナンドロスの記録、内藤一九六三〕、北魏・東魏と柔然との間を双方の使者として行き来した安吐根〔『北史』巻九二、後藤一九八九〕、西魏から突厥に派遣された安諾槃陀〔『周書』巻五〇、後藤一九六八：四〇頁〕、というように他国の使者として派遣された事例が見られる。これらの事例を参考にすれば、渤海の使節がソグド人であっても何ら不思議な事ではない。

このように、史料はわずかではあるが、当時の東アジア海域での交流が内陸のソグド人の活動とも連動していたことが窺えるのである(15)。以下では、この東アジア海域におけるソグド人の活動をふまえて、近年明らかになりつつある唐王朝に仕えたソグド人と繋がりが見えるのかを探ってみたい。

二、唐代におけるソグド人節度使

一般に、「ソグド人」と言うと、シルクロード交易の主役として活動した交易商人の性格が強いとされてきた。しかし、近年、多数発見されている唐代のソグド人の墓誌によれば、ソグド人は必ずしも商人としてだけではなく、中

【図表１】 ソグド節度使一覧

1	安忠敬	隴右（724-726）
2	安禄山	平盧（741-755）
		幽州（744-755）
		河東（751-755）
3	安思順	河西（747-752）
		朔方（750-751）
		朔方（752-755）
4	李抱玉	忠武（760-761）
		昭義（762-777）
		鳳翔（765-777）
		山南西道（770-771）
5	曹令忠（李元忠）	磧西北庭（771-785）
6	李抱真	昭義（777-794）
7	李元諒（駱元光）	華州（783-793）
8	康日知	晋慈隰（784-785）
9	康芸全	鄜坊（824-827）
10	康志睦	平盧（825-831）
		涇原（833）
11	何文哲	鄜坊（827-830）
12	何進滔	魏博（829-840）
13	何弘敬	魏博（841-866）
14	何清朝	朔方（845-846）
15	米曁	夏綏（845-846）
		振武（846-847）
		朔方（847）
16	康季栄	涇原（848-852）
		感化（852-854）
		涇原（854-855）
		感化（857-859）
17	康承訓	義武（861-863）
		嶺南西道（863-864）
		義成（868-869）
		河東（869-870）
18	何全皞	魏博（866-870）
19	曹翔	泰寧（868-872）
		感化（869）
		昭義（875-878）
		河東（878）
20	康伝業	鄜坊（874-877）
21	康伝圭	河東（879-880）
22	安師儒	平盧（879-882）
		義成（885-886）
23	康実	宣武（880-883）
24	安金俊	邢洛（890）
25	康君立	昭義（890-894）
26	安知健	邢洛（891）
27	安友権	静海（897-900）

＊呉廷燮［1980］をもとに作成。
＊すべての安・康・米姓、ソグド人と考えられる石・史・何・曹姓、ソグド姓から改姓した李姓を対象とした［第１部第１章参照］。

国各地に植民聚落を作り、その聚落を基盤として、武人として唐の軍事力に参画していた様子が浮かび上がってきた［森部一九九八・二〇〇四・二〇一〇、山下二〇〇四・二〇〇五］。彼らの一部は、唐以前の北朝期には中国に移住していたことが分かっている。今ここでは、そのような唐以前や唐前半期ではなく、後半の藩鎮体制下におけるソグド人の在り方を中心に見てみたい。

唐後半期の地方行政は、節度使によって運営されていたが、呉廷燮の『唐方鎮年表』からソグド姓の者を抜き出してみると、【図表1】および【図表2】のようになる。節度使配下にあった職を含めると、もっと膨大な人数になると思われるが、節度使だけでも、計二七名、のべ四七名の多くを数える。[16]

このうち、沿岸部のソグド人節度使だけを抜き出してみると、【図表3】に見るように、のべ一〇名になり、彼らの治めた地域は山東地方から長江下流域に及び、一部はベトナム北部にも及んでいる。

【図表2】　ソグド節度使分布地図

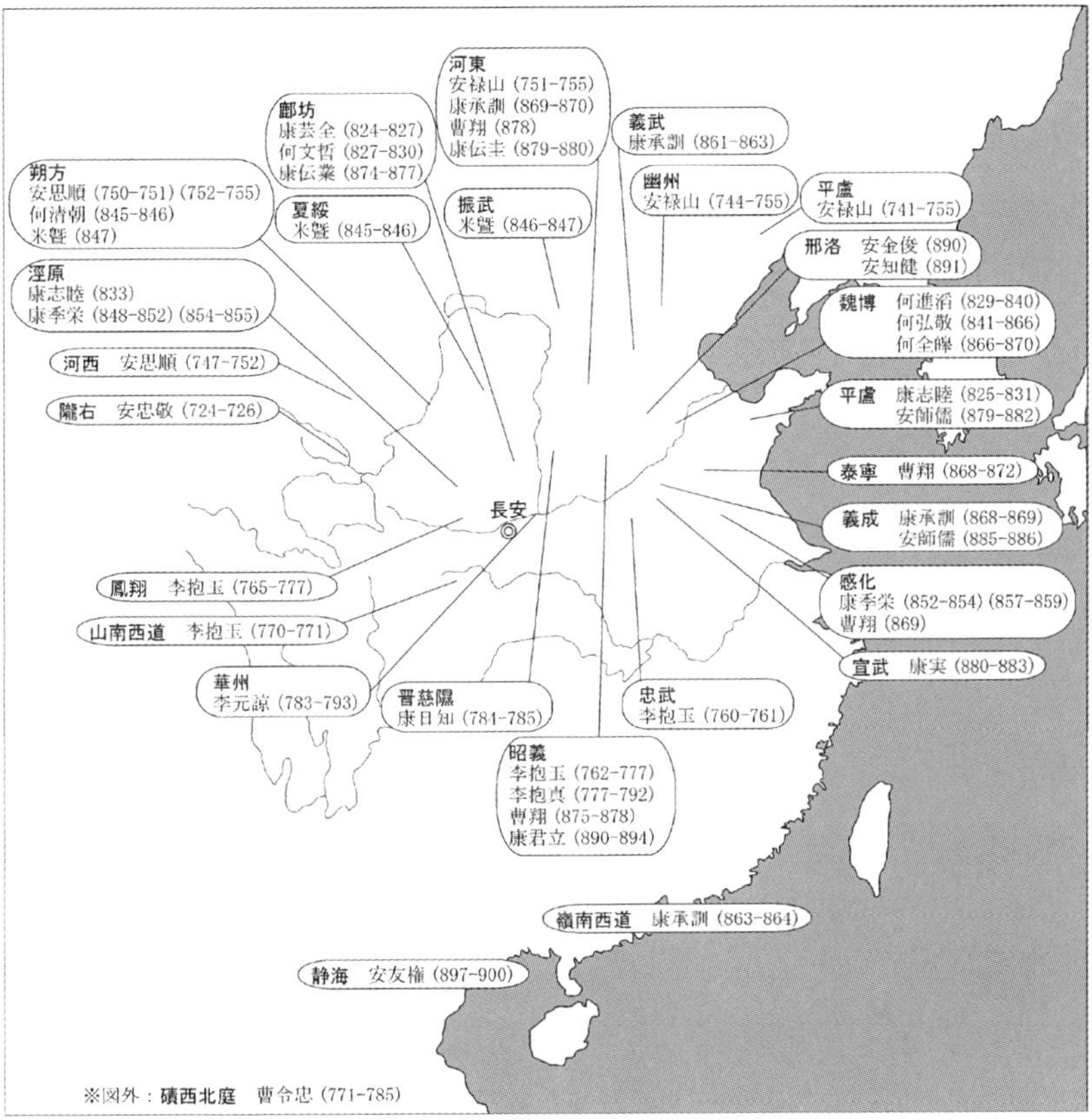

　これらをさらに詳しく見れば、次の二点の傾向が指摘できよう。一点目としては、同一人物が二つ以上の節度使を経験する場合、同時に兼任する事例は、安禄山・安思順・李抱玉の玄宗～代宗期に見えるほかは、泰寧節度使であった曹翔が隣接する感化の節度使を一時期兼ねただけで、通常は節度使を兼任することはなく、別の節度使に転任していく様子が窺える。例えば、康希栄は、八四八～八五二年に涇原節度使を、八五二～八五四年に感化節度使を、八五四～八五五年はまた涇原節度使に戻り、さらに八五七～八五九年は感化節度使に再就任している。

　もう一点は、血縁関係で節度使

【図表4】　康氏一族の節度使就任の様子

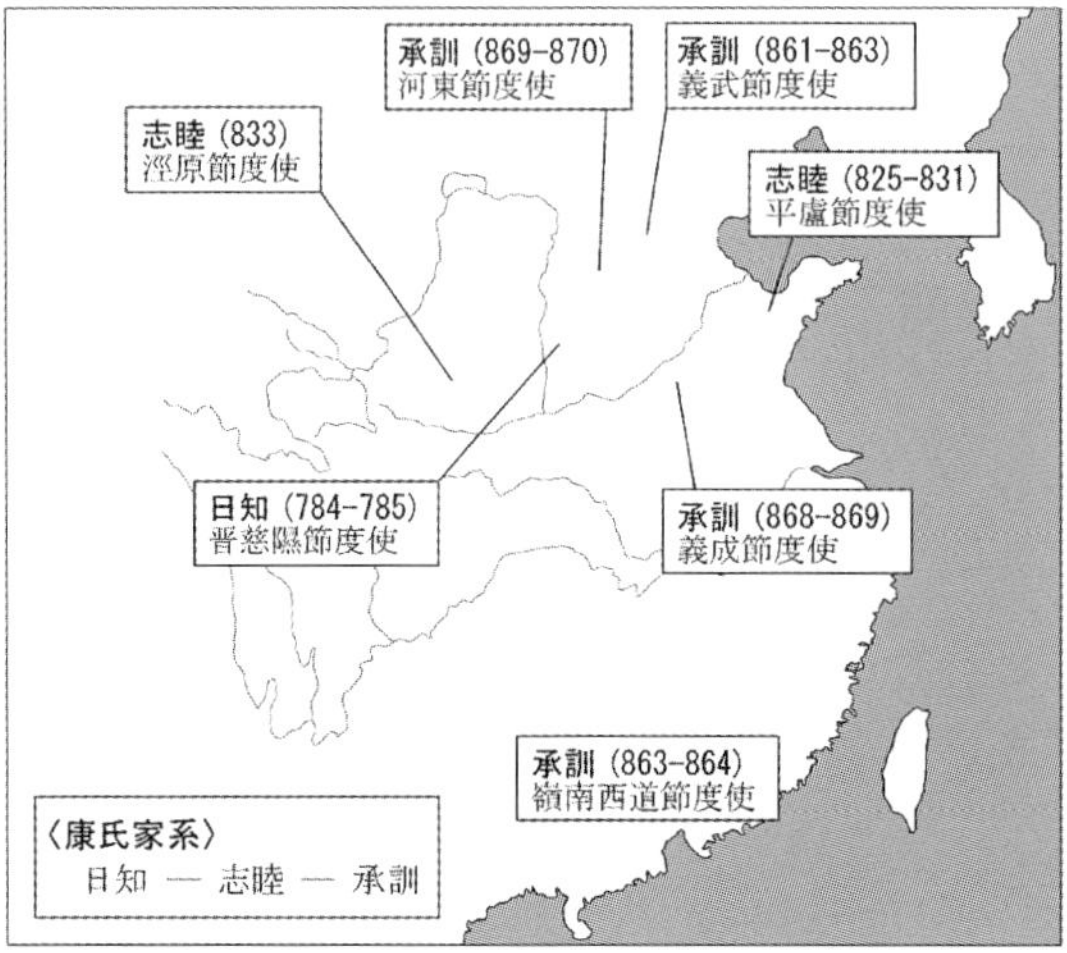

【図表3】　沿岸部ソグド節度使一覧

安禄山	平盧（741-755）
	幽州（744-755）
康志睦	平盧（825-831）
康季栄	感化（852-854）
	感化（857-859）
康承訓	嶺南西道（863-864）
曹翔	泰寧（868-872）
	感化（869）
安師儒	平盧（879-882）
安友権	静海（897-900）

を受け継ぐ傾向が見られることである。ここで注目すべきは、一族のうちの複数の人間が、同時に節度使に就任することはない、という点である。このことは、唐がある特定のソグド人を選び出して節度使に就任させるのではなく、節度使の就任者として、ある特定の一族をとらえていたことを窺わせる。

　これらを考えあわせれば、一族の代表が、他の節度使に異動する際には、一族ごと移住していったものと考えられる。例えば、康日知の一族は、日知が晋慈隰節度使に七八四〜七八五年に就任し、日知の子志睦が八二五〜八三一年に平盧節度使、八三三年に涇原節度使に就任、さらに志睦の子の承訓が八六一〜八六三年に義武節度使、八六三〜八六四年に嶺南西道節度使、八六八〜八六九年に義成節度使、八六九〜八七〇年に河東節度使に就任している（【図表4】）。このような現象は、安忠敬・李抱玉・抱真（抱玉の代に賜姓されて李姓に改姓）の一族にも共通するところである。

　以上に見たソグド人節度使の傾向と、従来のソグド人＝商人という見方だけではなく、武人としての姿を見るべきだという最近の研究成果とを考えあわせると、唐後半の藩鎮体制下においても、ソグド人は、節度使として地方行政に深く関わっていたことが分かるのである。

三、康志睦と天長五年太政官符

上述の康日知の息子、康志睦が山東半島を領域とする平盧節度使に就任していたちょうどその時期は、先述した張保皐が新羅の清海鎮大使に就任していた時期にもあたっている。日本の『類従三代格』巻一八、夷俘并外蕃人事には、この康志睦が唐・渤海・日本の交渉に関わった史料が残されている。天長五年（八二八）正月二日の太政官符〔五七一～五七二頁〕がそれである。この太政官符は、「一応充客徒供給事（一つ、客徒の供給に充つべき事）」・「一応修理船事（一つ、船を修理すべき事）」・「一応禁交關事（一つ、交關を禁ずべき事）」・「一応写取進上啓牒事（一つ、進上啓牒を写取すべき事）」の四条からなり、そのうちの「一応充客徒供給事」に次のようにある。

大使副使日各二束五把　　判官録事日各二束
史生訳語医師天文生日各一束五把　　首領已下日各一束三把
右、得但馬国解称。渤海使政堂左允王文矩等一百人、去年十二月廿九日到着。仍遣国博士正八位下林朝臣遠雄勘事由、并問違期之過。文矩等申云、為言大唐淄青節度康志曀交通之事、入覲天庭。違期之程、逃罪無由。又擬却帰、船破粮絶。望請、陳貴府、舟檝相済者、且安置郡家、且給粮米者。違期之過不可不責、宜彼食法減半恒数、以白米充生料者。所定如件。

大使・副使は日ごとに各々二束五把　　判官・録事は日ごとに各々二束
史生・訳語・医師・天文生は日ごとに各々一束五把　　首領已下は日ごとに各々一束三把

右、但馬国解を得るに称す。渤海使・政堂左允王文矩等一百人、去年十二月廿九日到着す。仍ち国博士・正八位下林朝臣遠雄を遣して事の由を勘べさせ、幷せて違期の過を問わしむ。文矩等申して云う、「大唐淄青節度康志曀（睦）交通の事を言うが為に、天庭に入覲す」と。違期の程、罪を逃がるるの由無し。又た却帰せんと擬するも、船破れ粮絶ゆ。望みて請うらくは、貴府に陳べ、舟檝相い済し、且つ郡家（郡司の役所）に安置し、且つ粮米を給わらんてへり。違期の過責めざる可からず、宜しく彼の食法は恒数を減半し、白米を以て生料に充てるべし。定むる所件の如し。

当時、渤海と日本との間には、一二年に一度渤海使が来日するという「一紀一貢」の原則が存在していた。この太政官符によれば、渤海使の王文矩は、規定の年期に反して来日し、その理由を問われたところ、「大唐淄青節度康志曀（睦）交通の事を言うが為に」としたが、王文矩らは年期に反したことには変わりがないとして、結局、入京を許されなかった。この史料に記される「大唐淄青節度康志睦」とは、平盧節度使時代の康志睦のことで、平盧節度使は、淄・青などの州を治めることから淄青節度使・平盧淄青節度使などと呼ばれる事がある。また、この山東に置かれた平盧節度使は、新羅・渤海の朝貢ルートにあたるために、新羅・渤海を監督する押新羅渤海両蕃等使を兼任していた。では、この「康志睦交通の事」とは何を指すのだろうか。残念ながら太政官符にはそれ以上の具体的な記述はない。石井［一九七六］によると、これは、八二七年に起った横海節度使の李同捷の乱を指し、その討伐軍として渤海の交通に深く関与する平盧節度使の康志睦も参加しており、渤海が直接・間接に入唐交通について影響を受けたのであろうとしている。(17) また、榎本［二〇〇三］は「康志睦交通の事」について、ここにいう「交通」とは「通交」の意でとるべきであるとし、その通交の相手は日本であろうとしている。さらにこの渤海使が伝えようとした情報は「康志睦が日本との通交を要望している」というものであったのではないかと推測している。

いずれにしても、この太政官符は、渤海使の年期違反という問題が生じたために、その処理として偶然史料に残されたものであるが、商旅として受け止められていた渤海使が沿岸部のソグド人節度使の情報を持っていたことを示す重要な史料であると言える。ここから、ソグド人節度使が唐・渤海・日本の交渉に影響を及ぼしたと見ることができるのである。(18)

おわりに

本章では、これまで空白であった陸上と海上との交易圏の接点について見てきた。

ソグド人は、シルクロードの交易を担うことでユーラシアの東西をつなぎ、中国に西方からの品物や文化を伝えただけでなく、渤海使中に見られるソグド人や鑑真の弟子安如宝に代表されるように、唐・渤海・新羅・日本をつなぐ東アジアの海域でも彼らが活動していた形跡が見られた。また、その陸上と海上との交易圏の接点となる中国沿岸部でも、節度使に就任したソグド人の存在を確認できた。彼らソグド人は、東アジアの海の交流にも様々な形で関わりを持っていたのである。すなわち、陸上の交易と東アジアの海の交易、さらにはその接点にもソグド人の存在が確認できたのである。この結果は、「ソグド人」という観点から、ユーラシア全体の交渉史を再検証する重要性を示していると考えられよう。

注

(1)　本書序文参照。

（2）『続日本紀』巻一三、天平一一年（七三九）一二月戊辰［一五六頁］「渤海使己珎蒙等拝朝。……幷附大虫皮羆皮各七張。豹皮六張。人参三十斤。密三斛進上」。

（3）『延喜式』巻四一、弾正台［九一一頁］「凡貂裘者。参議已上聴著用之」。

（4）『日本三代実録』元慶元年（八七七）六月二五日条［四〇七頁］「渤海国使楊中遠等。自出雲国還於本蕃。王啓幷信物不受而還之。大使中遠欲以珍翫玳瑁酒盃等。奉献天子。皆不受之。通事園池正春日朝臣宅成言。昔往大唐。多観珍宝。未有若此之奇恠」。

（5）斉藤［二〇〇九］は、従来ソグド姓はソグディアナの国名に由来するとされてきたが、むしろその逆に先にソグド姓が成立したとする。

（6）安如宝は、鑑真の死後、唐招提寺の住持・住職に就任した。唐招提寺の金堂は、彼によって建てられたとされる。菅谷［二〇〇七］によると、この金堂に収められ、安如宝によって作られたとされる、薬師如来の左手には、木で蓋をしてあった穴があり、その中から、和同開珎・隆平永宝・万年通宝が発見されたという。これは、他の仏像には見られない、非常に珍しいもので、『旧唐書』巻一九八、西戎列伝、康国の条［五三一〇頁］の「生子必以石蜜納口中、明膠置掌内、欲其成長口常甘言、掌持銭如膠之黏物」というソグディアナの風習の影響であると見ている。

（7）唐代の「胡」の表現については、森安［二〇〇七b］に詳しい。

（8）『旧唐書』巻一一〇、鄧景山伝、上元元年（七六〇）［三三一三頁］「(田) 神功至揚州、大掠居人資産、鞭笞発掘略尽、商胡大食・波斯等商旅死者数千人」。

（9）『続日本紀』巻二二、天平宝字四年（七六〇）正月己巳の条［二六九頁］「高野天皇及帝御閤門。五位已上及高麗使依儀陳列。詔授高麗国大使高南申正三位。……安貴宝並従五位下」。

（10）史都蒙は、宝亀七～八年（七七六～七七七）に日本に訪れた渤海使の大使として『続日本紀』巻三四（宝亀七～八年）・『日本文徳天皇実録』巻一（嘉祥三年五月）の複数個所に見える。ここでは、一例のみあげておく。『続日本紀』巻三四、宝亀七年（七七六）一二月乙巳［四三〇頁］「渤海国遣献可大夫司賓少令開国男史都蒙等一百八十七人」。

(11)『続日本紀』巻三四、宝亀八年（七七七）四月戊申［四三四頁］「天皇臨軒。授渤海大使献可大夫司賓少令開国男史都蒙正三位……大録事史遒仙正五位下」。

(12)『続日本後紀』巻一一、承和九年（八四二）四月己巳の条［一三一頁］「天皇御豊楽殿。饗渤海使等。詔授大使賀福延正三位……録事高文宣。高平信。安歓喜三人並従五位下」。

(13)『日本三代実録』巻一八、貞観一二年（八七〇）九月一五日［二七八一頁］・巻一八、貞観一五年（八七三）六月二一日［三二一七頁］には、「安長」という新羅人が記されている。但し、この「安」が姓であるのか、それとも名の一部分なのかは不明である。

(14)『類聚国史』巻一九四、渤海下後編、天長三年（八二六）三月戊辰朔［三五八頁］（『日本後紀』巻三四、逸文）「而渤海客徒、既違詔旨、濫以入朝。偏容拙信、恐損旧典、実是商旅。不足隣客。以彼商旅、為客損国」。

(15)崔弘昭［二〇〇七］は、『三国遺事』巻二、処容郎、望海寺［一五六～一五九頁］に見える「処容」は、西域出身であると見る説が韓国の新羅史学界において存在すると指摘している。

(16)「史孝章墓誌」の発見により、史孝章の一族（史憲誠・孝章・憲忠）がもとは突厥の阿史那氏であることが判明した。拙稿［福島二〇〇七］では、彼らをソグド人であろうとみなしたが、本章では訂正し削除する。

(17)石井正敏は、著作集『日本渤海関係史の研究』に石井［一九七六］を再録する際の付記［五三九～五四〇頁］で、「交通」とは「通交」のことで、康志睦からの使者がなんらかの情報を伝えたり、要請があったことを伝えようとした可能性もあるかと思われる」とも述べる。

(18)「康志達墓誌」（長慶元年（八二一）埋葬：氣賀澤№四九七七）は、康志睦の兄弟（おそらく兄）の墓誌である。志達は、幽州盧龍軍節度使下の武人であり、日知・志睦の活動と連携していた可能性がある。

結　語

本書は、ソグド人漢文墓誌を網羅的に取り扱い、その分析を行ったものである。

ソグド人は、唐代を中心にその前後約七五〇年間に渡って、シルクロード交易を担いユーラシアの東西を結んできた中央アジアソグディアナ地方出身のイラン系の人々である。これまで、彼らソグド人は、「商業の民」としてのイメージが強く、シルクロードの歴史の一部として研究されてきた。しかしながら、近年はユーラシア史の展開に連動しながら、武人として中国で活躍するソグド人が注目され始め、ソグド人の研究は新たな局面を迎えている。

また、墓誌史料は、一九八〇年代以降、それまでに知られていた墓誌や新たに発掘した墓誌の拓本や釈文の集成本が陸続と出版されている。その数は、唐代のものだけでもゆうに八〇〇〇点を超えており、近年、日本でも墓誌史料を数量的に扱った研究が可能となった。この中には、ソグド人のものも少なくない。

そこで、本研究ではソグド人がその東西を行き交ったユーラシアの歴史を意識しながら、ソグド人墓誌の数量的な分析を試み、そこから、ソグド人の墓誌とはどのようなものなのかを探り、さらに、広範なソグド人の活動の中でもユーラシア東部、特に中国地域におけるソグド人の活動の盛衰の様子を明らかにすることを目的とした。

各章で述べた内容を簡単に要約すると以下のようになる。

第一部　墓誌から見たソグド人では、ソグド人の墓誌とはどのようなものなのかという基礎的な問題を中心に論じた。

第一章 **ソグド姓墓誌の基礎的考察**では、まず、網羅的に収集したソグド姓（安・康・米・石・史・何・曹・翟）を有する魏晋～北宋（二二〇～一一二七年）時代の墓誌（全三六五件、合葬を含むと四七七名分の情報）を提示した。次に、ソグド姓の中でも特に石・何・史・曹は、漢人・テュルク人にも見られる姓であるので、どこまでをソグド人の墓誌であると捉えられるのかという問題について、先行研究を参考として条件を設けて、①ソグド人である、②ソグド人である可能性が高い、③ソグド人であるかは不明の三つに分類した。その結果、①と②に該当した一五七人をソグド人とみなすことができた。①②に分類されソグド人として扱える墓誌のうち最も早いものは、「翟育墓誌」（北周武定元年（五四四）：判定①）で、遅いものは、「史氏墓誌」（北宋元符三年（一一〇〇）：判定②）であった。また、安・康・米・石・史・何・曹・翟の八姓のソグド姓墓誌を姓別に、姓の由来について記されている史書と比較した。この八姓の中で、安・康・米の三姓を有する者は、文献史料からの考察結果と同様に、墓誌史料においてもソグド人である可能性が極めて高いことが分かった。さらに、残りの五姓については、『元和姓纂』・『新唐書』などに見られる各姓の祖とする名望家やその関係する土地を記す一方で、ソグド人であろうと見られる矛盾した現象が見られた。これは、明らかに名望家への仮託であって、ソグド人がソグド人同士での婚姻など独自性を維持する一方で、中華社会の要素を取り込んだ現象であった。やはり、ソグド人であると判断するのには、四周の事情を確認する必要があり、軽々に断定してはならないと言える。

第二章 **ソグド人墓誌の時代層**では、第一章の結果をうけて、①②に分類されたソグド人一五七人と、③に分類されたが安・康・米姓の者一九名を②→③として合算した一七六名のうち、さらにソグド人の生きていた時代層をより明確に捉えるために、生年の判明する男性の九六名に限定して時代による傾向分析を進めた。この九六人を生年順に捉え直して、墓誌の記載内容（本貫・先祖の記載・墓主の官位・人名・婚姻関係）を分析すると、六五〇年生まれを境にして、それ以前の者（「前期ソグド人」）とそれ以後の者（「後期ソグド人」）とには差異があり、墓誌を作成するソグド人に変化があったと考えられた。この前期と後期のソグド人は、それぞれに含まれる者の性格から、前期ソグド人には北朝末期から唐初期に中国内で聚落を形成したソグド人が多いのに対し、後期ソグド人には、突厥経由で唐に入ったいわゆる「ソグド系突厥」の他に、当時の刻々と変化する国際情勢の下で唐に質子や使者として訪れた者やその後裔が見られ、さらには安史の乱の際に中央アジアからの援軍として来唐した者も想定され、またわずかながら前期ソグド人の後裔も見られた。このようにソグド人が様々な経路や身分で断続的に中国へ移住したことが、中国内での多様なソグド人の活動の背景となっていたと言えよう。

第二部　植民聚落のソグド人では、ソグド人が形成した植民聚落を拠点としたソグド人に焦点をあてた。ここでは、商業の民という従来のソグド人（前期ソグド人）が、どのように中国地域に入り込んで行ったのかを明らかにした。

第一章　長安・洛陽のソグド人では、唐代に隆盛を極めた王都の長安、副都の洛陽のような大都市では、ソグド人はどのように居住していたのかについて、長安・洛陽のソグド人墓誌の他に、洛陽出土の「洛陽景教経幢」などを用いて、両都市におけるソグド人の居住地とそのコミュニティの一端を明らかにした。長安には北朝・西魏時代にはすでに相当数のソグド人が居住していたとみられ、北周時代には長安のソグド人コミュニティが各地のソグド人を繋いでいた。また、唐代になると、特に八世紀に西市の周辺に集住していたが、同時期の同地区にはテュルク人も居住して両者は婚姻関係を結ぶなど共通のコミュニティを築いていた。一方、洛陽では、七世紀後半に南市の周辺に集中して居住しており、墓誌の文言を共有するようなソグド人コミュニティが構築されていたことが分かった。ただし、長安の西市・洛陽の南市の周辺の諸坊をソグド人（とテュルク人）が独占して居住していたのではなく、一つの坊には様々な階層や出身地・職業などの人々が雑居しており、敦煌やトゥルファンのような「ソグド人聚落」とは異なっていた。これは、長安・洛陽が大都市であったためで、ソグド人が都市ごとにその居住スタイルを変化させていたことが分かった。

第二章　武威安氏「安元寿墓誌」（唐・光宅元年（六八四））では、中国のソグド人で最も名族である武威の安氏出身であり、さらに昭陵に陪葬された安元寿の墓誌を訳注した。安元寿墓誌は、一辺が八七㎝、全三七行とかなり大型の墓誌である。墓誌の記載からは、安元寿が玄武門の変・頡利可汗の来寇・阿史那賀魯の乱など太宗・高宗時代の重大事件に武人としてことごとく参加し、特に対突厥交渉で活躍した様子が見られる。また、安元寿墓誌には、「家業」について私的な記述も見え、森安［二〇〇七］・山下［二〇〇七］の研究をふまえて、「馬の育成と商業」と解釈した。

第三章　唐の中央アジア進出とソグド系武人――「史多墓誌」を中心に――では、洛陽出土とされる「史多墓誌」について考察した。墓誌中に見える墓主の曾祖父・祖父が代々城主を務めてきた「本蕃」、すなわち墓主の出身地は、「伊州・沙州地志残巻」（敦煌文書S.367）に見えるようにソグド人聚落が営まれてきた「伊吾」にあったと解するべきだとした。とすると、墓主の史多は植民聚落を拠り所としたソグド人でありながら、東突厥の崩壊によって唐に降り、禁軍に武人として仕えていたことになる。近年、森部［二〇一〇］などによって唐後半から五代にかけて、突厥の影響を受けて騎射などの遊牧文化を備えたいわゆる「ソグド系突厥」の存在が明らかにされてきた。しかしながら、この

「史多墓誌」は、唐後半期に活躍するソグド武人はすべてが「ソグド系突厥」であったとは限らず、交易に携わるソグド人の植民聚落の民が武人として唐に仕えていたことを示す墓誌であり、これにより唐後半期のソグド人の在り方について、新たな一面が明らかとなった。

第四章　青海シルクロードのソグド人――「康令惲墓誌」に見る鄯州西平の康氏一族――では、一九九八年に西安市東郊から発掘された「康令惲墓誌」を考察した。青海地域東端に位置し隴右地方の中心都市である鄯州西平は、青海シルクロードの要地として北朝期以降ソグド人の植民聚落が存在していた。「康令惲墓誌」に記された祖父と息子の官職号と墓主の戦歴は、共通して鄯州西平を中心とする隴右地方にあるので、康氏は代々この地を拠点としていたソグド人であったと言える。特に墓主の息子である康承献は、墓誌の他『霊巌寺記』や『冊府元亀』にその名が見え、生涯をかけて隴右地方で唐の対吐蕃政策の最前線にあたっていたことがわかる。また、墓主の康令惲は、墓誌には「范陽節度副使」であったと記されているが、このことは張守珪の直属の配下であったこと、そしてそれは後に安史の乱を起こす安禄山と同僚であったとみられることを示している。すなわち、これはこれまで「ソグド系突厥」が中心だと考えられてきた安史の乱におけるソグド人勢力には、康令惲のようなソグド人の植民聚落出身者がいる可能性があることを示している。このことは安史軍下のソグド系武人のすべてが突厥から唐に降った「ソグド系突厥」であるとは言えないと同時に、安史軍と河西や青海のソグド人聚落を繋ぐ交易ネットワークとがより直接的に結びついていた可能性を示していると言える。

第三部　東西交流中のソグド人では、第一・二部で論じてきたソグド人の具体的な東西交流の様子として、第一章・

第二章では、近年出土の新資料を用いて、第三章ではユーラシアの東方の東アジア海域におけるソグド人の活動について記した。

第一章　罽賓李氏一族攷では、まず二〇〇五年に西安から発見された北周罽賓人李誕墓誌を訳注した。李誕は、墓域が同時期のソグド人墓（安伽・康業・史君）と同地域であることからソグド人との関係が推測されていたが、未解明であった。そこで、浮かび上がってきたのが、洛陽出土の「李陀及妻安氏墓誌」・「李吁墓誌」である。李誕・李陀・李吁はその名の表記や官職名が一致することから親・子・孫の関係にあると判断された。李誕墓誌が長安、李陀・吁親子の墓誌が洛陽と離れた場所から発見されたことも、当時の歴史背景を見てみると李氏一族が、まず北魏の都である洛陽に帰属し、北魏の分裂と共に北周に従って長安に移動して、さらに北周が華北統一直後に長安から再び洛陽に移動したと考えられ、充分に理解できるのである。なお、李陀の妻安氏はその姓からソグド人であると考えられ、李氏一族とソグド人とは婚姻関係というますます密接な関係であることが分かった。また、李誕の出身地である罽賓の所在については、議論があるが、李誕墓誌の作成された時期は、かつて罽賓と呼ばれていたガンダーラ地方はエフタルの退潮によってその地位を低下させ、中国で指す罽賓の場所がカピシーへ移動した時期にあたる。カピシーは、ソグド語と同じイラン語の東方方言であるバクトリア語圏であって、李誕の字陀娑がバクトリアの人名にも見られることや、ソグド人との関係から、彼ら李氏一族はバクトリア人であると考えられるのである。また、彼らが中国にやってきた目的は、交易活動にある。すなわち、これら李氏一族の三墓誌は、バクトリア人とソグド人とが婚姻関係を結び、連携してはるか東方の中国で交易を行っていたことを実際に示す史料であった。

第二章　唐代における景教徒墓誌――新出「花献墓誌」を中心に――では、近年洛陽から発見された景教（ネストリウス派キリスト教）石刻史料の「洛陽景教経幢」（二〇〇六年公開）・「花献墓誌」（二〇一四年公開）と景教徒墓誌（その他五件）との比較を通して、唐代景教史中での彼らの位置づけを明らかにした。これまで景教の伝来や隆盛の様子は主に「大秦景教流行中国碑」によって知られてきた。ただし、近年洛陽で相次いで発見された「洛陽景教経幢」・「花献墓誌」により具体的な景教徒の姿が見えてきた。各史料を比較した結果、唐代景教徒の石刻史料は八世紀末～九世紀に集中していて、その登場人物はソグド人・波斯（＝トハリスタンのササン朝亡命政権）人であって、唐に対する景教布教の発信基地は、まさにイスラム勢力が東漸しつつあった西トルキスタンであることが分かった。ここから、これまで謎とされていた花献の出身地はホラズムだとした。また、洛陽の景教徒は、洛陽城内でソグド人の集住地域内で景教寺院のあった修善坊に住み、感徳郷に埋葬されていた。さらには、当地の仏教勢力とも密接な関係を有していた。

第三章　東アジアの海を渡る唐代のソグド人では、唐代後半期のソグド人の東アジア海域（日本・新羅・中国の海域）での活動に焦点をあてて、陸上と海上との交易圏の接点のあり方を見た。まず、東アジア海域の交易において、山東半島の地理的重要性を示した。次に、唐・新羅・日本の間の交流の様子、特にソグド人が中国へ運んだササン朝ペルシアなど西域の文物が新羅の慶州や日本の正倉院・法隆寺などに残ることを示した。この文物交流をふまえて、次に日本に渡ったソグド人、すなわち、鑑真に同行した安如宝や渤海使の中にもソグド姓を有する者の存在を紹介した。さらに、当時のソグド人の様子を知るために、唐後半期の藩体制下において節度使となったソグド人を呉廷燮『唐方鎮年表』より抜き出した。中国と東アジア海域との接点となる中国沿岸部の節度使に就任したソグド人だけでものべ一〇名もいた。なお、彼らソグド人節度使は、同一人物が節度使を転職しており、さらに一族内の複数の人間が同時にいくつかの節度使に就任することはないことが分かった。すなわち、一族の代表として節度使に就任していたのであって、一族で移住してその地を治めていた様子が見えてくるのである。また、『類従三代格』掲載の天長五年（八二八）正月二日の渤海使が「一紀一貢」の原則に反して来日したことを記した太政官符には、その渤海使が年期違反の理由として、当時山東を領域とする平盧節度使であったソグド人節度使の康志睦の名前が出てくる。山東は新羅・渤海の朝貢道の要地となっていたように、東アジア海域の交通では重要な場所であり、さらに、渤海使が彼の名前を伝えていることから考えて、ソグド人節度使の康志睦も何らかの形で東アジア海域の交通に影響を及ぼしていたのではないかと推測されるのである。

以上、各章の内容をまとめて、ソグド人の活動を概観すれば、以下のことが言えるであろう。北朝期、ソグド人は、河西地域に形成した植民聚落を基点として、バクトリア人などと協力しつつ交易活動を展開し、北周時期には長安にある程度の人数が住んでいたと考えられる。この一事例が、罽賓李氏一族墓誌に見られた。彼らソグド人の当初の交易形態は、交易の拠点や目的地など東部ユーラシアの各地に作られた植民聚落を中心に行われ、低い官職を得ることで商業を円滑に展開していた。交易の重要目的地であったとみられる長安の西市・洛陽の南市の周辺には、多くのソグド人が集住してソグド＝コミュニティを形成していた。また、涼州武威・原州固原のような植民聚落のリーダーのなかには、馬の育成を通して、あるいは郷兵を率いて軍事活動に参加することで、時の政治権力と結びつく者もあった。

六三〇年に東突厥が崩壊し、オルドス地域に突厥人とともに突厥にいたソグド人が大量に移動すると、墓誌にみえるソグド人の様子が異なってくる。墓誌を作るソグド人が、六五〇年出生を境として、それまで墓誌作成の中心であった植民聚落を拠点に活動するソグド人から、突厥経由で唐に移住した武人化したソグド人（いわゆる「ソグド系突厥」）や、複雑な中央アジアの国際状況下で唐にやって来た質子・使者・武人など交易活動を本業としない者へとその主体が移る傾向が見て取れるのである。そこで、本書では、六五〇年以前出生のソグド人を「前期ソグド人」、それ以後の出生の者を「後期ソグド人」とした。

「前期ソグド人」の墓誌が減少したのは、本業の商業活動の円滑化のために墓誌を残す程度の地位は不要であった、墓誌にソグド人であることを明記しなくなった、ソグド姓どうしの婚姻を行わなくなった、ソグド姓でなくなったなどを想定できる。吐蕃による河西回廊の占拠（七八六年～）・ソグディアナのアッバース朝による統治開始（八世紀中ごろ）といった国際的情勢を考慮すれば、この時期に植民聚落を拠点とした従来の商業活動が困難となり、このことが「前期ソグド人」の姿を捉えにくくしたとも推測できる。

また、「後期ソグド人」は多くが唐から武官職を与えられ、唐王朝にとって彼らの存在は非常に重要なものであった。特に、安史の乱の際には、安史軍・唐軍の両方で武人として活躍する姿が見え、その後の唐後半期そして五代期の歴史は彼ら無しでは語ることはできないほどである。彼ら「後期ソグド人」には、突厥の崩壊だけでなく、イスラム勢力による故郷ソグディアナへの侵出・安史の乱など、目まぐるしく展開する当時のユーラシアの国際情勢によって唐に至った武人・質子・使者など多種多様な姿が見られた。彼らの中には、バクトリア人・ホラズム人などと密接な関係をもつソグド人の景教徒も含まれていた。また、その一方で、康令惲のように伝統的な植民聚落出身のソグド人で武官として唐に従軍している者も見られ、「後期ソグド人」は、「前期ソグド人」の後裔たちとも関係を持ち、それまでに培われたソグド＝ネットワークを駆使し、交易活動も展開していたのである。その事例が、東アジア海域にもソグド人の交易活動が見えるのである。

本書で述べてきたように、近年ソグド人に関する史資料が続々と発見されたために、世界中の研究者によってソグド人の研究が進められ、深められてきたが、今後も新史資料の発見次第では、新たなソグド人像が浮かび上がり、研究がさらに進展する可能性もある。本書では、現時点（二〇一六年三月）までに報告されているソグド人の墓誌史料を網羅的に用いることで、東部ユーラシア地域におけるソグド人について考察してきた。近年の中国からの墓誌の報告状況からすれば、おそらく今後もソグド人の墓誌は増加し続けるはずであり、刻一刻と本書のデータは古いものとなるはずである。ただし、本書で得られた見地は、この先新たに発見されるであろうソグド人の墓誌やその他の史資料を精査・考察する上で、ソグド人墓誌の基礎的研究として有用であり続けるはずである。今後さらなるソグド人に関する史資料の発見と研究の進展が期待されるところである。

初出一覧

第一部　墓誌から見たソグド人

第一章　ソグド姓墓誌の基礎的考察＝「唐代ソグド姓墓誌の基礎的考察」『学習院史学』第四三号、二〇〇五年、一三五〜一六二頁を改訂

第二章　ソグド人墓誌の時代層＝書き下ろし

第二部　植民聚落のソグド人

第一章　長安・洛陽のソグド人＝「長安・洛陽のソグド人」森部豊編『ソグド人と東ユーラシアの文化交渉』アジア遊学一七五、勉誠出版：東京、二〇一四年、一四〇〜一六〇頁を増補改訂

第二章　武威安氏「安元寿墓誌」（唐・光宅元年（六八四））＝「『安元寿墓誌』（唐・光宅元年）訳注」『ソグドからウイグルへ』森安孝夫編著、汲古書院：東京、二〇一一年、一四一〜一七四頁を改訂

第三章　唐の中央アジア進出とソグド系武人――「史多墓誌」を中心に――＝「唐の中央アジア進出とソグド系武人――『史多墓誌』を中心に――」『学習院大学文学部研究年報』第五九輯、二〇一三年、一一七〜五四頁を改訂

第四章　青海シルクロードのソグド人――「康令惲墓誌」に見る鄯州西平の康氏一族――＝「絲綢之路青海道上的粟特人――从看『康令惲墓誌』鄯州西平康氏一族――」『粟特人在中国――考古発現与出土文献的新印証』栄新江・羅豊主編、科学出版社：北京、二〇一六年、一一六〜一三一頁の日本語版

第三部　東西交流中のソグド人

第一章　罽賓李氏一族攷――シルクロードのバクトリア商人――＝「罽賓李氏一族攷――シルクロードのバクトリア商人――」『史学雑誌』第一一九編第二号、二〇一〇年、三五～五八頁を改訂

第二章　唐代における景教徒墓誌――新出「花献墓誌」を中心に――＝「唐代における景教徒墓誌――新出『花献墓誌』を中心に――」『唐代史研究』第一九号、二〇一六年、四二～七六頁を改訂

第三章　東アジアの海を渡る唐代のソグド人＝「唐代的粟特人與『東亞海』交流」『中国史研究』第四六号、二〇〇七、六五～七六の増補改訂日本語版「東アジアの海を渡る唐代のソグド人」『東アジア海文明の歴史と環境』鶴間和幸・葛剣雄編著、東方書店：東京、二〇一三年、一一九～一三六頁を改訂

史料版本目録

二十四史：『史記』・『漢書』・『後漢書』・『晋書』・『梁書』・『魏書』・『北斉書』・『周書』・『北史』・『隋書』・『新唐書』・『旧唐書』・『新五代史』・『旧五代史』・『宋史』＝中華書局：北京、標点本

六国史および格式：『続日本紀』・『続日本後紀』・『日本文徳天皇実録』・『日本三代実録』・『類従三代格』・『延喜式』・『類聚国史』＝新訂増補国史大系、吉川弘文館：東京

『安禄山事迹』＝（唐）姚汝能撰、曾貽芬点校、唐宋史料筆記叢刊、中華書局：北京、二〇〇六年

『顔魯公文集』＝（唐）顔真卿撰、四部叢刊初編〇三七（上海商務印書館縮印）、台湾商務印書館：台北、一九六七年

『騎省集』＝（宋）徐鉉撰『徐騎省集』、国学基本叢書四百種、台湾商務印書館：台北、一九六八年

『曲江集』＝（唐）張九齢撰、熊飛校注『張九齢集校注』、中国古典文学基本叢書、中華書局：北京、二〇〇八年

『芸文類聚』＝（唐）欧陽詢撰、中華書局：北京、一九六五年

『元和郡県図志』＝（唐）李吉甫撰、中華書局：北京、一九八三年

『元和姓纂』＝（唐）林宝撰（岑仲勉撰）、中華書局：北京、一九九四年

『国語』＝上海古籍出版社：上海、一九七八年

『古今姓氏書辯証』＝（宋）鄧名世撰、文淵閣本欽定四庫全書九二二、上海古籍出版社：上海、一九八七年

『冊府元亀』＝（宋）王欽若撰、中華書局：北京、一九六〇年

『詩経』（正義）＝『毛詩正義』『十三經注疏整理本』、北京大学出版社：北京、二〇〇〇年

『資治通鑑』＝（宋）司馬光撰、（元）胡三省註、中華書局：北京、一九五六年

『釈迦方誌』＝（唐）道宣撰、『大正新脩大蔵経』巻五一、大正新脩大蔵経刊行会：東京、一九九〇年

『釈名』＝（漢）劉熙撰『釈名疏証補』、上海古籍出版社：上海、一九八四年
『貞観政要』＝（唐）呉競撰、謝保成集校『貞観政要集校』、中華書局：北京、二〇〇三年
『続高僧伝』＝（唐）道宣撰、『大正新脩大蔵経』巻五〇、大正新脩大蔵経刊行会：東京、一九九〇年
『素問』＝『黄帝内経素問』四部叢刊初編〇二一（上海商務印書館縮印）、台湾商務印書館：台北、一九六七年
『大唐開元礼』＝（唐）蕭嵩撰、附大唐郊祀録、東京大学東洋文化研究所所蔵、汲古書院：東京、一九七二年
『大唐西域記』＝（唐）玄奘撰、『大唐西域記校注』中外交通史籍叢刊、中華書局：北京
『大唐貞元続開元釈経録』＝（唐）道宣撰、『大正新脩大蔵経』巻五五、大正新脩大蔵経刊行会：東京、一九九〇年
『大慈恩寺三蔵法師伝』＝（唐）慧立・彦悰、中外交通史籍叢刊中華書局：北京、二〇〇〇年
『張説之集』＝（唐）張説撰、四部叢刊初編〇三五（上海商務印書館縮印）、台湾商務印書館：台北、一九六七年
『通典』＝（唐）杜佑撰、中華書局：北京、一九八八年
『唐会要』＝（宋）王溥撰、上海古籍出版社：上海、一九九一年
『唐大和上東征伝』＝淡海三船撰、塙保己一編『群書類従』第五輯巻第六九伝部六、続群書類従完成会：東京、一九六〇年
『唐六典』＝（唐）李林甫撰、中華書局：北京、一九九二年
『唐両京城坊考』＝（清）徐松撰、中華書局：北京、一九八五年
『吐魯番出土文書』＝中国文物研究所・新疆維吾爾自治区博物館・武漢大学歴史系編、唐長孺主編、文物出版社：北京、一九九二年
～一九九六年
『文苑英華』＝（宋）李昉撰、中華書局：北京、一九六六年
『文館詞林』＝（唐）許敬宗『影弘仁本文館詞林』古典研究会：東京、一九六九年
『元河南志』＝中国地志研究会編『宋元地方志叢書』一、中国地志研究会：台北、一九七八年
『文選』＝（梁）蕭統編、（唐）李善注、上海古籍出版社：上海、一九八六年
『洛陽伽藍記』＝（魏）楊衒之撰『洛陽伽藍記校注』、上海古籍出版社：上海、一九九九年

※以下の各史料で解釈・翻訳を参照したものは次のとおり。

『淮南子』・『荀子』・『春秋左氏伝』・『書経』・『戦国策』・『荘子』・『楚辞』・『白氏文集』・『蒙求』・『孟子』・『礼記』・『論語』・『論衡』＝新釈漢文大系、明治書院：東京

『易経』・『詩経』・『老子』＝全釈漢文大系、集英社：東京

『エリュトゥラー海案内記』＝Lionel Casson, *The Periplus Maris Erythraei : text with introduction, translation, and commentary,* Princeton : Princeton University Press, 2006.

『儀礼』＝池田末利訳註、東海大学古典叢書、東海大学出版会：東京、一九七三～一九八五年

『三国遺事』＝一然撰、金思燁訳、六興出版：東京、一九八〇年

『新約聖書』＝共同訳聖書実行委員会訳『聖書』新共同訳、日本聖書協会：東京、一九八七年

『説苑』＝（漢）劉向撰、塚本哲三編輯、漢文叢書、有朋堂書店：東京、一九二〇年

『入唐求法巡礼行記』＝円仁撰、小野勝年『入唐求法巡礼行記の研究』鈴木学術財団：東京、一九六四年

石刻資料目録

・目録

陳思纂輯『宝刻叢編』石刻史料新編、第一輯二四、新文豊出版公司：台北、一九七七年

梶山智史『北朝隋代墓誌所在総合目録』明治大学東洋史資料叢刊一一、汲古書院：東京、二〇一三年

気賀澤保規編『新版唐代墓誌所在総合目録（増訂版）』明治大学文学部東洋史研究室、汲古書院：東京、二〇〇九年

高橋継男「中国五代十国時期墓誌・墓碑綜合目録稿」『アジア・アフリカ文化研究所研究年報一九九九年』三四、二〇〇〇年

・拓本及び録文集（書名五十音順）

『渭城文物志』張徳臣編著、三秦出版社：西安、二〇〇七年
『河洛墓刻拾零』趙君平等編、北京図書館：北京、二〇〇一年
『漢魏南北朝墓誌彙編』趙超著、天津古籍出版社：天津、一九九二年
『漢魏南北朝墓誌集釈』趙万里著・中国科学院考古研究所編輯、科学出版社：北京、一九五六年
『漢碑録文』馬邦玉、石刻史料新編、第二輯八、新文豊出版公司：台北、一九七九年
『金石萃編』王昶、石刻史料新編、第一輯一〜三、新文豊出版公司：台北、一九七七年
『高昌磚集』黄文弼著、中国科学院：北京、一九五一年
『江西出土墓志選編』陳柏泉編著、江西教育出版社、一九九一年
『故宮博物院蔵歴代墓誌彙編』郭玉海・方斌主編、故宮博物院編、紫禁城出版社、二〇一〇年
『固原南郊隋唐墓地』羅豊・寧夏回族自治区固原博物館、文物出版社：北京、一九九六年
『昭陵碑石』昭陵博物館・張沛編著、三秦出版社：西安、一九九三年
『新出魏晋南北朝墓誌疏証』羅新・葉煒編、中華書局：北京、二〇〇五年
『新出唐墓誌百種』趙文成・趙君平編選、西冷印社出版社：杭州、二〇一〇年
『秦晋豫新出墓誌蒐佚』趙君平・趙文成編、全四冊、国家図書館出版社：北京、二〇一一年
『秦晋豫新出墓誌蒐佚続編』趙君平・趙文成編、全五冊、国家図書館出版社：北京、二〇一五年
『新中国出土墓誌』河南（壱・弐）中国文物研究所・河南省文物考古研究所、文物出版社：北京、一九九四〜二〇〇二年
『新中国出土墓誌』陝西（壱・弐）中国文物研究所・陝西省古籍整理弁公室、文物出版社：北京、二〇〇〇〜二〇〇三年
『隋代墓誌銘彙考』（一〜六）周暁薇等編、線装書局：北京、二〇〇七年
『隋唐五代石刻文献全編』国家図書館善本金石組、北京図書館出版社：北京、二〇〇三年
『隋唐五代墓誌彙編』（全三〇冊）総編輯委員会編、天津古籍出版社：天津、一九九一〜一九九二年
『西安新獲墓誌集萃』西安市文物稽査隊編、文物出版社：北京、二〇一六年

『西安碑林全集』高峡、広東経済出版社：広州・海天出版社：深圳、一九九九年
『西安碑林博物館新蔵墓誌彙編』趙力光主編、西安碑林博物館編、綫装書局：北京、二〇〇七年
『西安碑林博物館新蔵墓誌続編』趙力光主編、陝西師範大学出版総社有限公司：西安、二〇一四年
『先秦秦漢魏晋南北朝石刻文献全編』（一～三）国家図書館善本金石組、北京図書館出版社：北京、二〇〇三年
『陝西碑石精華』余華青・張廷皓主編、三秦出版社：西安、二〇〇六年
『千唐誌斎蔵誌』（上下）河南省文物研究所・河南省洛陽地区文管所、文物出版杜、一九八九年
『全宋文』（全五〇冊）曾棗庄・劉琳主編・四川大学古籍整理研究所編、巴蜀書社：成都、一九八八年～一九九四年
『全唐文新編』周紹良総主編、吉林文史出版社：長春、一九九九年
『全唐文補遺』陝西省古籍整理弁公室・呉鋼、三秦出版社：西安、一九九四～二〇〇〇年
『全唐文補編』陳尚君輯校、中華書局：北京、二〇〇五年
『全北斉北周文補遺』韓理洲等輯校編年、三秦出版社：西安、二〇〇八年
『宋代石刻文献全編』（一～四）国家図書館善本金石組、北京図書館出版社：北京、二〇〇三年
『大唐西市博物館蔵墓誌』胡戟・栄新江主編、北京大学出版社：北京、二〇一二年
『中国古代磚刻銘文集』胡海帆・湯燕編著、文物出版社：北京、二〇〇八年
『中国西北地区歴代石刻彙編』二、趙平編輯、天津古籍出版社：天津、二〇〇〇年
『長安新出墓誌』西安市長安博物館編、文物出版社：北京、二〇一一年
『陶齋蔵石記』端方、石刻史料新編、第一輯一一、新文豊出版公司：台北、一九七七年
『唐代墓誌彙編』周紹良主編・趙超副主編、上海古籍出版社：上海、一九九二年
『唐代墓誌彙編続集』周紹良・趙超主編、上海古籍出版社：上海、二〇〇一年
『唐史道洛墓』原州聯合考古隊、勉成出版：東京、二〇〇〇年
『吐魯番出土磚誌集注』（上下）侯燦・呉美琳、巴蜀書舍：成都、二〇〇三年

『汾陽市博物館蔵墓誌選編』王仲璋主編、三晋出版社：太原、二〇一〇年
『北京図書館蔵中国歴代石刻拓本彙編』（第一一～三五冊）北京図書館金石組編、中州古籍出版社：鄭州、一九八九年
『邙洛碑誌三百種』趙君平編、中華書局：北京、二〇〇四年
『楡林碑石』康蘭英主編、三秦出版社：西安、二〇〇三年
『洛陽出土鴛鴦誌輯録』郭茂育・趙水森編著、国家図書館出版社：北京、二〇一二年
『洛陽流散唐代墓誌彙編』毛陽光・余扶危主編、国家図書館出版社：北京、二〇一三年
『洛陽新獲七朝墓誌』齊運通編、中華書局：北京、二〇一二年
『洛陽新獲墓誌』李献奇・郭引強編、文物出版社：北京、一九九六年
『洛陽新出墓誌釈録』楊作竜・趙水森等編著、北京図書館出版社：北京、二〇〇四年
『六朝墓誌検要』王壮弘・馬成名編纂、新華書店：上海、一九八五年
『龍門石窟碑刻題記彙録』劉景龍・李玉昆主編、中国大百科全書出版社：北京、一九九八年

参考文献目録

一、日　文（五十音順）

浅田實［一九九〇］「一七世紀アルメニア商人の活躍——貿易ディアスポラとしての——」『創価大学人文論集』二、一七五～一九六頁
荒川正晴［一九九七］「唐帝国とソグド人の交易活動」『東洋史研究』五六—三、六〇三～六三六頁
——［一九九八］「北朝隋・唐代における『薩寶』の性格をめぐって」『東洋史苑』五〇・五一号合併号、一六四～一八六頁
——［一九九九］「ソグド人の移住聚落と東方交易活動」『商人と市場——ネットワークの中の国家——』岩波講座世界歴史一五、岩波書店：東京、八一～一〇三頁

――［二〇一〇］『ユーラシアの交通・交易と唐帝国』名古屋大学出版会：名古屋
池田温［一九六五］「八世紀中葉における敦煌のソグド人聚落」『ユーラシア文化研究』一、四九〜九二頁（再録：『唐史論攷――氏族制と均田制――』汲古書院：東京、二〇一四年、二五四〜一九二頁（逆頁））
――［一九六七］「中国律令と漢人機構」『前近代のアジアの法と社会』仁井田陞博士追悼論文集第一巻、勁草書房：東京、一四九〜一七一頁
――［一九七五］「沙州図経略考」『榎博士還暦記念東洋史論叢』山川出版社：東京、三一〜一〇一頁
――［一九七九］『中国古代籍帳研究』東京大学出版社：東京
――［一九八〇］「敦煌の流通経済」『敦煌の社会』（講座敦煌三）大東出版社：東京、二九七〜三四三頁
――［一九八八］「神龍三年高昌県崇化郷点籍様について」『中国古代の法と社会　栗原益男先生古稀記念論集』汲古書院：東京（再録：『唐史論攷――氏族制と均田制――』汲古書院：東京、二〇一四年、五一三〜五三九頁）
石井正敏［一九七六］「渤海の日唐間における中継的役割について」『東方学』五一（再録：「日唐交通と渤海」『日本渤海関係史の研究』吉川弘文館：東京、二〇〇一年、五一四〜五四〇頁）。
――［一九八七］「八・九世紀の日羅関係」『日本前近代の国家と対外関係』吉川弘文館：東京、二七三〜三一五頁。
――［一九九八］「渤海と日本の交渉」『しにか』一〇二、二三〜三一頁。
――［一九九九］「渤海と西方社会」鈴木靖民（編）『渤海と古代東アジア』アジア遊学六、勉誠出版：東京（再録：『日本渤海関係史の研究』吉川弘文館：東京、二〇〇一年、二一一〜二一九頁）。
――［二〇〇一］「日本・渤海関係の概要と本書の構成」『日本渤海関係史の研究』吉川弘文館：東京、一〜五八頁。
――［二〇〇三］『東アジア世界と古代の日本』日本史リブレット一四、山川出版社：東京
石川澄恵［二〇一一］「唐の則天武后期における六胡州とオルドス情勢――「阿史那懐道夫人安氏墓誌」を手掛かりに――」『史艸』五二、二八〜五六頁
石田幹之助［一九四一］『長安の春』東京創元社：東京（再録：平凡社：東京、一九六七）

石松日奈子［二〇一〇］「敦煌莫高窟第二八五窟北壁の供養者像と供養者題記」『龍谷史壇』一三一、四三～八七頁
――――［二〇一一］『古代中国・中央アジアの仏教供養者に関する調査研究』平成二〇～二二年度科学研究費補助金基盤研究（C）研究成果報告書、研究代表：石松日奈子
李成市［一九九七］『東アジアの王権と交易――正倉院の宝物が来たもうひとつの道』青木書店：東京
伊藤義教［一九八八］「法隆寺伝来の香木銘をめぐって」『東アジアの古代文化』五四、九六頁～一〇五頁
石見清裕［一九八六］「唐の突厥遺民に対する措置」『中国社会・制度・文化史の諸問題』日野開三郎博士頌寿記念論集、中国書店：福岡（再録：『唐の北方問題と国際秩序』汲古書院：東京、一九九八年、一〇九～一四七頁）
――――［一九八八］「唐の蕃望について」『東アジア史上の国際関係と文化交流』昭和六一・六二年度科研費成果報告書（改訂再録「蕃望について」『唐の北方問題と国際秩序』汲古書院：東京、三八四～四一二頁）
――――［一九九〇ａ］「『阿史那施墓誌』試釈」唐代史研究会編『東アジア古文書の史的研究』刀水書房（再録：「開元十一年「阿史那施墓誌」」『唐の北方問題と国際秩序』汲古書院：東京、一九九八年、一七九～二〇四頁）。
――――［一九九〇ｂ］「『九姓突厥契苾李中郎墓誌』初探」『中央アジア史の再検討』昭和六二・六三年度文部省科学研究費補助金研究成果報告書（加筆再録「天宝三載『九姓突厥契苾李中郎墓誌』」『唐の北方問題と国際秩序』汲古書院：東京、二〇五～二二五頁）
――――［一九九二］「『阿史那毗伽特勤墓誌』訳試稿」『内陸アジア言語の研究』Ⅶ（訂正再録「開元十二年『阿史那毗伽特勤墓誌』」『唐の北方問題と国際秩序』汲古書院：東京、一九九八、二二六～二七八頁）
――――［一九九五］「唐の内附異民族対象規定」堀敏一先生古稀記念論集『中国古代の国家と民衆』汲古書院：東京（再録：『唐の北方問題と国際秩序』汲古書院：東京、一九九八年、一四八～一七五頁）
――――［二〇〇五］「唐代凶礼の構造――『大唐開元礼』官僚喪葬儀礼を中心に」『福井文雅博士古稀記念論集アジア文化の思想と儀礼』福井文雅博士古稀・退職記念論集刊行会編、春秋社：東京、一一七～一四二頁
――――［二〇〇九］『唐代の国際関係』世界史リブレット九七、山川出版社：東京

——［二〇一一a］「西安出土北周『史君墓誌』漢文部分訳注・考察」『ソグドからウイグルへ』森安孝夫編、汲古書院：東京（再録：『ソグド人墓誌研究』石見清裕編著、汲古書院：東京、三一～六〇頁）

——［二〇一一b］「唐の内陸アジア系移住民対象規定とその変遷」『ソグドからウイグルへ』森安孝夫編、汲古書院：東京、二〇七～二三三頁

石見清裕（編著）［二〇一六］『ソグド人墓誌研究』汲古書院：東京

稲葉穣［二〇〇四］「アフガニスタンにおけるハラジュの王国」『東方学報』七六（京都）、三八二～三一三頁（逆頁）

——［二〇一〇］「八世紀前半のカーブルと中央アジア」『東洋史研究』六九—一、一七四～一五一頁（逆頁）

栄新江［二〇一一］（訳・解説：森部豊）「新出石刻史料から見たソグド人研究の動向」『関西大学東西学術研究所紀要』四四、一二一～一五一頁

榎一雄［一九四四］「唐代の払菻に関する一問題（波斯国酋長阿羅憾丘銘の払菻国）」『北亜細亜学報』三（再録：『中央アジア史Ⅲ』榎一雄著作集三、汲古書院：東京、一九九三、二一〇～二四三頁）

榎本淳一［二〇〇三］「渤海が伝えた『大唐淄青節度康志曀交通之事』について」『日本と渤海の古代史』佐藤信（編）、山川出版社：東京、一五九～一七〇頁

エルンスト＝V＝シャフクノフ（Shavkunov, E. V.）［一九九八］「北東アジア民族の歴史におけるソグド人の黒貂の道」『東アジアの古代文化』九六、一三九～一四九頁

岡野誠［二〇〇〇］「唐の安金蔵の割腹」『法学史研究会会報』五、三三～三七頁

小野川秀美［一九四二］「河曲六胡州の沿革」『東亜人文学報』一—四、一九三～二二六（九五七～九九〇）頁

愛宕元［一九七六］「唐代における官蔭入仕について——衛官コースを中心として」『東洋史研究』三五—二、二四三～二七四頁

——［一九八二］「両京郷里村考」『東洋史研究』四〇—三（再録：『唐代地域社会史研究』同朋舎出版：京都、一九九七、三～九四頁）

小畑龍雄［一九五九］「神策軍の成立」『東洋史研究』一八—一、一五一～一七二頁

――［一九六八］「神策軍の発展」『田村博士頌寿東洋史論叢』同朋社：京都、二〇五～二二〇頁
影山悦子［二〇〇四］「中国北部に居住したソグド人の石製葬具浮彫」『西南アジア研究』六一、六七～七九頁
梶山智史［二〇一三］『北朝隋代墓誌所在総合目録』明治大学東洋史史料叢書、明治大学東アジア石刻文物研究所、汲古書院：東京
勝畑冬実［一九九三］「北魏の部族支配と領民酋長制」『史滴』一四、六八～七二頁
貴田晃・山口謠司［二〇〇七］『大秦景教流行中国碑翻訳資料』大東文化大学人文科学研究所研究報告書：東京
久野健［一九七八］「唐招提寺と安如宝」『古代史論叢』中巻、井上光貞博士還暦記念会編、吉川弘文館：東京、六〇七～六二八頁
桑原隲蔵［一九一五］「ネストル教の僧及烈に関する逸事」『芸文』第六年第一一号（再録：『桑原隲蔵全集　第一巻　東洋史説苑』岩波書店：東京、一九六八、三四一～三四五頁）
――［一九二六］「隋唐時代に支那に来住した西域人に就いて」羽田亨編『内藤博士還暦祝賀支那学論叢』弘文堂：京都（再録：『桑原隲蔵全集』二、岩波書店：東京、一九六八年、二七〇～三六〇頁）
――［一九六八］「大秦景教流行中国碑に就いて」『桑原隲蔵全集　第一巻　東洋史説苑』岩波書店：東京、三八四～四〇九頁
桑山正進［一九八一］「迦畢試国編年史料稿（上）」『仏教芸術』一三七、八六～一一四頁
――［一九九〇］『カーピシー＝ガンダーラ史研究』京都大学人文科学研究所：京都
桑山正進（吉田豊補記）［一九八五］「トハーリスターンのエフタル、テュルクとその城邑」『三笠宮古稀記念　オリエント学論集』日本オリエント学会編、小学館：東京（再録：『カーピシー＝ガンダーラ史研究』京都大学人文科学研究所：京都、一九九〇、三九九～四一一頁）
桑山正進（編）［一九九二］『慧超往天竺国伝研究』京都大学人文科学研究所
氣賀澤保規（編）［二〇〇九］『新版唐代墓誌所在総合目録（増訂版）』明治大学東アジア石刻文物研究所
黄永年［一九八九～九五］（氣賀澤保規：訳・補注）「碑刻学（上）（中）（下）」『書論』二五・二七・二九、一九八九・九一・九五、一三二～一五二頁・一七一～一七七頁・一六〇～一七二頁
後藤勝［一九六八］「西域胡安氏の活動と漢化課程」『岐阜県高等学校社会科教育研究会会報』七、三六～五四頁

――［一九八九］「ソグド系帰化人安吐根について――西域帰化人研究その三――」『聖徳学園岐阜教育大学紀要』一六、二一～三〇頁

斉藤達也［二〇〇三］「隋重建七帝寺記（恵鬱造像記）について――訳註と考察――」『国際仏教学大学院大学研究紀要』六、八七～一二五頁

――［二〇〇七ａ］「安息国・安国とソグド人」『国際仏教学大学院大学研究紀要』一一、一～三二頁

――［二〇〇七ｂ］「ソグド姓をめぐる諸問題――姓氏と国名・通婚問題――」内陸アジア出土古文献研究会二〇〇七年度一〇月例会レジュメ

――［二〇〇九］「北朝・隋唐史料に見えるソグド姓の成立について」『史学雑誌』一一八―一二、三八～六三頁

齋藤勝［二〇〇八］「唐代内附異民族への賦役規定と辺境社会」『史学雑誌』一一七―三、一～三六頁

佐伯好郎［一九一一］『景教碑文研究』待漏書院：東京（再録：大空社：東京、一九九六）

――［一九三五］『景教の研究』名著普及会：東京（覆刻版：一九七八）

酒寄雅志［一九七七］「八世紀における日本の外交と東アジアの情勢――渤海との関係を中心として――」『国史学』一〇三（再録：『渤海と古代の日本』校倉書房：東京、一九七～二三四頁）

佐藤長［一九五八］『古代チベット史研究』同朋社：京都（再版：一九七七）

塩沢裕仁［二〇〇六］「洛陽地区における魏晋南北朝隋唐期の遺跡と文物をめぐる状況」『唐代史研究』九、三～三七頁

白川静［二〇〇四］『字統　新訂』平凡社：東京

白鳥庫吉［一九〇四］「大秦国及び拂菻国に就きて」『史学雑誌』一五―四・五・八・一〇・一一（再録：『白鳥庫吉全集』七、岩波書店：東京、一九七一、一二五～二〇三頁）

――［一九一一］「西域史上の新研究（１）康居考」『東洋学報』一―三（再録：『白鳥庫吉全集』六、岩波書店：東京、一九七〇、五七～九六頁）

――［一九一七］「罽賓国考」『東洋学報』七―一（再録：『白鳥庫吉全集』六、岩波書店：東京、一九七〇、二九五～三五九頁）

――［一九三一～一九四四］「拂菻問題の新解釈」『東洋学報』一九―三・二〇―一・二九―三・四（再録：『白鳥庫吉全集』七、岩波書店：東京、一九七一、四〇三～五九二頁）

菅沼愛語［二〇一〇］「唐・吐蕃会盟の歴史的背景とその意義――安氏の乱以前の二度の会盟を中心に――」『日本西蔵學會々報』五六（加筆訂正版再録：「安史の乱以前の二つの唐・吐蕃会盟――神龍会盟と開元会盟――」『七世紀後半から八世紀の東部ユーラシアの国際情勢とその推移――唐・吐蕃・突厥の外交関係を中心に――』渓水社：広島、一一〇～一四八頁）

菅谷文則［二〇〇七］「鑑真弟子胡国人安如宝と唐招提寺薬師像の埋像について」『日中交流の考古学』同成社：東京、四三〇頁～四三七頁

鈴木靖民［一九九九］「渤海の遠距離交易と荷担者」『アジア遊学』六、九九～一一九頁。

石暁軍［二〇〇六］「隋唐時代における対外使節の仮官と借位」『東洋史研究』六五―一、三七～七七頁

妹尾達彦［一九八四］「唐代長安の街西」『史流』二五、一九八四、一～三一頁

――［二〇〇一］『長安の都市計画』講談社メチエ二二三、講談社：東京

――［二〇〇九］「都市と環境の歴史学」『都市と環境の歴史学』第四集、五二三～五五七頁

ソグド人墓誌研究ゼミナール（石見清裕）

［二〇〇四］「『史射勿墓誌』（隋・大業六年）」『史滴』二六（再録：石見清裕『ソグド人墓誌研究』汲古書院：東京、二〇一六、一五九～一八五頁）

［二〇〇五］「『史訶耽夫妻墓誌』（唐・咸亨元年）」『史適』二七（再録：石見清裕『ソグド人墓誌研究』汲古書院：東京、二〇一六、一八六～二二五頁）

［二〇〇六］「『史道洛夫妻墓誌』（唐・顕慶三年）」『史滴』二八（再録：石見清裕『ソグド人墓誌研究』汲古書院：東京、二〇一六、二二六～二四七頁）

［二〇〇七］「『史鉄棒墓誌』（唐・咸亨元年）」『史滴』二九（再録：石見清裕『ソグド人墓誌研究』汲古書院：東京、二〇一六、二四八～二七六頁）

［二〇〇八］「『史索巖墓誌』（唐・顕慶三年）」『史適』三〇（再録：石見清裕『ソグド人墓誌研究』汲古書院：東京、二〇一六、二七七～三一〇頁）
［二〇〇九］「『史索巖夫人安娘墓誌』（唐・麟徳元年）」『史滴』三一（再録：石見清裕『ソグド人墓誌研究』汲古書院：東京、二〇一六、三一一～三四一頁）
［二〇一〇］「『史道徳墓誌』（唐・儀鳳三年）」『史滴』三二（再録：石見清裕『ソグド人墓誌研究』汲古書院：東京、二〇一六、三四二～三七四頁）
［二〇一一］「太原出土『虞弘墓誌』（隋・開皇十二年）」『史滴』三三（再録：石見清裕『ソグド人墓誌研究』汲古書院：東京、二〇一六、一一四～一五六頁）
［二〇一二］「西安出土『安伽墓誌』（北周・大象元年）」『史滴』三四（再録：石見清裕『ソグド人墓誌研究』汲古書院：東京、二〇一六、三～三〇頁）
曾布川寛・吉田豊（編）［二〇一一］『ソグド人の美術と言語』臨川書店：京都
高橋継男［二〇〇〇］「中国五代十国時期墓誌・墓碑綜合目録稿」『アジア・アフリカ文化研究所研究年報――一九九九年――』三四、一一四～一三六（一三五～一一三）頁
崔弘昭［二〇〇七］「『処容説話』より見た九世紀新羅社会の一風景」学習院大学人文科学研究所講演会レジュメ（二〇〇七年六月二八日）
趙超［二〇〇二］（氣賀澤保規訳）「中国古代石刻資料の世界――石刻学入門」『明大アジア史論集』七、一一六～一三一頁
塚田康信［一九七三］「大秦景教流行中国碑の研究――碑文の通釈――」『福岡教育大学紀要』第五分冊二三、六三～七四頁
辻正博［二〇〇七］「麹氏高昌国と中国王朝――朝貢・羈縻・冊封・征服――」『中国東アジア外交交流史の研究』夫馬進（編）、京都大学学術出版会：京都、五一～八三頁
藤堂明保・加納善光（編）［二〇〇五］『学研新漢和大字典』学習研究社：東京
東野治之［一九八七］「法隆寺献納宝物　香木の銘文と古代の香料貿易――とくにパフラヴィー文字の刻銘とソグド文字の焼印をめ

ぐって――」『Museum』四三三、四～一四頁
――［一九九二a］「香木の銘文と古代の香料貿易」『遣唐使と正倉院』岩波書店：東京、一九九二年、一六一～一八七頁（初出：「法隆寺献納宝物　香木の銘文と古代の香料貿易――とくにパフラヴィー文字の刻銘とソグド文字の焼印をめぐって――」『Museum』四三三、一九八七年：「法隆寺伝来の香木と古代の生薬輸入」『和漢薬』四一三、一九八七年）
――［一九九二b］「正倉院文書からみた新羅文物」『遣唐使と正倉院』岩波書店：東京、一九九二年、一一七～一三〇頁（初出：「正倉院文書からみた新羅文物」『日本のなかの朝鮮文化』四七、一九八〇年：「奈良仏教と写経」平田寛（編）『奈良仏教』図説日本の仏教一、新潮社：東京、一九八九年）
内藤みどり［一九六三］「東ローマと突厥との交渉に関する史料――Menandri Protectoris Fragmenta訳注――」『遊牧社会史探究』二二、遊牧社会研究グループ（加筆訂正版再録：『西突厥史の研究』早稲田大学出版部：東京、一九八八、三七四～三九五頁）
――［一九八八］「乙毗咄陸可汗とその葉護たち」『西突厥史の研究』早稲田大学出版部：東京、一八五～二六〇頁
中田美絵［二〇〇七］「不空の長安仏教界台頭とソグド人」『東洋学報』八九―三、二九三～三二五頁
――［二〇一一］「八世紀後半における中央ユーラシアの動向と長安仏教界――徳宗期『大乗理趣六波羅蜜多経』翻訳参加者の分析より――」『関西大学東西学術研究所紀要』四四、一五三～一八九頁
中田裕子［二〇〇九］「唐代六胡州におけるソグド系突厥」『東洋史苑』七二、三三～六六頁
中田勇次郎［一九七五］「中国の墓誌」『中国墓誌精華』附録、中央公論社：東京、七～二五頁
布目潮渢［一九六二］「唐代符制考――唐律研究（二）――」『立命館文学』二〇七、一～三五頁
羽田明［一九七一］「ソグド人の東方活動」「東西文化の交流」『東アジア世界の形成Ⅲ　内陸アジア世界の形成』（岩波講座世界歴史6）岩波書店：東京、四〇九～四三四頁
羽田亨［一九一三］「波斯国酋長阿羅憾丘銘」『東洋学報』三―三（再録：『羽田博士史学論文集』下巻言語・宗教編、東洋史研究会：京都、一九五八、三八五～三九五頁）
――［一九二三］「漠北の地と康国人」『支那学』三―五（再録：『羽田博士史学論文集』上巻（歴史篇）、京都大学東洋史研究会：

京都、一九五七年、三九五〜四〇五頁

――［一九三〇］「唐光啓元年書写沙州・伊州地志残巻に就いて」『小川博士還暦記念地学論叢』弘文堂書房（再録『羽田博士史学論文集』上巻（歴史篇）、京都大学文学部東洋史研究会：京都、一九五七年、五八五〜六〇五頁）

日野開三郎［一九六八］「州県城邑の邸店」『唐代邸店の研究』日野開三郎：福岡（再録：『日野開三郎東洋史学論集』一七（唐代邸店の研究）三一書房：東京、一九九二年、二五九〜六四六頁）

平岡武夫［一九五四］『唐代研究のしおり　第一　唐代の暦』京都大学人文科学研究所索引編集委員会：京都

平田陽一郎［二〇一一］「西魏・北周の二十四軍と『府兵制』」『東洋史研究』七〇―二、二二五〜二五九頁

平田陽一郎・山下将司［二〇一六］「『唐・翟天徳墓誌』の訳注と考察」『沼津工業高等専門学校研究報告』五〇、一〇五〜一一〇頁

福島恵［二〇〇五］「唐代ソグド姓墓誌の基礎的考察」『学習院史学』四三、一三五〜一六二頁

――［二〇〇七］→中文

――［二〇一〇］「罽賓李氏一族攷――シルクロードのバクトリア商人」『史学雑誌』一一九―二、二〇一〇、三五〜五八頁

――［二〇一一］「『安元寿墓誌』（唐・光宅元年）訳注」森安孝夫（編）『ソグドからウイグルへ』、汲古書院：東京、一四一〜一七四頁

――［二〇一三a］「『洛陽景教経幢』と洛陽のソグド人――『感徳郷』はソグド人聚落か――」『ソグド人の東方活動に関する基礎的研究』平成二一〜二四年度科学研究費補助金基盤研究（B）研究成果報告書、研究代表：森部豊（関西大学文学部・教授）、八三〜一〇四頁

――［二〇一三b］「唐の中央アジア進出とソグド系武人――『史多墓誌』を中心に――」『学習院大学文学部研究年報』五九、二七〜五四頁

――［二〇一三c］「北朝隋唐期におけるソグド人の東方移住とその待遇――新出墓誌史料を中心に――」『唐代史研究』一六、六〜三七頁

――［二〇一四］「長安・洛陽のソグド人」『ソグド人と東ユーラシアの文化交渉』アジア遊学一七五、森部豊編、勉誠出版：東

京、一四〇〜一六〇頁
――［二〇一六a］→中文
――［二〇一六b］「唐代における景教徒墓誌――新出『花献墓誌』を中心に――」『唐代史研究』一九、四二〜七六頁
藤田豊八［一九二五］「薩宝につきて」『史学雑誌』三六―三（再録：『東西交渉史の研究――西域篇――』国書刊行会：東京、一九七四年、二七九〜三〇七頁）
藤善真澄［一九六六］『安禄山――皇帝の座をうかがった男』人物往来社（再版：中公文庫、中央公論新社：東京、二〇〇〇年）
――［一九八四］『安禄山と楊貴妃　安史の乱始末記』清水新書一二、清水書院：東京
前嶋信次［一九五八〜一九五九］「タラス戦考」『史学』三一―一〜四・三二―一（再録：『東西文化交流の諸相』、誠文堂新光社：東京、一九七一、一二九〜二〇〇頁）
松田壽男［一九二九］「西突厥王庭考」『史学雑誌』四〇―一〜四（再録：『古代天山の歴史地理学的研究（増補版）』早稲田大学出版部：東京、一九七〇年、二四八〜二九一頁）
――［一九三〇］「弓月についての考」『東洋学報』一八―四（再録：『古代天山の歴史地理学的研究（増補版）』早稲田大学出版部：東京、一九七〇年、三二四〜三五六頁）
――［一九三七］「吐谷渾遣使考」『史学雑誌』四八―一一・一二（再録：『松田壽男著作集　東西文化の交流Ⅱ』四、六興出版：東京、一九八七年、六八〜一二六頁）
――［一九六二］「伊吾屯田考」『和田博士古稀記念東洋史論叢』講談社（再録：「伊吾屯田について」『古代天山の歴史地理学的研究（増補版）』早稲田大学出版部：東京、一九七〇年、五四二〜四五九頁）
――［一九六四］「青海史論」『東洋学術研究』三―二（再録：『松田壽男著作集　東西文化の交流Ⅱ』四、六興出版：東京、一九八七年、一三五〜一五二頁）
松田壽男・森鹿三（編）［一九六六］『アジア歴史地図』平凡社：東京
森鹿三［一九四七］「新出敦煌石室遺書特に壽昌縣地鏡について」『東洋史研究』一〇―二（再録：『東洋史学研究　歴史地理篇』同

明社：京都、一九七〇年、三〇九～三二四頁）
森部豊［一九九七］「『唐魏博節度使何弘敬墓誌銘』試釈」『吉田寅先生古稀記念アジア史論集』吉田寅先生古稀記念論文集編集委員会：東京、一二五～一四七頁
――［一九九八］→中文
――［二〇〇一］「後晋安万金・何氏夫妻墓誌銘および何君墓誌銘」『内陸アジア言語の研究』一六、一～六九頁
――［二〇〇四］「唐末五代の代北におけるソグド系突厥と沙陀」『東洋史研究』六二―四、六〇～九三頁
――［二〇一〇］『ソグド人の東方活動と東ユーラシア世界の歴史的展開』関西大学出版部：大阪
――［二〇一二］「『安史の乱』三論」『アジアにおける文化システムの展開と交流』森部豊・橋寺知子編著、関西大学出版部：大阪、一～三四頁
――［二〇一三］『安禄山――『安史の乱』を起こしたソグド軍人――』世界史リブレット一八、山川出版社：東京（附注版：「『安禄山』研究篇」『ソグド人の東方活動に関する基礎的研究』平成二一～二四年度科学研究費補助金基盤研究（Ｂ）研究成果報告書、研究代表：森部豊（関西大学文学部・教授）、九～四六頁）
――［二〇一四ａ］「総論ソグド人と東ユーラシアの文化交渉」『ソグド人と東ユーラシアの文化交渉』森部豊編、勉誠出版：東京、四～一四頁
――［二〇一四ｂ］「八世紀半ば～十世紀の北中国政治史とソグド人」『ソグド人と東ユーラシアの文化交渉』森部豊編、勉誠出版：東京、一七四～一九七頁
森部豊（編）［二〇一四］『ソグド人と東ユーラシアの文化交渉』アジア遊学一七五、勉誠出版：東京
森部豊・石見清裕［二〇〇三］「唐末沙陀『李克用墓誌』訳注・考察」『内陸アジア言語の研究』一八、一七～五二頁
護雅夫［一九六五］「東突厥国家内部の胡人」『古代学』一二―一（再録：「東突厥国家内部におけるソグド人」『古代トルコ民族史研究』Ｉ、山川出版社：東京、一九六七、六一～九三頁）
――［一九七六］『古代遊牧帝国』中公新書四三七、中央公論社：東京

森安孝夫［一九八二］「景教」『渦巻く諸宗教』オリエント史講座第三巻、学生社：東京、二六三～二七五頁
――［一九八四］「吐蕃の中央アジア進出」『金沢大学文学部論集　史学科篇』四（追補版：『東西ウイグルと中央ユーラシア』名古屋大学出版社：名古屋、二〇一五、一三二～二二九頁）
――［一九九一］『ウイグル＝マニ教史の研究』『大阪大学文学部紀要』三一・三二合併号
――［二〇〇七ａ］『シルクロードと唐帝国』興亡の世界史五、講談社：東京
――［二〇〇七ｂ］「唐代における胡と仏教的世界地理」『東洋史研究』六六―三、（追補版：『東西ウイグルと中央ユーラシア』名古屋大学出版社：名古屋、二〇一五、三七六～三七七頁）
――［二〇一一］「日本におけるシルクロード上のソグド人研究の回顧と近年の動向（増補版）」『ソグドからウイグルへ』汲古書院：東京、三～四六頁
――［二〇一五］『東西ウイグルと中央ユーラシア』名古屋大学出版社：名古屋
森安孝夫（編）［二〇一一］『ソグドからウイグルへ』汲古書院：東京
森安達也［一九七八］『キリスト教史Ⅲ』世界宗教史叢書三、山川出版社：東京
家島彦一［一九八七］「インド洋におけるシーラーフ系商人の交易ネットワークと物品の流通」『深井晋司博士追悼シルクロード美術論集』田辺勝美・堀晄（編）、吉川弘文館：東京、一九九～二二四頁
――［一九八九］「法隆寺伝来の刻銘入り香木をめぐる問題――沈香・白檀の産地と七・八世紀のインド洋貿易――」『アジア・アフリカ言語文化研究』三七（改訂版再録：「沈香・白檀の産地とイラン系商人の活動」『海域から見た歴史――インド洋と地中海を結ぶ交流史』名古屋大学出版社：名古屋、二〇〇六、五〇五～五三二頁）
山口博［一九九六］「渤海を経由してのソグド人来日」『環日本海論叢』一一、一三～三二頁
山下将司［二〇〇四］「新出土史料より見た北朝末・唐初間ソグド人の存在形態――固原出土史氏墓誌を中心に」『唐代史研究』七、六〇～七七頁
――［二〇〇五］「隋・唐初の河西ソグド人軍団――天理図書館蔵『文館詞林』「安修仁墓碑銘」残巻をめぐって――」『東方学』

一一〇、六五～七八頁
――［二〇〇八］「唐の監牧制と中国在住ソグド人の牧馬」『東洋史研究』六六―四、五三九～五六九頁
――［二〇一一］「北朝時代後期における長安政権とソグド人――西安出土『北周・康業墓誌』の考察――」『ソグドからウイグルへ』森安孝夫編、汲古書院：東京（再録：『ソグド人墓誌研究』石見清裕編著、汲古書院：東京、八一～一一三頁）
――［二〇一二］「唐の太原挙兵と山西ソグド軍府――『唐・曹怡墓誌』を手がかりに――」『東洋学報』九三―四、三一～五九頁
――［二〇一六］→中文
楊寛［一九八七］「西周都城の配置構造」『中国都城の起源と発展』西嶋定生監訳、尾形勇・高木智見共訳、学生社：東京、五三～六九頁
横張和子［二〇〇一］「サミット（緯錦）の成立とその展開」『シルクロード染色史』講談社：東京、七一～一二八頁
吉田豊［一九八八］「ソグド語雑録（Ⅱ）」『オリエント』三一―二、一九八九、一六五～一七六頁
――［一九八九］「ソグド語の人名を再構する」『三省堂ぶっくれっと』七八、六六～七一頁
――［一九九四］「ソグド文字で表記された漢字音」『東方学報』六六（京都）、三八〇～二七一頁（逆頁）
――［二〇〇五］→中文
――［二〇一一ａ］「ソグド人とソグドの歴史」『ソグド人の美術と言語』曾布川寛・吉田豊編、臨川書店：京都、七～七八頁
――［二〇一一ｂ］「西安出土北周『史君墓誌』ソグド語部分」『ソグドからウイグルへ』森安孝夫編、汲古書院：東京（再録：『ソグド人墓誌研究』石見清裕編著、汲古書院：東京、八〇～六一頁（逆頁））
律令研究会［一九七九］『訳注日本律令』五、東京堂出版：東京
呂英亭［二〇〇三］「宋麗関係与密州板橋鎮」『海交史研究』二〇〇三―二（翻訳版：平沢加奈子訳「宋麗関係と密州板橋鎮」『『入唐求法巡礼行記』に関する文献校定および基礎的研究』平成一三～一六年度科学研究費補助金（基盤研究Ｃ（二））研究成果報告書（研究代表者：田中史生）二〇〇四年、八一～八八頁）

和田萃・竹田政敬［一九九三］「奈良・藤原京右京五条四坊」『木簡研究』一五、二二六～二三三頁
B．I．マルシャーク・穴沢咊光「北周李賢夫妻墓とその銀製水瓶について」『古代文化』一九八九―一二、四九～五七頁
E．G．プーリィブランク［一九五二］「安禄山の出自について」『史学雑誌』六一―四、四二～五七頁

二、中文（ピンインアルファベット順）

阿米・海勒（Amg Heller）［二〇〇三］（霍川訳）「青海都蘭的吐蕃時期墓葬」『青海民族学院学報（社会科学版）』第二九巻第三期、三二～四七頁
蔡鴻生［一九九二］「唐代九姓胡礼俗叢考」『文史』三五（再録：『唐代九姓胡与突厥文化』中華書局：北京、一九九八年、一八～二四頁）
――［二〇〇四］「『読鶯鶯伝』的眼界和思路」『仰望陳寅恪』中華書局：北京
陳海濤・劉恵琴［二〇〇六ａ］「世俗生活所反映唐代入華粟特人的漢化――以墓誌材料為中心」『来自文明十字路口的民族――唐代入華粟特人研究』商務印書館：北京、三七七～四二五頁
――［二〇〇六ｂ］「唐代入華粟特人的類別、階段及其原因」『来自文明十字路口的民族――唐代入華粟特人研究』商務印書館：北京、七六～一一二頁
陳垣［一九五六］『二十史朔閏表』古籍出版社：北京
陳志謙［一九九五］「安元寿及妻翟氏墓誌考述」『陝西碑石墓誌資料彙編』西安碑林博物館編、西北大学出版社：西安、七〇二～七〇八頁
程林泉［二〇〇六］「西安北周李誕墓的考古発現与研究」『西部考古』一、三九一～四〇〇頁
程林泉・張小麗［二〇〇五］「第七座有囲屏石榻的粟特人墓葬――北周康業墓」『文物天地』二〇〇五―三、四八～五二頁
程林泉・張小麗・張翔宇・李書鎖［二〇〇五］「西安北郊発現北周婆羅門後裔墓葬」『中国文物報』二〇〇五年一〇月二一日、第一面

程林泉・張小麗・張翔宇［二〇〇五］「談談対北周李誕墓的幾点認識」『中国文物報』二〇〇五年一〇月二一日、第七面
程林泉・張翔宇・張小麗［二〇〇五］「西安北周李誕墓初探」『芸術史研究』八、二九九～三〇八頁
程林泉・張小麗・張翔宇・王磊・李書鎖［二〇〇六］「西安北郊北周李誕墓」『二〇〇五中国重要考古発現』文物出版社：北京、一二三～一二八頁
中国大百科全書総編集委員会［一九九〇］『中国大百科全書』外国歴史Ⅰ、中国大百科全書出版社：北京
段志凌［二〇一四］「陝西延安新出土唐吐火羅人羅何含墓誌」『文物』二〇一四―八、六三～六八頁
国家文物局（主編）［一九九一］『中国文物地図集』河南分冊、中国地図出版社：北京
福島恵［二〇〇七］「唐代的粟特人與『東亞海』交流」『中国史研究』四六、六五～七八頁
――［二〇一六a］「絲綢之路青海道上的粟特人――从看『康令惲墓誌』鄯州西平康氏一族――」『粟特人在中国――考古発現与出土文献的新印証』栄新江・羅豊主編、科学出版社：北京、一一六～一三一頁
葛楽耐（Grenet, F.）［二〇〇五］「粟特人的自画像」『粟特人在中国――歴史・考古・語言的新探索』法国漢学一〇、《法国漢学》叢書編輯委員会、中華書局：北京、三〇六～三二三頁
葛承雍［二〇〇一］「唐代長安一個粟特家庭的景教信仰」『歴史研究』二〇〇一―三（再録『唐韵胡音与外来文明』中華書局：北京、二〇〇六、二三一～二四一頁）
――［二〇〇八］「西安・洛陽唐両京出土景教石刻比較研究」『文史哲』二〇〇九―二（再録：『景教遺珍：洛陽新出唐代景教経幢研究』葛承雍主編、文物出版社：北京、二〇〇九、一二二～一三三頁）
郭茂育・趙振華［二〇〇七］「唐『史孝章墓誌』研究」『中国辺疆史研究』二〇〇七―四、一一五～一二一頁
黄永年［一九八九～九五］→日文
霍巍［二〇〇五］「粟特人与青海道」『四川大学学報（哲学社会科学版）』二〇〇五年第二期、九四～九八頁
何永成［一九九〇］『唐代神策軍研究―兼論神策軍与中晩唐政局』台湾商務印書館：台北
賀梓城［一九八四］「唐長安城歴史与唐人生活習俗」『文博』一九八四―一、三五～四三頁

吉田豊［二〇〇五］「西安新出史君墓誌的粟特文部分考釈」『粟特人在中国——歴史、考古、語言的新探索』法国漢学一〇、《法国漢学》叢書編輯委員会、中華書局：北京、一八〜四二頁
焦建輝［二〇一三］「龍門石窟紅石溝唐代景教遺迹調査及相関問題探討」『石窟寺研究』四、一七〜二二頁
頼瑞和［二〇〇三］「唐代的翰林待詔和司天台——関于『李素墓志』和『卑失氏墓志』的再考察」『唐研究』九、三一五〜三四二頁
呂英亭［二〇〇三］→日文
羅豊［一九九六］「史氏墓誌考釋」『固原南郊隋唐墓地』文物出版社：北京（再録：「隋唐史氏墓誌」『胡漢之間——〝絲綢之路〟與西北歴史考古』文物出版社：北京、二〇〇四年、四二三〜四九一頁）
——［二〇〇〇］「流寓中国的中亜史国人」『国学研究』四、北京大学出版社：北京（再録：『胡漢之間——〝絲綢之路〟與西北歴史考古』文物出版社：北京、二〇〇四、二〇七〜二四七頁）
羅香林［一九五八］「景教徒阿羅憾等為武則天皇后営造頌徳天枢考」『清華学報』新一—三（再録：『唐元二代之景教』中国学社：香港、一九六六、五七〜六九頁）
羅炤［二〇〇七］「洛陽新出土『大秦景教宣元至本経及幢記』石幢的幾個問題」『世界宗教研究』二〇〇七—四・『文物』二〇〇七—六（再録：『景教遺珍：洛陽新出唐代景教経幢研究』葛承雍主編、文物出版社：北京、二〇〇九、三四〜五八頁）
黎大祥［一九九八］「武威大唐上柱国翟公墓清理簡報」『隴右文博』一九九八—一（再録：『武威文物研究文集』甘粛文化出版社：蘭州、二〇〇二、一七六〜一八四頁）
李昊陽（主編）、胡元超（編著）［二〇〇六］「昭陵文史名碑今訳」『昭陵文史宝典』三秦出版社：西安、二七六〜二八〇頁
李鴻賓［一九九三］「史道徳族属問題再考察」『慶祝王鐘翰先生八十寿辰論文集』遼寧大学出版社（再録：『隋唐五代諸問題研究』中央民族大学出版社：北京、二〇〇六、三〇〜四四頁）
李明・劉呆運［二〇一四］「唐竇希瓘神道碑研究」『考古与文物』二〇一四—五、九五〜一〇一頁
李宗俊・周正［二〇一五］「唐張茂宣墓志考釈」『中国辺疆史地研究』二五—四、一五八〜一六六頁
林梅村［一九九五］「洛陽出土唐代猶太僑民阿羅憾墓誌跋」『西域文明』東方出版社：北京、九四〜一一〇頁

劉淑芬［二〇〇八］『滅罪与度亡――仏頂尊勝陀羅尼経幢之研究』上海古籍出版社：上海
劉志慶［二〇一四］「龍門西山景教墓葬遺跡可能是景教集体墓地」（http：//china.ucanews.com/2014/02/07/【特稿】龍門西山景教墓葬遺跡可能是景教集體墓／）
盧兆蔭［一九八六］「何文哲墓誌考釈――兼談隋唐時期在中国的中亜何国人」『考古』一九八六―九、八四一～八四八頁
洛陽市第二文物工作隊［二〇〇九］「洛陽景教石経幢出土的調査」『景教遺珍：洛陽新出唐代景教経幢研究』文物出版社：北京、一六五～一七〇頁
山下将司［二〇一六］「軍府与家業――北朝末至唐初的粟特人軍府官和軍団」『粟特人在中国――考古発現与出土文献的新印証』栄新江・羅豊主編、科学出版社：北京、五五八～五七一頁
馬馳［一九九一］「史道徳的族属、籍貫及後人」『文物』一九九一―五、三八～四一頁
馬小鶴［二〇〇四］「唐代波斯国大酋長阿羅憾墓誌考」『中外関係史――新史料与新問題』栄新江・李孝聡主編、化学出版社：北京、九九～一二七頁
毛陽光［二〇〇九］「新見四方唐代洛陽粟特人墓誌考」『中原文物』二〇〇九―六、七四～八〇頁
――［二〇一四］「洛陽新出土唐代景教徒花献及其妻安氏墓誌初探」『西域研究』二〇一四―二、八五～九一頁
寧夏回族自治区固原博物館・羅豊（編著）［一九九六］『固原南郊隋唐墓地』文物出版社：北京
牛致功［一九九九］「『安元寿墓誌銘』中的幾個問題」『史学月刊』一九九九―三、三七～四〇頁
――［二〇〇一］「関于唐与突厥在渭水便橋議和罷兵的問題――読『執失善光墓誌銘』」『中国史研究』二〇〇一―三、五五～六二頁
唐長孺［一九八九］「跋唐天寶七載封北嶽恒山安天王銘」『山居存稿』中華書局（再版：『山居存稿』中華書局：北京、二〇一一年、二八三～三〇二頁）
栄新江［一九九六］「胡人対武周政権之態度」『民大史学』一（再録：『中古中国与外来文明』三聯書店：北京、二〇〇四～二二一頁）
――［一九九八］「一個入仕唐朝的波斯景教家族」『伊朗学在中国論文集』第二集（再録：『中古中国与外来文明』三聯書店：北京、

二〇〇一、二三八～二五七頁）
――［一九九九a］「北朝隋唐粟特人之遷徙及其聚落」『国学研究』六（再録：『中古中国与外来文明』三聯書店：北京、二〇〇一、三七～一一〇頁）
――［一九九九b］「『歴代法宝記』中的末曼尼和弥師訶」『蔵学研究叢刊――賢者新宴』（再録：『中古中国与外来文明』三聯書店：北京、二〇〇一、三四三～三六八頁）
――［二〇〇一］「北朝隋唐粟特聚落的内部形態」『中古中国与外来文明』三聯書店：北京、一一一～一六八頁
――［二〇〇三］「安史之乱后粟特胡人的動向」『曁南史学』二、紀宗安・湯開建主編、曁南大学出版社：広州（再録：『中古中国与粟特文明』三聯書店：北京、二〇一三、七九～一一三頁）
――［二〇〇七］「北朝隋唐粟特人之遷徙及其聚落補考」『欧亜学刊』六（修訂版再録：『中古中国与粟特文明』三聯書店：北京、二〇一三、二二～四一頁）
――［二〇一〇］「安禄山的種族・宗教信仰及其叛乱基礎」『隋唐遼宋金元史論叢』一、黄正建主編、紫禁城出版社：北京（再録：『中古中国与粟特文明』三聯書店：北京、二〇一三、二六六～二九一頁）
――［二〇一一］→日文
――［二〇一三］「新出碑誌與唐長安里坊研究」中央大学講演原稿、二〇一三年三月四日
森部豊［一九九八］「略論唐代霊州和河北」『漢唐長安与黄土高原』（中国歴史地理論集）、史念海編、陝西師範大学中国歴史地理研究所：西安、二五八～二六五頁
石暁軍［二〇〇六］→日文
蘇航［二〇〇五］「北朝末期至隋末唐初粟特聚落郷団武装論述」『文史』二〇〇五―四、一七三～一八六頁
陝西省考古研究所［二〇〇一］「西安発現的北周安伽墓」『文物』二〇〇一―一、四～二六頁
陝西省考古研究所（編）［二〇〇三］『西安北周安伽墓』文物出版社：北京
山西省考古研究所・太原市文物考古研究所・太原市晋源区文物旅游局［二〇〇五］『太原隋虞弘墓』文物出版社：北京

史紅師［一九九九］「唐両京『聖善寺』考辨」『中国歴史地理論叢』一九九九―四、二四八頁
譚其驤［一九四七］「羯考」『益世報』一九四七年一月九日『歴史与伝説』一（再録：『長水集』上、人民出版社：北京、一九八七、二二四～二三三頁）
譚其驤（主編）［一九八二］『中国歴史地図集』第四・五冊、中国地図出版社：北京
王振国［二〇〇六］『龍門石窟与洛陽佛教文化』中州古籍出版社：鄭州
王育龍［二〇〇〇］「唐長安城東出土的康令惲等墓誌跋」『唐研究』六、三九五～四〇五頁
王維坤［二〇〇八］「論西安北周粟特人墓和罽賓人墓的葬制和葬俗」『考古』二〇〇八―一〇、七一～八一頁
王仲犖［一九五七］「試釈吐魯番出土的幾件有関過所的唐代文書」『文物』一九五七―七、三五～四二頁
――［一九七九］『北周六典』中華書局：北京
――［一九八〇］『北周地理志』中華書局：北京
魏文斌・呉葒［二〇〇二］「炳霊寺石窟的唐蕃関係史料」『敦煌研究』二〇〇二―一、一二八～一三三頁
温玉成［一九八三］「龍門所見中外交通史料初探」『西北史地』一九八三―一、六一～六八頁
翁紹軍［一九九六］『漢語景教文典詮解』三聯書店：北京
呉廷燮［一九八〇］『唐方鎮年表』中華書局：北京
呉玉貴［一九九七］「涼州粟特胡人安氏家族研究」『唐研究』三、二九五～三三八頁
向達［一九三三］「唐代長安与西域文明」『唐代長安与西域文明』（燕京学報専号二）哈仏燕京社（再録：『唐代長安与西域文明』河北出版社：石家荘、二〇〇一、三～一一二頁）
西安市地図集編纂委員会［一九八九］『西安市地図集』西安地図出版社会：西安
西安市文物保護考古所［二〇〇四］「西安市北周史君石椁墓」『考古』二〇〇四―七、三八～四九頁
――［二〇〇五ａ］「西安北周康業墓」『二〇〇四中国重要考古発現』文物出版社：北京、一二三～一三〇頁
――［二〇〇五ｂ］「西安北周涼州薩保史君墓発掘簡報」『文物』二〇〇五―三、四～三三頁

夏鼐［一九五八］「青海西寧出土的波斯薩珊朝銀幣」『考古学報』一九五八―一、一〇五～一一〇頁
謝海平［一九七八］『唐代留華外国人生活考述』台湾商務印書館：台北
許新国［一九九四］「都蘭吐蕃墓中鍍金銀器族属粟特系統的推定」『中国蔵学』一九九四―四、三一～四五頁
許新国・趙豊［一九九一］「都蘭出土絲織品初探」『中国歴史博物館館刊』総号一五～一六期、六三～八一頁
厳耕望［一九八五］『唐代交通図考』第二冊、中央研究院歴史語言研究所：台北
閻文儒［一九八九］「唐米継芬墓誌考釈」『西北民族研究』一九八九―二（総号第五期）、一五四～一六〇頁
楊寛［一九八七］→日文
姚薇元［一九五八］『北朝胡姓考』科学出版社：北京
殷小平・林悟殊［二〇〇九］「幢記若干問題考釈――唐代洛陽景教経幢研究之二」『景教遺珍：洛陽新出唐代景教経幢研究』葛承雍主編、文物出版社：北京、九二～一〇六頁
殷憲［二〇〇六］「『唐石善達墓誌』考略」『唐研究』一二、四五九～四七八頁
余扶危・張剣（主編）［二〇〇二］『洛陽出土墓誌卒葬地資料彙編』北京図書館出版社：北京
張宝璽［一九九三］「炳霊寺石窟大仏的創建年代及甘粛十代大仏」『炳霊寺石窟』甘粛人民出版社：蘭州（再録：『炳霊寺石窟研究論文集』王亨通・杜斗城主編、甘粛、一八八～一九二頁）
張沛（編著）［二〇〇三］『唐折衝府彙考』三秦出版社：西安
張銘心・張永兵［二〇〇六］「吐魯番交河溝西墓地新出土墓誌及其書法」『経典芸苑』三、四四～四九頁
張乃翥［二〇〇七］「跋洛陽出土的一件唐代景教石刻」『西域研究』二〇〇七―一（再録：『景教遺珍：洛陽新出唐代景教経幢研究』葛承雍主編、文物出版社：北京、二〇〇九、五～一六頁）
――［二〇〇九］「洛陽景教経幢与唐東都『感徳郷』的胡人聚落」『中原文物』二〇〇九―二、九八～一〇六頁
趙超［二〇〇二］→日文
――［二〇一六］「介紹胡客翟門生墓門誌銘及石屏風」『粟特人在中国――考古発現与出土文献的新印証』栄新江・羅豊主編、科学

出版社：北京、六七三〜六八四頁
趙君平［一九九八］「隋皇朝将軍李陀墓誌」『書法』一九九八—二、二八〜三一・四一頁
趙暁軍・褚衛紅［二〇〇七］「洛陽新出大秦景教石経幢校勘」『河南科技大学学報』二〇〇七—三（再録：『景教遺珍：洛陽新出唐代景教経幢研究』葛承雍主編、文物出版社：北京、二〇〇九、一五七〜一六三頁）
趙振華［二〇〇九］「唐代粟特人史多墓誌初探」『湖南科技学院学報』三〇—一一、七九〜八二頁
——［二〇一六］「唐代易州一個漢化的突厥化粟特裔部落——『高陽軍馬軍十将曹太聡墓誌』研究」『粟特人在中国——考古発現与出土文献的新印証』栄新江・羅豊主編、科学出版社：北京、六八五〜七〇六頁
昭陵博物館［一九八八］「唐安元寿夫妻墓発掘簡報」『文物』一九八八—一二、三七〜四九頁
朱謙之［一九六八］『中国景教』（再版：人民出版社：北京、一九九八）

三、欧文（アルファベット順）

Chavannes, Ed. / Pelliot, P.［1913］"Un traité manichéen retrouvé en Chine." *Jounal Asiatique*, 1913 janv.-févr., pp.99-199.
Clauson, G.［1972］*An Etymological Dictionary of Pre-Thirteenth-Century Turkish.* Oxford : Clarendon Press.
De La Vaissière, É.［2005］*Sogdian Traders, A History.* Translated by James Ward, Leiden/Boston : Brill.
Erdal, M.［2004］*A Grammar of Old Turkic.* Leiden/Boston : Brill.
Forte, A.［1996］"On the so-called Abraham from Persia.A case of mistaken identity.," Paul Pelliot, *L'inscription nestorienne de Si-ngan-fou.* Edited with supplements by Antonino Forte., Kyoto: Scuola di Studi sull, Asia Orientale, Paris: Institut des Hautes Études Chinoises（Collège de France）, pp.374-428.
Grenet, F.［1984］*Les pratiques funéraires dans l'Asie centrale sédentaire, de la conquête grecque à l'islamisation*, Paris: Editions du Centre national de la recherche scientifique.
Karlgren, B.［1957］*Grammata Serica Recensa.* Stockholm.（Reprint : 1996）.

Kim Yongmun [2005] "New Evidence for Sogdian Costume." *Life and Religion on the Silk Road, International Conference 2005, Korean Association for Central Asian Studies*.

Legge, J. [1888] *The nestorian monument of Hsî-an Fû in Shen-hsî, China: relating to the diffusion of Christianity in China in the seventh and eighth centuries with the Chinese text of the inscription, a translation, and notes and a lecture on the monument with a sketch of subsequent Christian Missions in China and their present state.,* London: Trübner (Reprint: New York: Paragon book, 1966).

Lévi, S. [1895] "Note additionnelle: Le Kipin, situation et historique." *Journal Asiatique*, Série. 9, Tome 6, pp371-384.

—— [1896] "Note rectificative sur le Ki-pin." *Journal Asiatique*, Série. 9, Tome 7, pp.161-162.

Li Tang (唐莉) [2016] "Critical Remarks on a So-called Newly Discovered Jingjiao Epitaph from Luoyang with a Preliminary English Translation." Li Tang & Winkler(eds.), *Winds of Jingjiao : Studies in Syriac Christianity in China and Central Asia*, Lit Verlag : Wien ; Zürich, pp.27-40

Marshak, B. I. [2004] "Eight-lobed bowl." *CHINA: Dawn of a Golden Age, 200-750 AD*, New York: Metropolitan Museum of Art, New Haven: Yale University Press.

Moriyasu Takao [2008] "Japanese research on the history of the Sogdians along the Silk Road, mainly from Sogdiana to China." *Acta Asiatica*, 94, Toho Gakkai: Tokyo pp.1-39

Неразцк, Е. Е. [1999] "Хорезм в IV-VIII вв." ответственный редактор тома Г.А. Брыкина, *Средняя Азия и Дальний Восток в эпоху средневековья. Средняя Азия в раннем средневековье*, Moskva: "Nauka", pp.30-49. (With parts in English translation at http://www.kroraina.com/ca/h_khorezm.html)

Nöldeke, Th. [1879] *Geschichte der Perser und Araber zur Zeit der Sasaniden, aus der arabischen Chronik des Tabari/übersetzt und mit ausführlichen Erläuterungen und Ergänzungen versehn von Th. Nöldeke,* Leyden: E. J. Brill

Pelliot, P. [1912] "Les influences iraniennes en Asie centrale et en ExtrÊme-Orient." *Revue d'histoire et de littérature religieuses*,

1912, pp.97-119.

—— [1914] "Sur l'origine du nom de Fou-lin." *Journal Asiatique*, 1914 mars.-avril., pp.497-500.

—— [1916] "Le 'Cha-tcheou-tou-fou-t'ou-king' et la colonie sogdienne de la regiőn du Lob Nor." *Journal Asiatique*, 1916 jan.-fév., pp.111-123.

Petech, L. [1950] "Appendix: Chi-Pin." *Northern India according to the Shui-ching-chu*, Serie Orientale Roma, II, Roma, pp.63-80

Pulleyblank, E. G. [1962] "The consonantal system of old Chinese Part II." *Asia Major*, Vol.9/2, pp.218-219.

Sims-Williams, N. [1989-92] *Sogdian and other Iranian Inscriptions of the Upper Indus* (Corpus Inscriptionum Iranicarum Pt. II Vol. III/2), 2 vols, London: The School of Oriental and African studies

—— [1989] *Sogdian and other Iranian Inscriptions of the Upper Indus*, Corpus Inscriptionum Iranicarum, Pt.II Inscriptions of the Seleucid and Parthian Periods and of Eastern Iran and Central Asia, vol.III, Sogdian 1, London: The School of Oriental and African studies.

—— [1996] "The Sogdian Merchants in China and India." A. Cadonna / L. Lanciotti (ed.), *Cina e Iran da Alessandro Magno alla Dinastia Tang*, Florence: Olschki, pp.45-67

—— [1997] "Zu den iranischen Inschriften." von Gérard Fussman und Ditte König; mit Beiträgen von Oskar von Hinüber, *Die Felsbildstation Shatial*, Mainz: P. von Zabern, pp.62-72

—— [2001] "The Sogdian Ancient Letter II." M. G. Schmidt / W. Bisang (ed.), *Philologica et Linguistica: Historia, Pluralitas, Universitas. Festschrift für Helmut Humbach zum 80. Geburtstag am 4. Dezember 2001*, Wissenschaftlicher Verlag Trier: Germany, pp.267-280.

—— [2007] *BACTRIAN DOCUMENTS: from Northern Afghanistan II: Letters and Buddhist Texts*, Nour Foundation in association with Azimuth Editions and Oxford University Press: London.

Tao Tong (仝涛) [2013] *The silk roads of the Northern Tibetan Plateau during the Early Middle Ages (from the Han to Tang*

Dynasty): as reconstructed from archaeological and written sources, BAR International Series, 2521, Oxford: Archaeopress.

Yoshida Yutaka (1994) "REVIEWS *Corpus Inscriptionum Iranicaum.Part II: Inscriptions of the Seleucid and Parthian periods and of Eastern Iran and Centarl Asia.Vol.III: Sogdian and other Iranian inscriptions of Upper Indus. By Nicholas Smis-Williams.*" *in Bulletin of the Bulletin of the School of Oriental and Afican studies*, 57/2, p.391.

あとがき

本書は、二〇〇八年度に学習院大学に提出した博士学位請求論文「ソグド人漢文墓誌の研究」をもとに、その後に発表した論文を加えたものである。このような形で研究成果を著書として出版できることになろうとは、この「あとがき」を記している今でも夢のようで信じがたく、これも多くの方々のご協力・お力添えのおかげである。

私にとって中国との出会いは、清泉女子大学三年次にした一年間の北京大学への留学の時のことである。当時の日本では目覚ましい経済成長が見込まれていた中国に関心や期待が集まっており、大学で日本古代史を専攻したいと考えていた私自身も日本がこれまで沢山のことを学んできた中国に留学する経験があってもいいかと、父の大学の先輩である田中美智子さんの誘いを受けて軽い気持ちで留学を決めた。指導教授の春日井明先生も後押ししてくださった。留学当初、私は中国での生活が日本と大きく異なっていたことに大変ショックを受けたが、何ら準備もせずいきなり中国に飛び込んだのだから、今思えば当然のことである。私が留学した一九九九年は、中華人民共和国建国五〇周年、マカオがポルトガルから返還された年で、中国メディアでは事あるごとに中国の全民族の協和が声高に叫ばれていた。その一方で、留学先の中国史概説の授業で用いられた教科書は、漢民族が中心で、それ以外の民族の扱いは大変粗略なものであった。この時に抱いた中国の民族についての違和感が今日の私の研究の原点となっている。

「ソグド人の墓誌」を研究テーマとしたのは、修士課程の時である。二〇〇一年に学習院大学の大学院に進学し、指導教授の鶴間和幸先生やその門下の諸先輩方から、史書だけではなく出土遺物を網羅的に収集・分析する研究方法をご指導いただき、自分の関心のある唐代では「墓誌」を使いたいと思った。そして早稲田大学の石見清裕先生からは、唐代の異民族の墓誌ならば「ソグド人」のものがいくつもあるとご教授いただき、取り組んでみたのである。本書の第一部の原案はこの修士論文の際のものである。

本書（第二部第一章）で記したように、二〇〇〇年に西安から極彩色のレリーフが施された石棺床囲屏や墓誌が出土した安伽墓（北周：五七九年）が発見・発掘されて以降、中国各地でソグド人に関する目覚ましい出土遺物の発見が相次ぎ、世界的にソグド人の研究が一気に進展した。私の研究は、この流れに引っ張られる形で進展していくこととなった。

二〇〇二年からは、石見清裕先生が主宰する「ソグド人墓誌研究ゼミナール」（早稲田大学大学院文学研究科東洋史学特論）でソグド人の墓誌の解読と訳注の作成に参加させていただいた。このゼミで習った史資料や墓誌の読み方や史料との向き合い方が、今日も私の研究の基礎となっており、このゼミの講読の成果の一部を本書の墓誌の解釈でも用いさせていただいた。

二〇〇五年以降には、森安孝夫先生や森部豊氏の率いる科学研究費補助金による現地調査に参加させていただき、中国各地のソグド人に関する遺跡を訪問し、文物を見て触れる貴重な経験を得た。また、これらの調査では、荒川正晴先生、吉田豊先生、影山悦子氏、山下将司氏、中田美絵氏、鈴木宏節氏など私の研究にご指導やご助言をいただける研究者の方々と知り合うことができた。本書の第二・三部で記した「安元寿墓誌」・「史多墓誌」・「李誕墓誌」、そして「洛陽景教経幢」については、これらの現地調査が契機となって記すことができたものである。

ソグド人に関する考古遺物の発見が相次ぐ中、二〇〇四年に第一回目の国際ソグドシンポジウム（〝粟特人在中国〟国際学術討論会）が開催された。この時博士課程の学生で北京の会場に駆けつけた私は、世界中のソグド人研究に触れたことで大変刺激を受け、それが自身の研究に対する意気込みへと繋がった。それから一〇年後の二〇一四年、銀川で開催された第二回目のシンポジウムでは、光栄なことに北京大学の栄新江教授や寧夏文物考古研究所所長の羅豊先生にお招きいただき、「康令惲墓誌」（本書第二部第四章）について報告させていただく機会を得た。

一方、母校の学習院大学では、鶴間和幸先生・村松弘一氏を中心とする研究プロジェクトに参加させていただき、中国史研究者だけではない様々な専門分野の方々と共同研究によって、今も新たな分野へ挑戦する場をいただいている。第三部第三章はその成果の一つである。

以上は、本書に掲載した論文との関係を記したが、この他にも大変多くの方々に貴重なご意見やご指導をいただき、支えていただいたことで、本書を出版することができた。皆様に心から感謝を申し上げたい。

本書の刊行には、汲古書院の三井久人社長、そして編集部の柴田聡子氏には、大変お世話になった。そして校正作業は、学習院大学国際研究教育機構の方々にもお世話になった。この場を借りて厚くお礼を申し上げたい。また、本書出版に際して汲古書院をご紹介してくださり、出版助成申請に際して推薦してくださった鶴間和幸先生、そして現在、日本学術振興会特別研究員（ＲＰＤ）として私を受け入れ専門指導をしてくださっている石見清裕先生の二人の恩師には、研究面だけでなく私生活にも多大なご配慮をいただき、温かく見守っていただいたお蔭で、私は研究を継続できており、心より感謝を申し上げたい。

最後に、学業を支えてくれた両親や家族、そして私の研究を最も近くで支えてくれる夫 忠之と愛息 錬太郎に心より感謝の意を捧げたい。

二〇一六年一二月

福　島　恵

本書は、日本学術振興会科学研究費補助金特別研究員奨励費「北朝隋唐期のソグド人――墓誌史料を中心に――」の成果の一部であり、また学習院大学の研究成果刊行助成を受けたものである。

汲古叢書

1	秦漢財政収入の研究	山田　勝芳著	本体 16505円
2	宋代税政史研究	島居　一康著	12621円
3	中国近代製糸業史の研究	曾田　三郎著	12621円
4	明清華北定期市の研究	山根　幸夫著	7282円
5	明清史論集	中山　八郎著	12621円
6	明朝専制支配の史的構造	檀 上　寛著	13592円
7	唐代両税法研究	船越　泰次著	12621円
8	中国小説史研究－水滸伝を中心として－	中鉢　雅量著	品　切
9	唐宋変革期農業社会史研究	大澤　正昭著	8500円
10	中国古代の家と集落	堀　敏 一著	品　切
11	元代江南政治社会史研究	植 松　正著	13000円
12	明代建文朝史の研究	川越　泰博著	13000円
13	司馬遷の研究	佐藤　武敏著	12000円
14	唐の北方問題と国際秩序	石見　清裕著	品　切
15	宋代兵制史の研究	小岩井弘光著	10000円
16	魏晋南北朝時代の民族問題	川本　芳昭著	品　切
17	秦漢税役体系の研究	重近　啓樹著	8000円
18	清代農業商業化の研究	田 尻　利著	9000円
19	明代異国情報の研究	川越　泰博著	5000円
20	明清江南市鎮社会史研究	川 勝　守著	15000円
21	漢魏晋史の研究	多田　狷介著	品　切
22	春秋戦国秦漢時代出土文字資料の研究	江村　治樹著	品　切
23	明王朝中央統治機構の研究	阪倉　篤秀著	7000円
24	漢帝国の成立と劉邦集団	李　開 元著	9000円
25	宋元仏教文化史研究	竺沙　雅章著	品　切
26	アヘン貿易論争－イギリスと中国－	新村　容子著	品　切
27	明末の流賊反乱と地域社会	吉 尾　寛著	10000円
28	宋代の皇帝権力と士大夫政治	王　瑞 来著	12000円
29	明代北辺防衛体制の研究	松本　隆晴著	6500円
30	中国工業合作運動史の研究	菊池　一隆著	15000円
31	漢代都市機構の研究	佐原　康夫著	13000円
32	中国近代江南の地主制研究	夏井　春喜著	20000円
33	中国古代の聚落と地方行政	池田　雄一著	15000円

34	周代国制の研究	松井　嘉徳著	9000円
35	清代財政史研究	山本　進著	7000円
36	明代郷村の紛争と秩序	中島　楽章著	10000円
37	明清時代華南地域史研究	松田　吉郎著	15000円
38	明清官僚制の研究	和田　正広著	22000円
39	唐末五代変革期の政治と経済	堀　敏一著	12000円
40	唐史論攷－氏族制と均田制－	池田　温著	18000円
41	清末日中関係史の研究	菅野　正著	8000円
42	宋代中国の法制と社会	高橋　芳郎著	8000円
43	中華民国期農村土地行政史の研究	笹川　裕史著	8000円
44	五四運動在日本	小野　信爾著	8000円
45	清代徽州地域社会史研究	熊　遠報著	8500円
46	明治前期日中学術交流の研究	陳　捷著	品　切
47	明代軍政史研究	奥山　憲夫著	8000円
48	隋唐王言の研究	中村　裕一著	10000円
49	建国大学の研究	山根　幸夫著	品　切
50	魏晋南北朝官僚制研究	窪添　慶文著	14000円
51	「対支文化事業」の研究	阿部　洋著	22000円
52	華中農村経済と近代化	弁納　才一著	9000円
53	元代知識人と地域社会	森田　憲司著	9000円
54	王権の確立と授受	大原　良通著	品　切
55	北京遷都の研究	新宮　学著	品　切
56	唐令逸文の研究	中村　裕一著	17000円
57	近代中国の地方自治と明治日本	黄　東蘭著	11000円
58	徽州商人の研究	臼井佐知子著	10000円
59	清代中日学術交流の研究	王　宝平著	11000円
60	漢代儒教の史的研究	福井　重雅著	品　切
61	大業雑記の研究	中村　裕一著	14000円
62	中国古代国家と郡県社会	藤田　勝久著	12000円
63	近代中国の農村経済と地主制	小島　淑男著	7000円
64	東アジア世界の形成－中国と周辺国家	堀　敏一著	7000円
65	蒙地奉上－「満州国」の土地政策－	広川　佐保著	8000円
66	西域出土文物の基礎的研究	張　娜麗著	10000円

67	宋代官僚社会史研究	衣川　強著	品　切
68	六朝江南地域史研究	中村　圭爾著	15000円
69	中国古代国家形成史論	太田　幸男著	11000円
70	宋代開封の研究	久保田和男著	10000円
71	四川省と近代中国	今井　駿著	17000円
72	近代中国の革命と秘密結社	孫　江著	15000円
73	近代中国と西洋国際社会	鈴木　智夫著	7000円
74	中国古代国家の形成と青銅兵器	下田　誠著	7500円
75	漢代の地方官吏と地域社会	髙村　武幸著	13000円
76	齊地の思想文化の展開と古代中國の形成	谷中　信一著	13500円
77	近代中国の中央と地方	金子　肇著	11000円
78	中国古代の律令と社会	池田　雄一著	15000円
79	中華世界の国家と民衆　上巻	小林　一美著	12000円
80	中華世界の国家と民衆　下巻	小林　一美著	12000円
81	近代満洲の開発と移民	荒武　達朗著	10000円
82	清代中国南部の社会変容と太平天国	菊池　秀明著	9000円
83	宋代中國科擧社會の研究	近藤　一成著	12000円
84	漢代国家統治の構造と展開	小嶋　茂稔著	10000円
85	中国古代国家と社会システム	藤田　勝久著	13000円
86	清朝支配と貨幣政策	上田　裕之著	11000円
87	清初対モンゴル政策史の研究	楠木　賢道著	8000円
88	秦漢律令研究	廣瀬　薫雄著	11000円
89	宋元郷村社会史論	伊藤　正彦著	10000円
90	清末のキリスト教と国際関係	佐藤　公彦著	12000円
91	中國古代の財政と國家	渡辺信一郎著	14000円
92	中国古代貨幣経済史研究	柿沼　陽平著	13000円
93	戦争と華僑	菊池　一隆著	12000円
94	宋代の水利政策と地域社会	小野　泰著	9000円
95	清代経済政策史の研究	黨　武彦著	11000円
96	春秋戦国時代青銅貨幣の生成と展開	江村　治樹著	15000円
97	孫文・辛亥革命と日本人	久保田文次著	20000円
98	明清食糧騒擾研究	堀地　明著	11000円
99	明清中国の経済構造	足立　啓二著	13000円

100	隋唐長安城の都市社会誌	妹尾　達彦著	未　刊
101	宋代政治構造研究	平田　茂樹著	13000円
102	青春群像－辛亥革命から五四運動へ－	小野　信爾著	13000円
103	近代中国の宗教・結社と権力	孫　　江著	12000円
104	唐令の基礎的研究	中村　裕一著	15000円
105	清朝前期のチベット仏教政策	池尻　陽子著	8000円
106	金田から南京へ－太平天国初期史研究－	菊池　秀明著	10000円
107	六朝政治社會史研究	中村　圭爾著	12000円
108	秦帝國の形成と地域	鶴間　和幸著	13000円
109	唐宋変革期の国家と社会	栗原　益男著	12000円
110	西魏・北周政権史の研究	前島　佳孝著	12000円
111	中華民国期江南地主制研究	夏井　春喜著	16000円
112	「満洲国」博物館事業の研究	大出　尚子著	8000円
113	明代遼東と朝鮮	荷見　守義著	12000円
114	宋代中国の統治と文書	小林　隆道著	14000円
115	第一次世界大戦期の中国民族運動	笠原十九司著	18000円
116	明清史散論	安野　省三著	11000円
117	大唐六典の唐令研究	中村　裕一著	11000円
118	秦漢律と文帝の刑法改革の研究	若江　賢三著	12000円
119	南朝貴族制研究	川合　　安著	10000円
120	秦漢官文書の基礎的研究	鷹取　祐司著	16000円
121	春秋時代の軍事と外交	小林　伸二著	13000円
122	唐代勲官制度の研究	速水　　大著	12000円
123	周代史の研究	豊田　　久著	12000円
124	東アジア古代における諸民族と国家	川本　芳昭著	12000円
125	史記秦漢史の研究	藤田　勝久著	14000円
126	東晉南朝における傳統の創造	戶川　貴行著	6000円
127	中国古代の水利と地域開発	大川　裕子著	9000円
128	秦漢簡牘史料研究	髙村　武幸著	10000円
129	南宋地方官の主張	大澤　正昭著	7500円
130	近代中国における知識人・メディア・ナショナリズム	楊　　韜著	9000円
131	清代文書資料の研究	加藤　直人著	12000円
132	中国古代環境史の研究	村松　弘一著	12000円

133	中国古代国家と情報伝達	藤田　勝久著	15000円
134	中国の教育救国	小林　善文著	10000円
135	漢魏晋南北朝時代の都城と陵墓の研究	村元　健一著	14000円
136	永楽政権成立史の研究	川越　泰博著	7500円
137	北伐と西征―太平天国前期史研究―	菊池　秀明著	12000円
138	宋代南海貿易史の研究	土肥　祐子著	18000円
139	渤海と藩鎮―遼代地方統治の研究―	高井康典行著	13000円
140	東部ユーラシアのソグド人	福島　　恵著	10000円

（表示価格は2017年２月現在の本体価格）

著者略歴

福島　恵（ふくしま　めぐみ）

長野県辰野町生まれ。清泉女子大学文学部文化史学科卒業、学習院大学大学院博士後期課程史学専攻単位取得退学。

博士（史学）。

現在は、日本学術振興会特別研究員（RPD）、清泉女子大学・学習院大学非常勤講師、学習院大学国際研究教育機構客員研究員。

専門は、北朝隋唐史・東西交渉史。

汲古叢書140

東部ユーラシアのソグド人
――ソグド人漢文墓誌の研究――

二〇一七年二月二三日　発行

著　者　福　島　恵
発行者　三　井　久　人
整版印刷　富士リプロ㈱

発行所　汲　古　書　院
〒102-0072　東京都千代田区飯田橋二-五-四
電　話　〇三（三二六五）九七六四
ＦＡＸ　〇三（三二二二）一八四五

ISBN978 - 4 - 7629 - 6039 - 0　C3322

THE SOGDIANS IN THE EASTERN EURASIA
——A Study of the Sogdian Epitaphs in Chinese——

By FUKUSHIMA Megumi

CONTENTS

粟特人在东欧亚
——粟特人汉文墓志研究——

福岛　惠 著

索　引

本索引の語句は、本文の専門用語（地名、人名、事項を含む）のみを対象とし、頻出する書名や事項（ソグド人、ソグド語、ソグド姓など）を採らないものとする。また、語句は以下のとおり掲載する。

1．○○○（□□）　○○の語句を他と区別するために（□□）の情報を補足するもの
例）高宗（唐）

2．○○／△△　○○と同意義または密接な関係を行論上有する語句（△△）を併せて掲載するもの
例）史多／史多墓誌／史多墓　　植民聚落／ソグド人聚落

さ行

な行

は行

ま行

や行

ら行

わ行